La Cuisine POUR LES NULS

La Cuisine pour les Nuls

Bryan Miller
Restaurateur et critique gastronomique

Édition mise à jour et complétée par
Hélène Darroze
Chef étoilée

FIRST Editions

La Cuisine pour les Nuls

Publié par
Wiley Publishing, Inc.
10475 Crosspoint Boulevard
Indianapolis, IN 46256, États-Unis
www.wiley.com
Copyright © 2000 par Wiley Publishing, Inc., Indianapolis, Indiana, États-Unis
Titre de l'édition originale : Cooking for Dummies
Édition française publiée en accord avec Wiley Publishing, Inc. par :

© Éditions First-Gründ, Paris, 2010
60, rue Mazarine
75006 Paris – France
Tél. 01 45 49 60 00
Fax 01 45 49 60 01
Courriel : firstinfo@efirst.com
Internet : www.editionsfirst.fr

ISBN : 978-2-7540-1989-7
Dépôt légal : 3e trimestre 2010
Imprimé en France
Par Hérissey
4, rue Lavoisier
27000 Évreux

Photographies : Hilde Meche
Stylisme culinaire : Coco Jobard
Mise en page : Catherine Kédémos
Couverture : KN Conception
Traduction : Anne-Carole Grillot
Fabrication : Antoine Paolucci
Production : Emmanuelle Clément
Adaptation de la 1re édition : Alain Le Courtois

Tous droits réservés. Toute reproduction, même partielle, du contenu, de la couverture ou des icônes, par quelque procédé que ce soit (électronique, photocopie, bande magnétique ou autre) est interdite sans autorisation par écrit des Éditions First-Gründ.

Limites de responsabilité et de garantie. L'auteur et l'éditeur de cet ouvrage ont consacré tous leurs efforts à préparer ce livre. Les Éditions First-Gründ et les auteurs déclinent toute responsabilité concernant la fiabilité ou l'exhaustivité du contenu de cet ouvrage. Ils n'assument pas de responsabilité pour ses qualités d'adaptation à quelque objectif que ce soit, et ne pourront être en aucun cas tenus responsables pour quelque perte, profit ou autre dommage commercial que ce soit, notamment mais pas exclusivement particulier, accessoire, conséquent, ou autre.

Marques déposées. Toutes les informations connues ont été communiquées sur les marques déposées pour les produits, services et sociétés mentionnés dans cet ouvrage. Les Éditions First-Gründ déclinent toute responsabilité quant à l'exhaustivité et à l'interprétation des informations. Tous les autres noms de marques et de produits utilisés dans cet ouvrage sont des marques déposées ou des appellations commerciales de leur propriétaire respectif. Les Éditions First-Gründ ne sont liées à aucun produit ou vendeur mentionné dans ce livre.

À propos d'Hélène Darroze

Fille, petite-fille et arrière-petite-fille de cuisiniers, Hélène Darroze est devenue cuisinière par tradition familiale, mais aussi sur un coup de cœur.

Après des études en école de commerce et son diplôme de Sup de Co Bordeaux en poche, Hélène rejoint les équipes d'Alain Ducasse au Louis XV à Monaco, où elle met dans un premier temps son amour de la cuisine de côté et travaille au service administratif du prestigieux restaurant. Mais Alain Ducasse repère rapidement l'immense talent de sa compatriote landaise et l'encourage à passer de l'autre côté des fourneaux. Le destin est lancé et cette passionnée de terroir change de cap !

Elle restera trois ans auprès d'Alain Ducasse avant de retourner dans ses Landes natales pour reprendre les rênes du Relais & Château familial à Villeneuve-de-Marsan en 1995. Elle met en exergue ses connaissances et sublime l'héritage de ses ancêtres : respect du produit, goût des bonnes choses et du travail bien fait, tel est son credo.

Quatre ans plus tard, elle décidera de voler de ses propres ailes et de s'installer à Paris : Hélène ouvre en 1999 son restaurant au 4 rue d'Assas, où le succès est immédiat : première étoile en 2000, deuxième étoile en 2003, décernée chef de l'année par le guide Pudlo en 2001…

La fabuleuse aventure gastronomique de la belle landaise ne s'arrête pas là, et son succès va franchir les barrières de la langue ainsi que les frontières : en 2008 elle prend la direction de la restauration du prestigieux Connaught à Londres, où elle réussit une fois de plus son pari avec un grand succès. Elle obtient une étoile au guide Michelin dès le mois de janvier suivant.

En février 2010, Hélène est faite chevalier de l'ordre national du Mérite par le président de la République en personne qui reconnaît en elle la plus belle représentante de la gastronomie française.

Remerciements

Hélène Darroze tient à remercier Stéphane Marion, Stéphanie Montjovet, Suzy Palatin, Kirk Whittle, Johannes Bonin, Raphaël François, Caroline Rostang et Christine Ferber pour leur aide dans ce projet ainsi que pour leurs recettes.

Sommaire

Introduction 1
    Bonne nouvelle 1
    Gardons les pieds sur terre 1
    Comment utiliser ce livre 2
    Aperçu des différentes parties de ce livre 2
        Première partie : Entrez, ce n'est que la cuisine 2
        Deuxième partie : Développez votre savoir-faire 3
        Troisième partie : Élargissez votre répertoire 3
        Quatrième partie : Recettes pour recevoir 3
        Cinquième partie : La partie des Dix 3
        Sixième partie : Annexe 3
    Les icones utilisées dans ce livre 4
    Avertissement 5

Première partie : Entrez, ce n'est que la cuisine 7

Chapitre 1 : À la découverte de votre cuisine 9
    L'évolution de la cuisine moderne 10
    Qui a besoin d'une grande cuisine ? 10
    Du chaos à l'assurance : organiser votre espace de travail 11
        Le plan de travail 11
        L'éclairage 12
        L'entreposage 13
        L'évacuation 14
    Les appareils électroménagers 14
        Les fours et les cuisinières 14
        Le réfrigérateur 20
    Comment éviter les accidents domestiques 21

Chapitre 2 : Les ustensiles de cuisine 23
    Prenez le temps de comparer les prix 25
    Poêle ou marmite ? La batterie de cuisine 25
        Sauteuse en fonte 26
            Steak au poivre long 27
        Crêpière 28
            Crêpes 28

Poêle à frire 29
   Omelette 30
Sautoir 30
   Poulet sauté et jus réduit, petits lardons 31
Sauteuse évasée...32
   Œufs brouillés..33
Rondeau 34
   Navarin d'agneau parfumé au cumin 34
Casseroles 35
   Sauce Béchamel au parmesan 36
Cocotte en fonte émaillée..36
   Joue de bœuf braisée au vin de Madiran 37
Marmite à bouillon 38
Marmite à pâtes 39
Plats à rôtir 39
   Poulet rôti 40
Plat à gratin 40
   Gratin dauphinois 41
Plat allant au four 42
Trancher, émincer, éplucher : des couteaux pour tous les usages ...42
   Les incontournables 42
      Salade toscane de légumes croquants à la ventrèche de thon 43
   Utiliser les couteaux en toute sécurité 46
Robots, mixeurs et batteurs 47
Saladiers et autres ustensiles pour mélanger...........................49
   Ustensiles de pâtisserie 49
   Ustensiles divers 52
L'entretien de vos ustensiles de cuisine 54
   Récipients de cuisson 54
   Couteaux 55

Chapitre 3 : Une liste du strict nécessaire 57

Aliments secs..57
Herbes, épices et condiments 58
Aliments en conserve et en bouteille...59
Condiments 60
Ingrédients de pâtisserie 61
Produits réfrigérés et congelés 63
Les fruits et légumes..65
Acheter et conserver de la viande,
de la volaille et du poisson 67
   Bœuf 67
   Poulet..69
   Poisson 70

Sommaire IX

Deuxième partie : Développez votre savoir-faire 73

Chapitre 4 : Bouillir, pocher et cuire à la vapeur 75
Mettez-vous dans le bain : définition des modes de cuisson 75
Bouillir, étuver et blanchir les légumes 76
   La recette préférée des enfants 77
      Purée de pommes de terre 77
      Pommes de terre écrasées aux olives noires 78
   Il n'y a pas que les pommes de terre : autres purées 79
      Purée de pommes de terre et de rutabagas 79
      Purée de brocolis 80
      Mousseline de carottes aux agrumes 80
   Conseils pour faire cuire à l'anglaise ou à la vapeur douze légumes frais .. 81
Préparer un bouillon 84
      Bouillon de volaille 84
      Bouillon de légumes 85
Pocher des fruits de mer ou du poisson dans un court-bouillon 86
      Pavé de merlu poché au court-bouillon, huile d'olive et olives noires .. 86
      Filet de bœuf cuit à la ficelle, légumes de printemps 88
Cuire à la vapeur 90
      Jeunes poireaux cuits à la vapeur, condiment aux olives noires 91
      Caviar d'aubergines aux sardines
         d'après une recette de Suzy Palatin, auteur de livres de cuisine 92
      Asperges vapeur à l'aneth 93
      Homards vapeur à l'orange et au citron 93

Chapitre 5 : Sauter 97
Huile ou beurre ? 98
Déglacer 100
Sauter différents types d'aliments 101
   Légumes 101
      Pommes de terre sautées 102
      Épinards sautés 103
   Poisson ferme et riche 103
      Darnes de saumon, sauce aux poivrons rouges 104
   Poulet 106
      Blancs de poulet sautés aux tomates et au thym 106
   Steak 107

Chapitre 6 : Braiser et cuire à l'étouffée 109
Braiser ou cuire à l'étouffée : quelle différence ? 110
Saveurs exotiques : herbes aromatiques et épices 110
   Acheter et stocker des herbes et des épices 110
      Le bouquet garni 115
      La garniture aromatique 116

La Cuisine pour les Nuls

Vous avez du temps devant vous ? Faites un rôti braisé 120
    Aiguillette de bœuf braisée, petits légumes rôtis............................... 120
Régalez-vous avec des cuisses de poulet 122
    Cuisses de poulet fermier des Landes 122
Le meilleur agneau que vous ayez jamais mangé 123
    Agneau de sept heures, haricots cocos 123
Les fruits de mer en ragoût 125
    Saint-Jacques et grosses crevettes en ragoût, légumes mijotés
    à la coriandre 125

Chapitre 7 : Rôtir et griller 127

Rôtir 127
    Assaisonner un rôti 128
    Faut-il saisir avant de rôtir ? 128
    Arroser 128
    Laisser reposer 129
    Rôtir de la volaille 134
        Poulet des Landes fourré de coquillettes au foie gras 136
    Rôtir des légumes 138
        Légumes d'hiver rôtis 139
        Légumes d'été rôtis 140
    Rôtis de bœuf, de porc et d'agneau 141
        Carré de porc rôti, pommes de terre, carottes et oignons 141
        Cochon de lait rôti, laqué de miel et d'orange, parfumé
        au gingembre 142
        Gigot d'agneau de lait rôti piqué au romarin 144
        Filet de bœuf de Chalosse rôti piqué aux olives noires 146
        Selle d'agneau de Pauillac farcie de fruits secs et rôtie,
        jus en infusion de cardamome 147
    Rôtir un jambon 149
        Jambon blanc frotté d'épices Tandoori et braisé en croûte de pain
        d'après une idée de Christine Ferber, pâtissière et confiseuse 150
        Travers de porc caramélisé au sirop d'érable, citronnelle,
        gingembre et ail frais 152
        Saint-pierre rôti au four, jus aux olives noires
        et jeunes fenouils rôtis 153
        Bar en croûte de sel de Guérande, beurre blanc 155
Cuire sur le gril ou sous le gril 156
    Si vous pouvez griller, vous pouvez faire cuire au gril 156
    Charbon de bois ou gaz ? 157
    Conseils pour bien griller 158
    Mariner : mythes et réalité 159
    Quelques idées de grillades 160
        Légumes de saison grillés aux sarments de vigne
        comme une parillada espagnole... 161

Tastous de légumes grillés et copeaux de fromage
    de brebis basque 162
Cèpes grillés 162
Brochettes de porc au romarin 164
Poulet en crapaudine d'après une idée de Suzy Palatin,
    auteur de livres de cuisine 165
Côte de bœuf de Chalosse cuite à la cheminée puis tartinée
    d'une fondue d'échalotes 166
Homard breton et légumes grillés au feu de bois,
    émulsion au curry vert 167
Ventrèche de thon de Saint-Jean-de-Luz frottée de poivres rares
    et cuite à la plancha, jus de piperade 168
Le poisson, c'est bon ! 170
    Darne de saumon grillée au feu de bois, sauce béarnaise 171

Chapitre 8 : Sauces 173

Qu'est-ce qu'une sauce ? 174
Les grandes catégories de sauce 174
Sauces blanches 175
    Sauce Béchamel 176
    Épinards à la béchamel 177
    Sauce Mornay 178
    Gratin de macaronis, sauce Mornay 178
    Endives au jambon 178
    Sauce poulette 179
    Blanquette de saumon, sauce poulette 180
    Sauce Albufera 180
    Poule au pot farcie au jambon noir de Bigorre, sauce Albufera 181
Sauces brunes 182
    Sauce bordelaise 183
    Sauce marchand de vin 184
    Daurade royale, sauce marchand de vin 184
    Sauce Périgueux 185
    Escalope de foie gras de canard du Sud-Ouest poêlée,
        sauce Périgueux 186
    Sauce poivrade 186
    Râbles de lièvre, sauce poivrade 187
    Sauce grand veneur 188
    Gigue de chevreuil et fruits rôtis, sauce grand veneur 189
Sauces vinaigrettes 190
    Huile d'olive et autres types d'huile 190
    Vinaigres 191
        Sauce vinaigrette classique 192
        Sauce vierge 192
        Sauce grenobloise 193
        Aile de raie pochée, sauce grenobloise 194

Sauces à base d'œufs 194
    Sauce hollandaise...195
    Sauce mousseline 195
    Sauce béarnaise 196
    Sauce mayonnaise..196
    Sauce cocktail 197
    Moules froides sauce cocktail..198
    Sauce aïoli 199
    Sauce gribiche 199
    Tête de veau sauce gribiche..200
Sauces à base de beurre..201
    Sauce beurre blanc 201
Beurres composés...202
    Beurres d'herbes 202
        Beurre maître d'hôtel 202
        Tournedos de bœuf poêlé, beurre maître d'hôtel 203
        Beurre d'anchois 204
        Beurre de corail..204
        Homard grillé à la braise, beurre de corail...................................205
    Sauces à base de beurre composé 205
Les autres sauces incontournables 206
    Sauce tomate..206
    Sauce pesto 207
    Sauce Caesar..208

Troisième partie : Élargissez votre répertoire 209

Chapitre 9 : Les œufs 211

Choisir des œufs frais 211
    Catégorie, calibre et couleur des œufs 212
    Caillots sanguins 212
Cuire les œufs : techniques de base..213
Œufs crus... 214
Œufs cuits 215
    Œufs à la coque 215
    Œuf coque au foie gras de canard et cèpes..215
    Œufs mollets 216
    Œufs Florentine 217
    Œufs durs 217
    Œufs mimosa 217
    Écaler un œuf dur..218
    Œufs pochés 218
    Œufs Bénédictine 219
    Œufs pochés sur lit de brandade de morue 219

Sommaire

Œufs au plat 220
Œufs au plat, tomate et bacon 220
Œufs cocotte 221
Œuf cocotte en piperade, tastou au jambon de porc basque
  Recette du restaurant Espelette du Connaught à Londres 221
Œufs brouillés..222
Piperade aux œufs et au jambon de Bayonne 222
Omelettes..223
Tortilla aux pommes de terre..224
Omelette à la confiture de fraises 224
Autres recettes à base d'œufs 225
Quiche lorraine..225
La technique du soufflé 226
Œufs : séparer le blanc du jaune 227
Battre les blancs en neige 228
Incorporer les blancs dans le mélange 228
Soufflé au fromage classique 228
Soufflé au gruyère...228
Desserts aux œufs 231
Soufflé à la fraise 231
Soufflé au chocolat 231
Œufs à la neige 232
Œufs au lait 233
Meringues...233

Chapitre 10 : Soupes 235

Bouillons 237
Bouillon de poule au tapioca, cives et infusion de citronnelle............237
Consommés 238
Consommé de bœuf..238
Soupe à l'oignon 239
Potages à base de purées de légumes 240
Potage Parmentier..240
Crèmes 243
Crème Du Barry..243
Crème de champignons au parfum de jambon 243
Veloutés..244
Velouté de potimarron au miel et à la sauge 244
Velouté de haricots tarbais 245
Bisques..246
Bisque de crustacés..246
Potage taillé 248
Soupe paysanne 248
Soupe au pistou 249
Soupe de poisson 250

Gaspachos 251
    Gaspacho aux pimientos del piquillo.. 252
    Gaspacho de petits pois et menthe fraîche 252
Soupes à manger 253
    Garbure 253
    Phô vietnamien au poulet 254
Ajouter une garniture à vos soupes 255
    Croûtons à l'ail 256

Chapitre 11 : Salades 259

Les deux types d'assaisonnement.. 259
    Sauce mayonnaise aux herbes 260
Salades à la vinaigrette.. 261
    Salade de pommes de terre 261
    Salade de pâtes papillon aux moules 262
    Salade de cresson, endives et oranges.. 265
    Salade de crevettes chaudes aux pousses d'épinards 266
    Salade de haricots verts et pignons de pin 267
    Salade d'avocat, mangue et crevettes roses à la coriandre fraîche..... 268
    Carottes râpées aux amandes et raisins de Corinthe 269
    Concombres à la crème et à la menthe 270
    Taboulé aux herbes 271
    Salade de riz, thon, maïs et poivrons grillés 271
    Betteraves/mozzarella... 272
Glossaire de légumes verts à feuilles 273
    Légumes verts doux 274
    Légumes verts amers 274
    Salade verte mixte à l'oignon rouge 277
Acheter et stocker des salades vertes 278
    Salade César; d'après la recette de Caroline Rostang
        dans son restaurant L'Absinthe 279
    Salades d'endives, noix du Périgord et raisins muscats au stilton 281
    Salade de quinoa, mâche, framboises et betterave......................... 282
    Salade de pissenlit flambée à l'œuf poché 283

Chapitre 12 : Pâtes, riz et autres céréales 285

Les pâtes sont-elles prêtes ?... 286
Identifier les pâtes : types de pâtes et temps de cuisson 287
Pâtes fraîches, pâtes sèches 287
    Macaroni 289
    Pâtes en filaments 289
    Pâtes plates 290
    Pâtes farcies 290
    Pâtes de formes diverses 291

Sommaire

Faire des pâtes et une sauce parfaites 292
    Ajouter la sauce au bon moment 292
    Choisir la bonne sauce et savoir doser 292
    Bien choisir les tomates 293
Sauces classiques 293
Recettes de pâtes 294
    Sauce de base 294
        Spaghetti à la tomate 294
        Penne à la romaine 296
        Sauce marinara 297
        Sauce arrabiata 298
    Plat de pâtes rapide 299
        Penne au parmesan et au basilic 299
    Plats de pâtes plus élaborés 300
        Rigatoni à l'aubergine et aux courgettes 300
        Penne aux artichauts et aux olives noires 302
        Fettucine aux crevettes et au gingembre 304
        Cavatellis façon risotto aux courgettes fleurs, tomates séchées
          et chorizo 306
        Cannellonis de bœuf à la niçoise 307
    Pâtes fraîches 308
        Tagliatelles fraîches 308
        Raviolis d'herbes et salades 309
        Agnolottis de champignons des bois à la noisette 311
        Lasagnes familiales 312
    Le riz 314
        Riz étuvé 316
            Riz étuvé 317
            Riz pilaf aux raisins, tomates et pignons de pin 318
            Principe de base du risotto 319
            Riz sauvage classique 321
            Riz brun assaisonné 322
    Cuisiner d'autres céréales 323
        Kasha à la courge musquée et aux épinards 324
        Polenta crémeuse 325

Chapitre 13 : L'art d'accommoder les restes 327

Avec les restes d'une volaille rôtie 327
    Soupe de poulet, lait de coco, curry et coriandre fraîche 328
    Sauce à l'ail pour volaille 328
    Salade de poulet, avocat et oignon rouge 329
    Salade de volaille et crevettes aux vermicelles chinois 330
Avec les restes de rôti 331
    Tomates farcies 332
    Boulettes d'agneau au romarin, ratatouille 333

Rôti de bœuf 335
   Sauce bolognaise aux cèpes 335
Rôti de porc 336
   Chou farci 336
   Porc et nouilles chinoises sautés au wok 337
Rôti de veau 339
   Axoa de veau 339
Rôti d'agneau 340
   Curry d'agneau 340
   Moussaka 341
Avec les restes d'un pot-au-feu 343
   Salade de pot-au-feu aux câpres et cornichons 343
   Nouilles soba, poireau et shitake dans un bouillon
   de pot-au-feu à l'œuf 343
Avec les restes d'un bœuf bourguignon 344
   Parmentier de bœuf bourguignon aux topinambours 344
   Raviolis à la niçoise 345
Avec les restes d'une blanquette de veau 346
   Vol-au-vent sauce au foie gras 346
Avec les restes de poisson 347
   Quiche au saumon et au poireau 347
   Terrine de poisson aux petits légumes 348
Avec des parures de foie gras 349
Avec les restes d'un ragoût de haricots en grains 350
   Salade de haricots blancs aux pimientos del piquillo 350
Avec les restes d'un risotto 351
   Gratin de risotto 351
   Cromesquis de risotto, émulsion de parmesan Reggiano 351
Avec les restes de légumes rôtis 352
   Penne du moulinier 352
Avec des fruits qui s'abîment 353
   Confitures 353
Avec du pain 354
   Pudding à la française 354
   Pain perdu 355

Chapitre 14 : Desserts 357

Les pâtes : techniques de base 358
   Pâte brisée 361
   Pâte sucrée 362
   Pâte sablée 362
   Pâte feuilletée 362
   Pâte à choux 363
   Pâte à choux à la vanille 364
   Glaçage pour éclair au chocolat 365

Sommaire XVII

Les crèmes 365
    Crème anglaise 365
    Crème pâtissière 366
    Crème Chantilly 367
Les tartes 368
    Tarte aux fruits 368
    Tarte aux fraises Mara des bois et pistaches 369
    Tarte fine aux pommes...370
    Tarte au citron meringuée 373
    Tarte choco-café...374
    Tarte contemporaine aux pommes et romarin Recette
        de Johannes Bonin, chef pâtissier du Connaught à Londres.............375
Les desserts de grand-mère 377
    Riz au lait 377
    Îles flottantes aux pralines, crème anglaise à la rose, framboises 378
    Crème caramel...379
    Mousse au chocolat 379
    Marmelade d'abricots aux amandes 380
    Mille-feuilles à la vanille..381
    Pommes cuites...382
    Charlotte pour ma Charlotte 383
    Far breton 384
    Clafoutis aux figues et amande amère...385
    Crumble aux pommes et à la cannelle...386
    Poires pochées au vin rouge 387
Les gâteaux de voyage..388
    Cake au citron..388
    Marbré chocolat et vanille Bourbon 389
    Gâteau blanc, recette de Christine Ferber, pâtissière et confiseuse ...390
    Gâteau au yaourt 391
    Brownies au chocolat et aux noix 392
Les biscuits 393
    Cookies aux pépites de chocolat...393
    Shortbread 394
    Biscuits à la cuillère 394
    Madeleines 395
    Madeleines à l'huile d'olive...396
    Sablés au chocolat, recette de Christine Ferber,
        pâtissière et confiseuse..397
Les verrines...398
    Tiramisu à l'italienne 398
    Triffle aux fruits rouges 399
Les crèmes glacées et sorbets 399
    Crème glacée à la vanille Bourbon 399
    Crème glacée au chocolat 400
    Crème glacée au café..401

Crème glacée pruneaux/armagnac 401
Sorbet à la fraise 402
Sorbet à l'orange 402
Sorbet au cacao 403
Sorbet au yaourt 403

Quatrième partie : Recettes pour recevoir 405

Chapitre 15 : Plats uniques 407

Pourquoi un « plat de partage » ? 407
Les hachis Parmentier et gratins 408
    Hachis Parmentier 408
    Parmentier de boudin aux pommes et châtaignes 409
    Brandade de morue 410
    Cabillaud à la marseillaise 411
Les plats en sauce et ragoûts 412
    Bœuf bourguignon 412
    Osso-buco à la milanaise 413
    Salmis de pintade aux pruneaux d'Agen 414
    Civet de chevreuil 416
Les plats en cocotte 417
    Pot-au-feu 417
    Pain de viande, recette de Raphaël François,
       chef exécutif du Connaught à Londres 418
    Poulet basquaise 419
    Lapin à la moutarde 420
    Petit salé aux lentilles vertes du Puy 421
    Pavé de cabillaud, haricots maïs du Béarn et coquillages
       cuisinés ensemble au chorizo en cocotte de fonte 422
    Fricassée de lapin fermier aux olives et tomates séchées 423
Les tartes et tourtes 425
    Tarte fondante aux oignons doux des Cévennes, tomates,
       mozzarella et tapenade 425
    Pie anglaise aux saumon, crevettes et salsifis 426
    Tourte feuilletée de poulet et châtaignes au foie gras 428
    Focaccia aux oignons, tomates et anchois de Cantabrique 429
    Tarte aux pommes de terre et à l'andouillette basque 430

Chapitre 16 : Buffet et apéritifs 433

Les boissons 433
    Sangria 433
    Punch 434
    Orangeade/citronnade à la verveine fraîche
       et à la cardamome 435

Des tartinables 436
    Caviar d'aubergine 436
    Guacamole d'avocat Haas 436
    Purée de pois chiches 437
    Rillettes de maquereau 438
    Pâté de campagne 439
    Chutney de fruits exotiques 440
    Chutney de figues 441
Vive les cakes ! 442
    Cake chorizo et tomates séchées 442
À picorer 444
    Cœurs d'artichauts marinés à l'huile d'olive 444
    Pickles de betterave 445
    Tempura de poissons et légumes 445
À boire et à manger : les gaspachos 448
    Gaspacho de betterave et coriandre 448
    Velouté glacé de concombre à la menthe 448

Chapitre 17 : Les repas de fête, autour de dix produits d'exception 451

Le foie gras 452
    Terrine de foie gras de canard 452
    Foie gras de canard des Landes et fruits de saison poêlés,
    réduction de porto 453
    Crème brûlée au foie gras de canard des Landes 454
Les huîtres 455
    Huîtres gratinées au sabayon de champagne 455
    Tartare d'huîtres aux échalotes et au vinaigre de xérès 456
Le caviar 457
    Blinis, crème épaisse et caviar 457
    Œufs brouillés au caviar 458
    Blanc de turbot cuit à la nacre, beurre blanc au caviar 459
Le saumon 460
    Saumon d'Écosse façon gravlax 460
    Saumon poché au court-bouillon 461
    Pavé de saumon sauvage sauce champagne 462
Les coquilles Saint-Jacques 463
    Ceviche de Saint-Jacques 463
    Soupe de Saint-Jacques à la citronnelle 464
    Noix de coquilles Saint-Jacques rôties dans leur coquille
    à la fleur de thym, émulsion au curry vert 466
Les coquillages et crustacés 467
    Crab cake, recette du restaurant Espelette au Connaught à Londres . 467
    Galette de homard aux cèpes 468
    Tempura de gambas et piments landais aux graines de pavot,
    sauce « dolce-forte » 470

Le filet de bœuf 471
    Filet de bœuf Rossini 471
    Filet de bœuf en croûte 472
Le chapon 474
    Chapon jaune des Landes farci, cuit au pot comme une poule............ 475
    Chapon jaune des Landes, foie gras de canard des Landes,
        cèpes « Retour de Hanoï » 476
    Fricassée de chapon jaune des Landes au pacherenc moelleux 477
La truffe noire...478
    Burrata à la truffe noire..478
    Purée à la truffe noire 479
    Vinaigrette à la truffe 480
    Ravioles de noix de Saint-Jacques, émulsion de parmesan,
        truffe noire..480
    Crème glacée à la truffe noire 481
Le chocolat 482
    Gâteau au chocolat, d'après une recette de Suzy Palatin,
        auteur de livres de cuisine 482
    Tarte au chocolat et framboises 483
    Fondant au chocolat 484
    Bûche de Noël...485
    Profiteroles au café, sauce au chocolat fort 486
    Truffes au chocolat et armagnac 487

Cinquième partie : La partie des Dix 489

Chapitre 18 : Les dix recettes fétiches d'Hélène Darroze 491

Velouté de topinambours au goût de jambon 492
Soupe de perdreau aux châtaignes..493
Royale de potimarron aux champignons des bois, œuf poché,
    émulsion de parmesan 494
Riz noir à l'encre de seiche, chipirons et chorizo................................495
Noix de coquilles Saint-Jacques rôties en coquilles lutées................497
Langoustines rôties aux épices tandoori, mousseline de carottes
    aux agrumes, cébettes, coriandre et beurre noisette.......................498
Macaronade au foie gras de canard...499
Poulet fourré de cèpes sous la peau..500
Baba à l'armagnac 502
Panna cotta au coulis d'abricots...503

Chapitre 19 : Dix façons de penser comme un chef.......................505

Choisissez le meilleur des produits...505
Respectez les saisons 505
Apprenez à maîtriser les techniques de base 506

Préparez les ingrédients à l'avance 506
Sachez marier les herbes aromatiques et les épices 506
Prévoyez vos menus à l'avance 507
Ne soyez pas esclave des recettes 507
Allez au plus rapide 508
Prenez du plaisir..508
Et surtout, laissez parler votre coeur 509

Sixième partie : Annexe 511

Glossaire des termes culinaires courants 513

Index général.. 521

Index des recettes, par type de plat 525

Introduction

Que vous soyez un véritable chef ou que vous ne soyez pas capable de faire cuire un œuf, *La Cuisine pour les Nuls* peut vous aider. Contrairement aux livres de recettes traditionnels, cet ouvrage a une approche didactique destinée à expliquer les raisons de certains choix culinaires. Ainsi, lorsque vous aurez acquis suffisamment d'assurance, vous pourrez créer vous-même des plats uniques.

De nombreuses recettes sont proposées dans ce livre. Mais celui-ci n'est pas une simple compilation de recettes. Il décrit également les différents modes de cuisson : griller, cuire à la vapeur, braiser ou rôtir, par exemple. Lorsque vous maîtriserez ces techniques, vous ne serez plus esclave des recettes. Vous pourrez laisser libre cours à votre imagination et à votre créativité – comme le font les grands cuisiniers.

En apprenant à mieux cuisiner, non seulement vous développerez votre savoir-faire, mais vous aurez toujours quelque chose de bon à déguster, ce qui n'est pas la moindre des motivations.

Mais surtout, vous prendrez du plaisir à explorer l'infinité de saveurs que révèlent des ingrédients bien cuisinés. Et c'est bien le but de la cuisine.

Bonne nouvelle

Au cours des dix dernières années, la révolution culinaire nous a donné accès à des produits rares hors des cuisines des grands restaurants : légumes oubliés (topinambour, rutabaga, etc.), truffes, vinaigre aromatisé, fruits de mer exotiques, soupes glacées et toutes sortes d'huiles d'olive, pour n'en citer que quelques-uns. Dans le même temps, l'équipement des particuliers est devenu de plus en plus proche de celui des professionnels.

Gardons les pieds sur terre

Bien sûr, la technologie et les nouveaux produits ne font pas tout. Les qualités indispensables pour bien cuisiner n'ont pas changé depuis le XVIIe siècle. Il faut avant tout un fin palais, une bonne connaissance des modes de cuisson et des produits, une certaine dextérité dans le maniement des ustensiles, de la patience et de la passion – autant de vertus que ce livre va vous aider à acquérir.

Comment utiliser ce livre

Cet ouvrage commence par le tout début, c'est-à-dire la cuisine et l'équipement. À ce stade, il répond aux questions suivantes : Quels sont les ustensiles à votre disposition ? Comment les utiliser ? Il décrit ensuite les différents modes de cuisson pour que vous puissiez vous lancer dans l'élaboration de mets le plus tôt possible. Vous verrez, réussir dès le départ des plats simples apporte une véritable satisfaction personnelle.

L'utilisation que vous ferez de ce livre dépendra de vos besoins et de votre savoir-faire. Vous pouvez le lire de façon linéaire ou aller directement aux chapitres qui vous intéressent.

Aperçu des différentes parties de ce livre

Ce livre s'organise autour des modes de cuisson et des situations de la vie quotidienne. Il se compose de différentes parties, divisées en plusieurs chapitres traitant chacun d'un sujet précis. Voici un résumé de chaque partie.

Première partie : Entrez, ce n'est que la cuisine

La cuisine est la pièce la plus vivante de la maison, où les amis entrent sans se gêner, où les invités donnent un coup de main, et où les couples ont leurs plus belles disputes. Cette partie a pour but de vous aider à cuisiner en vous familiarisant avec l'environnement de la cuisine. Elle passe en revue l'organisation des éléments de celle-ci, le rangement des ustensiles, et l'utilisation optimale des placards et des plans de travail. Elle décrit aussi en détail la vaisselle et les couverts nécessaires pour cuisiner, comme les casseroles, les poêles, les couteaux, etc. Vous ferez vos premiers plats dès cette première partie en découvrant des recettes simples mais délicieuses qui vous donneront envie d'aller de l'avant.

Deuxième partie : Développez votre savoir-faire

Dans la deuxième partie, les choses se précisent. Chaque chapitre comprend des recettes illustrant un mode de cuisson : braiser, sauter, rôtir, griller, etc. Certaines recettes donnent lieu à des variantes qui vous montreront comment improviser avec aisance et maîtrise.

Troisième partie : Élargissez votre répertoire

La troisième partie présente un ensemble de recettes classées par catégorie : œufs, soupes, salades, pâtes, ragoûts et desserts. Vous apprendrez notamment à faire l'omelette parfaite, à bien doser une vinaigrette et à proposer de belles garnitures pour vos soupes. Plusieurs illustrations et tableaux (les différents types de pâtes, par exemple) accompagnent ces délicieuses recettes.

Quatrième partie : Recettes pour recevoir

La quatrième partie propose d'excellents menus pour les grandes tablées. Si vous recevez des amis prochainement et ne savez pas quoi leur servir, reportez-vous directement à cette partie pour leur préparer un menu complet ou un buffet accueillant.

Cinquième partie : La partie des Dix

Vous pensez que vous n'aviez plus rien à apprendre ? La partie des Dix va encore plus loin avec les recettes fétiches d'Hélène Darroze et diverses observations sur la cuisine.

Sixième partie : Annexe

La sixième partie comporte un glossaire, qui fournit la définition des termes culinaires courants.

Les icones utilisées dans ce livre

Les icones jalonnant ce livre ont pour but d'attirer votre attention sur certains passages pour différentes raisons. Voici leur signification :

TRUC — Conseils destinés à vous faciliter la vie, vous permettre de faire des économies ou accélérer le processus pour passer à table sans tarder…

ATTENTION ! — Mésaventures potentiellement dangereuses. N'oubliez pas que la cuisine comporte des risques.

À RETENIR — Informations à retenir absolument. Si votre mémoire ne peut contenir qu'un nombre limité d'informations, stockez-y d'abord celles-là.

SAVOIR-FAIRE — Techniques essentielles que vous devez pratiquer. Certaines sont faciles, comme presser une orange ; d'autres, comme découper un jambon, demandent davantage de concentration.

L'ASTUCE D'HÉLÈNE — Conseils et secrets d'Hélène Darroze illustrés par une toque.

QUE FAIRE ? — Solutions à apporter aux problèmes pouvant être posés par une recette – votre soufflé n'a pas gonflé, par exemple.

IMPROVISEZ — Variantes d'une recette utilisant des sauces ou des ingrédients différents.

RECETTE ILLUSTRÉE — Cette icone indique que la recette est illustrée dans les cahiers couleur.

Avertissement

Avant de vous lancer dans les recettes de ce livre, vous devez savoir quels types d'ingrédients nous avons choisi d'utiliser.

En voici la liste :

- **Lait entier** : Vous pouvez utiliser du lait écrémé ou demi-écrémé, mais le lait entier donne aux soupes et aux sauces une consistance plus crémeuse et plus épaisse. Il en est de même pour la crème fraîche.
- **Beurre doux** : N'utilisez pas de beurre salé pour savoir exactement quelle quantité de sel comporte votre plat. Nous ne recommandons pas la margarine, moins parfumée que le beurre et tout aussi calorique.
- **Œufs de gros calibre** : Sauf indication contraire.
- **Sel de table et poivre fraîchement moulu** : Nous indiquons rarement les quantités de sel et de poivre parce que chacun doit assaisonner à son goût. Goûtez votre préparation plusieurs fois puis salez et poivrez à votre convenance.

Hélène Darroze étant native du Pays Basque, elle cuisine avec de la graisse de canard et utilise du piment d'Espelette pour l'assaisonnement. Toutefois, dans toutes les recettes de ce livre, il est possible de remplacer la graisse de canard par une autre matière grasse, et le piment d'Espelette par du poivre.

Enfin, prenez les précautions suivantes :

- Lisez entièrement chaque recette pour vous assurer d'avoir tous les ingrédients et ustensiles nécessaires, de bien comprendre chaque étape et d'avoir suffisamment de temps pour la préparation (au début de chaque recette, sont indiqués la liste des ustensiles nécessaires, le temps de préparation et le temps de cuisson).
- Utilisez des casseroles et des poêles de la bonne taille lorsque celle-ci est précisée.
- Préchauffez votre four (ou votre gril) au moins 10 minutes avant de commencer la cuisson. Placez votre plat sur la grille du milieu, sauf indication contraire.

Première partie
Entrez, ce n'est que la cuisine

« ... parce que je suis plus à l'aise avec mes propres outils. Bon, combien de *temps* dois-je encore *travailler* la pâte ? »

Dans cette partie...

Vous ne vous sentez pas à l'aise dans votre cuisine ? Installez-vous tranquillement à votre plan de travail, nous vous aiderons à apprécier cet environnement dans lequel vous préparerez des mets plus délicieux les uns que les autres. Dans cette partie, vous allez découvrir l'aménagement d'une cuisine, les ustensiles, l'éclairage des plans de travail et le meilleur endroit où asseoir vos invités lorsqu'ils insistent pour vous regarder cuisiner. Vous vous ferez même la main avec quelques recettes qui plairont sans aucun doute à votre famille et à vos amis.

Chapitre 1
À la découverte de votre cuisine

Dans ce chapitre :

▶ Reconnaître dans la cuisine l'âme de la maison
▶ Faire de votre cuisine un lieu de convivialité et de partage en famille et entre amis
▶ Organiser votre espace de travail
▶ Faire de votre cuisine un endroit sûr

Que vous ayez une cuisine étroite avec un plan de travail de la taille d'une boîte de céréales ou une cuisine immense avec îlot central, ce chapitre peut vous aider à devenir plus efficace. Bien sûr, l'idéal est d'avoir beaucoup d'espace mais vous devez surtout savoir rentabiliser celui dont vous disposez. La cuisine de certains restaurants est minuscule. Pourtant, les cuisiniers sont efficaces car tout est en ordre et facilement accessible. Vous est-il déjà arrivé de ricocher sur les placards de votre cuisine à la recherche d'une spatule alors que votre omelette était en train de brûler ? Grâce à *La Cuisine pour les Nuls*, vous ne renouvellerez jamais cette expérience.

Outre l'aménagement de la cuisine, ce chapitre présente les différents appareils électroménagers – réfrigérateur, cuisinière, four à micro-ondes, etc. – afin que vous disposiez de toutes les informations nécessaires si vous devez en acheter ou remplacer les vôtres.

Pardonnez-nous si nous devenons un peu fleur bleue en répétant que la cuisine est l'âme de la maison, où les bons souvenirs se préparent en même temps que les poulets rôtis et les tartes aux pommes. Il se trouve que c'est vrai...

Pour commencer, voici six bonnes raisons d'apprendre à cuisiner :

✔ Le cuisinier est un marchand de bonheur.
✔ Vous apprenez à utiliser toutes sortes d'ustensiles rigolos (dont vous saurez quoi faire) et d'ingrédients avec lesquels il ne vous serait pas venu à l'idée de cuisiner ou que vous n'avez jamais osé cuisiner.

- Vous pouvez contrôler votre régime alimentaire au lieu de dépendre des victuailles douteuses produites à la chaîne.
- À la maison, vous avez la possibilité de faire plusieurs essais.
- Inviter des amis et des proches à domicile est beaucoup plus intime que d'aller au restaurant.
- Connaître les ingrédients qui composent un plat permet de distinguer les aliments de bonne qualité des autres. Qui sait ? Peut-être cultiverez-vous votre propre jardin potager le printemps prochain.

L'évolution de la cuisine moderne

Dans les années 1950, l'architecture des maisons avait tendance à cacher la cuisine. Cette pièce utilitaire où l'on allait uniquement lorsqu'on en avait besoin n'avait pas plus d'allure que le garage.

Aujourd'hui, la cuisine est la pièce la plus « design » de la maison : carrelage italien coloré aux murs, table ancienne, sol en terre cuite, îlot central et cuisinière high-tech composent cette pièce qui, loin d'être isolée du reste de la maison, donne directement sur le séjour. La cuisine devient un véritable lieu d'échange et de joie.

Le mode de vie plus personnel et plus décontracté d'aujourd'hui autorise ce qui aurait été fruste autrefois : assister à la préparation d'un plat. De plus, l'engouement pour une alimentation saine a fait de la cuisine la pièce la plus intéressante, voire la plus agréable, de la maison.

Les invités qui offriront leur aide seront les bienvenus. Ne les découragez pas, ils vous dévoileront peut-être leurs secrets !

Qui a besoin d'une grande cuisine ?

Vous n'avez pas besoin d'une merveilleuse cuisine pour faire un merveilleux repas. Cela dit, un espace de travail bien conçu rend la préparation plus aisée et plus plaisante. Les grandes cuisines de la fin du XIXe siècle obligeaient les cuisiniers à courir d'un endroit à un autre, ce qui était non seulement fatigant mais inefficace. En réalité, à cette époque, les cuisines les plus fonctionnelles étaient celles des wagons restaurants des trains.

Au début du XXe siècle, les architectes ont commencé à concevoir des espaces demandant un minimum de déplacements. Idéalement, en quelques pas, on avait accès à la glacière, à la huche à pain et aux paniers à légumes.

Dans les années 1980, la tendance s'est inversée et on a découvert des cuisines vastes, élégantes, lumineuses et plus étincelantes qu'une voiture de collection. Certaines étaient très fonctionnelles mais d'autres n'offraient la perspective que d'une pure perte de temps.

Les cuisines du nouveau millénaire se caractérisent par la satisfaction du besoin d'aisance et d'efficacité, les architectes se détachant de plus en plus du style « stade » du passé.

Du chaos à l'assurance : organiser votre espace de travail

Si vous voulez courir, inscrivez-vous dans un club de sport. Si la grande cuisine dans laquelle on peut manger en famille est tout à fait appropriée, il n'en reste pas moins que l'espace de travail doit être fonctionnel.

Vous devez pouvoir aller du plan de travail à la cuisinière et au réfrigérateur sans rencontrer la moindre gêne. Cet espace porte un nom : *le triangle de travail* (voir Figure 1-1). Si une table ou une plante est en travers de votre chemin, déplacez-la.

Le plan de travail

Le plan de travail doit être le plus large possible et maintenu propre et bien rangé. C'est l'endroit où vous préparez vos plats (généralement sur une planche à découper), empilez vos assiettes, posez vos ustensiles et autres robots et laissez traîner vos clés. Essayez de garder votre plan de travail en ordre. Si vous l'encombrez, vous ne pourrez plus vous en servir. N'y mettez que ce que vous utilisez fréquemment – la cafetière, le grille-pain et le mixeur, par exemple. Retirez tout ce qui occupe l'espace inutilement. Un plan de travail ne sert pas à poser des magazines, des bouteilles de vin, une plante ni l'annuaire téléphonique.

Vous pouvez poser des casseroles ou des poêles chaudes sur une plaque de granit ou un plan de travail carrelé. Cela dit, la plupart des plans de travail, y compris ceux en Corian (matière synthétique solide), ne résistent pas à la chaleur. En règle générale, posez vos casseroles et vos poêles chaudes sur la cuisinière ou sur un dessous-de-plat en céramique ou en métal.

Les différents matériaux du plan de travail

Si vous envisagez de changer votre plan de travail, sachez que vous avez le choix entre les matériaux suivants :

- **Le bois** est certes élégant, mais nous ne vous le conseillons pas. Le vernis a tendance à se craqueler et ses fissures emprisonnent les petites particules d'aliments. Il est donc important de laver régulièrement les plans de travail en bois avec de l'eau et du savon (et occasionnellement de l'ammoniaque et de l'eau de Javel).
- **Le marbre** est froid et donc idéal pour étaler une pâte car il ne colle pas. Ce matériau est très beau mais il est cher et se tache facilement.
- **L'inox**, bien qu'un peu criard et austère, est pratique sous de nombreux aspects. Il ne casse pas, ne rouille pas et ne ternit pas. C'est pourquoi il est souvent utilisé pour les éviers.
- **Le carrelage** est à la fois beau et fonctionnel à condition qu'il soit posé correctement. Cela dit, il a tendance à s'ébrécher et à s'user, surtout sous l'effet de la chaleur.
- **Les surfaces synthétiques** de toutes sortes sont extrêmement fonctionnelles. Le Corian est un matériau synthétique opalescent qui peut être taillé dans tous les sens, d'un seul bloc et donc sans jointure. Très solide et durable, il n'est toutefois pas résistant à la chaleur et coûte très cher.
- **Le stratifié**, comme le formica, n'est plus guère utilisé. Il est durable, relativement bon marché et se décline en plusieurs coloris. Néanmoins, il n'est pas résistant à la chaleur ni aux coupures.
- **Le granit** est un matériau idéal pour le plan de travail : très résistant en tout point, il ne se raye pas et a les mêmes propriétés que le marbre pour le froid.

L'éclairage

Il va sans dire qu'une cuisine doit être bien éclairée – surtout la cuisinière et le plan de travail. Si votre cuisine et votre salle à manger ne font qu'une seule pièce, optez pour un variateur de lumière. Ainsi, vous pourrez avoir une lumière vive à la cuisine et tamisée à la salle.

Vous pouvez aussi mettre des spots au-dessus de votre espace de travail. Il n'y a rien de pire que de faire la cuisine dans un environnement mal éclairé. Si nécessaire, ajoutez un néon au mur.

Chapitre 1 : À la découverte de votre cuisine 13

Le triangle de travail

Figure 1-1 :
Un triangle de travail bien agencé.

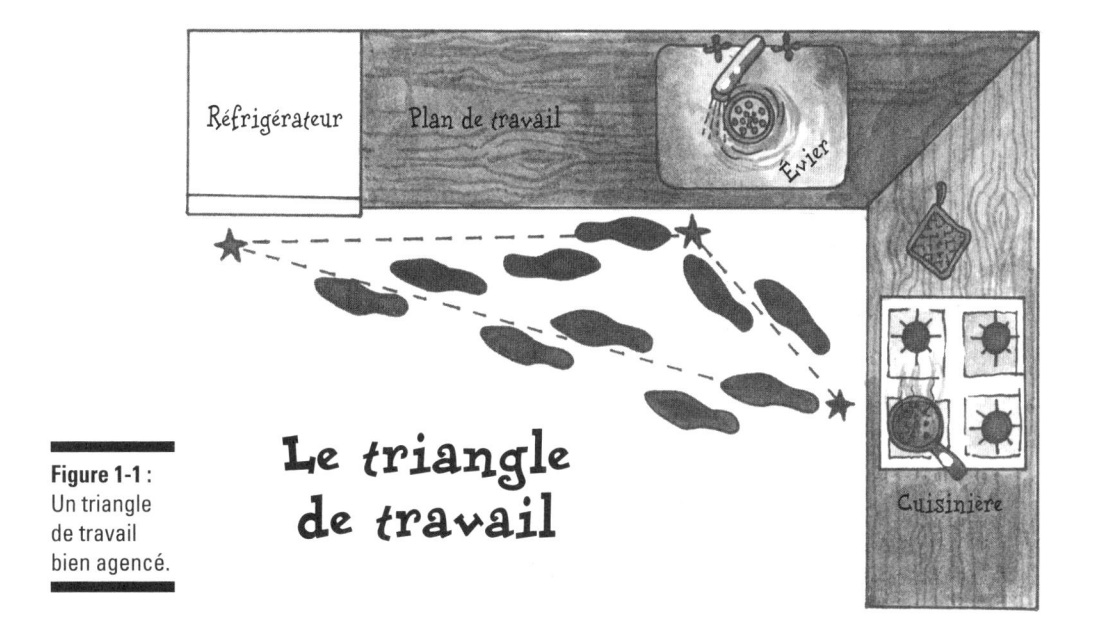

L'entreposage

Vous n'aurez jamais trop de rangements. Pour le moment, vous devez faire avec ce que vous avez quitte à être particulièrement créatif.

L'entreposage à sec

L'*entreposage à sec* concerne tout ce qui n'est ni réfrigéré ni congelé. Il existe de nombreux placards fonctionnels, ainsi que des casiers, des dessertes et autres meubles à roulettes pouvant être glissés sous le plan de travail.

Vous pouvez ranger les haricots secs, les pâtes, la farine, le thé et le café dans de gros bocaux en verre que vous disposerez sur une étagère. Les produits que vous utilisez tous les jours (sucre, sel, poivre, piment d'Espelette) devront être le plus près possible de votre cuisinière ou de votre plan de travail. Ne négligez pas l'espace vertical de votre cuisine : fixez des étagères sur les murs disponibles. Enfin, pensez à mettre les produits ou le matériel dont vous ne vous servez pas fréquemment dans les placards.

Rangez les couteaux dans un billot ou sur un porte-couteaux magnétique fixé au mur, hors de portée des enfants. Dans un tiroir, les couteaux prennent trop de place et s'émoussent rapidement.

> L'îlot central est une option très efficace car il contient beaucoup d'espace de stockage. De plus, il peut être utilisé comme table. Si vous n'avez pas d'îlot (et si vous avez suffisamment de place), envisagez d'investir dans un billot avec étagères.

L'entreposage en milieu humide

L'*entreposage en milieu humide* ne vous laisse pas beaucoup le choix. Le réfrigérateur avec compartiment congélation doit se situer à proximité de votre plan de travail. Si vous avez un congélateur indépendant, vous pouvez le mettre dans une autre pièce ou même au sous-sol.

L'évacuation

Une bonne évacuation est essentielle au confort de la cuisine. De nombreux systèmes d'évacuation sont inappropriés pour les personnes qui cuisinent beaucoup, que ce soit à la poêle ou au four. Il est conseillé d'investir dans une hotte équipée d'un filtre et d'un conduit qui expulse la fumée au dehors. Certaines sont rétractables lorsqu'elles ne sont pas activées. Mais il existe aussi des systèmes à tirage vers le bas, qui aspirent l'air sous les tables de cuisson. Si ces systèmes permettent de gagner de l'espace, leur efficacité est limitée par la tendance de l'air chaud à s'élever.

Les appareils électroménagers

Les appareils ménagers sont de plus en plus perfectionnés. Bien sûr, à moins que vous n'envisagiez d'en changer, vous allez devoir utiliser ceux dont vous disposez. Cependant, pour utiliser de façon optimale votre matériel, vous devez en connaître les points forts et les points faibles.

Les fours et les cuisinières

La technologie a fait son entrée dans les cuisines. Nous disposons aujourd'hui d'appareils électroménagers high-tech tels que les plaques à induction basées sur la présence d'un champ magnétique, les fours à induction ou les fours vapeur, pour n'en nommer que quelques-uns. Toutes ces inventions déjà utilisées par les professionnels arrivent peu à peu dans les foyers.

La cuisson au gaz

La cuisson au gaz est très répandue. Elle permet d'augmenter ou de réduire la flamme très rapidement, ce qui est important pour sauter et faire des sauces.

Les cuisinières à gaz utilisées par les professionnels sont extrêmement puissantes et peuvent réduire le temps de cuisson de 25 % mais les cuisinières classiques conviennent parfaitement.

Si votre cuisinière à gaz a plus de dix ans, assurez-vous que les brûleurs ne sentent pas le gaz. Les nouveaux modèles sont équipés d'un système d'allumage électronique. Il n'y a donc pas de flux de gaz dans l'appareil tant que celui-ci n'est pas allumé. Si vous repérez une odeur de gaz, c'est qu'il y a une fuite. Cette défaillance est dangereuse. Contactez immédiatement votre compagnie du gaz. N'utilisez pas votre gazinière ni aucun appareil électrique, pas même les lampes de la cuisine, car la moindre étincelle peut provoquer une explosion.

La chaleur électrique

Les appareils électriques sont devenus très populaires après la deuxième guerre mondiale. Ils semblaient à la fois propres, faciles à utiliser et modernes. Cela dit, ils ont un temps de réponse relativement lent. La réduction de la chaleur pour passer de feu vif à feu doux peut prendre une minute alors qu'elle est presque instantanée dans la cuisson au gaz. Cependant, de nombreux professionnels apprécient la précision et l'homogénéité des fours électriques, notamment pour la pâtisserie.

L'induction

L'induction est une nouvelle forme de transmission de la chaleur. Certains professionnels sont si impressionnés par ce système qu'ils sont convaincus qu'il remplacera les autres dans les dix prochaines années.

La cuisson par induction est un phénomène spécifique, qui fonctionne selon un principe de transfert magnétique – la chaleur passe du brûleur à la poêle via une force magnétique. Si vous placez une serviette en papier entre le brûleur et la poêle, elle ne chauffe pas. Grâce à ce système, vous pouvez faire bouillir deux litres d'eau en une minute. Toutefois, les plaques à induction requièrent l'utilisation d'une batterie conçue dans un métal susceptible d'attirer un aimant, comme l'inox. Le cuivre et le verre, par exemple, sont inappropriés. Détail non négligeable, les plaques à induction sont chères.

Les fours à air pulsé

Les chefs cuisiniers utilisent les fours à air pulsé depuis des années. Si vous souhaitez investir dans l'électroménager, nous vous recommandons ce type de four. Un petit ventilateur situé à l'arrière du four fait circuler l'air autour des aliments pour les cuire de façon rapide et régulière. Le temps de cuisson et la température nécessaires sont réduits d'environ 25 %, si bien que la plupart des fabricants conseillent de diminuer la température de cuisson indiquée dans les recettes d'environ 25 degrés. Certains fours sont équipés d'une fonction de cuisson à air pulsé pouvant être activée manuellement.

Si le four à air pulsé encastrable dépasse votre budget, optez pour le four-grilloir à air pulsé, plus petit et moins cher, notamment si vous cuisinez pour une ou deux personnes. Ce type de four peut cuire, rôtir et griller, et nécessite un temps de cuisson plus court que les fours traditionnels.

Les fours à micro-ondes

La cuisson aux micro-ondes se différencie de tous les autres types de cuisson conventionnelle et fonctionne selon ses propres règles. Bien que la plupart des foyers aient un four à micro-ondes, ils sont essentiellement utilisés pour réchauffer ou décongeler. Si c'est l'usage que vous souhaitez en faire, un modèle avec seulement deux niveaux de puissance vous suffira. Si vous n'avez pas beaucoup d'espace, optez pour la combinaison four traditionnel/four à micro-ondes, qui réunit les deux types de cuisson en un seul appareil.

Les micro-ondes ne traversent pas le métal. Vous ne pouvez donc pas utiliser votre batterie de métal traditionnelle. Utilisez uniquement des récipients en pyrex, en plastique (adaptés au micro-ondes), en porcelaine ou en céramique. Dans certains fours à micro-ondes, il est possible de couvrir les plats d'une feuille de papier d'aluminium à condition que celle-ci ne touche pas les parois du four ni la sonde de température. Consultez le mode d'emploi de votre appareil pour voir s'il permet l'utilisation de papier d'aluminium. Les récipients placés dans un four à micro-ondes ne doivent pas chauffer. S'ils chauffent, ils ne sont probablement pas adaptés à ce type de cuisson.

La technologie du micro-ondes

Le four à micro-ondes est équipé d'un tube électronique appelé magnétron, qui produit des micro-ondes à partir de l'électricité. Ces micro-ondes traversent les matériaux tels que le verre, le papier, la porcelaine et le plastique et se transforment en chaleur lorsqu'elles entrent en contact avec les molécules du produit. Elles provoquent une rotation si rapide des molécules d'eau contenues dans les aliments que celles-ci vibrent, créent une friction et de la chaleur.

Les micro-ondes ne cuisent pas complètement les aliments. Elles pénètrent la surface et se diffusent sur cinq centimètres maximum. La chaleur est communiquée au reste des aliments par conduction.

Chapitre 1 : À la découverte de votre cuisine

Voici un tableau récapitulatif des principaux types de fours et de cuisinières :

Tableau 1-1 Matériels de cuisson et utilisation

NOMS	TYPES	TECHNOLOGIES	AVANTAGES	INCONVÉNIENTS	UTILISATIONS
LES FOURS	classiques ou cuisinière	à gaz ou électrique. Chaleur statique au-dessus et au-dessous selon choix, plus gril.	Faible coût à l'achat.	Ne chauffe pas de façon régulière, cela peut brûler à certains endroits.	Pour les cuissons de gratins, gâteaux de type biscuit…
	air pulsé	à gaz ou électrique. La chaleur est en mouvement grâce à une hélice. Plus un gril.	Cuisson régulière et rapide.		Cuisson de tous rôtis, gratins, gâteaux…
	micro-ondes	électrique, par l'action d'un magnétron, les molécules d'eau se frottent les unes aux autres, s'échauffent et provoquent la cuisson. Gril en option.	Très rapide, il convient à des petites pièces. Faible coût à l'achat et surtout à l'utilisation. Peut griller rapidement grâce à un gril à quartz.	Ne convient pas aux grosses pièces. Demande une certaine expérience au début.	Cuisson des légumes, pré-cuisson de viande ou de poisson avant finition au gril.
	vapeur	muni d'une chaudière et d'une porte étanche, la cuisson se fait à la vapeur avec pression.	Permet de cuire très vite les légumes et petites viandes blanches ou poissons, crustacés…	Très cher et ne servant qu'à la cuisson vapeur. Peu répandue chez les particuliers.	Pour les cuissons des légumes vapeur, des petites pièces de viande et poissons, des crustacés, ou de certains gâteaux.

Tableau 1-1 Matériels de cuisson et utilisation (suite)

NOMS	TYPES	TECHNOLOGIES	AVANTAGES	INCONVÉNIENTS	UTILISATIONS
LES PLAQUES DE CUISSON	moitié gaz / moitié électrique. Se trouvant souvent sur une cuisinière.	très répandue, se compose de 2 à 3 brûleurs à gaz et d'une plaque électrique à résistance simple.	Permet de saisir sur le gaz et de mijoter sur la plaque. Faible coût à l'achat.	Il n'est pas facile de régler la cuisson.	Tous types de cuisson à la poêle, au sautoir, en marmite ou colorer en cocotte avant d'enfourner…
	électriques à induction	un champ magnétique vient directement chauffer le matériel de cuisson.	Très rapide, ne chauffe que le matériel. Économique en énergie.	Nécessite du matériel adapté à l'induction, plus coûteux.	Toutes cuissons y compris les mijotés car on peut régler aisément la puissance.
	électriques à halogène	une lampe halogène vient chauffer la plaque de cuisson puis le matériel posé au-dessus.	Esthétique.	Consomme de l'énergie, les vitres des plaques s'altèrent avec l'utilisation. Il n'est pas facile de régler la puissance.	Tous types de cuisson rapide. Pas idéal pour mijoter.
	électriques à vitrocéramique	une petite résistance de la taille d'un filament vient chauffer des parties en céramique. Cela vient chauffer la plaque puis le matériel.	Esthétique et moins coûteux que l'halogène.	Gourmand en énergie. S'altère à l'utilisation car les petites résistances sont fragiles.	Tous types de cuisson rapide. Idéal pour mijoter.

Tableau 1-1 Matériels de cuisson et utilisation (suite)

NOMS	TYPES	TECHNOLOGIES	AVANTAGES	INCONVÉNIENTS	UTILISATIONS
GRIL	à gaz ou électrique	résistances électriques ou brûleurs à gaz recouverts de pierre de lave.	Saisi très rapidement, permet de donner un bon goût de grillé et de cuire sans matières grasses.	La cuisson produit de la fumée et il faut absolument une évacuation.	Pour griller les viandes ou poissons, légumes et papillotes.
LES PLAQUES COUP DE FEU	à gaz	un grand brûleur vient chauffer une plaque en fonte ou en inox.	Très pratique pour les cuissons longues ou bien les soupes, les bouillons. Cuisson douce et régulière. On peut également cuire plusieurs choses en même temps.	La plaque étant très chaude, il faut faire attention au risque de brûlure.	Pot-au-feu, poule au pot, soupes, veloutés, bouillons. Saisir les grosses pièces avant de les enfourner.

Le four à micro-ondes ne convient pas à la cuisson de viandes grillées, de gâteaux ni de tout autre aliment devant être doré – à moins qu'il ne soit équipé d'un système de brunissage. Utilisez-le pour ce qu'il fait le mieux, en complément des autres appareils électroménagers. Par exemple, vous pouvez précuire un poulet en quelques minutes au micro-ondes et en terminer la cuisson au grilloir ou sur le gril. Voici quelques conseils concernant l'utilisation du four à micro-ondes :

- Les recettes qui requièrent beaucoup d'eau, comme les pâtes, ne sont pas très adaptées au micro-ondes et cuisent probablement plus vite sur une cuisinière.
- Pour une cuisson homogène, les aliments doivent être de taille identique, ne les collez pas trop les uns aux autres et laissez un espace au centre du plat afin que les ondes puissent circuler facilement.
- Couvrez vos plats. Non seulement vous éviterez les éclaboussures mais cette technique réduira le temps de cuisson. Remuez fréquemment les aliments pour une bonne distribution de la chaleur.

- Comme dans la cuisson traditionnelle, couper les aliments en petits morceaux réduit le temps de cuisson.

- Avant la cuisson, percez avec une fourchette les aliments qui ont une peau, comme les pommes de terre et les saucisses. Cette technique permet à la vapeur de s'échapper au lieu de provoquer éclatements et éclaboussures.

- Certaines variables, dont le type de micro-ondes utilisé, peuvent influencer le temps de cuisson indiqué dans les recettes. Optez pour un temps de cuisson réduit et évaluez la progression de la cuisson régulièrement. En outre, laissez reposer quelques minutes si la recette l'exige car la cuisson continue après que vous avez retiré le plat du four.

- Utilisez la fonction décongélation (30 à 40 % de la puissance maximale) lorsque vous décongelez des aliments pour obtenir un résultat homogène. Sinon, l'extérieur risque de commencer à cuire avant que l'intérieur ne soit complètement décongelé.

Lisez le mode d'emploi de votre four à micro-ondes attentivement avant d'utiliser celui-ci. Une de nos connaissances a détérioré son four en l'utilisant comme simple minuteur. Elle ne savait pas qu'un micro-ondes ne doit jamais tourner à vide, ce qui est pourtant précisé dans tous les modes d'emploi.

Le réfrigérateur

Les réfrigérateurs sont les trous noirs de la cuisine – les objets tombent dedans et ne réapparaissent jamais, du moins jusqu'au prochain grand nettoyage. À ce moment-là, les restes refont surface à l'état de compost ! Et qu'y a-t-il dans cette petite boule d'aluminium ? *N'ouvrez surtout pas !*

Il existe des réfrigérateurs de toutes les tailles. Une famille de quatre personnes nécessite une capacité d'au minimum 200 litres pouvant aller jusqu'à 500 litres (si vous avez un adolescent à la maison, il vous faut carrément un deuxième réfrigérateur !). Si vous utilisez souvent le congélateur, mieux vaut que le compartiment soit placé en haut plutôt qu'en bas. Assurez-vous que l'ouverture de la porte est compatible avec l'aménagement de votre cuisine. Vérifiez également que les balconnets de la contre-porte sont suffisamment espacés pour contenir une bouteille debout. Les balconnets trop rapprochés ou trop compartimentés occasionnent la perte beaucoup d'espace.

Essayez de ne pas trop remplir votre réfrigérateur afin que l'air froid ait suffisamment d'espace pour circuler autour des aliments. Rangez toujours vos aliments à la même place pour ne pas avoir à chercher votre petit pot de moutarde ou de confiture à chaque fois que vous en avez besoin.

Le haut du réfrigérateur est l'endroit le plus froid. Stockez-y la viande, la volaille et le poisson et les plats cuisinés. Stockez dans la zone intermédiaire les fromages et autres produits laitiers (les fromages, ainsi que tout produit odorant, doivent être stockés dans des boîtes hermétiques facilement empilables). Utilisez le bac à légumes pour les fruits et légumes frais. Les salades vertes et les herbes feuillues peuvent être lavées, soigneusement séchées et enveloppées dans du papier absorbant pour en allonger la durée de conservation. Les autres légumes, comme les brocolis et les choux-fleurs, doivent être lavés juste avant d'être consommés. Tout excès d'eau dans un légume réfrigéré peut accélérer sa putréfaction.

Jetez les vieux restes de nourriture environ toutes les deux semaines et nettoyez votre réfrigérateur à l'eau savonneuse tous les mois. Pour absorber les odeurs, placez au fond d'une clayette une boîte ouverte de bicarbonate de soude que vous remplacerez tous les deux à trois mois.

Comment éviter les accidents domestiques

Votre pire cauchemar est peut-être de servir un plat qui fait hurler de rire vos invités dès qu'ils ont tourné les talons. C'est humiliant, sans doute, mais dites-vous qu'il y a plus grave.

Faites attention lorsque vous utilisez des couteaux tranchants comme une lame de rasoir. Regardez ce que vous faites car, si vous glissez, vous pouvez vous blesser sérieusement. Les couteaux dont la lame est émoussée peuvent aussi être dangereux car ils vous obligent à appuyer davantage. Voici quelques règles de sécurité incontournables :

- Rangez les couteaux dans un porte-couteaux en bois ou sur une barre magnétique et non dans un tiroir.
- Ne cuisinez jamais avec des vêtements amples qui risquent de prendre feu.
- Ne cuisinez jamais avec des pendentifs qui risquent de s'accrocher aux poignées des poêles et des casseroles.
- Idéalement, à l'achat, il est préférable d'opter pour des poêles et casseroles munies de poignées isolantes. Les professionnels ont les mains en amiante à force de manipuler des plats chauds, mais pas vous ! Ayez toujours des maniques à portée de main et utilisez-les systématiquement.
- Tournez les poignées des casseroles et des poêles sur les côtés de la cuisinière afin que les enfants ne puissent pas les saisir et que les adultes ne s'y accrochent pas.

- Ne laissez pas trop longtemps les produits frais à température ambiante, surtout lorsqu'il fait chaud. La viande ou le poisson cru et les produits laitiers peuvent s'abîmer rapidement. Mettez-les sans attendre au réfrigérateur ou au congélateur.
- Essuyez ce que vous renversez immédiatement pour éviter que quelqu'un glisse et tombe au milieu de la cuisine.
- Ne cuisinez pas l'esprit ailleurs car vos doigts pourraient se retrouver ailleurs eux aussi.
- Séparez la viande crue, notamment la volaille, des autres produits dans votre réfrigérateur pour éviter que les bactéries passent d'un aliment à un autre.
- Lavez-vous les mains avant de manipuler de la nourriture. Vos mains sont le siège privilégié de bactéries en plus ou moins grand nombre selon ce que vous avez fait dans la journée. Lavez-les aussi après avoir manipulé de la viande ou de la volaille.
- Pour éviter de chercher dans l'urgence, remettez toujours les ustensiles à leur place.
- Nettoyez au fur et à mesure. Certains n'hésitent pas à se faire un sandwich au thon et à laisser le plan de travail en l'état. Lavez la vaisselle sale, passez un coup d'éponge sur votre plan de travail et rangez les ingrédients au fur et à mesure que vous n'en n'avez plus besoin. Ainsi, vous saurez où vous en êtes et votre chat ne viendra pas laper les bols vides. De plus, votre spatule ou votre fouet sera propre lorsque vous en aurez besoin pour la prochaine étape de votre recette.
- Pensez à mettre un extincteur dans votre cuisine. Cette précaution ne vous coûtera pas cher et peut vous prémunir de la catastrophe.
- L'huile et l'eau ne font pas bon ménage. Si de la graisse prend feu, ne jetez surtout pas d'eau dans la poêle sinon le feu se répandra tout autour. Si le feu se déclare dans une cocotte ou une casserole, commencez par couper la source de chaleur (gaz, électricité) puis recouvrez le feu avec un linge humide ou étouffez-le avec un couvercle. Enfin, s'il se déclare dans votre four, quelques poignées de bicarbonate de soude ou de sel devraient réduire sa teneur en oxygène et vous laisser le temps d'attraper l'extincteur.

Chapitre 2
Les ustensiles de cuisine

Dans ce chapitre :
▶ Identifier les ustensiles dont vous avez besoin
▶ Bien connaître sa batterie de cuisine, du cuivre à l'inox
▶ Choisir ses couteaux et les utiliser correctement
▶ Utiliser les différents appareils électriques et moules à gâteaux
▶ Prendre soin de vos ustensiles
▶ Commencer à cuisiner des recettes faciles

Les recettes de ce chapitre
▶ Steak au poivre long
▶ Crêpes
▶ Omelette
▶ Poulet sauté et jus réduit, petits lardons
▶ Œufs brouillés
▶ Navarin d'agneau parfumé au cumin
▶ Sauce béchamel au parmesan
▶ Joue de bœuf de Chalosse braisée au vin de Madiran
▶ Poulet rôti
▶ Gratin dauphinois
▶ Salade toscane de légumes croquants à la ventrèche de thon

Les ustensiles de cuisine s'apparentent aux voitures. Lorsque vous venez d'avoir votre permis de conduire, n'importe quelle voiture d'occasion vous contente. Mais au fur et à mesure que vous devenez un conducteur expérimenté, vous rêvez d'avoir le tout dernier modèle. De même, lorsque vous découvrez la cuisine, les ustensiles et appareils de base vous suffisent mais vous avez rapidement besoin de matériel plus sophistiqué.

Apprendre à utiliser les ustensiles de cuisine correctement, un couteau de chef, par exemple, n'est pas du temps perdu. Et c'est précisément l'objet de ce chapitre.

Si vous débutez ou si vous avez un budget limité, commencez par investir dans les ustensiles de base suivants (vous en trouverez une description détaillée plus loin dans ce chapitre) :

▶ **Le couteau de chef de 25 cm** : vous pouvez couper et trancher plus de 80 % des aliments avec ce couteau.
▶ **Le couteau d'office** : pour peler et évider les fruits et légumes.

- **La poêle à frire antiadhésive de 25 cm** : cette poêle convient à de nombreux modes de cuisson. Vous l'utiliserez notamment pour sauter, faire frire des œufs ou braiser de petites quantités d'aliments.
- **La casserole de 3 litres** : pour faire cuire les légumes, le riz, les soupes, les sauces et une petite quantité de pâtes.
- **La marmite à bouillon de 10 litres avec couvercle** : pour faire des bouillons ou de grandes quantités de soupe, de pâtes et de légumes. Vous utiliserez sans doute cette marmite plus souvent que vous ne le pensez.
- **Le cuiseur à vapeur combinable (adapté à la casserole de 3 litres)** : pour cuire à la vapeur légumes, poisson et fruits de mer.
- **Le cuiseur vapeur électrique ou à gaz**, type couscoussier ou autre : pour cuire les légumes verts ou les poissons de petite taille.
- **Le plat à rôtir** : pour rôtir toutes sortes d'aliments.
- **Le mixeur électrique** : cet appareil ne hache pas les aliments aussi bien qu'un robot mais permet de préparer rapidement sauces (chapitre 8), soupes, purées et cocktails. Le mixeur plongeant type girafe est idéal pour réaliser des purées et émulsions.
- **Le verre doseur** : pour ne pas rater vos recettes en négligeant les proportions.
- **La passoire** : pour passer certaines sauces et soupes mais aussi les pâtes et les salades.
- **Le thermomètre à viande** : comme son nom l'indique…
- **Le minuteur** : pour maîtriser parfaitement les temps de cuisson.
- **La friteuse électrique** : pour frire les légumes, viandes et poissons de petite taille.
- **La mandoline** : pour couper les légumes en forme de frites, de disques plats ou dentelés et en bien d'autres formes encore. Les nouveaux modèles en fibre de verre et en inox sont chers mais il existe des mandolines en plastique très bon marché. Reportez-vous à la figure 2-1 pour une illustration de l'utilisation de cet ustensile.
- **L'épluche-légumes, le moulin à poivre, la râpe à fromage, la spatule en plastique et les cuillères en bois** : n'achetez pas de gadgets inutiles ; ces ustensiles vous suffiront amplement si vous faites vos débuts en cuisine.

Ce chapitre fournit une description détaillée des principaux ustensiles mais aussi des conseils concernant les matériaux – inox, cuivre, aluminium, etc. –, la taille des ustensiles et la qualité des appareils. Retenez bien le nom de chaque article, surtout si vous envisagez de faire des achats par correspondance.

Figure 2-1 : Comment utiliser une mandoline.

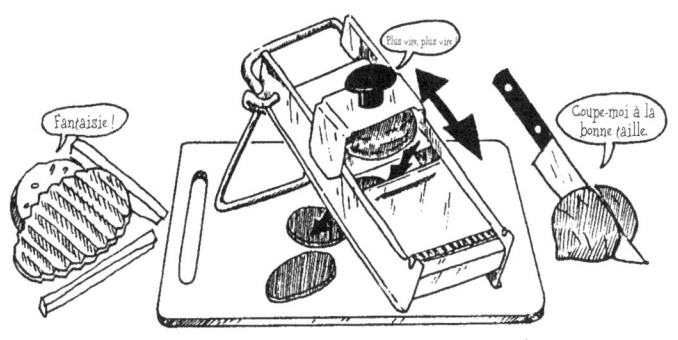

Comment utiliser une mandoline

Posez la mandoline sur une planche à découper. Choisissez une lame et ajustez-la à l'épaisseur souhaitée.

Si le légume est trop volumineux pour tenir dans l'emplacement situé sous la poignée, coupez-le à la bonne taille. Appuyez fermement sur le légume en faisant des mouvements de va-et-vient contre la lame. Les tranches tomberont sur la planche à découper !

Prenez le temps de comparer les prix

Aucun prix n'est indiqué dans la liste qui suit car la marge des détaillants varie énormément d'un magasin à un autre et peut aller de 50 à 100 % du prix de gros. Par exemple, une sauteuse en inox avec fond en aluminium ou en cuivre de 25 cm peut coûter jusqu'à 100 € dans une quincaillerie et 20 à 30 % de moins dans un supermarché. Par conséquent, nous vous recommandons de comparer les prix dans plusieurs points de vente, y compris sur Internet.

Poêle ou marmite ? La batterie de cuisine

Un récipient composé de deux poignées et d'un couvercle fait partie de la catégorie des *marmites*. Les *poêles* ont une longue queue et peuvent avoir un couvercle ou non. Cette section décrit les différents types de marmites et de poêles et l'utilisation que vous pouvez en faire.

Voici quelques conseils pour ceux qui souhaitent se constituer une bonne batterie de cuisine :

✔ **Tenez compte de la façon dont vous cuisinez**. Par exemple, si vous cuisinez avec peu ou pas de matière grasse, investissez dans des modèles antiadhésifs.

- **Méfiez-vous des séries complètes, sauf si vous avez la certitude d'en utiliser tous les éléments.** Les séries sont limitées à un type et à un style de matériel alors que vous aurez sans doute besoin de différents récipients.
- **Avant d'acheter une poêle, tenez-la par la queue.** Vous devez avoir la queue bien en main. Demandez-vous si vous avez besoin d'une queue isolante ou si vous avez l'habitude d'utiliser une manique.
- **Pensez à l'aspect extérieur de votre batterie.** L'apparence a son importance si vous souhaitez présenter vos repas dans les plats de cuisson. L'inox et le cuivre font toujours bonne impression.
- **Offrez-vous la meilleure qualité que vous pouvez vous permettre d'acheter.** Mieux vaut investir dans la qualité que de devoir remplacer régulièrement des casseroles et des poêles qui s'usent au bout de quelques années.

Les poignées des casseroles et des poêles n'offrent pas toutes la même résistance à la chaleur. De nombreuses poignées en métal sont conçues pour résister à des températures extrêmes. Mais n'oubliez pas que la cuisson d'un plat peut commencer sur la cuisinière et se terminer au four ou au gril. Ne prenez pas de risque. Partez du principe qu'une poignée peut être brûlante même si elle est de bonne qualité. Utilisez toujours une véritable manique. Ne vous contentez pas d'un torchon en coton, qui peut prendre feu et ne constitue pas une protection satisfaisante.

Sauteuse en fonte

La sauteuse en fonte, illustrée à la figure 2-2, a fait son entrée dans les cuisines européennes il y a plusieurs siècles et surpasse encore la batterie contemporaine sous de nombreux aspects (pour dorer, par exemple). De plus, sa durée de vie est supérieure à celle de la plupart des autres sauteuses et son prix, moins élevé.

Figure 2-2 : Utilisez une sauteuse en fonte pour faire dorer les aliments que vous faites revenir dans de la matière grasse.

Chapitre 2 : Les ustensiles de cuisine

Avant la première utilisation, enduisez votre sauteuse en fonte d'huile végétale et faites-la chauffer à feu doux sur votre cuisinière pendant environ deux minutes. Ne la récurez pas avec une éponge métallique et, après chaque lavage, essuyez-la soigneusement pour éviter qu'elle rouille. Optez de préférence pour une sauteuse avec un bec pour déverser la graisse.

Steak au poivre long

difficulté ★★★   temps ★★★   coût €€€

Ustensiles : Sauteuse en fonte, spatule en bois ou en polycarbonate (plastique) qui ne raye pas, râpe pour le poivre long
Temps de préparation : 5 minutes
Temps de cuisson : 4 à 6 minutes
Temps de repos : 4 à 6 minutes
Quantité : 4 personnes

4 steaks épais dans le filet de rumsteck
2 grains de poivre mignonnette
20 g de graisse de canard
1 verre de jus de rôti de volaille
1 cuil. à soupe d'armagnac
½ verre de vin blanc
1 cuil. à soupe de crème fraîche épaisse
Sel fin de Guérande
Piment d'Espelette

- Faites mariner une heure avant les steaks dans le poivre mignonnette râpé.

- Chauffez la sauteuse doucement (ce n'est pas la peine de la surchauffer). Faites-y fondre la graisse de canard. Quand celle-ci commence à frémir, faites dorer les steaks 3 minutes de chaque côté pour une cuisson saignante. Ne remuez pas la sauteuse pendant la coloration. Selon la cuisson voulue, le temps de cuisson peut varier du simple au double.

- Retirez les pièces de viande et laissez-les reposer sur le plan de travail dans une assiette retournée ou sur une grille posée sur une assiette afin de récupérer le jus. Le temps de repos équivaut au temps de cuisson.

- Déglacez les sucs de cuisson avec l'armagnac hors du feu, faites-le flamber et réduisez. Ajoutez le jus de rôti et réduisez encore.

- Passez les viandes 2 minutes au four à 100 °C (th. 3/4), pour les chauffer. Ajoutez la crème épaisse à votre sauce, faites réduire quelques instants et rectifiez l'assaisonnement.

✒ Servez les steaks dans un plat avec la moitié de la sauce, proposez le reste dans une saucière bien chaude.

Vous pouvez servir ce plat avec des frites, un gratin de macaroni ou une salade.

L'ASTUCE D'HÉLÈNE

Vous pouvez utiliser d'autres poivres : poivre Sarawak, poivre de Lampong, poivre noir…

Crêpière

Si vous avez des enfants, investissez dans une crêpière, poêle très plate et antiadhésive idéale pour les crêpes mais aussi pour le bacon et autres aliments de ce genre.

Crêpes

difficulté ✶✶✶   temps ✶✶✶   coût €€€

Ustensiles : Crêpière, bol en inox ou saladier pour la pâte, fouet, louche, fine spatule en bois, fourchette (sur laquelle on piquera une demi-pomme de terre charlotte pour passer l'huile sur le fond de la crêpière)

Temps de préparation : 10 minutes

Temps de repos : 2 heures

Quantité : 4 personnes

50 g de farine de type 55

4 œufs

50 cl de lait

1 pincée de sel

50 g de beurre

1 sachet de sucre vanillé

5 cl de rhum

5 gouttes d'eau de fleur d'oranger

1 orange

1 citron jaune

✒ Dans un saladier, versez la farine tamisée, une pincée de sel et le sucre vanillé. Faites un puits au milieu et cassez-y les œufs. Mélangez avec le fouet, versez petit à petit le lait pour détendre la pâte. Une fois la pâte bien mélangée et lisse, versez une cuillerée à soupe de rhum brun, cinq gouttes d'eau de fleur d'oranger et râpez quelques zestes d'orange. Laissez reposer 2 heures.

- Chauffez la crêpière, trempez la pomme de terre (épluchée et taillée en deux) dans l'huile de cuisson, passez rapidement la pomme de terre sur le fond de la crêpière.
- Versez une petite louche de pâte et répartissez-la en inclinant la crêpière et en faisant un mouvement circulaire.
- Quand les bords sont dorés, retournez la crêpe en la faisant sauter ou alors à l'aide d'une spatule en bois. Laissez dorer à nouveau puis servez à votre convenance.

Accompagnez ces crêpes simplement avec du sucre ou de la confiture (voir chapitre 13), de la chantilly (voir chapitre 14), de la sauce profiterole (chapitre 17), etc.

Poêle à frire

La poêle à frire de 25 cm à bords arrondis, illustrée à la figure 2-3, est idéale pour les omelettes et les œufs en général. Si vous la conservez en bon état (qu'elle soit antiadhésive ou non) et si vous la graissez bien avant la cuisson, elle vous permettra de réussir vos omelettes à la perfection. Vous pouvez aussi l'utiliser pour faire sauter des pommes de terre ou des légumes (voir chapitre 5).

Si vous mourez d'envie d'essayer votre matériel, vous pouvez préparer une omelette. Cette recette à la fois facile et rapide est à la portée de tous et fera sûrement plaisir à votre famille et à vos amis.

Figure 2-3 :
La poêle à frire convient tout à fait à la cuisson d'œufs brouillés, d'omelettes, d'œufs au plat…

Poêle à frire de 25 cm

Omelette

difficulté ✳✳✳   temps ✳✳✳   coût €€€

Ustensiles : Poêle à frire, bol en inox ou saladier, petit fouet, spatule en bois ou en plastique, ciseaux pour les fines herbes
Temps de préparation : 2 minutes
Temps de cuisson : 4 à 5 minutes selon cuisson « baveuse » ou « bien cuite »
Quantité : 4 personnes

8 œufs
20 g de graisse de canard (ou beurre)
Sel fin de Guérande
Poivre blanc du moulin
Piment d'Espelette

- Dans un bol, cassez les œufs. Faites bien attention à ce qu'il n'y ait pas de coquilles. Assaisonnez. Battez le tout avec une fourchette. Il est possible de détendre un peu l'omelette avec du lait frais entier ou de la crème fraîche liquide, elle en sera plus digeste.

- Chauffez la poêle, faites-y fondre la matière grasse. Quand celle-ci commence à frémir et blondir, versez les œufs battus.

- Mélangez avec la fourchette pendant 30 secondes puis laissez cuire doucement. Quand les bords commencent à colorer, baissez le feu et cuisez à votre convenance. Il est possible de la rouler : soulevez un bord, roulez-le doucement vers le centre de l'omelette puis ramenez le bord opposé et laissez cuire.

- Au moment de servir, vous pouvez ajouter une noisette de beurre mousseux.

IMPROVISEZ
Vous pouvez ajouter à cette omelette des fines herbes ciselées, du jambon en dés, du fromage râpé, des champignons émincés, etc.

Sautoir

Il vous faut aussi un sautoir en inox à bords droits (voir figure 2-4) d'au moins 25 ou 30 cm de diamètre et 5 cm de profondeur pour sauter, braiser, frire et faire des sauces. Le sautoir est muni d'un couvercle afin que les aliments puissent cuire couverts dans une petite quantité de liquide frémissant.

Figure 2-4 : Vous pouvez utiliser un sautoir antiadhésif pour faire sauter les aliments dans une petite quantité de matière grasse.

Les revêtements antiadhésifs sont très appréciés par les personnes qui font leurs premiers essais culinaires ou souhaitent cuisiner avec un minimum de matière grasse. Ils permettent de faire sauter des pommes de terre, des légumes, du poisson, de la volaille et de la viande dans une très petite quantité d'huile ou de beurre. Les poêles antiadhésives ne font pas dorer les aliments aussi bien que les autres mais sont plus faciles à nettoyer, ce qui n'est pas négligeable.

Au cours de ces dernières années, les revêtements antiadhésifs ont été considérablement améliorés et durent plus longtemps qu'auparavant (au moins dix ans) – à condition de ne pas les détériorer avec des ustensiles en métal. Choisissez une marque de qualité !

Ne vous contentez pas d'un sautoir bon marché (qu'il soit antiadhésif ou non), trop fin et trop léger. Il se voilerait avec le temps. Faites appel à un grand fabricant attentif à la qualité de ses produits, qui remplace ou répare rapidement les articles endommagés.

Poulet sauté et jus réduit, petits lardons

difficulté ★★★   temps ★★★   coût €€€

Ustensiles : Sautoir, planche à découper, couteau à émincer, spatule en bois
Temps de préparation : 30 minutes
Temps de cuisson : 45 minutes
Quantité : 4 personnes
4 cuisses de poulet jaune des Landes
20 g de graisse de canard
40 g de ventrèche de porc séchée au piment d'Espelette

Sel fin de Guérande
Piment d'Espelette
1 verre de jus de volaille réduit
½ verre de vin blanc
1 cuil. à soupe d'armagnac
1 branche de persil plat
1 petit bouquet garni

- Faites chauffer le sautoir, versez-y la graisse de canard. Quand celle-ci frémit, colorez doucement les cuisses. Faites attention, la peau de poulet provoque des projections de graisse pendant la coloration.
- Pendant ce temps, taillez la ventrèche (sans couenne ni cartilage) en petits lardons. Ciselez le persil avec des ciseaux ou un couteau à émincer.
- Après coloration des cuisses, ajoutez les lardons et laissez-les fondre. Retirez l'excès de graisse et flambez à l'armagnac. Décollez bien les sucs de cuisson et ajoutez le vin blanc. Laissez réduire aux deux tiers et versez le jus de volaille réduit. Assaisonnez et ajoutez le bouquet garni. Laissez cuire 30 minutes à feu doux et à couvert.
- Au moment de servir, ajoutez le persil et vérifiez l'assaisonnement. Vous pouvez accompagner ces cuisses d'une piperade.

Sauteuse évasée

Si vous devez craquer pour un récipient de cuisson en cuivre, choisissez la sauteuse évasée, de 20 à 22,5 cm de diamètre et d'une capacité d'environ 3 litres (voir figure 2-5). La sauteuse évasée s'utilise quasiment comme une casserole. Ses bords inclinés permettent de remuer plus facilement.

Figure 2-5 :
La sauteuse évasée s'utilise essentiellement comme une casserole.

Le cuivre (revêtu d'inox ou d'étain) est le métal qui permet le meilleur contrôle de la chaleur. Ce contrôle est le secret des sauces de belle texture. Les sauteuses en inox dont seul le fond comporte une couche de cuivre ou d'aluminium donnent également de bons résultats et sont moins chères que les modèles tout en cuivre.

Œufs brouillés

difficulté ✱✱✱   temps ✱✱✱   coût €€€

Ustensiles : Sauteuse évasée, fouet, bol inox pour monter la crème, spatule en bois, planche à découper, couteau éminceur, ramequin

Temps de préparation : 5 minutes

Temps de cuisson : 2 minutes selon convenance

Quantité : 4 personnes

8 œufs

Sel fin de Guérande

Poivre blanc du moulin

Piment d'Espelette

25 cl de crème fouettée (voir ci-après)

15 g de graisse de canard (ou de beurre)

- Cassez les œufs dans un saladier, assaisonnez-les, mélangez-les à l'aide d'une fourchette sans les battre vraiment.
- Chauffez la sauteuse évasée, faites-y fondre la matière grasse. Dès que celle-ci frémit, versez les œufs et mélangez sans cesse à la spatule en bois afin de casser les parties cuites. Attention cela se fait à feu doux et les œufs doivent rester crémeux.
- Après 2 à 3 minutes de cuisson, retirez du feu et stoppez la cuisson en ajoutant la crème fouettée. Rectifiez l'assaisonnement et servez tout de suite.

Vous pouvez ajouter des herbes, de la poutargue, des champignons, des copeaux de parmesan ou encore des lanières de saumon fumé.

Réaliser une crème fouettée

- Versez la crème liquide bien froide dans un bol inox et laissez le tout dans le frigo 15 minutes. Plus la crème et le récipient sont froids, mieux la crème fouettée monte.
- Fouettez la crème de manière circulaire et en ayant le geste ample, l'important est d'incorporer le plus d'air possible. Dès que la crème est montée, réservez au frais.

Les sauces sont plus légères si vous les liez avec de la crème fouettée plutôt qu'avec de la crème épaisse ou fleurette.

Rondeau

Il est toujours utile d'avoir un rondeau lorsque l'on reçoit des invités – et vous en recevrez, bien sûr ! Le rondeau est un récipient profond à bords droits composé de deux poignées et d'un couvercle, comme le montre la figure 2-6. Le modèle de 30 cm convient à la préparation d'un plat pour huit personnes minimum. Si vous souhaitez le déposer sur la table au milieu de vos convives, optez pour un rondeau en cuivre, cher mais de belle présentation. L'inox est également approprié mais le fond doit être en cuivre ou en aluminium pour assurer une bonne conduction de la chaleur. L'inox seul n'est pas un excellent conducteur (voir les avantages et inconvénients des différents matériaux plus loin dans ce chapitre).

Figure 2-6 : Le rondeau peut être présenté sur la table.

Vous pouvez utiliser un rondeau pour braiser, cuire à l'étouffée et faire dorer de grandes quantités de viande, de volaille ou de poisson.

Navarin d'agneau parfumé au cumin

difficulté ★★★   temps ★★★   coût €€€

Ustensiles : Rondeau, planche à découper, couteau éminceur, cuillère en bois
Temps de préparation : 30 minutes
Temps de cuisson : 1 heure 30
Quantité : 4 personnes

800 g d'épaule d'agneau coupée en cubes de 40 g environ

20 g de farine tamisée

1 tomate

1 carotte

1 oignon

1 cuil. à soupe de concentré de tomate

2 gousses d'ail

1 bouquet garni

1,5 l de jus d'agneau (déshydraté ou liquide) ou, à défaut, de l'eau

Sel fin de Guérande

Piment d'Espelette

½ cuil. à café de grains de cumin

20 g de graisse de canard

- Faites chauffer le rondeau avec la graisse de canard. Dès frémissement de celle-ci, faites saisir les morceaux d'épaule afin d'obtenir une belle couleur brune sur tous les côtés. Pendant ce temps, épluchez tous les légumes, taillez les carottes en tronçons biseautés de 1 cm et les oignons en cubes de 1 x 1 cm.

- Après coloration, retirez la viande et réservez-la dans un bol. Colorez les légumes dans la graisse de canard et ajoutez le concentré de tomates. Remuez en faisant attention à ne pas laisser attacher le fond. Après coloration, remettez la viande au-dessus des légumes, puis saupoudrez de farine. Placez au four à 140 °C (th. 4/5) pendant 10 à 15 minutes pour cuire et colorer la farine.

- Sortez le rondeau du four, mouillez avec le jus d'agneau, assaisonnez et ajoutez le bouquet garni et le cumin. Laissez cuire à couvert pendant 1 heure 20 environ à feu doux.

- Servez directement sur table, accompagné de tagliatelles. Décorez de quelques olives noires dénoyautées.

Casseroles

Certaines casseroles sont en inox avec un fond en cuivre ou en aluminium, d'autres sont en aluminium épais et d'autres encore se composent d'une combinaison de métaux (cuivre-inox ou aluminium-inox). Vous pouvez vous en servir pour faire cuire des légumes, des soupes, du riz et des sauces pour pâtes ou autres plats (voir figure 2-7). Vous aurez besoin de toute une série de casseroles de différentes tailles. Le modèle de 1 litre ou 1,5 litre est parfait pour faire fondre de petites quantités de beurre ou de chocolat, ou faire chauffer du lait. Les modèles de 2 à 3 litres sont indispensables pour faire des sauces. Enfin, les casseroles de 4 litres ou plus sont idéales pour faire des soupes, cuire des légumes à la vapeur ou faire bouillir une quantité moyenne de pâtes ou de riz.

Figure 2-7 : Utilisez une casserole pour faire bouillir des aliments et faire des sauces.

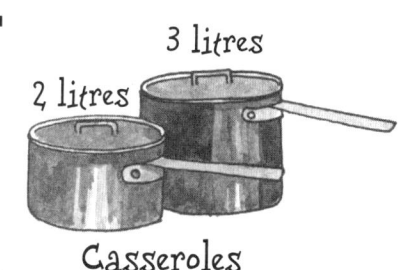

Sauce Béchamel au parmesan

difficulté ✱✱✱   temps ✱✱✱   coût €€€

Ustensiles : Casserole, petit fouet, maryse, râpe pour la noix de muscade
Temps de cuisson : 20 minutes
Temps de préparation : 10 minutes
Quantité : pour un gratin de légumes pour 4 personnes
25 cl de lait frais entier
25 cl de crème fraîche liquide
30 g de beurre
20 g de farine tamisée
Sel fin de Guérande
Poivre blanc du moulin
30 g de parmesan râpé ou en copeaux
Noix de muscade entière

- Faites fondre le beurre dans la casserole. Dès frémissement, hors du feu, ajoutez la farine tamisée et remuez avec le fouet.
- Remettez sur le feu et cuire tout doucement sans coloration, le but étant de cuire la farine.
- Au bout de 5 minutes, hors du feu, ajoutez le lait tempéré et la crème fraîche liquide, mélangez au fouet et assaisonnez de muscade râpée.
- Cuisez encore 10 à 15 minutes à feu doux, la béchamel doit être onctueuse.
- Après cuisson, ajoutez le parmesan et rectifiez l'assaisonnement. Cette béchamel sera délicieuse en gratin.

Cocotte en fonte émaillée

Cette belle cocotte est idéale pour les plats qui demandent une cuisson lente, comme les ragoûts, les soupes et toutes sortes de plats d'hiver consistants (voir figure 2-8). Cela dit, l'émail ne dore pas les aliments aussi bien que la fonte ou l'inox. Vous pouvez colorer les viandes en les dorant au four très chaud ou réglé sur la position gril.

Figure 2-8 : Utilisez une cocotte en fonte émaillée pour faire cuire ragoûts et soupes.

Cocotte en fonte émaillée

Joue de bœuf braisée au vin de Madiran

difficulté ✸✸✸   temps ✸✸✸   coût €€€

Ustensiles : Cocotte en fonte émaillée, couteau éplucheur (économe), planche à découper, couteau émincer, pince « feuille de chêne » pour retourner la viande, cuillère à sauce pour arroser la viande en cuisson

Temps de préparation : 15 minutes

Temps de cuisson : au moins 5 heures

Temps de repos : au moins 24 heures pour la marinade

Quantité : 6 personnes

1,5 kg de joue de bœuf

3 litres de vin de Madiran

400 g de carottes

400 g de poireau

4 oignons

400 g de navets

1 bouquet garni (thym, laurier, persil)

1 litre de fond de veau

100 g de graisse de canard

50 g de beurre

Sel

Piment d'Espelette

✔ La veille, parez les joues de bœuf en ôtant les parties grasses à l'aide d'un couteau. Pelez et lavez les légumes. Coupez les carottes et les poireaux en biseaux de 2 cm de long. Taillez les navets et les oignons en 4. Mettez les légumes et les joues de bœuf entières à mariner dans le vin de Madiran, pendant 24 heures.

- Le jour même, égouttez la viande et la garniture.
- Dans un grand sautoir, faites revenir le tout dans la graisse de canard. Saisissez la viande, laissez les légumes colorer. Ajoutez alors le vin de la marinade, cuisez-le sur feu doux. Lorsqu'il a réduit de 3/4, c'est-à-dire environ 1 heure après, mouillez avec le fond de veau. Couvrez et faites cuire au four à 150 °C pendant 4 heures.
- En fin de cuisson, décantez la viande et la garniture. Faites réduire le jus de cuisson, jusqu'à obtenir une sauce qui ne doit plus avoir le goût de vin. Liez avec le beurre.
- Découpez l'aiguillette de bœuf en tranches épaisses. Nappez avec la sauce très chaude.

Servez accompagné d'un gratin de macaronis (chapitre 8), mousseline de carottes aux agrumes (chapitre 4), purée de pommes de terre ou de topinambour (chapitre 4).

Cuisiner au vin

Ne cuisinez jamais avec du vin que vous ne boiriez pas. C'est la seule véritable règle à retenir. N'achetez pas du vin bon marché sous prétexte qu'il sera mélangé à d'autres ingrédients et éviter les vins trop secs.

Les vins enrichis en alcool, comme le madère, le porto, le xérès et le marsala ajoutent une saveur délicieuse aux ragoûts et autres plats braisés.

Si vous supportez mal l'alcool, ne vous inquiétez pas. Il n'en reste pas dans un ragoût qui a cuit pendant longtemps. Seul l'arôme du vin subsiste. Si vous voulez passer une soirée follement animée, vous allez devoir boire beaucoup de vin avec le ragoût (pour savoir quel vin boire avec vos plats, lisez *Le Vin pour les Nuls*, Éditions First).

Gardez les fonds de bouteille pour cuisiner.

Marmite à bouillon

La marmite à bouillon est un élément indispensable de la batterie de cuisine. Elle a de nombreuses fonctions : braiser (même de grosses pièces de viande, à couvert sur un feu doux), cuire à la vapeur, pocher ou faire des soupes, par exemple. Choisissez une marmite haute et étroite en métal épais de 10 à 14 litres, avec couvercle étanche, pouvant contenir un panier vapeur (voir figure 2-9). Il existe des paniers circulaires bon marché qui s'ouvrent et se ferment aussi facilement qu'un éventail. Vous en trouverez de toutes les tailles. L'aluminium épais est un matériau adapté aux marmites à bouillon ; l'inox coûte deux fois plus cher.

Figure 2-9 :
La marmite à bouillon est idéale pour les soupes. Si vous y ajoutez un panier vapeur, vous pouvez l'utiliser pour la cuisson à la vapeur.

Pour les recettes de bouillon, reportez-vous au chapitre 3.

Marmite à pâtes

La règle pour cuire les pâtes est la suivante : pour 100 g de pâtes, il faudra 50 cl d'eau bouillante salée. Cette proportion doit être respectée si vous souhaitez réussir vos pâtes. Pour faire cuire 500 g à 1 kg de pâtes, utilisez une grande marmite en inox de 8 litres avec couvercle (vous pouvez également utiliser votre marmite à bouillon).

Plats à rôtir

Votre batterie doit inclure un plat à rôtir ovale d'une longueur d'environ 30 cm et un autre, rectangulaire, d'environ 35 x 27,5 cm. Le plat ovale convient à la volaille et aux petits rôtis ; le plat rectangulaire de 35 cm peut contenir deux poulets ou un grand rôti. Si vous choisissez un plat ovale en fonte émaillée, vous pourrez également l'utiliser comme plat à gratin (voir section suivante). Le modèle rectangulaire peut être en aluminium épais ou en inox.

Poulet rôti

difficulté ✱✱✱   temps ✱✱✱   coût €€€

Ustensiles : Plat à rôtir, planche à découper, couteau à découper ou ciseaux à volaille
Temps de préparation : 5 minutes
Temps de cuisson : 50 minutes
Quantité : 4 personnes

1 poulet jaune des Landes de 1,6 à 1,8 kg

50 g de graisse de canard

Sel fin de Guérande

Poivre blanc du moulin

Piment d'Espelette

Bouquet garni

½ branche de romarin

1 branche de thym

4 feuilles de laurier

2 gousses d'ail juste écrasées avec la paume de la main

- Préchauffez votre four à 200 °C (th. 6/7). Assaisonnez l'intérieur du poulet. Bridez votre poulet (voir chapitre 7) et déposez-le dans votre plat à rôtir avec l'ail, le thym, le laurier et le romarin, assaisonnez de sel et de piment d'Espelette et mettez la graisse de canard.

- Enfournez, puis prenez soin de bien l'arroser.

- Au bout de 50 minutes de cuisson, déposez le poulet sur une grille (sous laquelle vous poserez une assiette pour récupérer le jus) et laissez reposer 10 minutes.

- Découpez la volaille sur la planche et servez dans votre plat à rôtir. Déglacez le plat à rôtir avec 20 cl d'eau. Détachez bien tous les sucs à l'aide d'une spatule puis faites réduire cette sauce et servez-la avec le poulet.

L'ASTUCE D'HÉLÈNE

Si vous n'en êtes pas amateur, réservez la carcasse pour faire un fond de volaille.

Plat à gratin

Les personnes qui font leurs premiers pas en cuisine ont tendance à faire beaucoup de plats uniques. Si c'est votre cas, donnez à vos mets une touche finale en les faisant gratiner dans un plat à gratin (voir figure 2-10). Le plat à gratin est peu profond, mesure au moins 25 cm de long et ne comporte pas de couvercle. Le modèle de 30 cm peut contenir un gratin pour six personnes minimum. Ce plat est idéal pour les macaronis au fromage, le gratin dauphinois mais aussi pour la dinde au four et bien d'autres recettes faciles. Certains modèles de belle qualité peuvent être présentés sur la table.

Figure 2-10 :
Le plat à gratin est parfait pour gratiner les plats uniques.

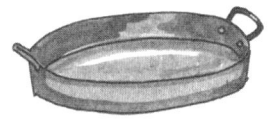

Plat à gratin

Gratin dauphinois

difficulté ✱✱✱   temps ✱✱✱   coût €€€

Ustensiles : Robot coupe ou mandoline pour trancher les pommes de terre, économe, couteau d'office, chinois, râpe à noix de muscade

Temps de préparation : 20 minutes

Temps de cuisson : 1 heure 30

Quantité : 4 personnes

1 kg de grosses pommes de terre bintje ou agria

50 cl de lait frais entier

50 cl de crème fraîche liquide

Sel fin de Guérande

Poivre blanc du moulin

Piment d'Espelette

Noix de muscade

1 gousse d'ail

1 branche de thym

20 g de beurre

- Chauffez le lait et la crème dans une casserole, dès frémissement baissez le feu et ajoutez ½ gousse d'ail et la branche de thym. Râpez environ 1 g de noix de muscade et laissez infuser une heure. Passez au chinois.
- Préchauffez le four à 160 °C (th. 5/6). Frottez le plat à gratin avec l'autre moitié de la gousse d'ail.
- Épluchez et, à l'aide d'une mandoline, taillez les pommes de terre en tranches de 2 mm d'épaisseur. Disposez-les dans le plat en veillant à assaisonner entre chaque couche (attention à bien laisser une hauteur de 1 cm entre les pommes de terre et le haut du plat car le liquide déborderait). Puis versez la crème et le lait jusqu'à hauteur des pommes de terre. Disposez quelques morceaux de beurre au-dessus et enfournez.
- Après 1 heure 30 de cuisson, servez directement dans le plat.

Plat allant au four

Ce plat de base, en verre ou en céramique, est incontournable. Vous pourrez y faire cuire des ragoûts, des potées et diverses viandes à rôtir.

Trancher, émincer, éplucher : des couteaux pour tous les usages

N'importe quel supermarché vend des couteaux de cuisine, dont certains font bonne impression, mais ne vous laissez pas abuser par les apparences.

Pour bien choisir un couteau, prenez-le et regardez si vous l'avez bien en main. Le manche doit être confortable. L'ensemble du couteau doit surtout être *bien équilibré*. Autrement dit, le manche ne doit pas être plus lourd que la lame et vice versa.

Ma préférence va vers des couteaux monoblocs : la lame et le manche sont d'une seule pièce.

Les incontournables

Les couteaux sont souvent vendus par série de six ou huit. C'est une affaire, à première vue, mais avez-vous vraiment besoin d'un couteau à désosser ou d'un couteau à filet pour le moment ? Il est peut-être plus sage d'acheter uniquement ce dont vous avez besoin au fur et à mesure que vous progressez.

Les couteaux dont vous devez absolument disposer sont les suivants :

- un couteau de chef de 25 à 30 cm,
- un couteau à dents de scie (ou couteau à pain) de 22 à 30 cm
- un petit couteau à éplucher. Investissez dans la qualité et dans la durée.

Préférez les couteaux avec lame en inox à haute teneur en carbone et manche en bois riveté. Ces couteaux durent longtemps et ne rouillent pas comme les simples couteaux en acier au carbone.

Les meilleurs couteaux ont une lame effilée qui va de la pointe du couteau à la base du manche. Ce sont des couteaux *forgés*. Lorsque la lame et le manche sont d'une seule pièce, on parle de couteaux *monoblocs*.

Le *couteau de chef* (illustré à la figure 2-11) a généralement une longueur de 25 à 30 cm et s'utilise pour hacher, trancher, émincer et couper en dés.

Il s'agit du couteau de cuisine le plus utile et vous ne regretterez pas d'investir dans la qualité.

Figure 2-11 : Utilisez un couteau de chef pour couper toutes sortes d'aliments.

Couteau de chef

Vous trouverez ci-après une recette dans laquelle le couteau de chef s'avère très utile pour couper, hacher et trancher.

Salade toscane de légumes croquants à la ventrèche de thon

difficulté ★★★   temps ★★★   coût €€€

Ustensiles : Couteau de chef, couteau à pain, torchon en coton, deux saladiers
Temps de préparation : 15 minutes
Temps de repos : 30 minutes
Quantité : 4 à 6 personnes

170 g de ventrèche de thon à l'huile (en bocaux)
1 pain de campagne (ou ½ baguette) acheté la veille, finement tranché
12 cl de vinaigre de vin rouge
4 oignons hachés
1 concombre pelé et tranché en fuseaux (3 mm d'épaisseur)
1 poivron rouge ou jaune évidé, épépiné et tranché en grosse julienne
3 tomates épépinées et coupées en cubes
20 feuilles de basilic finement hachées
6 cuil. à soupe d'huile d'olive
Sel
Poivre
1 cuil. à café de marjolaine fraîche hachée

 ✔ Réduisez le pain en morceaux et trempez-le dans la moitié du vinaigre mélangé à une quantité suffisante d'eau pour le recouvrir. Au bout de 2 minutes, placez les morceaux dans un torchon et essorez-les pour en extraire le plus de liquide possible. Mélangez dans un saladier le pain, les oignons, le concombre, le poivron, les tomates, le basilic et le thon.

✔ Dans un autre saladier, mélangez l'huile d'olive, le reste de vinaigre, le sel et le poivre. Remuez et ajoutez cet assaisonnement au mélange à base de pain et de légumes. Tournez votre salade et laissez reposer pendant 30 minutes à température ambiante. Goûtez et ajustez l'assaisonnement si nécessaire. Saupoudrez le tout de marjolaine, émiettez la ventrèche de thon et servez.

Rien n'évoque autant les saveurs fraîches de l'été que le basilic. Cela dit, cette plante est très fragile. Dès que vous la hachez, les morceaux commencent à noircir. Le goût reste le même mais l'apparence est rebutante. Par conséquent, il est recommandé de hacher le basilic frais au dernier moment.

Avez-vous déjà essayé de couper une baguette avec un couteau classique ? C'est non seulement difficile mais aussi dangereux. Il vous faut donc un couteau à dents de scie.

Le *couteau à dents de scie* (illustré à la figure 2-12), dont la lame mesure généralement 20 à 25 cm, est indispensable pour couper le pain. La croûte du pain émousse rapidement la lame d'un couteau de chef. Optez pour un couteau à large dents.

Figure 2-12 : Utilisez un couteau à dents de scie pour couper le pain.

Couteau à dents de scie

Le *couteau d'office* (illustré à la figure 2-13), dont la lame mesure 5 à 10 cm, s'utilise pour peler les pommes et autres fruits, couper la queue des oignons et des ails, retirer la tige des fraises, évider les tomates ou faire des décorations à base de fruits ou de légumes.

Figure 2-13 : Utilisez un couteau d'office pour peler les fruits et les légumes.

Couteau d'office

Le *couteau éplucheur (économe)* sert à peler les légumes et fruits, et éventuellement à tailler des tagliatelles de carottes, courgettes…

Chapitre 2 : Les ustensiles de cuisine 45

Tableau 2-1 Les différents couteaux et taillages

nom des couteaux	nom des taillages	formes	tailles (environ)	utilisations
Le couteau de chef ou éminceur	julienne	bâtonnets	Long. 5 cm x larg. 5 mm x 5 mm	salades, garnitures chaudes
		fines lanières	le plus fin (ciseler)	julienne de poireaux, laitue
	brunoise	cubes	1,5 mm x 1,5 mm	garnitures pour consommé, minestrone
	mirepoix	cubes	1 cm x 1 cm	garniture aromatique
	1/2 mirepoix	cubes	5 à 6 mm x 5 à 6 mm	macédoine, petites garnitures chaudes
	pont-neuf	gros bâtonnets	Long. 10 cm x larg. 1,5 cm x 1,5cm	grosses frites
	pommes frites	bâtonnets	Long. 6/7 cm x larg. 8 mm x 8 mm	frites, bâtonnets de légumes
	pommes allumettes	bâtonnets fins	Long. 5 cm x larg. 5 mm x 5 mm	fines frites croustillantes
	ciseler	très fines lamelles de feuillu	le plus fin possible	garniture de salades ou de pasta
		tout petits cubes (échalotes)	le plus petit possible	réductions de sauces, vinaigrette…
	hacher	variées	selon besoins	farce, tartare de viande ou poisson, herbes
couteau à dents de scie ou couteau à pain	trancher le pain	bâtons, tranche, fusettes, cubes	selon besoins	toasts, tartines, croûtons
	« éplucher »			ananas
	trancher la génoise	disque	selon diamètre de la génoise	permet d'insérer une garniture entre deux disques de génoise ou gâteau

Tableau 2-1 Les différents couteaux et taillages (suite)

nom des couteaux	nom des taillages	formes	tailles (environ)	utilisations
couteau d'office (le plus utilisé en cuisine)	ciseler	cubes	le plus petit possible	échalotes, oignons
	peler, éplucher			peler les agrumes, éplucher/peler les poireaux, ébouter les légumes…
couteau économe ou éplucheur	peler, éplucher			pour retirer la peau des légumes racines, des fruits (pommes, poires)
	lamelles	fines tranches	variées	lamelles d'asperge, de carotte, de radis blanc (peut aussi être fait à la mandoline)

Utiliser les couteaux en toute sécurité

Tous les ans, des centaines de milliers de personnes arrivent aux urgences des hôpitaux en raison d'un accident domestique lié à l'usage d'un couteau. De nombreuses blessures sont dues à la précipitation ou à la colère face à un aliment qui refuse de se laisser couper. Faites attention ! Tenez vos doigts loin de la lame et n'utilisez pas la paume de votre main comme planche à découper.

Utiliser un couteau correctement est aussi important que de choisir le bon couteau. Voici comment les professionnels hachent l'ail et les herbes fraîches :

Hacher de l'ail

La méthode pour hacher l'ail est la suivante :

1. **Épluchez et dégermez l'ail.**

2. **Posez les gousses d'ail une à une sur la planche. Appliquez le plat de la lame au-dessus puis appuyez fortement sur la lame avec la paume de la main afin d'écraser l'ail.**

3. **Répétez cette opération pour chaque gousse, puis rassemblez le tout et hachez finement avec le couteau éminceur.**

Pour le hacher au couteau, voici la méthode :

Hacher du persil ou d'autres herbes fraîches

Figure 2-14 : La bonne façon de hacher du persil ou d'autres herbes fraîches.

1. Rincez et séchez soigneusement

2. Ciselez finement avec le couteau, en maintenant les herbes avec l'autre main
   *NOTE : Pour les herbes comme le romarin et le thym, hachez uniquement les feuilles et jetez la tige.

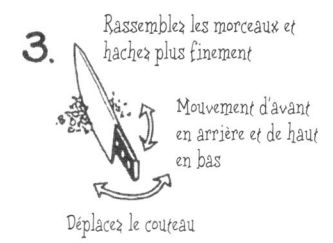

3. Rassemblez les morceaux et hachez plus finement
   Mouvement d'avant en arrière et de haut en bas
   Déplacez le couteau

Hacher du persil ou d'autres herbes fraîches

L'ASTUCE D'HÉLÈNE

Vous pouvez hacher le persil ou d'autres herbes à l'aide de ciseaux (en mettant les herbes dans un verre, par exemple), au hachoir ou avec un petit robot.

Robots, mixeurs et batteurs

Robot : Le robot, illustré à la figure 2-15, est un appareil multifonctions. Le commerce propose des modèles de bonne qualité accompagnés de toute une gamme d'accessoires pour mélanger, hacher, réduire en purée, pétrir, etc. Les robots existent en différentes tailles et leur prix a considérablement diminué.

Figure 2-15 : Le robot effectue toutes sortes de tâches.

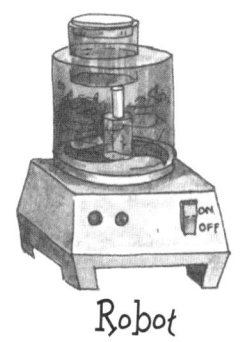

Robot

Mixeur : Le mixeur fait partie des appareils les plus utilisés dans une cuisine et, en tant que tel, trône généralement à côté de la cafetière. Ses lames ultra-rapides peuvent réduire en compote des fruits frais comme les fraises, piler de la glace ou battre une sauce (des recettes avec sauce au mixeur sont données au chapitre 8). Certains mixeurs ont douze vitesses voire plus, ce qui équivaut à prendre un jet pour aller au supermarché du coin de la rue. Préférez les modèles de base.

Le mixeur plongeant (type girafe) : Il est indispensable pour émulsionner les sauces, faire des écumes, mixer une petite quantité de soupe ou velouté. Très pratique, ce mixeur est toujours à portée de main dans nos cuisines.

Batteur électrique : Il existe deux types de batteur électrique, à main et sur pied. Ils conviennent tous les deux pour toutes sortes de pâtes et de sauces et pour la mayonnaise maison (bien meilleure que celle des supermarchés). Cela dit, le batteur à main est recommandé uniquement pour les ingrédients légers, comme la crème ou les blancs d'œufs. Le batteur sur pied sera plus efficace pour les mélanges épais.

La plupart des batteurs sur pied se composent d'une cuve en inox de 5 litres et de multiples accessoires amovibles qui mélangent, battent et pétrissent. Vous laissant les mains libres, ils vous permettent d'effectuer d'autres tâches pendant leur fonctionnement.

Pourquoi le mixeur est-il l'appareil le plus utilisé ?

Bien que rien ne vaille un robot pour hacher, couper et râper, le mixeur a un avantage certain pour ce qui est de liquéfier et de faire une sauce. Cet appareil vous permettra par exemple d'agrémenter vos blancs de poulet sautés d'une délicieuse sauce à base de vin rouge, de bouillon de poulet, de poireaux et d'herbes aromatiques. Pour faire cette sauce, vous pourriez faire cuire les poireaux, le bouillon et les autres ingrédients, ajouter un peu de beurre pour l'onctuosité et passer le tout dans une passoire. Mais, avec un mixeur, il vous suffit de tout jeter dans la cuve et wizzzz – votre sauce est prête. De plus, celle-ci est encore plus savoureuse parce que les poireaux et les herbes se dissolvent dans le mélange. Dans un robot, en revanche, les lames passent au travers des liquides sans les mélanger.

Depuis plusieurs années, on trouve des appareils qui cuisent et mixent en même temps, facilement et rapidement.

Saladiers et autres ustensiles pour mélanger

Saladiers en céramique ou en verre ou bol en inox (cul-de-poule) : Les saladiers sont très souvent utilisés pour la préparation de mets. Achetez des saladiers à fond plat pour un équilibre maximal. Il existe plusieurs tailles. Vous aurez vraisemblablement besoin des modèles de 8 litres, 5 litres, 3 litres et 1,5 litre. Achetez une série de saladiers qui s'empilent les uns dans les autres et se rangent facilement. Vous pourrez utiliser ces récipients pour mélanger les salades et les sauces, stocker les restes et laisser reposer la pâte.

Fouets : Les fouets doivent être en inox. Utilisez un fouet à sauce rigide, d'une longueur d'environ 20 à 25 cm, pour mélanger les sauces comme la béchamel et certaines sauces à la crème. Préférez un fouet souple et rond, parfois appelé fouet ballon, d'une longueur de 30 à 35 cm, pour battre les œufs et la crème fraîche.

Cuillères, spatules, louches et pinces : Achetez plusieurs types de cuillères. Il vous faut une cuillère en inox solide d'environ 30 à 37 cm, des cuillères en bois de différentes tailles pour gratter les morceaux d'aliments qui attachent au fond des poêles, et une écumoire en inox pour retirer les aliments solides qui cuisent dans un liquide chaud, comme les raviolis.

Vous pouvez utiliser une louche en inox à manche long avec un cuilleron de 120 à 180 g pour servir les soupes ou verser la pâte à crêpes sur la crêpière. Achetez au moins deux spatules à steaks en polycarbonate (plastique) et une pince en polycarbonate pour retourner les steaks hachés ou autres aliments. Enfin, investissez dans une pince en métal pour retourner les viandes tendres et le poisson. Les pinces en plastique bon marché conviennent uniquement pour servir les spaghettis.

Ustensiles de pâtisserie

La balance électronique de précision : Pour faire de la pâtisserie, il faut pouvoir être très précis dans les mesures, pour tous les ingrédients.

Plaque à pâtisserie : Pour faire des petits gâteaux et des biscuits, il est indispensable d'avoir une plaque à pâtisserie en acier antiadhésive avec bords évasés de 1 cm (pour éviter que le beurre et les liquides coulent dans le four). Il en existe de différentes tailles. Achetez-en deux grandes qui tiennent dans votre four mais laissent une marge de 5 cm de chaque côté pour permettre à la chaleur de bien circuler pendant la cuisson.

Moule à manqué : La plupart des gâteaux classiques sont cuits dans un moule rond de 22 cm de diamètre à bords hauts de 5 cm. Choisissez un modèle en aluminium anodisé ou antiadhésif.

Moule carré : Pour faire du pain d'épice ou des brownies, il vous faut un moule carré de 20 ou 22 cm de côté et d'une capacité de 2 litres. Pour que la pâte ne colle pas, achetez un modèle en aluminium anodisé ou antiadhésif.

Moule à muffins : Faites cuire les petits pains et les muffins dans un moule à muffins antiadhésif de 12 godets. Achetez une boîte de godets en papier pour ne pas avoir à graisser et à fariner le moule.

Moule à tarte : Vous pouvez utiliser un moule à tarte en verre ou en aluminium de 22 cm de diamètre pour la plupart de vos tartes.

Rouleau à pâtisserie : Inutile d'acheter tout un arsenal de rouleaux à pâtisserie comme les pâtissiers professionnels. Un modèle en bois de 37 cm avec deux poignées vous suffira.

Grille de refroidissement : Après avoir retiré un gâteau du four, vous devez le laisser refroidir. Les grilles permettent à l'air de circuler et à la vapeur de s'échapper facilement. Il en existe de toutes les formes et de toutes les tailles. Achetez deux grilles en acier chromé de 30 à 35 cm.

Moule à cake : Pour faire des cakes, des terrines et des pains de viande, de légumes ou de poisson, utilisez un moule à cake de 1,5 litre (voir figure 2-16).

Figure 2-16 : Vous pouvez faire toutes sortes de cakes et de pains dans un moule à cake.

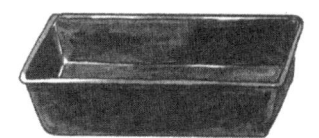

Moule à cake

Moule en silicone souple : Pour faire des pâtisseries de toutes tailles, que l'on démoule facilement. On peut également utiliser ces moules au congélateur, pour des petits tartares par exemple. Cela permet de durcir la préparation et de démouler de jolies formes.

Moule à ressort : Avec son fond détachable, le moule à ressort permet de démouler facilement les tartes et les gâteaux fragiles, comme le crumble. Procurez-vous un modèle de 22 à 25 cm en aluminium épais (voir figure 2-17).

Chapitre 2 : Les ustensiles de cuisine 51

Figure 2-17 : Utilisez un moule à ressort pour démouler facilement de délicieux desserts.

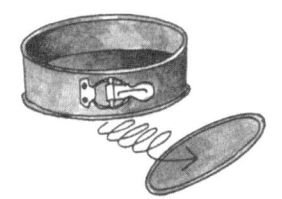

Moule à ressort

Tamis à farine : La farine ne doit pas nécessairement être tamisée mais, si la recette l'exige, utilisez un tamis pour l'aérer et en éliminer les grumeaux. Utilisez un tamis à farine en inox de 350 g.

Si vous n'avez pas de tamis, vous pouvez tamiser votre farine à l'aide d'une passoire (voir instructions à la figure 2-18).

Comment tamiser de la farine sans tamis

1. Versez la farine dans une passoire

2. Donnez des petits coups secs sur la passoire

- OU - Tapotez légèrement la passoire contre le récipient

Figure 2-18 : À défaut de tamis, vous pouvez tamiser la farine avec une passoire.

Pinceau à pâtisserie : Pour napper les gâteaux, il vous faut un petit pinceau à pâtisserie à poils naturels. Vous pourrez également utiliser cet ustensile pour enduire les viandes de jus de cuisson ou de sauce. Les pinceaux s'usent rapidement et il est recommandé d'en acheter plusieurs à la fois. Nettoyez-les avec du liquide vaisselle et rincez abondamment.

Testeur de cuisson : Cet ustensile permet d'évaluer la cuisson des gâteaux. Enfoncez l'aiguille dans votre gâteau. Si elle ressort sans le moindre dépôt de pâte, la cuisson est terminée. Si vous n'avez pas de testeur, utilisez un cure-dent, la lame d'un couteau ou une aiguille à tricoter métallique.

Verre doseur en verre ou en plastique pour ingrédients liquides : Utilisez un verre doseur de 500 ml avec bec verseur pour mesurer les ingrédients liquides. Le verre doseur de 1 litre peut s'avérer utile également.

À moitié plein ou à moitié vide : les mesures

Les mesures ont leur importance, surtout lorsque l'on fait ses débuts en cuisine. Trop de sel et le ragoût est immangeable. Pas assez de levure et le gâteau ne gonfle pas.

Cela dit, le plus efficace reste de goûter. Et plus vous cuisinerez, moins vous aurez besoin de mesurer les ingrédients. Les chefs expérimentés savent à quoi correspond une cuillerée à soupe de sel ou ½ cuillerée à café de zeste de citron. Tout est dans la pratique. En attendant, voici quelques conseils :

- **Sachez mesurer sur une balance les ingrédients secs et les ingrédients solides.** Mesurez les volumes des ingrédients liquides dans un verre mesureur avec bec verseur.

- **Faites preuve de précision lorsque vous faites de la pâtisserie.** En pâtisserie, les proportions doivent être respectées scrupuleusement.

- **Utilisez une balance de cuisine pour mesurer les ingrédients secs lorsque les proportions sont indiquées en grammes.**

- **Ne mesurez pas les ingrédients au-dessus de votre récipient, surtout si celui-ci contient déjà d'autres ingrédients.** Un excédent pourrait tomber dans le mélange.

Ustensiles divers

Minuteur : Ne restez pas devant votre four en fixant l'horloge comme un moine dans le temple de Bouddha. Utilisez un minuteur et allez vous détendre jusqu'à ce que vous entendiez la sonnerie.

Essoreuse à salade : Cet ustensile en plastique bon marché (illustré à la figure 2-19) permet d'essorer la salade verte très rapidement. Lorsque celle-ci n'est pas complètement sèche, elle n'absorbe pas l'assaisonnement.

Figure 2-19 : L'essoreuse à salade permet d'essorer la salade verte correctement afin que l'assaisonnement adhère aux feuilles.

Essoreuse à salade

Chapitre 2 : Les ustensiles de cuisine 53

L'ASTUCE D'HÉLÈNE L'essoreuse à salade n'est pas la meilleure solution, mais elle est plus facile. Pour avoir une bonne salade bien triée et non écrasée, trempez les feuilles puis retirez-les une à une en les égouttant sur un torchon de cuisine en coton. Cette méthode permet de bien garder la structure de la salade et donc du volume et de la tenue.

Égouttoir : Utilisez un égouttoir en inox ou en plastique pour égoutter les pâtes et rincer les salades vertes, les légumes et les baies.

Chinois : Cette passoire conique, en forme de chapeau chinois, est idéale pour passer les sauces, les bouillons et autres liquides (voir figure 2-20).

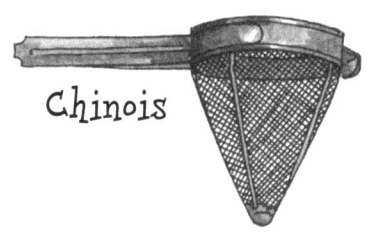

Figure 2-20 : Utilisez un chinois pour passer les ingrédients liquides.

Planches à découper : Utilisez des planches à découper pour protéger votre plan de travail de la lame des couteaux de cuisine. Les planches en plastique ou en matériaux composites sont plus faciles à nettoyer que les modèles en bois (donc plus hygiéniques) et passent au lave-vaisselle.

Thermomètre à viande : Il est difficile de savoir si la cuisson d'un rôti est terminée. Pour vous en assurer, vous avez le choix entre deux types de thermomètres à viande : le thermomètre à lecture instantanée, que nous vous recommandons, est doté d'une petite tige à piquer périodiquement dans le rôti pour en évaluer la cuisson. Le thermomètre allant au four reste à l'intérieur de la viande ou de la volaille du début à la fin de la cuisson (illustration de ces deux types de thermomètres à viande à la figure 2-21).

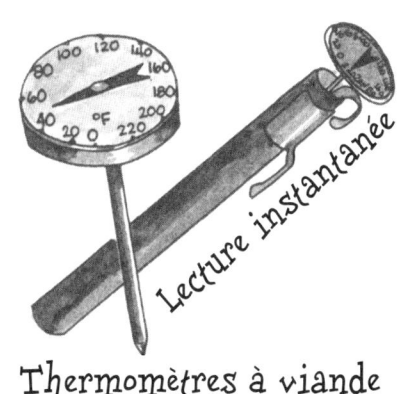

Figure 2-21 : Les thermomètres à viande sont très pratiques pour évaluer la cuisson d'un rôti.

Thermomètres à viande

Poire d'arrosage : Utilisez cet ustensile pour arroser un rôti ou un poulet avec le jus de cuisson. Une grande cuillère pourrait faire l'affaire mais la poire d'arrosage permet de prélever rapidement et sans danger la graisse chaude accumulée au fond du plat.

Voici une liste des autres ustensiles indispensables dans une cuisine :

- Pince « feuille de chêne » pour manipuler les aliments
- Râpe à fromage
- Presse-agrumes
- Moulin à poivre
- Presse-purée
- Maryse
- Ciseaux de cuisine
- Thermomètre à four
- Pelle à tarte
- Louche
- Mandoline
- Emporte-pièce

L'entretien de vos ustensiles de cuisine

Si vous avez acheté des articles de qualité, suivant nos conseils, vous ne le regretterez pas car vous les garderez toute votre vie – à condition que vous en preniez soin. Voici quelques recommandations :

Récipients de cuisson

Si vous avez de place, vous pouvez pendre vos casseroles le long d'un mur. Ainsi, elles seront facilement accessibles, ne s'entrechoqueront pas et ne s'abîmeront pas.

Pour retirer des aliments qui ont attaché au fond d'une casserole, faites-les tremper dans de l'eau bouillante jusqu'à ce qu'ils se décollent. Vous pouvez également mettre du liquide vaisselle avec un peu d'eau, laisser tremper et frotter avec une éponge. Si les aliments ont brûlé et noirci, répétez le processus plusieurs fois. Une autre solution consiste à mettre le récipient au four quelques minutes. Une fois qu'il est chaud, retirez-le et posez-le sur du papier journal. Enfilez des gants en caoutchouc et vaporisez du détergent à four sur les zones brûlées. Laissez agir pendant 15 minutes et lavez avec de l'eau chaude et du liquide vaisselle. Toutefois, n'utilisez pas de détergent à four si votre casserole ou votre poêle est antiadhésive. Contentez-vous de frotter avec une éponge. Dans tous les cas, évitez les éponges métalliques, qui rayent le revêtement des récipients de cuisson.

Tous les récipients de cuisson ne vont pas au lave-vaisselle. Ne prenez pas de risques avec le cuivre, l'aluminium anodisé et les revêtements antiadhésifs, qui peuvent être décolorés par le détergent. Lisez les précautions d'emploi indiquées sur votre matériel lorsque vous l'achetez.

Couteaux

Nous avons tous un tiroir de cuisine rempli d'objets dont nous ne savons pas quoi faire – calendriers, clés non identifiées, tubes de colle desséchée, etc. Certaines personnes trouvent opportun d'y stocker également leurs couteaux. *Mauvaise idée !* Rangez les vôtres dans un porte-couteaux en bois pour en protéger la lame ou alignez-les sur une barre magnétique fixée au mur. Dans un porte-couteaux en bois, seuls les manches sont visibles et il est parfois difficile de reconnaître le bon couteau, ce qui n'est pas le cas avec une barre magnétique. Choisissez ce qui vous convient le mieux mais veillez à ce que vos couteaux soient hors de portée des enfants.

Il est recommandé d'aiguiser les couteaux deux fois par an (pas plus sinon vous useriez les lames), surtout les modèles en inox à haute teneur en carbone. Peut-être pourrez-vous le faire faire gratuitement dans votre boucherie habituelle ou dans une épicerie fine. Les meules électriques donnent de bons résultats mais rien ne vaut la meule de pierre des professionnels.

Pour aiguiser vous-même vos couteaux, utilisez un *fusil à aiguiser* (tige d'acier de 30 cm avec manche). Cet outil rend à la lame tout son tranchant. Pour des instructions illustrées concernant son utilisation, reportez-vous à l'encadré.

Aiguiser un couteau avec un fusil à aiguiser

Tenez le fusil à aiguiser assez loin de vous et légèrement en biais, comme illustré ci-dessous.

Tenez le couteau fermement de l'autre main et frottez-le le long du fusil en le présentant à un angle d'environ 30 degrés. Positionnez le côté proche du manche au bout du fusil et faites glisser la lame jusqu'à la pointe.

Recommencez de l'autre côté de la lame. Alternez jusqu'à ce que vous ayez aiguisé chaque côté une dizaine de fois.

Comment utiliser un fusil à aiguiser

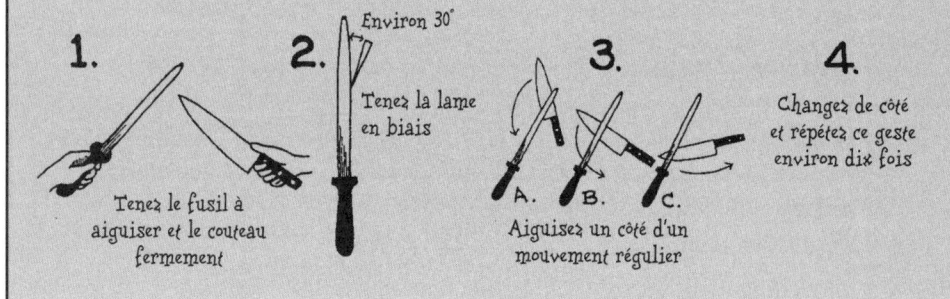

1. Tenez le fusil à aiguiser et le couteau fermement

2. Environ 30° — Tenez la lame en biais

3. Aiguisez un côté d'un mouvement régulier — A. B. C.

4. Changez de côté et répétez ce geste environ dix fois

Chapitre 3
Une liste du strict nécessaire

Dans ce chapitre :
▶ Stocker les épices, les condiments et les aliments en conserve
▶ Stocker les légumes, les fruits et les viandes
▶ Faire de bons repas avec ce que vous avez sous la main

Ce chapitre a pour but de vous aider à remplir votre garde-manger sans vous torturer l'esprit. En faisant vos achats de façon réfléchie, non seulement vous éviterez des aller et retour au supermarché mais vous économiserez de l'argent. Et lorsque vous n'aurez pas le temps d'aller au supermarché, vous pourrez tout de même préparer un repas en fonction des produits que vous avez dans vos placards et au réfrigérateur.

Vous trouverez plusieurs listes de produits indispensables. Vous penserez sans doute par vous-même au lait, aux œufs et au pain mais vous ne devez pas oublier les condiments, le xérès, les anchois ou les cœurs d'artichauts. Ce sont ces ingrédients, que l'on a tendance à négliger, qui ajoutent instantanément du goût aux plats de tous les jours, comme les salades, les omelettes et les pâtes.

Aliments secs

Vous consommerez probablement les aliments suivants au moins une fois par semaine, alors ayez-les toujours dans votre placard.

- **Céréales** : Refermez bien les boîtes de céréales après les avoir ouvertes pour conserver la fraîcheur du contenu.
- **Légumes secs** : À conserver dans des boîtes hermétiques.
- **Pâtes** : Reportez-vous au tableau du chapitre 12.
- **Riz brun et blanc, riz sauvage, et riz Arborio (riz italien utilisé dans le risotto)** : Pour en savoir plus sur les différents types de riz, reportez-vous au chapitre 12.

Tableau 3-1 Légumes secs

Légume	Description
Grands haricots blancs	Utilisés dans les ragoûts, on les fait souvent mijoter dans des bouillons parfumés, notamment avec des os de jambon. Il s'agit des haricots tarbais, haricots maïs du Béarn.
Haricots noirs	Souvent utilisés dans les plats sud-américains et antillais, avec du riz et des épices. Saveur douce.
Haricots rouges	Haricots traditionnellement utilisés dans le chili con carne et autres ragoûts de ce genre, ainsi que dans les soupes. Élément de base de la cuisine mexicaine. Saveur légèrement sucrée. Ils sont aussi utilisés en sorbet ou dans les pâtisseries au Japon et en Inde.
Lentilles	Légumineuses minuscules. Les lentilles sont bouillies avec des légumes et des condiments pour faire des plats d'accompagnement, des soupes et des ragoûts. Il est inutile de les faire tremper avant de les cuire.
Petits haricots blancs	Ingrédient de base du cassoulet. Une variété de haricots blancs, appelés cannellini, est utilisée dans de nombreux plats du nord de l'Italie. En France, on consomme surtout des haricots coco et des flageolets.
Pois cassés	Généralement utilisés dans les soupes, notamment avec du jambon, mais aussi en purée. Saveur sucrée. Il est inutile de les faire tremper avant de les cuire.
Pois chiches	Grosses graines semi-fermes, vendues séchées en conserve, utilisées dans les ragoûts et les soupes. Dans la cuisine moyen-orientale, les pois chiches sont réduits en purée et assaisonnés.

Herbes, épices et condiments

Les herbes aromatiques et les épices jouent un rôle important dans l'assaisonnement. Les premières proviennent des feuilles et des tiges de plusieurs variétés de plantes. Les secondes peuvent être issues des racines, des graines, de l'écorce, des boutons ou des baies d'une plante. Vous trouverez un tableau précis sur les herbes aromatiques et les épices au chapitre 6. Voici les herbes, les épices et les condiments que vous devez toujours avoir en stock :

- **Épices** : Quatre-épices, piment, cannelle, clous de girofle, cumin moulu, curry, gingembre, muscade, baies de genièvre, cardamome, piment d'Espelette, baies de coriandre et paprika.
- **Herbes** : Basilic, laurier, aneth, marjolaine, origan, romarin, sauge, estragon, ciboulette, thym et persil.
- **Sel, poivre et piment d'Espelette** : Sel de table, grains de poivre noir, poivre blanc en grains ou moulu, poivre de Cayenne et piment d'Espelette.

Pour conserver longtemps vos herbes fraîches, placez-les au réfrigérateur entourées d'un essuie-tout humide.

Dans les recettes, vous pouvez toujours remplacer les herbes fraîches par des herbes lyophilisées, mais il faut alors tenir compte de leur plus faible saveur.

Achetez les herbes lyophilisées et les épices en petites quantités. Au bout d'environ un an de stockage, leur saveur diminue considérablement. Conservez-les dans des récipients hermétiques, à l'abri de la lumière et de la chaleur (loin de la cuisinière, notamment).

Pour retirer le maximum de saveur des herbes lyophilisées, effritez-les entre vos doigts avant de les ajouter à un plat. Les épices entières, comme les grains de poivre et la muscade, ont beaucoup plus d'arôme et de saveur en l'état que lorsqu'elles sont vendues moulues. Essayez de les moudre ou de les râper vous-même au fur et à mesure de vos besoins.

Aliments en conserve et en bouteille

Vous pensez sans doute déjà aux boîtes de thon, aux confitures et aux soupes en brique. Voici d'autres produits incontournables :

- **Concentré de tomate** : Vous pouvez l'acheter en boîte ou en tube, conditionnement plus commode qui permet une conservation au réfrigérateur après ouverture. Pratique pour parfumer les ragoûts et les sauces.
- **Huiles et vinaigres** : Reportez-vous à la liste du chapitre 8.
- **Vins** : Un vin blanc sec et un vin rouge sec pour parfumer les sauces, les soupes et les ragoûts qui mijotent pendant longtemps. Il serait également utile d'avoir du xérès, du porto et du madère.

Les produits suivants vous permettront de cuisiner de façon plus créative :

- **Anchois** : Les anchois donnent une saveur à la fois intense et subtile aux sauces (de salade, notamment) et aux pizzas.
- **Bouillons en cube** : Utiles lorsque vous n'avez plus de bouillon fait maison. Achetez du bouillon de bœuf et de poulet (ou de légumes, pour les végétariens), de préférence sans sel.
- **Câpres (boutons à fleur du câprier)** : Pour faire des sauces rapides et légèrement piquantes pour les viandes et la volaille.
- **Légumes marinés dans l'huile d'olive (tomates, cœurs d'artichauts, champignons, courgettes…)** : Agrémentent à merveille les salades vertes, les salades de légumes et même les pâtes. Vous pouvez également vous en servir pour relever les vinaigrettes ou toutes sortes de sauces, pour les pâtes notamment.
- **Olives** : Noires, vertes et farcies en hors-d'œuvre, et tranchées dans les salades et les pâtes.
- **Poivrons rôtis (ou mieux : pimientos del piquillo)** : Agrémentent les légumes marinés, les salades vertes et les sauces à la crème.
- **Tomates** : Tomates pelées et purée de tomates pour faire des sauces pour les pâtes lorsque ce n'est pas la saison des tomates fraîches.

Condiments

Il est toujours préférable d'avoir des condiments et des sauces de qualité – moutardes, sauces piquantes, sauces barbecue, etc. Voici ce que vous devez avoir en stock :

- **Ketchup** : Pour les hamburgers et dans les sauces barbecue.
- **Mayonnaise** : Parce qu'on ne peut pas toujours la faire soi-même (recette au chapitre 8).
- **Moutardes variées (de Dijon, à l'ancienne, à la violette…)** : Pour faire des sauces de salade et diverses sauces qui agrémentent les viandes froides ou chaudes. Vous pouvez parfumer vos sauces moutarde avec des herbes aromatiques, des épices, du jus ou du zeste d'agrumes, ou bien un peu de miel.

Il est également utile d'avoir les produits suivants à portée de main :

- **Cornichons** : Vous pouvez les trancher et les mettre dans les sandwiches, les pommes de terre, le poulet, les salades d'œufs, les viandes rôties et les pâtés, ou les hacher pour les mélanger aux vinaigrettes ou aux sauces à la crème.

- **Pesto (en conserve ou fait maison et congelé)** : Pour les pâtes, les viandes grillées, le poisson, la volaille ou les légumes.

- **Raifort** : Pour les sandwiches, les sauces de salade, les huîtres et les palourdes crues, et certaines sauces à la crème et à la tomate.

- **Sauce de soja (foncée et claire, chinoise et japonaise)** : Pour les marinades, les sauces de salade, les wok, les sushis et les sauces. La sauce de soja chinoise est plus forte et plus salée que la variété japonaise. La sauce claire agrémente les crevettes, le poisson et les légumes, comme le wok de pois mangetout ou de brocolis. La sauce foncée, parfumée au caramel, est délicieuse avec les viandes grillées.

- **Tabasco** : Ajoute de la saveur et du piquant aux plats salés. À utiliser dans les omelettes, les marinades, les soupes, les ragoûts et avec les steaks-frites.

- **Sauce nuoc-mâm :** Pour accompagner des plats ou des soupes asiatiques. Vous pouvez agrémenter cette sauce à base de poissons fermentés pour la servir avec des nems, par exemple.

- **Sauce Worcestershire** : Pour les steaks, les marinades, les sauces et les Bloody Marys.

Les condiments, comme les cornichons, la mayonnaise et la moutarde se conservent pendant des mois au réfrigérateur après ouverture. L'huile, le vinaigre et le miel se conservent à température ambiante après ouverture, à l'abri de la chaleur et de la lumière. En cas de doute, reportez-vous aux instructions indiquées sur l'étiquette du produit.

Ingrédients de pâtisserie

Personne n'attend de vous que vous fassiez un gâteau lorsque vous rentrez du travail à 19 h 30, mais il arrive que vous ayez besoin d'un dessert rapide et que vous soyez suffisamment enthousiaste pour le faire vous-même. Si vous avez déjà les ingrédients nécessaires à la maison, cela vous facilitera grandement la tâche. Voici la liste de ce que vous devez toujours avoir en stock :

- **Levure chimique (bicarbonate de soude)** : Utilisé comme poudre à lever dans les pâtisseries et les pâtes qui contiennent un ingrédient acide, comme la mélasse, le vinaigre ou le babeurre. Également efficace pour éteindre les flambées de graisse dans le four ou le gril. Vous pouvez aussi en mettre une boîte dans le réfrigérateur pour absorber les odeurs (changez-la tous les 6 mois ou elle dégagera elle aussi des odeurs nauséabondes).

✔ **Farine** : Pour les crêpes, les biscuits, les gaufres et toutes sortes de pâtisseries, mais aussi pour fariner les viandes, le poisson et la volaille. Stockez la farine dans une boîte en métal hermétique, où elle se conservera pendant plusieurs mois.

✔ **Levure de boulanger** : Poudre à lever utilisée dans certains gâteaux et biscuits pour en alléger la texture et en accroître le volume. Regardez bien la date limite de vente pour vous assurer de la fraîcheur et donc de l'efficacité de la poudre avant de l'acheter. Conservez la levure dans un petit récipient hermétique. Pour savoir si elle est encore efficace, mélangez-en 1 cuillerée à café avec 7 cl d'eau chaude. Si la solution mousse, la levure est encore bonne.

✔ **Sucre semoule** : Édulcorant à stocker dans une boîte en fer hermétique.

✔ **Sucre vanillé** : Pour donner un délicieux goût de vanille à vos gâteaux, entremets, etc.

Vous pouvez réaliser votre sucre vanillé vous-même : dans une boîte hermétique ou un bocal, mélangez 150 g de sucre avec une gousse de vanille fendue et coupée en quatre. Ce sucre vanillé maison est très économique et se conserve longtemps dans une boîte hermétique.

Les produits suivants vous permettront d'élargir votre horizon :

✔ **Chocolat** : Tablettes de chocolat amer ou mi-amer, pépites de chocolat, cacao non sucré pour les pâtisseries et sucré pour faire du chocolat chaud (recette de la sauce profiterole au chapitre 17).

Au-delà de 25 °C, le chocolat commence à fondre : le beurre de cacao se désolidarise et s'accumule à la surface. Le chocolat prend alors un aspect blanchâtre mais peut être consommé sans danger. Pour éviter ce phénomène, stockez-le dans un endroit frais et sec (mais pas au réfrigérateur) et enveloppez-le bien.

✔ **Extrait de vanille** : Parfume la crème chantilly, les crèmes dessert et les pâtisseries (vous pouvez aussi vous procurer de l'extrait d'orange, de citron et de noix). Les arômes à la vanille ne sont qu'une pâle imitation du véritable extrait de vanille.

✔ **Gélatine** : La gélatine en poudre nature est utilisée dans certains hors-d'œuvre et dans les mousses.

✔ **Gousse de vanille** : Pour les crèmes et le sucre vanillé (recette de crème caramel à la vanille au chapitre 14). Pour conserver les gousses de vanille, enveloppez-les dans un film plastique, enfermez-les dans un récipient hermétique, et mettez-les au réfrigérateur. Elles se conserveront pendant environ 6 mois.

- **Maïzena** : Jaune ou blanche, pour les pâtisseries et les ragoûts. À stocker dans une boîte en fer ou dans un sac fermé hermétiquement.
- **Miel** : Pour les glaçages et les sirops. Pour liquéfier du miel cristallisé, mettez le pot dans une casserole d'eau chaude.
- **Sucre glace** : À saupoudrer sur les pâtisseries et les biscuits ou pour faire un glaçage rapide.
- **Sucres roux et brun** : Utilisés pour faire des pâtisseries, des sauces barbecue et des glaçages pour le jambon et le porc. Le sucre brun a une saveur plus intense que le sucre roux. Pour qu'il se conserve bien après ouverture, mettez la boîte dans un sac en plastique fermé hermétiquement. S'il durcit, mettez la moitié d'une pomme dans le sac pendant plusieurs heures ou pendant la nuit puis retirez-la. Il retrouvera ainsi son aspect d'origine.

Produits réfrigérés et congelés

Voici les principaux produits que vous devez stocker au réfrigérateur ou au congélateur :

- **Beurre doux** : Utilisez du beurre doux dans tous vos plats afin de mieux évaluer la quantité de sel. Au réfrigérateur, le beurre se conserve environ 2 à 3 semaines et peut être congelé 8 à 12 mois.
- **Lait** : Dans nos recettes, nous utilisons du lait entier, qui comporte environ 3,5 % de matière grasse. Si vous préférez, utilisez du lait allégé ou écrémé (sans matière grasse), mais sachez que vos plats n'auront pas une consistance aussi crémeuse. Le lait entier se conserve environ 1 semaine après la date limite de vente. Le lait écrémé a une durée de conservation inférieure. Enfin, le lait stérilisé sous vide se conserve pendant plusieurs mois à température ambiante. Une fois ouvert, il doit être réfrigéré comme les autres et consommé rapidement.
- **Œufs** : Ayez toujours des œufs pour les omelettes et les dîners rapides (recettes à base d'œufs au chapitre 9). Stockez-les dans leur carton d'emballage pour éviter qu'ils n'absorbent les odeurs et les saveurs des autres aliments réfrigérés. Les œufs crus se conservent au réfrigérateur pendant au moins 4 semaines à partir de leur date d'emballage.
- **Pâtes** : Stockez plusieurs sortes de pâtes fraîches farcies au réfrigérateur pour faire un dîner rapide. Vous pouvez envelopper les pâtes fraîches dans des sacs de congélation et les conserver ainsi pendant 6 à 8 mois. Ne les décongelez pas avant la cuisson. Plongez-les directement dans l'eau bouillante et faites-les cuire *al dente*.

Les produits suivants peuvent aussi vous être utiles :

- **Crème fraîche épaisse ou allégée** : Pour faire des sauces rapides pour le poisson, la volaille et les pâtes. Consommez dans la semaine qui suit l'achat ou congelez pour une conservation plus longue. La crème liquide est l'ingrédient de base de la crème chantilly.

- **Crème glacée** : Dessert instantané. La glace se conserve jusqu'à 2 mois au congélateur. Après ouverture, elle doit être consommée dans les 2 semaines.

- **Fromage blanc, ricotta et fromage à tartiner** : Pour ajouter aux sauces, faire un casse-croûte, étaler sur du pain ou faire un gâteau au fromage blanc. Stockez dans l'emballage d'origine ou enveloppez dans du papier d'aluminium et consommez jusqu'à 2 semaines après l'achat.

- **Fromages à pâte dure ou semi-dure** : Mozzarella, parmesan, cheddar et bleu pour les salades, les omelettes, les sauces blanches et les sandwiches. Ces fromages se mangent aussi râpés dans les pâtes ou seuls en fin de repas .

Enveloppez tous les fromages dans du papier d'aluminium ou dans un film plastique après ouverture. Retirez la moisissure qui se forme sur les bords des fromages à pâte dure. Selon les variétés, le fromage se conserve au réfrigérateur de plusieurs semaines à plusieurs mois.

Le plateau de fromages idéal

La règle est de respecter les saisons, certains fromages sont bien meilleurs au sortir des alpages d'été, de retour de la transhumance, les bêtes ont été nourries d'herbes et de fleurs des montagnes. Cela confère au lait des arômes particuliers qui ne se retrouvent pas l'hiver quand les bêtes sont nourries au foin.

Selon le nombre de convives, il faut prévoir 3 à 7 fromages, et les accompagnements éventuels tels que : la confiture de cerises noires, la pâte de coings, la gelée au piment d'Espelette.

Selon les goûts et les régions, sa composition change. Toutefois, voici un plateau de fromages qui devrait ravir tous vos convives :

- 1 camembert au lait cru affiné ou alors une part de brie au lait cru
- 1 vacherin Mont-d'Or (en saison), il en existe de plusieurs tailles
- 1 ossau-iraty affiné de 7, 12 ou 24 mois
- 1 chèvre frais
- 1 morceau de beaufort ou de comté affiné de 8 à 36 mois
- 1 fromage « persillé » : roquefort, urdina, bleu d'Auvergne…
- 1 tomme de chèvre affinée de 6 ou 12 semaines

L'ASTUCE D'HÉLÈNE — Vous pouvez accompagner vos fromages avec de la confiture (cerise noire, figue, oignon, etc.), des chutneys, des herbes, des fruits secs ou bien encore avec un filet d'huile d'olive pour les fromages frais.

> N'achetez pas de parmesan râpé. Il perdrait rapidement de sa saveur et absorberait les odeurs des autres aliments réfrigérés. Réfrigérez plutôt un morceau de fromage entier, que vous râperez au fur et à mesure de vos besoins.
>
> ✔ **Pâtes à tarte** : Elles se conservent 6 à 8 mois au congélateur. Il vous suffit de les garnir de fruits frais lorsque vous avez besoin d'un dessert rapidement. Vous pouvez également les utiliser pour faire des quiches (recette de quiche lorraine au chapitre 9).
>
> ✔ **Yaourts nature** : Avec de la moutarde et diverses herbes aromatiques, les yaourts permettent de faire de bonnes sauces allégées. Ils peuvent aussi alléger la pâte à crêpe. Respectez la date limite de consommation indiquée sur l'emballage.

Les fruits et légumes

Vous devez toujours avoir des pommes de terre, des oignons, de l'ail, des carottes, des salades vertes, du persil et quelques autres herbes aromatiques fraîches, comme du basilic, de la ciboulette et de la coriandre. Stockez également des concombres, des oignons verts, des agrumes, des champignons, des poivrons rouges et verts, et du céleri, que vous consommerez directement ou utiliserez pour parfumer les sauces, les soupes, les salades et les ragoûts. Enfin, achetez régulièrement un assortiment de fruits frais – pommes, oranges, raisin, bananes ou autres de fruits de saison – que vous mangerez en fin de repas, ajouterez à vos céréales ou utiliserez pour faire des coulis.

À RETENIR — Si vous achetez des poires, des pêches et des nectarines qui ne sont pas encore mûres, conservez-les à température ambiante pour qu'elles acquièrent une saveur sucrée en mûrissant. Une fois mûres, elles peuvent se conserver au réfrigérateur pendant encore plusieurs jours. Les fruits rouges s'abîment rapidement et doivent toujours être réfrigérés. Consommez-les de préférence le jour même de l'achat.

> ✔ Les tomates ont davantage de saveur lorsqu'elles sont conservées à température ambiante. Stockez-les dans un endroit frais et sombre ou dans un sac en papier pour qu'elles mûrissent complètement. Ensuite, réfrigérez-les pour qu'elles ne s'abîment pas. Enfin, ramenez-les à température ambiante avant de les consommer.

- Les agrumes, comme les citrons, les pamplemousses et les oranges, ne mûrissent plus après la cueillette et se conservent relativement longtemps (jusqu'à 3 semaines, voire plus s'ils sont réfrigérés).
- Les avocats, les papayes, les kiwis et les mangues se conservent à température ambiante jusqu'à maturation complète, puis au réfrigérateur pendant encore quelques jours.
- La plupart des légumes sont relativement périssables et doivent être réfrigérés, à l'exception des oignons, des pommes de terre, de l'ail, des échalotes, qui se conservent à température ambiante pendant plusieurs semaines, voire 1 mois. Conservez l'ail et les échalotes dans un petit récipient proche de votre plan de travail. Stockez les oignons et les pommes de terre dans un endroit frais, sec et sombre.

Voici quelques conseils de conservation concernant certains fruits et légumes :

- **Ananas** : Il ne mûrit plus après la cueillette et se consomme de préférence dans les quelques jours qui suivent l'achat. Se conserve à température ambiante, à l'abri de la chaleur et du soleil, ou au réfrigérateur, entier ou découpé.
- **Artichauts et asperges** : Stockez-les au réfrigérateur et consommez-les dans les 2 ou 3 jours qui suivent l'achat.
- **Brocolis et chou-fleur** : Stockez-les au réfrigérateur et consommez-les dans la semaine.
- **Carottes** : Se conservent au réfrigérateur pendant plusieurs semaines.
- **Céleri** : Se conserve 1 à 2 semaines au réfrigérateur.
- **Champignons** : Stockez-les dans un sac en papier au réfrigérateur et consommez-les dans la semaine.
- **Chou** : Se conserve 1 à 2 semaines au réfrigérateur.
- **Chou vert, chou frisé et betterave** : Très périssables. Stockez-les au réfrigérateur et consommez-les dans les 2 jours qui suivent l'achat.
- **Concombres et aubergines** : Se conservent pendant 1 semaine dans le bac à légumes du réfrigérateur.
- **Courgettes et courge jaune** : Conservez-les jusqu'à 1 semaine au réfrigérateur.
- **Épinards** : Épluchez-les, rincez-les et séchez-les soigneusement, puis stockez-les au réfrigérateur pendant 2 à 3 jours maximum.
- **Haricots verts** : Stockez-les au réfrigérateur et consommez-les dans les 3 ou 4 jours qui suivent l'achat.

- **Poivrons** : Stockez-les au réfrigérateur jusqu'à 2 semaines.
- **Pommes** : Stockez-les au réfrigérateur ou dans un endroit frais et sombre. Elles se conservent pendant plusieurs semaines.
- **Raisin** : Se conserve jusqu'à 1 semaine au réfrigérateur.
- **Salades vertes** : Rincez-les bien, épluchez-les et séchez-les soigneusement avant de les envelopper dans du papier absorbant ou un sac en plastique pour les stocker dans le bac à légumes du réfrigérateur. Se conservent 3 à 4 jours.

Acheter et conserver de la viande, de la volaille et du poisson

La viande, la volaille et le poisson sont des denrées extrêmement périssables qui doivent être stockées dans la partie la plus froide du réfrigérateur. Enveloppez-les bien et conservez-les de préférence dans un compartiment séparé pour que leur jus ne goutte par sur les autres aliments.

Regardez attentivement la date limite de consommation (évitez les produits qui remontent à la dernière vidange de votre voiture !). Ne décongelez jamais la viande, la volaille ou le poisson à température ambiante, où ils sont exposés aux bactéries. Décongelez-les au réfrigérateur, ce qui prend plus de temps mais comporte beaucoup moins de risques.

Bœuf

La qualité du bœuf dépend de l'âge de l'animal, de la quantité de graisse, de la *marbrure* du morceau (plus la marbrure est importante, plus le morceau est moelleux et tendre), et de la couleur et de la texture de la viande. La viande de *premier choix* est la meilleure et la plus chère. En général, les viandes les plus tendres et les plus savoureuses font partie de cette catégorie, mais la façon dont le bœuf vieillit entre également en ligne de compte. Il y a quelques années, le bœuf vieillissait « sur pied » avant d'être expédié. Aujourd'hui, la viande est d'abord découpée, puis expédiée dans un conditionnement sous vide. Le vieillissement a donc lieu à l'intérieur de l'emballage. Servez-vous de préférence chez le boucher de votre quartier, qui fait encore vieillir le bœuf lui-même. Vous paierez votre viande plus cher, mais vous ne le regretterez pas. La viande vieillie est plus tendre et plus savoureuse.

Les viandes de second choix sont de qualité inférieure et généralement braisées ou cuites à l'étouffée.

Les morceaux les plus tendres du bœuf sont le filet de bœuf, la surlonge, la coquille d'aloyau, le filet mignon et les rôtis, comme la côte, le faux-filet et le filet. Les viandes tendres sont généralement rôties, grillées ou sautées (pour en savoir plus sur ces modes de cuisson secs, reportez-vous aux chapitres 5 et 7).

Les morceaux les moins tendres, plus nerveux et moins gras, sont de préférence braisés ou cuits à l'étouffée (pour en savoir plus sur ces modes de cuisson, reportez-vous au chapitre 6). Les morceaux les plus durs sont la poitrine, le paleron, l'épaule, la croupe et le bas de ronde. La figure 3-1 illustre l'emplacement de chaque morceau.

Une viande de premier choix n'est pas nécessairement de bonne qualité. La viande doit être rouge vif, jamais terne ou grise. Si l'emballage contient beaucoup de jus, elle a peut-être été congelée – ne l'achetez pas. Les morceaux désossés sont légèrement plus chers mais contiennent davantage de parties comestibles. Par conséquent, cela revient approximativement au même.

Stockez la viande dans la partie la plus froide du réfrigérateur. Placez la viande crue loin des autres aliments. Pour la congeler, enveloppez-la dans une feuille de papier d'aluminium ou un film plastique résistant, ou bien mettez-la dans un sac de congélation en faisant sortir le maximum d'air, et étiquetez-la en précisant la date. Vous pouvez congeler la viande hachée 3 mois maximum et les autres morceaux jusqu'à 6 mois. Décongelez toujours la viande au réfrigérateur ou au four à micro-ondes.

Figure 3-1 : Les morceaux de bœuf proviennent de parties différentes de l'animal.

Poulet

La tendreté et la saveur de la volaille fraîche varient quelque peu d'un producteur à l'autre. Nous vous recommandons de goûter plusieurs marques et de déterminer celle que vous préférez. La volaille de catégorie A est la plus économique puisqu'il s'agit de celle qui comporte le plus de viande par rapport à l'os. La couleur de la peau n'a rien à voir avec la qualité. Elle peut aller du blanc au jaune, selon le régime alimentaire de l'animal.

Les supermarchés proposent généralement cinq types de poulets :

- **Poulet à griller** : Volatile de 7 à 9 semaines et de 1 à 2 kg. Viande savoureuse à consommer de préférence grillée, frite, sautée ou rôtie. Ce poulet est toujours moins cher entier que prédécoupé.

- **Poulet à rôtir ou poulette** : Volatile de 3 à 7 mois et de 1,5 à 3,5 kg. Comporte beaucoup de viande mais reste gras sous la peau, ce qui le prédestine au rôtissage.

- **Chapon** : Jeune coq châtré de 3 à 4,5 kg, engraissé pour être rôti. Videz l'excès de graisse fondue au fur et à mesure qu'il rôtit, surtout si vous n'avez pas de hotte, sinon votre cuisine ressemblera à la Tour infernale. Le chapon n'est pas en vente dans tous les supermarchés (il faut généralement le commander).

- **Poule à bouillon** : Poule de 1,5 à 3,5 kg et d'au moins 1 an. Nécessite une cuisson lente et humide pour être attendrie. Convient pour les soupes et les ragoûts.

- **Poulet de Cornouailles** : Espèce de poulet plus petite, de 0,5 à 1 kg. Suffisamment savoureux pour être rôti ; comporte beaucoup de chair.

Retirez les abats (le cou, le cœur, le gésier et le foie) de la cavité du volatile et rincez celui-ci sous l'eau froide avant de le faire cuire. Retirez également l'excès de graisse. Après avoir ainsi préparé la volaille, lavez-vous les mains et nettoyez votre planche à découper et votre plan de travail avec de l'eau et du savon pour chasser les bactéries.

Le poulet entier ou prédécoupé doit être consommé dans les 2 jours qui suivent l'achat. Un poulet entier cru peut être enveloppé et congelé jusqu'à 12 mois ; chaque partie peut être congelée séparément jusqu'à 9 mois. Décongelez dans le réfrigérateur, jamais à température ambiante. Posez le poulet encore congelé dans un récipient ou sur une assiette pour que le jus ne goutte pas. Il faut 24 heures pour décongeler un poulet de 2 kg au réfrigérateur et 3 à 6 heures pour chaque partie. Si vous décongelez au four à micro-ondes, mettez celui-ci sur la position décongélation et faites cuire le poulet immédiatement après la décongélation.

L'ASTUCE D'HÉLÈNE Pour ne pas être pris au dépourvu, ayez toujours dans votre réfrigérateur du jambon blanc, des lardons et du saucisson, ainsi qu'un poulet au congélateur.

Les poulets fermiers vivent-ils en liberté ?

Comparés aux poulets aux hormones, qui vivent enfermés sans jamais voir le soleil, les poulets fermiers avec label vivent dans plus de confort. Cela dit, ils ne sont pas complètement en liberté. Ces poulets privilégiés ne se promènent pas à leur guise dans la campagne environnante pour picorer quelques trèfles avant de rentrer à la maison. La plupart sont enfermés dans des enclos où ils n'ont que très peu d'espace pour se mouvoir. Mais ils voient le soleil et peuvent au moins faire un peu d'exercice. En général, ils ne comportent aucun produit chimique.

Poisson

Il existe deux grandes catégories de poisson : le poisson maigre et le poisson gras. Parmi les poissons maigres figurent la sole, le flet, la dorade, le bar, le turbot, le cabillaud, le flétan et l'églefin. Les poissons gras ont une saveur plus intense et une chair généralement plus sombre. Il s'agit notamment du maquereau, du saumon, de l'espadon et du thon.

Nous vous recommandons d'acheter les filets de poisson gras avec la peau.

TRUC Lorsque vous achetez un poisson, le paramètre le plus important est la fraîcheur. Apprenez à reconnaître un poisson frais. Les yeux doivent être nets et brillants et non troubles. Les ouïes doivent être rouge foncé et non brunes. Enfin, la peau doit être brillante sans aucun dépôt visqueux. Le poisson devient gluant s'il n'est pas suffisamment entouré de glace.

Si possible, demandez au poissonnier de découper des filets frais dans le poisson entier devant vous. N'achetez des filets prédécoupés que s'ils sont disposés sur un lit de glace et non conditionnés sous un film plastique, qui emprisonne les odeurs nauséabondes et peut contenir des bactéries. Les filets doivent être humides, posés à plat et ne pas se recourber. Le poisson et les fruits mer doivent être consommés le plus tôt possible, idéalement le jour même de l'achat. Le poisson fraîchement pêché et nettoyé peut être congelé 2 à 3 mois s'il est soigneusement enveloppé dans deux couches de papier d'aluminium spécial congélation. Ne recongelez jamais un poisson après l'avoir décongelé.

Les fruits de mer doivent être fermés et ne dégager aucune odeur lorsque vous les achetez. Si une palourde ou une moule ne se ferme pas lorsque vous la tapez contre votre plan de travail, jetez-la. Mangez les palourdes, les huîtres et les moules fraîches le plus tôt possible. Vous pouvez les stocker au réfrigérateur, 24 heures maximum, dans un sac en plastique percé de petits trous pour permettre à l'air de circuler. Quant aux crevettes, achetez-les non décortiquées et mangez-les le jour même de l'achat. Et surtout, ne faites jamais trop cuire les fruits de mer car ils deviendraient caoutchouteux.

Cuisiner pour pas cher

Pour faire des économies en cuisine, il est inutile de faire l'impasse sur la qualité – bien au contraire ! Il faut connaître et respecter les aliments pour mieux en bénéficier. Voici quelques conseils :

- **Ne laissez pas les restes fossiliser dans le réfrigérateur,** utilisez-les le lendemain dans diverses recettes (voir chapitre 13).

- **Apprenez à vous servir d'un couteau.** Vous pouvez faire beaucoup d'économies en découpant et en désossant vous-même la viande. De plus, vous pouvez récupérer des os pour faire des bouillons. Les légumes entiers sont également moins chers que les légumes prédécoupés.

- **Élaborez des recettes délicieuses à base de légumes secs, riches en protéines, et de légumes bon marché, comme la courge, le chou et les pommes de terre.**

- **Utilisez votre congélateur intelligemment.** Profitez des offres spéciales des supermarchés. Achetez la viande hachée, les blancs de poulet et autres morceaux de volaille, les steaks, et les côtelettes en gros. Enveloppez et conservez les restes et datez tous les aliments que vous mettez au congélateur. Pour savoir comment faire de délicieux repas à partir de simples restes, reportez-vous au chapitre 13.

- **Cultivez vos propres herbes aromatiques.** Une grande partie des herbes aromatiques fraîches que l'on achète passe à la poubelle parce qu'on n'en utilise pas assez souvent. De plus, le conditionnement est coûteux.

- **Préparez vous-même les aliments que vous avez l'habitude d'acheter au supermarché.** Vous ferez des économies et obtiendrez un résultat de meilleure qualité. Pensez notamment à faire vous-même les croûtons (voir chapitre 10), la vinaigrette (voir chapitre 8) et le bouillon (voir chapitre 4).

- **Achetez des morceaux de viande moins chers et apprenez à les attendrir et les braisant ou en les faisant cuire à l'étouffée** (voir chapitre 6).

Deuxième partie
Développez votre savoir-faire

« N'éteins pas le sèche-linge... j'essore la salade. »

Dans cette partie...

Ce livre est axé autour des modes de cuisson – sauter, braiser, pocher, rôtir, etc. C'est vrai, vous allez devoir engranger beaucoup d'informations à la fois mais ne vous laissez pas impressionner.

Cette partie expose tous les principes fondamentaux que vous devez connaître pour cuisiner à partir d'une recette. Chaque mode de cuisson est décrit en détail et illustré par plusieurs recettes. Lorsque vous aurez acquis de l'assurance, vous pourrez improviser et faire preuve de créativité.

Chapitre 4
Bouillir, pocher et cuire à la vapeur

Dans ce chapitre :

▶ Jeux d'eau : frémir, bouillir et cuire à la vapeur
▶ Plongée sous-marine : pocher
▶ Recettes de plats et d'accompagnements

Les recettes de ce chapitre

▶ Purée de pommes de terre
▶ Purée de pommes de terre aux olives noires
▶ Purée de pommes de terre et de rutabagas
▶ Purée de brocolis
▶ Mousseline de carottes aux agrumes
▶ Bouillon de volaille
▶ Bouillon de légumes
▶ Pavé de merlu poché au court-bouillon, huile d'olive et olives noires
▶ Filet de bœuf cuit à la ficelle, légumes de printemps
▶ Jeunes poireaux cuits à la vapeur, condiment aux olives noires
▶ Caviar d'aubergines aux sardines
▶ Asperges vapeur à l'aneth
▶ Homards vapeur à l'orange et au citron

« Je ne sais même pas faire bouillir de l'eau », se lamentent certaines personnes qui ne cuisinent jamais. Eh bien, prenez une casserole, lancez-vous dans cette expérience frémissante et suivez le guide. Ce chapitre décrit trois modes de cuisson de base : bouillir, pocher et cuire à la vapeur. Ceux-ci concernent en priorité les légumes, mais aussi le riz, denrée incroyablement capricieuse et, bien sûr, les pommes de terre. Après la cuisson, vient l'assaisonnement, qui n'aura également plus de secrets pour vous. Pour finir, vous apprendrez à préparer deux bouillons, mélanges savoureux qui relèvent de nombreux plats.

Mettez-vous dans le bain : définition des modes de cuisson

Détendez-vous, ces modes de cuisson sont à la portée de toutes et tous. Faire *bouillir* de l'eau consiste à en faire monter la température jusqu'à 100 °C. Inutile d'avoir un thermomètre. Lorsque de grosses bulles se forment à la surface, c'est que l'eau bout. Vous pouvez accélérer le processus en couvrant la casserole pour emprisonner la chaleur.

Y a-t-il des amateurs de viande bouillie ?

Réjouissez-vous de ne pas être née au Moyen Âge. À cette époque, on faisait bouillir tous les aliments. C'était l'unique mode de cuisson. La viande était bouillie pour tuer les germes qui s'y installaient alors qu'elle était stockée à température ambiante pendant des jours. Cette méthode permettait aussi de laver la viande du sel dont on la recouvrait pour la conserver.

Faire *frémir* l'eau consiste à la chauffer jusqu'à ce que de minuscules bulles apparaissent à la surface – comme lorsqu'une fine pluie d'été tombe sur un lac immobile. À ce stade, la température est inférieure à la température d'ébullition et idéale pour cuire lentement ou braiser (pour en savoir plus sur ce mode de cuisson, reportez-vous au chapitre 6).

Lors de la préparation d'une soupe ou d'un bouillon, l'eau doit souvent être amenée à ébullition dans un premier temps puis frémir pendant un long moment ensuite. Pour réaliser une sauce, il faut faire réduire le bouillon, ce qui revient à le faire bouillir à nouveau pour intensifier la saveur du liquide en le faisant diminuer de volume et épaissir.

Pocher consiste à plonger un aliment dans un liquide frémissant. Enfin, la *cuisson à la vapeur* présente de nombreux avantages. Ce mode de cuisson très doux est celui qui préserve le mieux la couleur, la saveur, la texture, la forme et les substances nutritives des aliments. Pour cuire à la vapeur, placez les aliments dans un récipient couvert et dans un panier situé au-dessus d'une eau frémissante.

Bouillir, étuver et blanchir les légumes

Certains légumes denses, comme les carottes, les pommes de terre et les navets doivent parfois être étuvés, c'est-à-dire cuits dans un récipient fermé selon la méthode dite à l'étuvée. Cette technique permet de ramollir ces légumes avant de les cuire comme l'indique la recette. Ainsi, tous les ingrédients peuvent ensuite cuire en même temps. Par exemple, vous pouvez blanchir les poivrons verts avant de les farcir et de les passer au four ou les brocolis, les carottes et les choux-fleurs avant de les ajouter à un wok de nouilles et de crevettes.

Plongez des légumes (verts) dans de l'eau bouillante salée pendant quelques secondes (voire une minute si les légumes sont gros), afin de fixer la couleur et d'assouplir la texture. Tout de suite après, plongez les aliments dans de l'eau fraîche et des glaçons pour stopper la cuisson. Vous pouvez émonder les tomates, les nectarines et les pêches pour en retirer facilement la peau. Certains légumes, comme les haricots verts, sont blanchis avant d'être congelés ou mis en conserve dans le but de préserver leur couleur et leur saveur.

La recette préférée des enfants

Pour cette recette, il est fortement recommandé d'utiliser un presse-purée. Les mixeurs et les robots sont trop rapides et réduiraient vos pommes de terre en colle pour papier peint ! Même lorsque vous utilisez un presse-purée, n'écrasez pas trop les pommes de terre. Contentez-vous de désagréger les grosses mottes.

Purée de pommes de terre

difficulté ✶✶✶   temps ✶✶✶   coût €€€

Ustensiles : Couteau de chef, casserole moyenne avec couvercle, presse-purée, égouttoir
Temps de préparation : 5 minutes
Temps de cuisson : 20 minutes
Quantité : 4 personnes

1 kg de pommes de terre bintje
15 cl de lait
15 cl de crème fraîche
150 g de beurre
Sel fin
Piment d'Espelette
Gros sel

- Épluchez les pommes de terre et coupez-les en quartiers.
- Mettez-les dans une casserole moyenne. Ajoutez juste ce qu'il faut d'eau froide pour les recouvrir. Salez avec du gros sel.
- Couvrez et faites bouillir à feu vif. Réduisez la chaleur et faites cuire à feu moyen, couvert, environ 15 minutes ou jusqu'à ce que vous puissiez facilement piquer les pommes de terre avec une fourchette.

- Égouttez les pommes de terre dans un égouttoir et remettez-les dans la casserole. Si nécessaire, faites chauffer à feu doux 10 à 15 secondes en secouant la casserole pour que l'excès d'humidité s'évapore.

- Retirez du feu. Écrasez les pommes de terre avec un presse-purée ou une fourchette (vous pouvez utiliser un batteur à main si vous n'avez pas de presse-purée mais faites attention à ne pas obtenir une pâte trop molle). Ajoutez le mélange de lait et de crème chauffé, le beurre et le piment d'Espelette. Remuez le tout jusqu'à ce que la purée soit homogène et crémeuse.

Les amateurs de purée de pommes de terre pensent que ce mets va avec tout.

L'ASTUCE D'HÉLÈNE

Vous pouvez placer une gousse d'ail et une feuille de laurier dans l'eau de cuisson des pommes de terre. À la fin de la cuisson, retirez la feuille de laurier et écrasez la gousse d'ail avec les pommes de terre.

ATTENTION !

Surveillez les aliments plongés dans de l'eau bouillante ou frémissante, cuits à la vapeur ou pochés. L'eau ou tout autre liquide ne doit pas s'évaporer complètement sinon vous retrouverez votre casserole en piteux état. Si nécessaire, ajoutez du liquide pour empêcher les aliments de brûler.

Pommes de terre écrasées aux olives noires

difficulté ✸✸✸   temps ✸✸✸   coût €€€

Ustensiles : Casserole moyenne avec couvercle, fourchette, couteau d'office
Temps de préparation : 5 minutes
Temps de cuisson : 20 minutes
Quantité : 4 personnes

1 kg de pommes de terre à peau épaisse
1 gousse d'ail
2 feuilles de laurier
2 branches de persil
100 g d'olives noires
15 cl d'huile d'olive fruitée
Sel
Piment d'Espelette

- Lavez les pommes de terre et faites-les cuire 12 à 15 minutes suivant leur grosseur dans 5 litres d'eau bouillante salée avec la gousse d'ail et les feuilles de laurier.

- Égouttez-les et retirez leur peau aussitôt.

- Écrasez-les grossièrement avec une fourchette, assaisonnez-les de fleur de sel, de piment d'Espelette et d'huile d'olive.
- Ajoutez le persil ciselé et les olives noires.

Il n'y a pas que les pommes de terre : autres purées

La purée de légumes est un mets très simple. Il ne s'agit que de légumes cuits (généralement bouillis ou cuits à la vapeur mais parfois rôtis) écrasés ou mixés. Les féculents, comme les pommes de terre, les ignames, les rutabagas, les panais et les carottes font généralement les meilleures purées, mais les brocolis, les choux-fleurs et les poivrons rouges rôtis sont également délicieux, notamment lorsqu'ils sont mélangés à un féculent. Voici quelques purées originales :

Purée de pommes de terre et de rutabagas

difficulté ★★★   temps ★★★   coût €€€

Ustensiles : Couteau de chef, presse-agrumes, casserole moyenne, petite sauteuse, robot

Temps de préparation : 10 à 15 minutes

Temps de cuisson : Environ 20 minutes

Quantité : 4 personnes

500 g de rutabagas épluchés et taillés en gros morceaux

300 g de grosses pommes de terre

20 cl de crème fraîche liquide

15 cl de crème fouettée

Sel fin de Guérande

Poivre blanc du moulin

Piment d'Espelette

- Mettez les morceaux de rutabagas et de pommes de terre dans une casserole moyenne. Recouvrez-les d'eau et salez légèrement. Faites bouillir, couvrez puis laissez frémir 15 à 20 minutes ou jusqu'à ce que les deux légumes soient très tendres (vérifiez avec une fourchette).
- Pendant ce temps, faites fondre le beurre à feu moyen dans une petite sauteuse. Ajoutez l'oignon et faites-le revenir dans le beurre.
- Égouttez les morceaux de rutabagas et de pommes de terre et mettez-les dans votre robot. Mixez en ajoutant progressivement la crème fraîche liquide puis la crème fouettée.

L'ASTUCE D'HÉLÈNE

Si vous ajoutez un peu d'eau de cuisson ou de bouillon, vous obtiendrez une merveilleuse soupe.

Purée de brocolis

difficulté ★★★   temps ★★★   coût €€€

Ustensiles : Grande casserole ou marmite, passoire avec un linge propre et rincé, mixeur
Temps de préparation : 45 minutes
Temps d'égouttage : 4 heures
Quantité : 4 personnes

2 kg de brocolis
20 g de gros sel
50 g de beurre

- Cuisez les sommités de brocolis à l'eau bouillante salée sans couvercle. Après cuisson, c'est-à-dire 5 à 7 minutes d'ébullition, plongez-les dans l'eau glacée pour les refroidir. Ensuite, égouttez bien les sommités puis mixez-les très fin.
- Remettez dans l'égouttoir avec un linge propre pour ne pas que la purée passe au travers. Laissez égoutter au réfrigérateur durant 4 heures. Ensuite, versez la purée dans une casserole, ajoutez le beurre et rectifiez l'assaisonnement.

TRUC

Utilisez uniquement les fleurs des brocolis. Les tiges peuvent être taillées en petits dés et sautées à la graisse de canard en accompagnement d'une viande, d'un légume ou d'un poisson.

IMPROVISEZ

Vous pouvez associer plusieurs légumes. Voici quelques idées : pommes de terre et carottes ; panais et pommes de terre ; ignames et pommes ; pommes de terre et ail rôti ; artichauts et salsifis. Vous pouvez aussi ajouter des herbes fraîches, comme de l'estragon, du thym ou de la sauge.

RECETTE ILLUSTRÉE

Mousseline de carottes aux agrumes

difficulté ★★★   temps ★★★   coût €€€

Ustensiles : Casserole, mixeur, torchon en coton rincé, couteau émincer, économe
Temps de préparation : 10 minutes
Temps de cuisson : 25 minutes
Temps d'égouttage : 4 heures
Quantité : 4 personnes

1,2 kg de carottes en botte (avec fanes)
40 g de beurre
5 g de confit d'agrumes (épicerie fine)
1 gousse d'ail
Gros sel
Sel fin de Guérande
Poivre blanc du moulin
Piment d'Espelette

- Épluchez les carottes, taillez en cubes de 2 cm.
- Faites bouillir de l'eau salée et plongez-y les carottes avec la gousse d'ail non pelée. Laissez cuire pendant 20 à 25 minutes. Égouttez, retirez la gousse d'ail et mixez les carottes. Versez dans un égouttoir doublé d'un torchon propre afin de bien égoutter l'eau restante sans perdre de pulpe.
- Au bout de 4 heures, récupérez la pulpe, chauffez-la dans une casserole, ajoutez le confit d'agrumes et rectifiez l'assaisonnement. Ajoutez le beurre et goûtez. On doit sentir un parfait équilibre entre le salé et le sucré.

Conseils pour faire cuire à l'anglaise ou à la vapeur douze légumes frais

Tous les légumes se cuisent aussi facilement que les pommes de terre. Le principe de cuisson à « l'anglaise » (grand volume d'eau bouillante salée et sans couvercle) est préconisé pour les légumes verts. Il peut être remplacé par la cuisson à la vapeur, soit en couscoussier, soit en four vapeur de type autoclave. Pour les féculents, le départ de cuisson se fait à froid et salé. Voici quelques recommandations pour la cuisson des légumes les plus courants.

- **Artichauts** : Posez les artichauts sur le côté sur une planche à découper. Avec un couteau de chef tranchant, coupez le pied. Retirez les feuilles épaisses et dures situées à la base (pas plus de 3 ou 4). Mettez les artichauts dans une marmite profonde (juste assez grosse pour qu'ils tiennent sans bouger) et recouvrez-les d'eau. Ajoutez du gros sel, du poivre et un jus de citron puis faites bouillir 30 à 40 minutes, selon la taille des artichauts. Une fois la cuisson terminée, vous devez pouvoir percer les fonds avec une fourchette ou retirer facilement une feuille. Retirez les artichauts avec une pince et égouttez-les en les retournant. Les artichauts se dégustent feuille par feuille, avec une vinaigrette bien relevée.
- **Asperges** : Coupez les tiges rigides à l'endroit où elles se cassent naturellement. Pour les asperges, il faut être sûr de leur fraîcheur. Pour

les asperges vertes, il faut tout d'abord les écussonner à l'aide d'une pointe de couteau d'office, c'est-à-dire retirer les pointes violacées sur les tiges. Ensuite, pelez le premier tiers du pied de l'asperge afin de retirer la peau épaisse. Pour les asperges blanches, il faut les peler complètement. Après cette opération, formez des bottes de hauteur identique et comprenant une quinzaine d'asperges. Ficelez-les sans trop serrer. Ensuite pour la cuisson, commencez à l'eau bouillante salée en posant la botte debout, pieds en bas, dans la marmite. Vérifiez la cuisson et, quand vous pouvez piquer les asperges sans résistance au niveau des pieds, servez aussitôt. Si elles sont pour plus tard, refroidissez-les dans l'eau glacée quelques instants. Il est possible de blanchir les asperges vertes puis de les griller à la poêle ou à la braise, et de les servir avec quelques copeaux de parmesan Reggiano.

- **Carottes et panais** : Retirez les fanes et épluchez avec un épluche-légumes. Placez les légumes coupés en rondelles dans une casserole d'eau bouillante salée. Couvrez et faites bouillir 12 à 15 minutes (environ 20 minutes si vous n'avez pas coupé les légumes en rondelles). Pour une cuisson à la vapeur, mettez les légumes dans un panier vapeur et faites-les cuire dans une cocotte couverte au-dessus de 2 ou 3 cm d'eau bouillante environ 5 minutes (12 minutes si les légumes sont entiers). Servez avec une sauce mousseline aux parfums d'agrumes (voir chapitre 8).

- **Chou** : Coupez le chou en quartiers et retirez le cœur. Mettez les quartiers dans une marmite d'eau bouillante légèrement salée et laissez bouillir environ 12 minutes. Le chou doit rester croquant. Disposez les quartiers de chou dans le panier du couscoussier et cuisez à couvert pendant 12 minutes environ.

- **Choux de Bruxelles** : Avec un couteau d'office, retirez les premières feuilles et coupez la tige à un centimètre du chou. Cuisez à l'anglaise 8 à 10 minutes, les choux doivent être encore légèrement croquants après cuisson. Pour cuire les choux de Bruxelles à la vapeur, placez-les dans un panier vapeur au-dessus de 2 ou 3 cm d'eau bouillante. Couvrez la cocotte et faites cuire environ 8 minutes selon la taille des choux. Servez avec une sauce mousseline.

- **Chou-fleur** : Taillez le chou-fleur en sommités, et cuisez-le dans l'eau bouillante légèrement salée. Cuisez à l'anglaise 8 à 10 minutes, jusqu'à ce que le chou-fleur soit entre tendre et croquant. Ajoutez le jus d'un demi-citron à l'eau de cuisson pour conserver la blancheur du légume. Pour une cuisson à la vapeur, mettez le chou-fleur dans un panier vapeur au-dessus de 2 ou 3 cm d'eau bouillante. Couvrez la cocotte et faites cuire environ 5 minutes. Agrémentez d'une sauce à base de beurre fondu, de jus de citron et de persil frais haché. Servez avec une sauce légère aux épices telle qu'une vinaigrette légèrement moutardée, parfumée au curry des Indes et agrémentée de persil plat frais haché.

- **Courge jaune et courgettes** : Nettoyez et coupez les extrémités. Tranchez en rondelles d'environ 1 cm d'épaisseur. Mettez les légumes dans un panier vapeur au-dessus de 2 ou 3 cm d'eau bouillante et faites cuire dans un couscoussier fermé environ 4 minutes ou jusqu'à ce que les légumes soient entre tendres et croquants. Vous pouvez aussi faire sauter la courge jaune et les courgettes.

- **Haricots verts** : Éboutez les haricots, faites-les cuire à l'anglaise 8 à 10 minutes, jusqu'à ce qu'ils soient entre tendres et croquants. Ils doivent conserver leur couleur d'origine. Pour une cuisson à la vapeur, mettez les haricots dans un panier vapeur au-dessus de 2 ou 3 cm d'eau bouillante. Fermez le couscoussier hermétiquement et faites cuire environ 5 minutes. Servez les haricots chauds avec une simple sauce au beurre ou froids avec une vinaigrette.

- **Ignames** (patates douces) : Nettoyez les ignames, coupez les extrémités et retirez les parties abîmées (si elles sont grosses, coupez-les en deux ou en quatre). Mettez-les dans une grosse marmite, recouvrez-les d'eau froide et faites frémir couvert 35 à 40 minutes (ou 20 à 25 minutes si les ignames sont coupées en deux ou en quatre). La cuisson est terminée lorsque vous pouvez percer les ignames facilement avec une fourchette. Surveillez la cuisson pour qu'elles ne se désagrègent pas dans l'eau. Égouttez et laissez refroidir un peu avant d'éplucher. Réduisez en purée ou servez en gros morceaux avec du beurre, du sel, du poivre et éventuellement du gingembre ou de la muscade.

- **Maïs** : Choisissez de beaux maïs très frais, épluchez les feuilles, et cuisez-les à l'anglaise dans une marmite d'eau bouillante salée. Retirez les épis avec une pince et servez immédiatement avec du beurre.

- **Mangetout** : Rincez les haricots, éboutez-les et effilez-les. Mettez-les dans une casserole d'eau bouillante salée, à découvert. Faites-les cuire 2 minutes. Égouttez-les dans un égouttoir et passez-les sous l'eau froide pour stopper la cuisson et conserver leur couleur d'origine.

- **Oignons perlés** : Retirez la première peau et faites cuire les oignons nouveaux à l'anglaise, 5 à 10 minutes, jusqu'à ce que les oignons soient fermes et tendres. Refroidissez à l'eau glacée. Réchauffez au beurre salé dans un sautoir avec d'autres légumes vapeur. Surveillez la cuisson : les oignons ne doivent pas se désagréger. Servez avec une sauce ou un jus de viande ou bien mélangés à d'autres légumes.

Que signifie « assaisonner à votre convenance » ? Dans de nombreuses recettes, on vous suggère de saler ou de poivrer à votre convenance. Les proportions sont laissées à votre discrétion, tout simplement, parce qu'avant de servir un plat vous devez l'assaisonner en fonction de votre goût. Pour cela, il vous suffit donc de goûter et d'ajouter du sel ou du poivre, par exemple, dans les quantités qui vous conviennent. N'assaisonnez pas trop au départ car l'assaisonnement peut s'intensifier au cours de la cuisson.

L'astuce d'Hélène : Faites cuire les légumes dans une eau vraiment bouillante, afin qu'ils soient saisis.

Préparer un bouillon

L'astuce d'Hélène : De nombreuses recettes nécessitent un bouillon de poulet ou de légumes. En apprenant à préparer ce liquide parfumé au lieu d'utiliser de l'eau, vous rehausserez grandement la saveur de vos plats.

Pensez à garder vos carcasses de volaille pour confectionner un bouillon.

Bouillon de volaille

difficulté ✱✱✱   temps ✱✱✱   coût €€€

Ustensiles : Marmite à bouillon ou autre grosse marmite, écumoire, passoire
Temps de préparation : 15 minutes
Temps de cuisson : 4 heures
Quantité : 2 à 3 litres

1 poule fermière (1,7 kg)
1 gros oignon piqué d'un clou de girofle
1 carotte moyenne
1 bouquet garni (vert de poireau, branche de thym, laurier, queues de persil, branche de romarin)
4 à 5 grains de poivre noir

- Mettez tous les ingrédients dans une marmite à bouillon et portez à ébullition. Réduisez la chaleur et laissez frémir 4 heures sans couvrir en écumant la surface avec une écumoire si nécessaire.
- Passez le bouillon au chinois au-dessus d'un gros récipient pour séparer le liquide des morceaux de poule et de légumes. Récupérez la poule, elle vous servira pour une recette de poule au pot, par exemple. Laissez refroidir le bouillon passé et mettez-le au réfrigérateur. Une fois le bouillon refroidi, retirez la graisse qui s'est solidifiée à la surface. Si vous le souhaitez, congelez le bouillon dans de petits récipients.

Savoir-faire : Lorsque vous faites un bouillon, de l'écume ou des morceaux d'os et de légumes peuvent flotter à la surface. Retirez-les régulièrement avec une écumoire. Pour extraire la graisse d'un bouillon de viande, il suffit de mettre celui-ci au réfrigérateur. La graisse se solidifiera à la surface et sera ensuite facile à enlever.

Chapitre 4 : Bouillir, pocher et cuire à la vapeur

L'ASTUCE D'HÉLÈNE

Vous pouvez remplacer la poule entière par une carcasse.

Si vous n'avez pas le temps de faire un bouillon de volaille, optez pour un bouillon de légumes, traditionnellement utilisé pour pocher les fruits de mer et le poisson (vous trouverez une recette de saumon poché au chapitre 17). Le bouillon de légumes peut également servir de base pour toutes sortes de soupes et de sauces.

Bouillon de légumes

difficulté ✱✱✱   temps ✱✱✱   coût €€€

Ustensiles : Marmite, cuillère en bois, planche à découper, passoire
Temps de préparation : 15 minutes
Temps de cuisson : 1 heure
Quantité : 1 litre

250 g de carottes
150 g d'oignons piqués de deux clous de girofle
100 g de céleri branche
100 g de poireaux entiers
1 gros bouquet garni
2 gousses d'ail non épluchées
1 petite pincée de piment d'Espelette
4 à 5 grains de poivre noir

- Dans une compresse (pharmacie) mettez le bouquet garni, le poivre noir, le piment d'Espelette. Refermez bien à l'aide d'une ficelle.
- Dans la marmite, mettez tous les légumes, si possible entiers car après ils peuvent servir pour d'autres plats : poireaux vinaigrette, une salade de carottes au cumin… Mouillez à l'eau froide et laissez cuire une heure.
- Après cuisson, passez le bouillon dans la passoire ou au chinois et mettez dans des bocaux ou petites bouteilles plastique allant au congélateur.

IMPROVISEZ

Si vous voulez faire un fumet de poisson pour une soupe ou pour pocher des fruits de mer, prenez 2 kg d'arêtes de poissons plats (turbot, sole, barbue) que vous pouvez vous procurer chez votre poissonnier. Mettez-les à dégorger dans l'eau froide pendant 2 heures puis procédez comme pour le bouillon de légumes. Écumez bien la surface du fumet pendant la cuisson. De nombreuses soupes ont pour base un fumet de ce genre. Vous en trouverez au chapitre 10.

L'ASTUCE D'HÉLÈNE — Vous pouvez parfumer votre bouillon avec des herbes ou des épices, de la cardamome ou de la citronnelle, par exemple.

Pocher des fruits de mer ou du poisson dans un court-bouillon

Pour préserver la saveur et la texture d'un poisson, pochez-le dans un court-bouillon. Il vous suffit de laisser frémir le bouillon doucement et de faire attention à ne pas trop cuire le poisson. Si le liquide bout, la chair tendre du poisson se désagrégera.

Le bouillon de légumes classique donne au poisson une saveur herbacée très subtile. Les carottes et les oignons ont un petit goût sucré et le piment d'Espelette équilibre le tout. Il est recommandé de pocher les poissons à chair ferme, comme le saumon, le thon, le cabillaud et le flétan.

Dans la recette suivante, après avoir fait frémir pendant 3 minutes les pavés de merlu dans le bouillon de légumes, vous devez les retirer du feu. Elles continueront à cuire pendant encore 5 minutes. Il est donc important que vous ayez un minuteur.

Pavé de merlu poché au court-bouillon, huile d'olive et olives noires

difficulté ✲✲✲   temps ✲✲✲   coût €€€

Ustensiles : Couteau éminceur, sautoir (ou saumonière si poisson entier)
Temps de préparation : 20 minutes
Temps de cuisson du court-bouillon : 25 minutes
Temps de cuisson des pavés : 5 minutes
Quantité : 4 personnes

4 pavés de 150 g de filet de merlu de Saint-Jean-de-Luz
1 pincée de sel fin de Guérande
1 pincée de piment d'Espelette
8 cl d'huile d'olive extra
40 g d'olives noires (Taggiasche, de préférence) taillées en copeaux

Pour le court-bouillon :

70 g de carottes taillées en cubes

50 g d'oignons taillés en cubes

50 g de poireaux ciselés gros

50 g de céleri branche

1 gousse d'ail non épluché

1 petite branche de thym frais

7 feuilles de laurier

25 cl de vinaigre de vin

25 cl de vin blanc sec

25 cl d'eau

25 cl de fumet de poisson

Sel fin de Guérande

Poivre mignonnette

Piment d'Espelette

- Dans un sautoir, mettez tous les légumes taillés, ajoutez le vinaigre, le vin blanc et l'eau (ou ½ eau et ½ fumet de poisson), enfin l'ail coupé en deux et le bouquet garni.

- Assaisonnez et portez à ébullition, laissez cuire à frémissement durant 20 minutes. Stoppez la cuisson et laissez infuser encore 20 minutes. Filtrez dans un bol avec une passoire à sauce ou un chinois étamine.

- Pour le merlu, vérifiez qu'il n'y ait plus d'arêtes et que la peau soit bien grattée (sans écailles). Dans un sautoir, portez le court-bouillon à ébullition, assaisonnez les pavés de poisson et déposez-les dans le sautoir. Baissez la chaleur à frémissement et arrosez à l'aide d'une cuillère à soupe les pavés.

- Puis laissez cuire 5 à 7 minutes selon l'épaisseur des pavés, vérifiez la fin de cuisson en piquant le poisson avec une pointe de couteau. Celle-ci doit entrer et sortir de la chair sans aucune résistance.

- Ensuite, débarrassez les filets sur une assiette et couvrez-la d'une feuille de papier aluminium. Faites réduire le fumet pour qu'il soit de consistance sirupeuse, ajoutez les olives noires, et laissez infuser quelques instants. Au moment de servir, ajoutez l'huile d'olive et montez le jus de cuisson (en faisant des mouvements circulaires avec le sautoir).

- Dressez sur des assiettes bien chaudes, posez les pavés avec la peau au-dessus, puis arrosez de jus et d'olives noires. Ajoutez quelques grains de fleur de sel et de piment d'Espelette.

Vous pouvez servir ce plat avec une purée de pommes de terre écrasées à la fourchette (voir précédemment dans ce chapitre).

> **L'ASTUCE D'HÉLÈNE**
>
> ### Évaluer la cuisson d'un poisson
>
> Pour évaluer la cuisson d'un poisson, une méthode simple consiste à piquer le poisson avec une pointe de couteau, à l'endroit où il est le plus épais. Piquez jusqu'au milieu du poisson et comptez jusqu'à 10. Retirez la pointe du couteau et posez-la sur vos lèvres. Si c'est froid, le poisson n'est pas cuit ; si c'est tiède, il reste une minute de cuisson ; si c'est chaud, le poisson est cuit.
>
> Lorsqu'elles sont cuites, les coquilles Saint-Jacques deviennent opaques et les crevettes, qui cuisent en 1 minute ou 2, virent au rose. La chair du saumon et du thon est d'un rose sombre lorsqu'elle est à point. Et le poisson blanc n'est plus luisant et humide qu'en son milieu. Sauf indication contraire, retirez immédiatement le poisson cuit du feu ou du bouillon qui a servi à le pocher.
>
> Lorsqu'elles sont cuites, les moules, les palourdes et les huîtres le montrent clairement : leurs coquilles s'ouvrent, quel que soit le mode de cuisson que vous avez choisi.

Peu de personnes pensent à pocher la viande. Pourtant, c'est un bon moyen de la parfumer et de l'attendrir. Pochez-la dans un bouillon très parfumé, que vous pouvez faire vous-même ou acheter en supermarché (choisissez une bonne marque).

Filet de bœuf cuit à la ficelle, légumes de printemps

difficulté ✹✹✹   temps ✹✹✹   coût €€€

Ustensiles : Marmite à bouillon, planche à découper, couteau économe, couteau d'office, couteau éminceur, plaque à four, ficelle de cuisine, sautoir

Temps de préparation : 1 heure

Temps de cuisson : le bouillon de bœuf, 4 heures ; les légumes et filets de bœuf, 25 minutes

Quantité : 4 personnes

Pour le bouillon de bœuf (il est préférable de le réaliser la veille) :

1 kg d'os de bœuf

50 g de graisse de canard

100 g de poireaux ciselés grossièrement

100 g de céleri en branche taillé en cubes

150 g de carottes taillées en cubes

150 g d'oignons taillés en cubes

25 g de concentré de tomate

25 cl de vin blanc sec

1 bouquet garni (queue de persil, laurier, thym et vert de poireau)

2 clous de girofle

5 grains de poivre noir

1 pincée de piment d'Espelette

2 gousses d'ail écrasées

10 g de gros sel de Guérande

Pour la viande :

1 morceau de filet de bœuf de 600 g

4 petits os à moelle

4 mini-navets

8 mini-carottes

8 mini-poireaux

8 radis rouges

8 pommes de terre rattes

200 g de haricots verts extrafins

50 g de beurre demi-sel

10 g de sel fin de Guérande

1 pincée de piment d'Espelette

1 pincée de sel de Guérande

Pour le bouillon :

- Préchauffez votre four à 220 °C (th. 7/8), déposez les os de bœuf dans la plaque à four, ajoutez la graisse de canard et enfournez. Au bout de 20 minutes, remuez les os afin qu'ils colorent sur toutes les faces. Laissez encore 20 minutes, puis retirez du four, versez les os dans la marmite à bouillon et posez la plaque à four sur le feu. Faites colorer la garniture aromatique dans la graisse de cuisson des os.

- Une fois bien coloré, ajoutez le concentré de tomate et mélangez bien, déglacez les sucs avec du vin blanc et en les décollant bien avec une spatule en polycarbonate.

- Versez le tout dans la marmite à bouillon, mouillez à l'eau et portez à ébullition. Assaisonnez et ajoutez le bouquet garni, les clous de girofle et l'ail. Laissez cuire pendant 4 heures à petite ébullition. De temps en temps retirez les impuretés en surface à l'aide d'une écumoire.

- Après cuisson, filtrez le bouillon et laissez refroidir (si vous le faites la veille, après refroidissement, mettez-le au réfrigérateur, et le lendemain retirez la graisse figée).

Pour les légumes :

- Lavez bien les mini-navets, carottes, poireaux, radis et pommes rattes. Retirez les racines et l'excédent de feuilles. Ne pelez pas les mini-légumes, mais essuyez-les avec un torchon propre.
- Portez le bouillon de bœuf à ébullition et cuisez les petits légumes, ils doivent être légèrement croquants (sauf les pommes de terre). Puis réservez-les dans un plat.

Pour la viande :

- Pochez les os à moelle dans le bouillon et sans ébullition, la cuisson doit se faire doucement pour ne pas abîmer la moelle.
- Ficelez les tournedos en laissant assez de longueur pour pouvoir laisser la ficelle hors de la marmite.
- Retirez les os à moelle et réservez-les, pochez les filets de bœuf dans le bouillon porté à frémissement.
- Selon l'épaisseur, il vous faudra entre 5 à 7 minutes de cuisson. Ensuite, coupez le feu et laissez cuire encore 2 à 3 minutes pour que la chaleur soit bien répartie.

Pour dresser :

- Faites réduire un peu de bouillon dans un sautoir, faites-y réchauffer les légumes, ajoutez une noisette de beurre et assaisonnez. Chauffez les os à moelle, assaisonnez-les avec du piment d'Espelette et du sel de Guérande.
- Sur l'assiette chaude, déposez les légumes bien chauds, le tournedos à la ficelle et l'os à moelle. Faites réduire le jus de cuisson et ajoutez une noisette de beurre, montez le jus et servez en arrosant la viande.

Cuire à la vapeur

La cuisson à la vapeur en couscoussier est très douce et convient à la fois aux légumes, aux poissons et même aux viandes et à la volaille. Ce mode de cuisson est également sain car les substances nutritives des aliments ne se perdent pas dans le liquide de cuisson.

Il existe deux façons de cuire à la vapeur : dans un cuiseur à vapeur (couscoussier) perforé et couvert, placé sur un récipient d'eau frémissante, ou bien dans un four vapeur (autoclave) ; il est plus rapide et permet donc de conserver les vitamines et la couleur des légumes. La seconde méthode fonctionne très bien avec les grands légumes, comme les brocolis et les asperges.

Si vous avez l'intention de beaucoup cuisiner à la vapeur, investissez dans un cuiseur à vapeur électrique. Le modèle de base se compose de deux récipients posés l'un sur l'autre, celui du haut ayant un fond perforé et un couvercle (pour en savoir plus sur les cuiseurs à vapeur, reportez-vous au chapitre 2).

Jeunes poireaux cuits à la vapeur, condiment aux olives noires

difficulté ✱✱✱   temps ✱✱✱   coût €€€

Ustensiles : Cuiseur vapeur (ou couscoussier), planche à découper, couteau d'office, couteau éminceur, bol

Temps de préparation : 25 minutes

Temps de cuisson : 10 minutes

Quantité : 4 personnes

8 poireaux fins (si gros poireaux, ne compter qu'un seul par personne)

Pour la sauce :

20 g de moutarde forte de Dijon

6 cl de vinaigre de vin vieux

12 cl d'huile d'olive extra

2 pincées de sel fin de Guérande

1 pincée de piment d'Espelette

10 g de câpres capucines hachées

20 g d'olives noires en copeaux

20 g de copeaux de tomates séchées

15 g d'échalotes ciselées finement

3 brins de persil plat haché

- Retirez les feuilles abîmées des poireaux, lavez-les bien tête en bas dans de l'eau. Coupez-les en deux à la moitié de la longueur et rangez-les dans le panier du cuiseur vapeur. Laissez cuire jusqu'à ce que vous puissiez les piquer avec la pointe d'un couteau sans qu'il y ait de résistance.

- Pour la sauce : réalisez une vinaigrette classique (voir chapitre 8) et ajoutez les câpres, le persil haché, les copeaux d'olives et les échalotes ciselées.

- Déposez les poireaux tièdes dans un plat. Servez la vinaigrette à part, dans une saucière.

L'ASTUCE D'HÉLÈNE — Vous pouvez parfumer l'eau de cuisson avec de la cardamome, de la verveine ou encore de la citronnelle en bâton.

SAVOIR-FAIRE — Les légumes frais ont davantage de goût et conservent mieux leurs substances nutritives lorsqu'ils restent croquants. Les vitamines B et C sont solubles dans l'eau et se dissolvent facilement dans le liquide de cuisson. Gardez ce liquide de cuisson rempli de vitamines pour faire une soupe ou un ragoût. Attention, si votre eau de cuisson est trop salée, votre soupe le sera également.

Caviar d'aubergines aux sardines

d'après une recette de Suzy Palatin, auteur de livres de cuisine

difficulté ★★★   temps ★★★   coût €€€

Ustensiles : Mixeur, couteau d'office, presse-agrumes

Temps de préparation : 10 minutes

Temps de cuisson : 20 minutes

Quantité : 4 personnes

300 g d'aubergines

1 boîte de Saint-Moret léger

2 boîtes de sardines à l'huile d'olive

2 citrons

2 pincées de piment en poudre

Poivre

Sel

- Préchauffez votre four à 200 °C (th. 7).
- Lavez les aubergines et essuyez-les.
- Mettez le four sur la position gril.
- Faites griller les aubergines sur toutes leurs faces, mettez-les sans les peler dans le bol d'un mixeur avec le Saint-Moret, le jus des 2 citrons, le contenu des 2 boîtes de sardines, le piment, le poivre et le sel ; mixez le tout jusqu'à ce que vous obteniez une pâte bien lisse.

Vous pouvez servir cette crème d'aubergines à l'apéritif ou en entrée. Tartinée sur du pain, elle fait un excellent sandwich si vous ajoutez quelques tranches de tomate, des feuilles de laitue ou de la roquette.

Asperges vapeur à l'aneth

difficulté ✳✳✳   temps ✳✳✳   coût €€€

Ustensiles : Couteau d'office, cuiseur à vapeur, couteau de chef
Temps de préparation : 10 minutes
Temps de cuisson : Environ 5 minutes
Quantité : 4 personnes

750 g de pointes d'asperges
30 g de beurre fondu
Sel à votre convenance
1 cuil. à soupe d'aneth ou de persil finement haché

- Cassez les tiges des asperges. Si les pointes sont grosses, retirez 3 à 5 cm de l'enveloppe verte située à l'extrémité épaisse de chaque pointe à l'aide d'un épluche-légumes.
- Faites chauffer environ 5 cm d'eau légèrement salée dans la partie inférieure d'un cuiseur à vapeur. Lorsque l'eau bout, mettez les asperges dans la partie supérieure du cuiseur à vapeur, couvrez et faites cuire 3 à 5 minutes selon l'épaisseur des asperges.
- Disposez les asperges sur un plat chaud et assaisonnez avec du sel, du beurre et de l'aneth ou du persil.

Dans la recette suivante, le homard est servi avec une sauce au beurre, à l'orange et au citron. Cette sauce peut agrémenter de nombreux poissons cuits au four ou à la vapeur, notamment le thon, le saumon et le merlu de ligne. Le zeste d'orange donne un goût sucré qui se marie très bien avec la chair douce du homard.

Homards vapeur à l'orange et au citron

difficulté ✳✳✳   temps ✳✳✳   coût €€€

Ustensiles : Cuiseur vapeur, grand couteau de chef, pince, râpe, petite casserole, cuillère en bois
Temps de préparation : Pas de préparation pour les homards ; 5 minutes pour la sauce
Temps de cuisson : Environ 10 minutes pour des homards de 750 g à 1 kg
Quantité : 4 personnes

4 homards vivants d'environ 750 g à 1 kg chacun
1 cuil. à soupe de zeste de citron fraîchement râpé

½ cuil. à café de zeste d'orange fraîchement râpé

60 g de beurre à température ambiante

Bouquet garni

Sel

- Versez environ 8 cm d'eau dans un cuiseur vapeur. Salez l'eau généreusement et aromatisez-la avec un bouquet garni et les zestes d'agrumes. Portez-la à ébullition.

- Ajoutez les homards et couvrez hermétiquement. Faites cuire à la vapeur 8 à 10 minutes selon le poids des homards (contrairement au poisson, le homard ne donne aucune indication visible de son degré de cuisson. Arrachez une pince et, si la chair n'est pas cuite, poursuivez la cuisson).

- Retirez les homards avec une pince. Pour savoir comment manger un homard, reportez-vous à la figure 4-1.

Servez avec la sauce au beurre blanc (voir chapitre 8).

Si possible, récupérez le corail du homard et mixez-le dans le beurre blanc avec un mixeur plongeant. Cela apportera un goût très fin et une couleur orangée à votre sauce.

Pour cuisiner un homard, vous pouvez le faire cuire à la vapeur ou dans de l'eau bouillante. La cuisson à la vapeur donne de meilleurs résultats en termes de texture et de saveur. Il est inutile de mettre le homard dans un panier vapeur pour éviter qu'il adhère au fond de la marmite puisqu'il ne se pose pas à plat. Le tableau 4-1 donne quelques indications sur le temps de cuisson du homard.

Tableau 4-1	**Temps de cuisson du homard**	
Poids	*Immersion dans l'eau bouillante*	*Vapeur*
500 g	5 à 6 minutes	7 à 8 minutes
1 kg	10 à 12 minutes	12 à 14 minutes

Il est difficile de rater un homard. La seule erreur que vous puissiez faire consisterait à le faire cuire trop longtemps. Lorsque le homard est cuit, sa chair doit être nacrée. Si vous avez la chance de vivre au bord de l'océan, faites-le cuire à la vapeur d'eau de mer. Vous pouvez même ajouter quelques algues dans le liquide de cuisson pour rehausser la saveur.

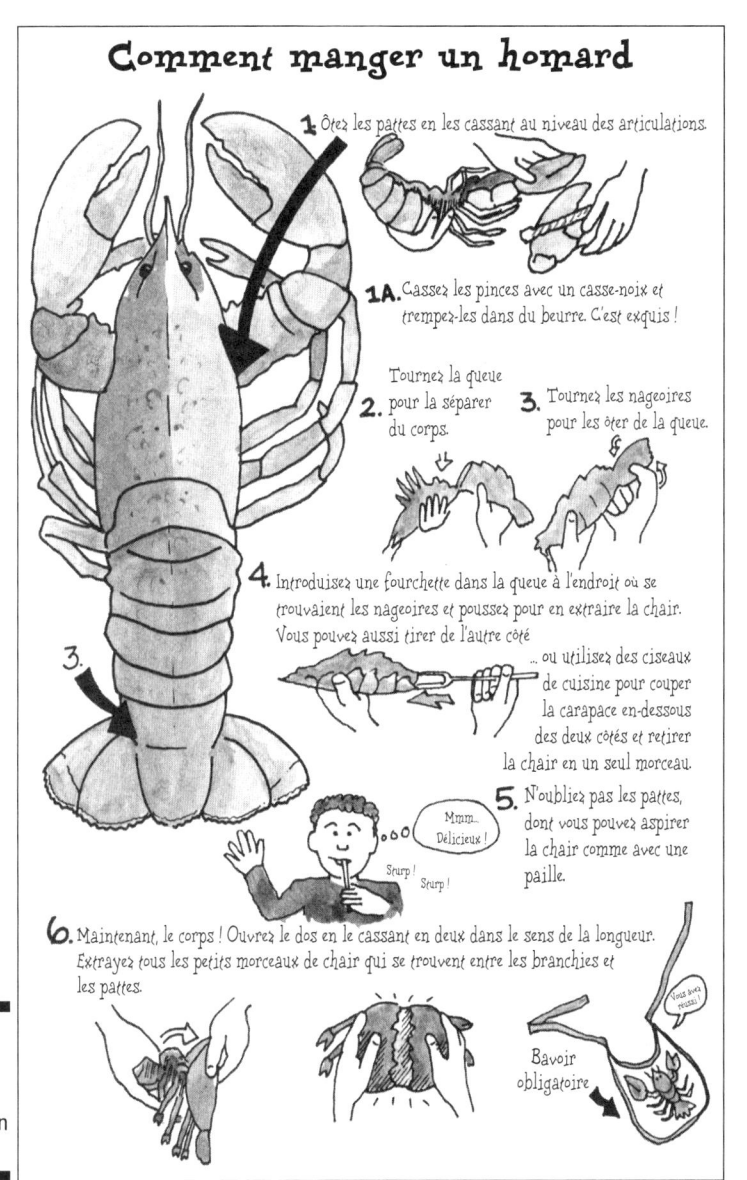

Chapitre 4 : Bouillir, pocher et cuire à la vapeur   95

Figure 4-1 :
Savoir décortiquer et manger un homard.

Chapitre 5
Sauter

Dans ce chapitre :

▶ Faire sauter des légumes comme un chef
▶ Faire sauter des fruits de mer
▶ Faire sauter des steaks, du poulet et du poisson

Les recettes de ce chapitre
▶ Pommes de terre sautées
▶ Épinards sautés
▶ Darnes de saumon, sauce aux poivrons rouges
▶ Blancs de poulet sautés aux tomates et au thym

Le mode de cuisson qui consiste à sauter les aliments est très courant. On l'utilise pour saisir les steaks, cuire les filets de poisson, glacer les légumes ou cuire rapidement les fruits de mer.

Pour sauter, il suffit de faire cuire les aliments dans une poêle chaude, généralement avec un peu de matière grasse (du beurre ou de l'huile, par exemple) pour éviter qu'ils attachent. Ce mode de cuisson donne aux aliments une texture croustillante ou craquante et fait ressortir toutes sortes d'arômes, notamment ceux des herbes et des épices.

Sauter consiste à secouer la poêle d'avant en arrière au-dessus du feu pour remuer les aliments, sans ustensiles, et ainsi les empêcher de brûler tout en les exposant intégralement à une chaleur intense. Entraînez-vous avec une sauteuse froide.

Cette technique implique une cuisson à feu moyen-vif. Les aliments ne doivent donc pas rester trop longtemps dans la poêle. Par exemple, si vous mettez un steak dans une poêle grésillante (avec un peu d'huile pour éviter qu'il attache), une croûte brune se forme en quelques minutes. Ainsi, le jus reste à l'intérieur du steak. Mais si vous ne retournez pas celui-ci rapidement pour saisir l'autre côté, il noircira et brûlera.

Après avoir fait dorer les deux côtés du steak, réduisez la chaleur et terminez la cuisson à feu moyen. Ainsi, vous obtiendrez un résultat parfait : croustillant à l'extérieur et juteux à l'intérieur.

Vous pouvez sauter les fruits de mer de la même façon pour leur donner de la saveur et une belle texture. Les légumes sautés, quant à eux, dorent dans le beurre et absorbent l'assaisonnement. Autrement dit, l'assaisonnement se mélange aux légumes et cuit en même temps qu'eux au lieu d'être ajouté juste avant de servir.

Huile ou beurre ?

Selon les régions de France, la matière grasse traditionnellement utilisée est différente. Dans le Nord, le beurre et le saindoux sont très utilisés. Dans le sud, c'est davantage l'huile d'olive et la graisse de canard.

Tableau 5-1 Les principales matières grasses utilisées en cuisine

Appellations	Variétés	Utilisation	Régions
Les matières grasses solides animales			
beurre	beurre salé, demi-sel, doux, à la fleur de sel, aromatisé aux algues, au piment d'Espelette… ou encore beurre clarifié	Finition de cuisson, liaison des sauces et jus, entre dans la composition de nombreux plats et desserts.	Il est utilisé en plus grande quantité dans les régions au-dessus de la Loire.
graisse de canard		Cuissons (sauter, rôtir, frire, confire…).	Elle s'utilise principalement dans le sud-ouest de la France.
graisse d'oie		Cuissons (sauter, rôtir, frire, confire…).	Elle s'utilise principalement dans le sud-ouest de la France.
saindoux	graisse de porc	Cuissons (sauter, rôtir, frire, confire…).	Il est utilisé dans le nord et l'est de la France.
lard (lard gras, panne, barde, gras de jambon…)	graisse de porc	Cuissons et entre dans la composition de farce (pâté, terrine).	Il est utilisé en charcuterie partout en France.
graisse de veau		Pour enrober les rognons pendant la cuisson. Peut entrer dans la composition des farces de veau.	Elle est utilisée par les restaurants partout en France.
graisse de bœuf (suif)		Après l'avoir fait fondre et aromatisée avec ail, thym et laurier, elle sert pour cuire et frire les pommes de terre.	Elle est utilisée par les restaurants partout en France et aussi par les ménagères.

Tableau 5-1 Les principales matières grasses utilisées en cuisine (suite)

Les matières grasses solides végétales			
margarine	margarine, allégée, enrichie en oméga 3…	Tartines.	Partout en France.
graisse/huile de palme		Cuissons (surtout en industrie).	
graisse de coco/ Végétaline		De moins en moins utilisée, elle servait pour les fritures.	Au nord de la Loire.
beurre de cacao		En pâtisserie.	
Les matières grasses liquides végétales			
huile d'olive	huile d'olive vierge extra, huile d'olive vierge, huile d'olive composée	En assaisonnement et en cuisson. Entre aussi dans la composition de plats et desserts (biscuit, etc.).	Elle est utilisée au sud de la France et dans le bassin méditerranéen.
huile de colza	nature ou aromatisée	Assaisonnement.	Partout.
huile d'arachide	nature	Friture et cuisson à haute température	Partout.
huile de noix	nature ou aromatisée	Assaisonnement.	Partout.
huile de sésame	nature ou aromatisée	Assaisonnement.	Partout.
huile de noisette	nature ou aromatisée	Assaisonnement.	Partout.
huile de cacahuète	nature ou aromatisée	Assaisonnement.	Partout.
huile de tournesol	nature ou aromatisée	Friture ou assaisonnement.	Partout.
huile d'argan	nature	Assaisonnement et finition d'une sauce.	Elle provient du Maroc et commence à être utilisée par les chefs de cuisine et les ménagères.
huile de maïs	nature	Assaisonnement.	Partout.
huile de pistache	nature	Assaisonnement.	Partout.
huile de truffe	aromatisée : blanche, ou noire	Assaisonnement.	Partout.
huile de pépins de raisin	nature ou aromatisée	Assaisonnement, cuisson et friture.	Partout.

Deuxième partie : Développez votre savoir-faire

La chaleur est un paramètre important. Si la sauteuse n'est pas suffisamment chaude, les pores de la viande ne se refermeront pas et le jus s'échappera. Le type de matière grasse que vous utilisez est également un facteur déterminant. L'huile (ou la graisse de canard) est recommandée pour la viande. Elle peut être exposée à une très forte chaleur sans brûler. Le beurre convient pour les légumes et les pâtes.

L'huile doit être chaude mais ne pas fumer dans la poêle avant que vous y déposiez les aliments. Le beurre doit écumer sur les bords mais ne pas noircir. Certains chefs utilisent uniquement du beurre clarifié pour sauter.

Pour clarifier le beurre, faites-le fondre à feu doux pour le dépouiller de ses solides lactés, qui coulent au fond de la casserole. Versez-le dans un bol et laissez-le reposer pendant une minute pour que les solides (l'écume) remontent à la surface. Avec une cuillère, retirez l'écume et jetez-la. Débarrassé de ses solides lactés, le beurre clarifié a un point de fumée plus élevé et risque moins de brûler. Si vous ne voulez pas clarifier le beurre mais bénéficier de sa saveur, mélangez-le avec une quantité équivalente d'huile.

Déglacer

Une sauteuse très chaude commence à cuire la viande, la volaille ou le poisson immédiatement. Des petits morceaux d'aliments (appelés sucs) attachent au fond de la sauteuse et dorent sur place. Ils sont remplis de saveurs délicieuses. Déglacer consiste à récupérer ces sucs pour en faire une sauce ou un jus.

Pour déglacer, retirez la viande, la volaille ou le poisson de la sauteuse après la cuisson. Ajoutez un liquide – de l'eau, du vin, du bouillon ou un mélange de votre cru. Comptez que le liquide réduira de moitié une fois la sauce terminée et doublez la dose nécessaire. Si vous le souhaitez, vous pouvez ajouter de la crème fraîche pour lier votre sauce. Faites bouillir le liquide à feu vif tout en remuant et en raclant le fond de la poêle jusqu'à ce que les morceaux se détachent et se dissolvent dans la sauce. Faites bouillir la sauce jusqu'à ce qu'elle réduise de moitié. Filtrez et assaisonnez à votre convenance. Vous pouvez ajouter 40 g de beurre (pour 4 personnes) pour améliorer la texture et le goût. Versez la sauce à la cuillère sur la viande, la volaille ou le poisson et servez (voir figure 5-1).

Déglacer une poêle

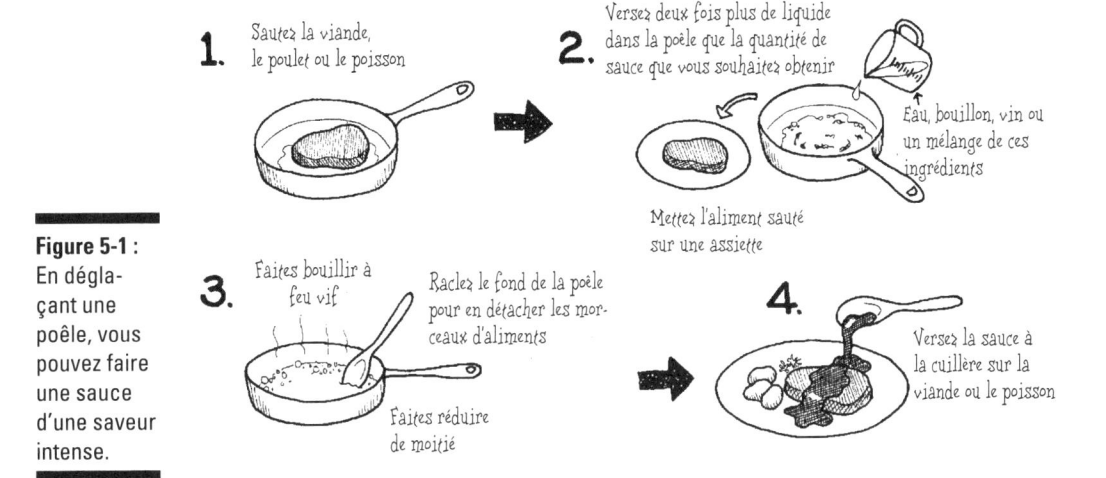

1. Sautez la viande, le poulet ou le poisson
2. Versez deux fois plus de liquide dans la poêle que la quantité de sauce que vous souhaitez obtenir — Eau, bouillon, vin ou un mélange de ces ingrédients — Mettez l'aliment sauté sur une assiette
3. Faites bouillir à feu vif — Raclez le fond de la poêle pour en détacher les morceaux d'aliments — Faites réduire de moitié
4. Versez la sauce à la cuillère sur la viande ou le poisson

Figure 5-1 : En déglaçant une poêle, vous pouvez faire une sauce d'une saveur intense.

En règle générale, le vin utilisé pour déglacer dépendra des aliments sautés. Choisissez un vin blanc pour la volaille et le poisson et un vin rouge pour la viande.

Sauter différents types d'aliments

Les recettes suivantes reposent sur la même technique. Seul le type de matière grasse et l'assaisonnement changent.

Légumes

Vous pouvez faire bouillir les légumes ou les cuire à la vapeur jusqu'à ce qu'ils soient cuits à 90 % et les transférer dans une sauteuse pour terminer la cuisson dans du beurre avec éventuellement des herbes aromatiques fraîches. Les pommes de terre finement tranchées peuvent être sautées crues. Dans la recette suivante, elles sont coupées en cubes et rincées à l'eau tiède. Faites-les sauter dans une poêle chaude jusqu'à ce qu'elles soient croustillantes.

Les pommes de terre sautées peuvent accompagner un steak ou une côte de veau. Faites-les cuire d'abord dans de l'huile, égouttez-les et finissez la cuisson dans du beurre pour leur donner du goût sans risquer de les faire brûler.

Pommes de terre sautées

difficulté ✷✷✷   temps ✷✷✷   coût €€€

Ustensiles : Épluche-légumes, couteau de chef, égouttoir, grosse sauteuse antiadhésive, écumoire en polycarbonate
Temps de préparation : 15 minutes
Temps de cuisson : 15 minutes
Quantité : 3 à 4 personnes
750 g de pommes de terre bintje
40 g de beurre
12 cl d'huile végétale
Sel et poivre noir à votre convenance

- Épluchez les pommes de terre et coupez-les en petits cubes de 1,5 cm de côté.

- Mettez les cubes dans un égouttoir, dans l'évier. Faites couler de l'eau très chaude sur les pommes de terre pendant environ 10 secondes (l'eau chaude élimine la fécule si bien que les pommes de terre ne collent pas les unes aux autres dans la poêle et ne décolorent pas après avoir été épluchées et coupées). Égouttez bien et séchez avec du papier absorbant.

- Faites chauffer l'huile à feu vif dans une grosse sauteuse antiadhésive. Ajoutez les pommes de terre et faites-les cuire 5 à 6 minutes en les remuant souvent afin qu'elles dorent de façon homogène. Retirez-les de la sauteuse avec une écumoire pour les déposer dans une assiette. Videz toute la graisse de la sauteuse et essuyez celle-ci avec du papier absorbant.

- Faites fondre le beurre dans la sauteuse à feu moyen-vif. Attention à ne pas le laisser brûler. Ajoutez les pommes de terre, le sel et le poivre. Faites cuire en remuant de temps à autre environ 4 à 5 minutes ou jusqu'à ce que les cubes soient dorés et croustillants. Retirez les pommes de terre avec une écumoire, parsemez de fleur de sel et servez immédiatement.

Les pommes de terre sautées accompagnent délicieusement les omelettes (voir chapitre 8), le filet de bœuf rôti (voir chapitre 6) ou les brochettes de porc grillées au romarin (voir chapitre 6).

Faites très attention lorsque vous mettez des légumes (ou autres aliments) rincés dans de la matière grasse chaude. La matière grasse gicle au contact de l'eau et vous risquez de vous brûler ou de provoquer un incendie si vous utilisez une cuisinière à gaz.

Épinards sautés

difficulté ✱✱✱   temps ✱✱✱   coût €€€

Ustensiles : Grosse sauteuse avec couvercle, cuillère en bois
Temps de préparation : Environ 15 minutes
Temps de cuisson : Environ 4 minutes
Quantité : 4 à 6 personnes

750 g d'épinards frais
1 pincée de muscade moulue
1 cuil. à soupe d'huile d'olive
Sel fin de Guérande et piment d'Espelette à votre convenance
20 g de beurre

- Coupez et jetez les tiges et les feuilles flétries des épinards. Lavez les épinards soigneusement dans de l'eau froide et égouttez-les bien. Vous pouvez les passer à l'essoreuse à salade (pour savoir comment rincer et couper les légumes verts, reportez-vous au chapitre 10).

- Faites chauffer l'huile et le beurre à feu moyen dans une grosse sauteuse. Ajoutez les épinards, la muscade, le sel et le poivre.

- Remuez les épinards pour les enrober d'huile (ils réduiront si vite que vous craindrez peut-être de ne pas en avoir assez – ne vous inquiétez pas, vous aurez ce qu'il faut). Couvrez et faites cuire à feu moyen 2 à 3 minutes. Retirez du feu et servez.

Les épinards sautés peuvent accompagner les darnes de saumon avec sauce aux poivrons rouges (voir chapitre 5).

Poisson ferme et riche

Les poissons riches en graisse, comme le saumon, le thon et le merlu de ligne sont délicieux lorsqu'ils sont sautés. Vous pouvez en outre les relever avec de nombreuses sauces rapides et faciles à préparer. En raison de leur forte teneur en graisse, ils peuvent être agrémentés de sauces épicées.

En revanche, les poissons délicats, comme la sole, se marient très mal avec les sauces épicées. Réservez les épices aux poissons riches à chair ferme.

Dans la recette suivante, légèrement sucrée en raison des échalotes et des poivrons rouges sautés, le saumon est d'abord saisi pour rester moelleux puis retiré de la poêle. Il termine sa cuisson dans la sauce faite dans la même poêle. Notez qu'il vous faudra seulement 2 cuillérées à soupe de crème fraîche par personne pour lier la sauce.

Lier une sauce consiste simplement à en rassembler tous les ingrédients pour lui donner une texture épaisse et homogène. Pour cela, il suffit d'ajouter du beurre, de la crème, de la maïzena ou de la farine. Liez vos sauces à la fin de la préparation, juste avant de servir.

Darnes de saumon, sauce aux poivrons rouges

difficulté ✹✹✹   temps ✹✹✹   coût €€€

Ustensiles : Couteau d'office, couteau de chef, grosse sauteuse antiadhésive
Temps de préparation : 15 minutes
Temps de cuisson : 15 minutes
Quantité : 4 personnes

2 poivrons rouges moyens

4 darnes de saumon de 200 g et de 2 cm d'épaisseur chacune

½ botte d'aneth frais finement haché

Sel fin de Guérande et piment d'Espelette à votre convenance

20 g de graisse de canard

3 cl de vin blanc sec

1 cuil. à soupe de crème fraîche épaisse

40 g d'échalotes (ou d'oignons) finement hachées

- Pour émonder les poivrons, passez-les au four 10 minutes à 250 °C (th. 8) dans un papier d'aluminium avec de l'huile d'olive, du sel et du piment d'Espelette. Laissez refroidir.
- Évidez et épépinez les poivrons rouges et coupez-les en carrés de 1 cm (voir figure 5-2).
- Salez et poivrez chaque côté des darnes de saumon. Faites fondre le beurre à feu moyen-vif dans une sauteuse antiadhésive suffisamment grande pour contenir les darnes en une seule couche.
- Ajoutez le saumon et faites-le cuire jusqu'à ce qu'il soit légèrement doré des deux côtés, environ 3 à 4 minutes par côté pour une cuisson à point. Le temps de cuisson varie en fonction de l'épaisseur des darnes et du degré de cuisson souhaité.

✔ Transférez le saumon sur une assiette chaude et couvrez-le avec une feuille de papier d'aluminium. Laissez la matière grasse dans la sauteuse et raclez le fond avec une cuillère en bois pour récupérer les morceaux qui ont attaché. Ajoutez les échalotes, le poivre de Cayenne et les poivrons rouges. Faites cuire à feu moyen-vif en remuant de temps à autre pendant 4 à 5 minutes ou jusqu'à ce que les légumes soient fondants.

✔ Ajoutez le vin et faites cuire à feu vif jusqu'à ce que la moitié du liquide se soit évaporée (cette étape a pour but d'intensifier la saveur de la sauce). Réduisez la chaleur, ajoutez la crème et faites cuire à feu moyen-vif en remuant souvent jusqu'à ce que le liquide réduise encore de moitié.

✔ Ajoutez les darnes de saumon, l'aneth haché et le jus qui s'est accumulé autour des darnes. Laissez frémir environ 1 minute, le temps de réchauffer le saumon. Ne faites pas cuire trop longtemps. Goûtez et ajustez l'assaisonnement avec du sel et du poivre si nécessaire. Avec une spatule en polycarbonate, déposez une darne de saumon par assiette. Versez un peu de sauce sur chacune à l'aide d'une cuillère et servez immédiatement avec quelques brins d'aneth pour décorer.

Comment évider et épépiner un poivron à cru

Figure 5-2 : Évider un poivron et en retirer les graines.

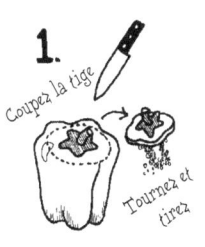

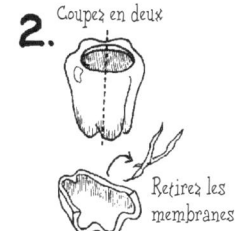

1. Coupez la tige / Tournez et tirez
2. Coupez en deux / Retirez les membranes
3. Coupez en bandes dans le sens de la longueur
4. Pour faire des carrés, rassemblez les bandes et coupez-les en travers

Poulet

Pour donner à un poulet le maximum de saveur, sautez-le. Dans la recette suivante, viennent s'ajouter les saveurs sucrées des oignons et des tomates. Vous n'aurez aucun mal à improviser à partir de cette recette très simple.

Blancs de poulet sautés aux tomates et au thym

difficulté ✱✱✱   temps ✱✱✱   coût €€€

Ustensiles : Couteau de chef, grosse sauteuse, attendrisseur ou poêle solide, papier sulfurisé, papier d'aluminium

Temps de préparation : Environ 20 minutes

Temps de cuisson : Environ 10 minutes

Quantité : 4 personnes

4 blancs de poulet avec peau

2 tomates moyennes pelées, épépinées et hachées (instructions au chapitre 11)

2 cuil. à soupe d'huile d'olive

Sel et poivre fraîchement moulu à votre convenance

1 oignon moyen haché

3 cl de vin blanc ou de bouillon de poulet

1 grosse gousse d'ail hachée

¼ de botte de basilic haché (facultatif)

1 pincée de thym frais haché

- Mettez les blancs de poulet sur une planche à découper, salez et poivrez généreusement des deux côtés.

- Faites chauffer l'huile d'olive dans une grosse sauteuse à feu moyen. Ajoutez le poulet et faites cuire 4 à 5 minutes de chaque côté jusqu'à coloration (pour évaluer la cuisson, faites une petite incision au milieu de chaque blanc. La viande doit être blanche sans aucune trace de rose). Transférez les blancs sur une grille posée sur une assiette afin de récupérer le jus.

- Mettez l'oignon dans la sauteuse et faites-le revenir à feu moyen. Remuez pendant 1 minute en raclant le fond de la sauteuse. Ajoutez l'ail et remuez de temps à autre pendant encore 1 minute. Ajoutez les tomates, le thym, le basilic (facultatif), le sel et le poivre. Remuez le tout pendant 1 minute. Ajoutez le vin blanc ou le bouillon et faites cuire à feu vif en remuant de temps à autre pendant 2 à 3 minutes ou jusqu'à ce que la majeure partie du liquide s'évapore (le mélange doit être humide mais pas liquide). Passez les blancs dans le fond de sauce pour les réchauffer.

✒ Répartissez les blancs de poulet sur 4 assiettes. Versez la sauce à la cuillère sur chaque portion.

Vous pouvez servir le poulet avec une purée de pommes de terre (voir chapitre 3).

Vous pouvez modifier cette recette de nombreuses façons. Par exemple, utilisez des blancs de dinde ou des escalopes de veau à la place du poulet ; ajoutez des amandes aux tomates avant de les hacher ; mettez de l'estragon, de la marjolaine ou une autre herbe aromatique au lieu du thym ; ou râpez un peu de parmesan au-dessus de chaque assiette avant de servir.

Steak

Le steak au poivre (voir chapitre 2), pièce de bœuf à laquelle on ajoute des grains de poivre noir concassés avant de le faire cuire dans une poêle chaude, est un plat que l'on trouve dans pratiquement tous les restaurants. La sauce est généralement faite à base de bouillon de bœuf (ou jus de veau), d'échalotes et de vin blanc, flambé au cognac ou à l'armagnac. L'ensemble est délicieux à condition que le poivre et les éléments sucrés soient bien équilibrés.

Si vous souhaitez flamber les steaks, présentez-les dans la poêle. Arrosez-les de 2 cuillerées à soupe de cognac et enflammez-les avec une allumette. Même si cela ne change pas beaucoup le goût, vos invités seront impressionnés. Une fois la flamme éteinte, répartissez la sauce sur les steaks. Entraînez-vous à flamber avant de le faire devant vos convives.

Pour que les grains de poivre ne s'échappent pas de tous les côtés lorsque vous les concassez, enveloppez-les dans un linge ou utilisez simplement un moulin à poivre électrique.

Comment concasser des grains de poivre

Figure 5-3 : Concasser des grains de poivre avec une poêle.

1. Rassemblez les grains de poivre entiers au milieu d'une planche à découper.

2. Appuyez sur le fond d'une poêle avec votre poignet.

3. Répéter les étapes 1 et 2 jusqu'à ce que les grains de poivre soient réduits en petits morceaux.

Le degré de cuisson s'évalue en fonction de la couleur de la viande. Une viande saignante est rouge vif et juteuse. Une viande à point est rose au milieu et légèrement brune sur le pourtour. Une viande bien cuite, degré de cuisson non recommandé, est brune partout et sèche.

Émincer des oignons et de l'ail

Les oignons émincés apportent beaucoup de saveur à un plat. Vous en trouverez dans de nombreuses recettes. Pour éviter de pleurer, la meilleure solution consiste à utiliser un couteau bien aiguisé qui permet de travailler rapidement. Pour émincer un oignon, procédez de la manière suivante (voir aussi illustration) :

1. Épluchez et coupez la partie supérieure de l'oignon, puis coupez-le en deux dans le sens de la longueur en traversant le bulbe. Laissez le côté de la racine intact pour qu'il maintienne les tranches ensemble lorsque vous émincerez l'oignon. Mettez le côté plat de chaque moitié sur une planche à découper.

2. Placez la pointe de votre couteau juste en face de l'emplacement de la racine et coupez l'oignon dans le sens de la longueur en faisant des tranches parallèles de 3 à 5 mm.

3. Coupez ensuite à l'horizontal, parallèlement à la planche à découper, en allant du sommet à la racine.

4. Coupez perpendiculairement à la planche à découper pour faire des petits cubes. Enfin, coupez le côté de la racine.

Tout comme l'oignon, l'ail donne du goût aux aliments. Plus vous le hachez, plus il a de saveur. L'ail cru écrasé a beaucoup de piquant tandis que les gousses d'ail entières rôties ont un goût de noisette légèrement sucré (voir la section « Utiliser les couteaux en toute sécurité », page 46).

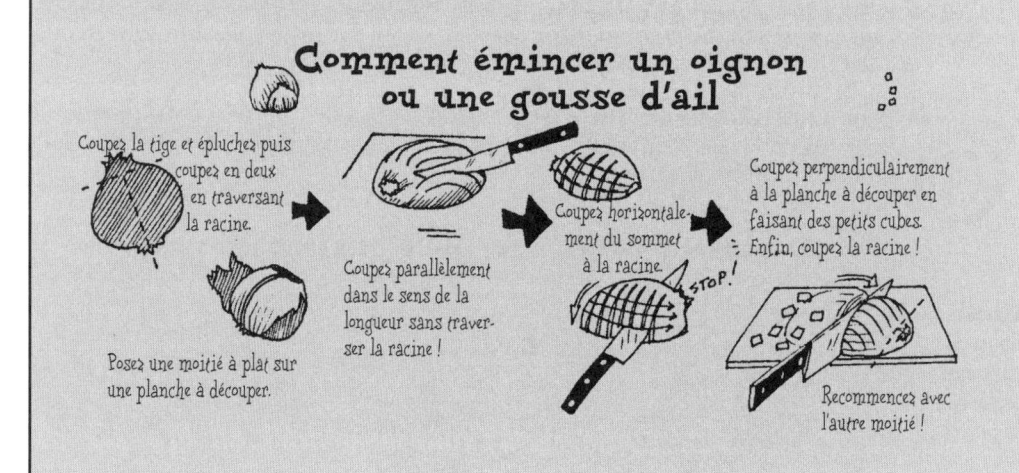

Comment émincer un oignon ou une gousse d'ail

Coupez la tige et épluchez puis coupez en deux en traversant la racine.

Posez une moitié à plat sur une planche à découper.

Coupez parallèlement dans le sens de la longueur sans traverser la racine !

Coupez horizontalement du sommet à la racine.

Coupez perpendiculairement à la planche à découper en faisant des petits cubes. Enfin, coupez la racine !

Recommencez avec l'autre moitié !

Chapitre 6
Braiser et cuire à l'étouffée

Dans ce chapitre :

▶ Braiser et cuire à l'étouffée : deux techniques pour attendrir la viande
▶ Reconnaître les herbes aromatiques
▶ Découvrir les bonnes recettes de famille

Les recettes de ce chapitre
▶ Le bouquet garni
▶ La garniture aromatique
▶ Aiguillette de bœuf braisé, petits légumes rôtis
▶ Cuisses de poulet fermier des Landes
▶ Agneau de sept heures, haricots cocos
▶ Saint-Jacques et grosses crevettes en ragoût, légumes mijotés à la coriandre

*V*ous n'avez sans doute pas beaucoup de temps pour cuisiner, surtout en semaine. Au lieu de faire des plats qui requièrent votre présence dans la cuisine, apprenez à braiser et à cuire à l'étouffée. Ces modes de cuisson consistent simplement à mettre tous les ingrédients dans une cocotte et à laisser cuire à feu doux pendant que vous faites les poussières ou donnez un bain à votre bébé.

Le temps de cuisson des plats braisés ou cuits à l'étouffée étant très long, mieux vaut les cuisiner la veille et les réchauffer – de plus, cette méthode rehausse les saveurs. Ces plats conviennent très bien pour les repas de fête car ils sont faciles à faire dans une grosse marmite et peu onéreux (les morceaux de viande sont généralement moins chers).

La plupart des plats de viande proposés dans ce chapitre se composent de morceaux de bœuf bon marché : paleron, poitrine, jarret et flanchet (illustration des différents morceaux de bœuf au chapitre 3). Ces morceaux plus musculaires ne conviennent pas pour un steak mais, lorsqu'ils ont été braisés pendant des heures, leurs fibres se détendent et ils deviennent succulents.

D'une certaine façon, ces morceaux sont plus savoureux qu'un filet.

Braiser ou cuire à l'étouffée : quelle différence ?

Ces deux techniques impliquent une cuisson lente et longue dans un liquide. Cuire à l'étouffée consiste à faire cuire les aliments dans un récipient fermé afin d'éviter l'évaporation. On dit « braiser » lorsque le récipient contient également du liquide et de la matière grasse.

Les gros morceaux de viande – ou les moins tendres – sont généralement braisés tandis que les plus fins sont cuits à l'étouffée.

Qu'est-ce qu'une fricassée ?

La *fricassée* est une variante du ragoût. Traditionnellement, c'est un plat à base de morceaux de volaille (souvent du poulet). Cette volaille peut être saisie ou non avant d'être ajoutée aux autres ingrédients. La sauce peut donc être blonde ou brune, selon la coloration de la viande.

Saveurs exotiques : herbes aromatiques et épices

Les herbes aromatiques et les épices relèvent presque tous les types de plats. Si vous utilisez une herbe aromatique ou une épice différente de celle qui est indiquée dans une recette, le plat change complètement de goût et d'arôme. Les herbes aromatiques et les épices jouent un grand rôle dans les plats braisés ou cuits à l'étouffée. Ajoutées à la dernière minute, elles peuvent apporter une saveur exquise.

Acheter et stocker des herbes et des épices

Achetez les herbes et les épices en petites quantités, rangez-les dans des récipients fermés hermétiquement à l'abri de la chaleur et de la lumière, et essayez de les utiliser dans les 10 à 12 mois qui suivent. La saveur des herbes séchées diminue avec le temps.

Vous pouvez aussi cultiver des herbes fraîches dans votre jardin ou dans une jardinière. Rincez-les soigneusement, enveloppez-les dans du papier absorbant humide, et stockez-les jusqu'à une semaine dans votre réfrigérateur.

Vous pouvez relever de nombreux plats avec des herbes fraîches et des épices. Voici quelques idées :

- **Romarin et thym** : Agrémentent les pommes de terre au four et le poulet rôti. Frottez la volaille de romarin avant de la rôtir puis ajoutez une branche de thym et un quartier de citron. Les arômes des herbes rôtie et fraîche se marient à la perfection.
- **Curry et oignons sautés** : Ajoutez du curry aux oignons sautés et vous obtiendrez une succulente garniture pour les légumes froids.
- **Cumin** : À utiliser dans les soupes et les sauces. Particulièrement bon sauté avec des légumes du soleil ou de l'agneau.
- **Gingembre frais et citronnelle** : Faites une délicieuse sauce pour le poisson, les crevettes et les légumes grillés en râpant du gingembre mélangé avec de la citronnelle hachée.
- **Cannelle, quatre-épices, poivron rouge finement haché, ail broyé et huile** : Faites mariner les crevettes dans ce mélange avant de les cuire sur le gril.
- **Graines de moutarde** : Frottez le saumon de graines de moutarde et saisissez-le dans une poêle contenant de l'huile chaude jusqu'à ce que les graines forment une croûte croustillante.

Le tableau 6-1 décrit l'utilisation que vous pouvez faire de chaque herbe aromatique. Lorsque vous connaîtrez bien les propriétés de chacune, vous pourrez laisser libre cours à votre imagination.

Tableau 6-1 Les principales herbes aromatiques

Herbe	*Description*
Aneth	Rappelle le carvi. Vendu en bouquets ou en graines séchées. Utilisez les graines dans les marinades et les feuilles fraîches avec le poisson et les fruits de mer, les omelettes, le poulet, la dinde, les sauces et les vinaigrettes, les salades, les mousses de poisson, et les pâtés.
Basilic	Arôme suave mais intense. La plupart des variétés sont vert foncé, excepté le basilic opalin aux feuilles violettes. On le trouve frais en brins ou lyophilisé. Il est très utilisé dans la cuisine méditerranéenne, notamment avec les tomates, les œufs, les pâtes, la volaille, le poisson, les salades vertes, dans les vinaigrettes et surtout dans le pesto.

Tableau 6-1 Les principales herbes aromatiques (suite)

Herbe	Description
Cerfeuil	Très aromatique, avec un délicat goût anisé. Disponible frais en brins (essentiellement en été) ou lyophilisé. Agrémente le poisson et les fruits de mer, les œufs, le poulet, les tomates, les asperges, les courges, les aubergines, le beurre aux fines herbes, les salades vertes, les soupes et les sauces.
Ciboulette	Goût d'oignon doux. Vendue en fines tiges fraîches, hachée ou lyophilisée. Relève les sauces à la crème et les soupes, le poulet, les œufs, les fruits de mer, les salades marinées et sert de garniture.
Coriandre ou persil chinois	Extrêmement relevé et aromatique. Vendu en bouquets frais. Relève les plats mexicains et asiatiques et se marie bien avec le riz, le poisson, le porc, le jambon, l'avocat et la tomate.
Estragon	Goût prononcé qui rappelle celui du réglisse. Vendu en brins frais entiers, moulu et lyophilisé ou en feuilles sèches. L'estragon frais, disponible tout l'été, a une saveur plus subtile. Excellent avec le poulet, le porc, l'agneau, le veau, le poisson, les fruits de mer, les omelettes et autres plats à base d'œufs, les sauces (notamment la mayonnaise), les légumes et les salades, le beurre aux fines herbes, et les pommes de terre chaudes ou froides. Également utilisé pour aromatiser le vinaigre blanc.
Laurier	Goût herbacé prononcé. Vendu en feuilles entières séchées. Excellent dans les plats à cuisson lente comme les soupes et les ragoûts, dans les liquides à pocher, les marinades, les rôtis, la farce et les sauces barbecue. Retirez la feuille avant de servir.
Marjolaine	Goût semblable à l'origan mais beaucoup plus doux. Vendue fraîche ou lyophilisée. Agrémente presque tous les légumes. Particulièrement goûteuse avec les ignames, la courge, les tomates, la farce, les ragoûts, les omelettes, les soupes, le beurre aux fines herbes, le riz, le porc, l'agneau, le bœuf, la volaille et le poisson.
Menthe	Parfum frais et doux, saveur prononcée. La plupart des variétés proviennent de la menthe poivrée et de la menthe verte. Vendue en bouquet frais ou lyophilisée. Succulente dans les salades de riz ou autres céréales, les soupes glacées et les sauces, avec les fruits frais, les salades de concombres ou de tomates, le poulet grillé, le porc, l'agneau, les fruits de mer et les boissons froides comme le thé glacé.
Origan	Saveur intense. Vendu frais ou lyophilisé. Ingrédient essentiel dans les cuisines italienne et grecque. Se marie bien avec la volaille, les sauces tomate, les œufs, les légumes sautés au wok.
Persil	Saveur fraîche et légèrement âpre. Vendu toute l'année en bouquet frais ou lyophilisé. Les deux principales variétés sont le persil frisé et le persil plat, plus fort. Il agrémente toutes sortes de plats, notamment les soupes ou les bouillons (dans les bouquets garnis), les ragoûts, les sauces, la farce, les frittatas, le poisson, la volaille, le bœuf, le porc, l'agneau, le veau, le gibier et tous les légumes. Également utilisé comme garniture.

Tableau 6-1 Les principales herbes aromatiques (suite)

Herbe	Description
Romarin	Feuilles en forme d'aiguille, très aromatiques, dont l'odeur rappelle le citron et le pin. Vendu en brins frais ou lyophilisé. Utiliser avec modération avec les légumes, la farce, le riz et les ragoûts. Excellent avec le gibier (notamment grillé), le poulet, le flétan, le saumon, le thon, le pain aux herbes, les huiles parfumées et les marinades. La tige du romarin est assez dure et ligneuse. Ne gardez que les feuilles et émincez-les finement.
Sarriette	Herbe qui a du corps dont le goût rappelle à la fois la menthe et le thym. Vendue fraîche en brins ou lyophilisée. Il en existe deux variétés : la sarriette commune et la sarriette vivace. Agrémente les salades de haricots frais ou secs, la plupart des poissons et des fruits de mer, les omelettes, les soufflés, le riz, la farce, la viande et la volaille, les tomates, les pommes de terre, les artichauts et les oignons.
Sauge	Feuilles ovales gris-vert ou violettes ayant un léger goût de menthe. Vendue en brins frais ou moulue et lyophilisée. À utiliser avec modération. Se marie très bien avec la farce de volaille, les pâtés, le poisson, les ragoûts, les salades de poulet, les pains de viande, le beurre aux fines herbes, le flétan et le saumon. Assaisonne également les rôtis de viande et de volaille.
Thym	Minuscules feuilles dont l'arôme rappelle la menthe. Vendu frais en brins ou lyophilisé. Il en existe plusieurs variétés : le thym commun, le thym citron et le thym orange. Agrémente la viande, la volaille, le poisson, les œufs, les soupes, les ragoûts, les sauces à la crème, les pains de viande, les pâtés, les palourdes, la farce et fait partie du bouquet garni.

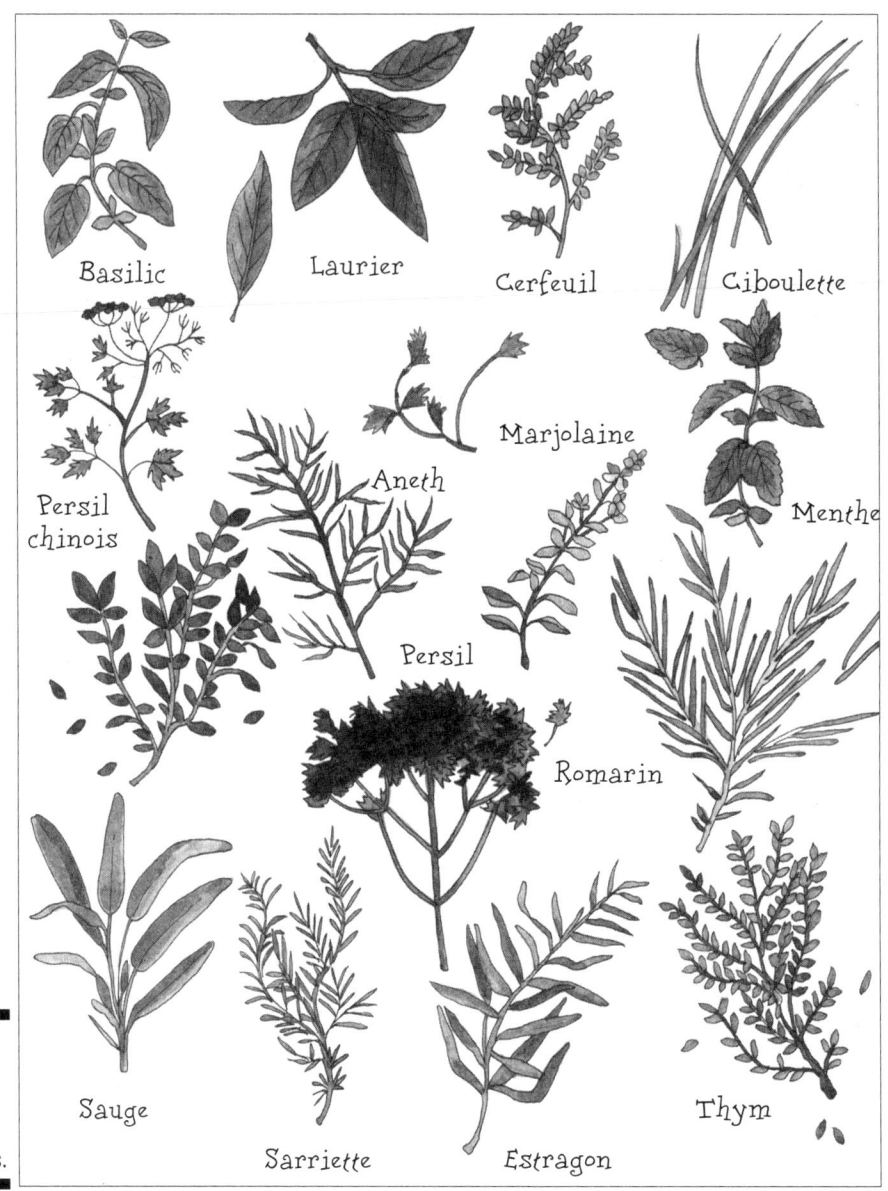

Figure 6-1 : Les différentes herbes aromatiques.

Dans de nombreuses recettes, vous aurez besoin de réaliser un bouquet garni, voici les ingrédients et les conseils pour le préparer :

Le bouquet garni

difficulté ✹✹✹   temps ✹✹✹   coût €€€

3 branches de persil plat
1 branche de thym
4 feuilles de laurier
1 branche de céleri
Le vert d'un poireau

- Choisissez avant tout des herbes bien fraîches.

- Passez sous l'eau les branches de persil plat, la branche de thym et les feuilles de laurier.

- Détaillez deux tronçons de 10 centimètres dans les pointes de deux branches de céleri. Détaillez le vert de poireau en deux morceaux de 15 centimètres environ et lavez-les. Rassemblez alors les branches de persil pliées en deux, le thym, le céleri et les feuilles de laurier, puis enroulez le tout dans les verts de poireau de manière à improviser une enveloppe naturelle et à façonner un petit fagot.

- Donnez plusieurs tours de ficelle alimentaire pour que tous ces aromates soient bien retenus ensemble, puis faites un nœud solide.

Avant de couper la ficelle, il est conseillé d'en laisser pendre un long bout à l'extrémité de laquelle on pourra attacher le bouquet garni aux anses de la cocotte ou à la queue de la casserole.

La composition de ce bouquet garni est une base, mais selon l'humeur et le goût, selon la saison ou la nature des plats, on peut donner libre court à son imagination et jouer sur la variété des herbes : cerfeuil, ciboulette, marjolaine, sauge et sarriette peuvent être les bienvenues ; pour des variantes provençales, utiliser basilic et romarin, et pour rappeler les parfums de la montagne, cueillir hysope et serpolet ; pour des notes plus piquantes, se tourner vers la menthe ou l'ail des ours, et si l'inspiration est plus nordique, se procurer aneth et estragon ; enfin, pour des dominantes plus épicées, penser à la coriandre, au fenouil sauvage au bon goût d'anis et à la mélisse, et pour des fragrances plus fruitées, utiliser thym citron ou sauge ananas.

La garniture aromatique

difficulté ★★★   temps ★★★   coût €€€

3 carottes
1 branche de céleri
1 gros poireau
2 oignons

- Pour la réaliser, lavez poireau et céleri, puis pelez carottes et oignons. Certains cuisiniers ajoutent ail, baies de genièvre, clous de girofle, persil… Pour ma part, chaque fois que je parle de garniture aromatique, il s'agit de ces quatre éléments de base.

- Taillez toujours une garniture aromatique de la façon suivante : les carottes sont coupées en deux dans le sens de la longueur, puis en lamelles épaisses d'½ centimètre, tout comme la branche de céleri. Quant au poireau et aux oignons, également détaillés en deux dans un premier temps, ils sont émincés sur une épaisseur avoisinant également le ½ centimètre. Surtout, effectuez ces tranchages au dernier moment pour que les légumes ne sèchent pas et gardent leurs arômes et leurs propriétés ; dans le cas contraire, conservez-les dans un linge humide.

La garniture aromatique est utilisée dans beaucoup de mes recettes.

Les épices, presque toujours vendues lyophilisées, constituent un élément clé de la cuisine internationale depuis l'époque de l'Empire byzantin. La plupart viennent d'Orient et furent introduites en Europe lors des croisades.

Les épices lyophilisées sont généralement plus concentrées que les herbes aromatiques lyophilisées. Utilisez-les avec modération. Une cuillerée à soupe d'origan frais équivaut à une demi-cuillerée à café d'origan lyophilisé. Lorsque vous connaîtrez mieux les propriétés des différentes épices, vous pourrez élargir votre répertoire culinaire.

Les épices fraîchement moulues sont beaucoup plus fortes que celles qui sont vendues déjà moulues. Achetez les épices entières, notamment la muscade et le poivre, et moulez-les ou râpez-les vous-même juste avant de les utiliser. Si vous le souhaitez, vous pouvez investir dans une râpe à épices.

Les épices entières peuvent aussi être enveloppées dans une étamine que vous ajouterez à vos soupes ou ragoûts et retirerez juste avant de servir. Les clous de girofle sont parfois piqués dans un oignon avant d'être ajoutés à un ragoût.

Stockez vos épices dans un endroit frais et sec et essayez de les utiliser dans les 6 à 10 mois qui suivent l'achat. Le tableau 6-2 recense les épices les plus courantes.

Tableau 6-2 Les principales épices

Épice	Description
Cannelle	Douce et aromatique, issue de l'écorce d'un arbre tropical. Vendue entière en bâtons séchés ou moulue. Utilisée essentiellement en pâtisserie (gâteaux et tartes) mais aussi dans les ragoûts les currys, les ignames au four et la courge jaune.
Cardamome	Saveur prononcée, à la fois épicée et sucrée. Vendue en graines entières séchées ou moulue. Excellente dans les salades de fruits, les pâtisseries, la tarte au potiron et les currys à l'indienne. Un des principaux ingrédients des masala, mélanges d'épices très utilisés dans la cuisine indienne.
Carvi	Couramment utilisé dans la cuisine allemande, goût de noisette légèrement anisé. Vendu en graines séchées. Relève les gâteaux, les ragoûts, certains fromages et le pain de seigle.
Clou de girofle	Âpre et très parfumé. Vendu en boutons séchés ou moulu. S'utilise un peu comme la cannelle. Excellent dans les bouillons, les soupes de légumes et les glaçages.
Coriandre	Arôme similaire à celui du carvi. Vendue en grains entiers séchés ou moulue. Les grains sont utilisés dans les marinades et la poudre agrémente les currys, l'agneau, le porc, la saucisse et certains gâteaux.
Cumin	Arôme légèrement acide et goût de noisette. Vendu en grains entiers séchés ou moulu. Très présent dans les cuisines moyen-orientale ou asiatique. Utilisez-le dans les currys et les sauces, et avec le poisson, l'agneau, la volaille, le bœuf et les tomates.
Curry	Mélange qui se compose de plusieurs ingrédients qui varient en fonction de l'origine : gingembre, ail, oignon, coriandre, cardamome verte ou noire, cumin, cannelle, curcuma, piment, poivre, fenouil, fenugrec, cubèbe (poivre à queue), clou de girofle, sel, moutarde, curcuma, piment, etc. Selon les pays, il peut avoir plusieurs noms : curry, cary, massala… Sa couleur varie du jaune pâle au vert foncé en fonction de sa composition. Il peut être rouge orangé s'il contient beaucoup de piment, c'est alors un curry thaï et il vaut mieux faire attention à ne pas trop en mettre. À utiliser avec l'agneau, le porc, le poulet, le riz, la farce et les légumes sautés comme la courge et les oignons.
Gingembre	Âpre et légèrement sucré ; très aromatique. Vendu moulu, confit ou frais. Utilisez le gingembre moulu avec modération dans les currys, les gâteaux épicés, les marinades et avec le porc, le poulet, et les fruits de mer. Utilisez le gingembre confit dans les sirops de fruits et les glaçages, les tartes et les gâteaux. Râpez le gingembre frais dans les wok de porc, de poulet et de bœuf, et dans les légumes frais.
Muscade	Arôme agréable ; goût de noisette légèrement sucré. Vendue en graines entières ou moulue. Délicieuse dans les sauces blanches, les sauces sucrées, les gratins, les purées de légumes, les soupes, les tartes aux fruits, les gâteaux épicés et la tarte au potiron. À utiliser avec modération, de préférence fraîchement râpée.

Tableau 6-2 Les principales épices (suite)

Épice	Description
Paprika	Belle poudre rouge. Il en existe plusieurs variétés, plus ou moins fortes. Vendu moulu (la variété hongroise est la plus réputée). Relève les sauces, les salades crémeuses, les ragoûts (comme le goulasch), les viandes sautées, le poulet et le poisson. Donne une couleur rouille aux plats à base de crème et aux sauces.
Piment en poudre	Généralement vendu séché et moulu, il se classe de doux à très fort et est à utiliser avec modération si vous n'êtes pas habitué. Les plus connus sont le piment de Cayenne, le piment d'Espelette (AOC depuis 1999), le piment langue-d'oiseau, le habanero, etc. Utiliser dans les ragoûts, les soupes, les plats à base d'œufs, les sauces, le guacamole, les sauces barbecue, le riz et les haricots.
Poivre	Fort et aromatique. Vendu concassé, finement moulu ou en grains. Il existe de nombreuses sortes de poivre aux saveurs très variées : poivre noir, blanc, vert, rose... Leurs origines sont diverses : Singapour, Cambodge, Jamaïque, Inde (Malabar), Indonésie (Sarawak)... Toutes les variétés de poivre sont issues de la même plante, dont les graines sont cueillies à différents stades de maturation. Le poivre noir est sans doute l'épice la plus utilisée dans le monde et relève pratiquement tous les plats salés. Le poivre moulu perd rapidement son arôme. Il est recommandé de le moudre au dernier moment. Pour éviter qu'on le remarque dans les plats à sauce blanche, utilisez du poivre blanc.
Poivre de Cayenne	Mélange très fort de plusieurs piments en poudre. Vendu moulu. À utiliser avec modération. Se marie bien avec les œufs, le fromage, le riz, le poisson, le poulet ou la viande hachée.
Poivre de Sichuan	Originaire de Chine, ce poivre à la saveur piquante, fraîche et citronnée relève à merveille les plats à base de poulet, porc ou canard.
Quatre-épices	Nigelle dont les graines rappellent le mélange de quatre épices – poivre, girofle, muscade, gingembre – d'où son nom. Vendu entier en graines séchées ou moulu. Se marie aussi bien avec le sucré qu'avec le salé : pâtés, ragoûts, poisson poché, pains de viande, boulettes de viande, potiron et garnitures de tartes au fruits, sauce barbecue, chou, condiments et pain d'épice.
Ras-el-hanout	Épice phare des pays du Maghreb, il se compose de 8 à 10 ingrédients dans sa formule industrielle. Mais la recette traditionnelle va de 24 à 40 ingrédients : cardamome, macis, galanga, maniguette, noix de muscade, quatre-épices, piment, cantharide, cannelle, cypéracée, poivre long, clou de girofle, curcuma, gingembre, iris, poivre noir, lavande, boutons de rose, cannelle de Chine, fruit du frêne, baies de belladone, nigelle, gouza-el-asnab, gingembre blanc, poivre gris parfumé, poivre des moines... Utilisé pour la cuisson des ragoûts de type tajine, légumes cuits en sauce, agneau mariné...

Tableau 6-2 Les principales épices (suite)

Épice	Description
Safran	Issu des stigmates séchés et cueillis à la main d'une certaine variété de crocus, le safran est l'épice la plus chère du monde. Existe en poudre ou en filaments rouges entiers (de meilleure qualité). Une pincée suffit. S'utilise traditionnellement dans la bouillabaisse et la paella mais agrémente aussi les plats à base de crème, les fruits de mer, le riz et le risotto. Donne une couleur jaune pâle aux sauces à la crème et aux plats de riz.
Safran des Indes	Poudre jaune-orange très aromatique ayant une saveur amère intense. Vendu en poudre. Ingrédient indispensable dans les currys et également utilisé avec le riz, l'agneau et la courge.

Apprenez à connaître les herbes aromatiques et les épices

L'éventail des herbes aromatiques et des épices est si grand que vous pouvez être tentée d'en faire trop. Pour bien repérer le goût de chaque herbe ou épice, commencez par faire des plats qui ne contiennent qu'une seule herbe ou épice. Goûtez pour savoir ce que chacune apporte aux aliments et à quel point son arôme s'intensifie avec la cuisson.

Avec le romarin, par exemple, vous pouvez faire une sauce rapide pour les blancs de poulet sautés ou grillés. Mélangez trois mesures de bouillon de poulet avec une mesure de vin blanc dans une casserole, puis ajoutez une cuillerée à café de romarin frais émincé (ou ½ cuillerée à café de romarin lyophilisé), quelques tranches d'ail très fines, du sel et du poivre noir. Faites réduire le liquide, passez la sauce et versez-la sur le poulet.

Ce plat met en valeur l'arôme du romarin. Si celui-ci vous plaît, vous pouvez le rehausser en augmentant la proportion ou en ajoutant une autre herbe, comme du thym, de l'estragon ou de la ciboulette.

Afin d'en accentuer les saveurs, il est possible de torréfier les épices et les herbes aromatiques en les faisant chauffer à la poêle dans un peu de matière grasse telle que l'huile d'olive ou la graisse de canard.

Vous avez du temps devant vous ? Faites un rôti braisé

Le rôti braisé est un plat à faire lorsque vous avez l'intention de rester à la maison tout l'après-midi. En effet, après avoir fait dorer la viande, vous devrez la braiser dans son jus et dans le liquide de cuisson pendant environ 3 heures.

Le meilleur morceau de bœuf pour faire un rôti braisé est l'aiguillette baronne, qui contient juste la quantité de graisse nécessaire pour que la viande ne soit pas trop sèche après la cuisson.

Le rôti braisé est relativement bon marché. Ce plat riche et nourrissant se mange aussi bien chaud que froid avec de la moutarde de Dijon ou une sauce raifort.

Aiguillette de bœuf braisée, petits légumes rôtis

difficulté ★★★   temps ★★★   coût €€€

Ustensiles : Cocotte en fonte avec couvercle, planche à découper, couteau économe, couteau d'office, couteau émincer, sautoir à fond épais, grande casserole

Temps de préparation : 30 minutes

Temps de cuisson : 3 heures

Quantité : 6 à 8 personnes

1,6 kg d'aiguillette de bœuf (commandez à votre boucher de l'aiguillette lardée ou piquée de lard)

3 l de jus de veau

10 cl de vin blanc sec

50 g de graisse de canard

100 g d'oignons

80 g de carottes

25 g de concentré de tomate

4 gousses d'ail

1 gros bouquet garni

1 morceau de jambon ou de ventrèche de porc (une chute)

Sel fin de Guérande

Poivre du moulin

Piment d'Espelette

Les légumes :

1 botte de mini-carottes

1 botte de mini-navets

1 botte d'oignons nouveaux

1 botte de radis rouges

1 kg de févettes fraîches (à écosser)

10 g de graisse de canard

20 g de beurre demi-sel

25 cl de bouillon de volaille

20 g de gros sel

Sel fin de Guérande

Poivre du moulin

Piment d'Espelette

- Assaisonnez avec le sel et poivre et faites colorer la viande dans la cocotte en fonte et sur toutes les faces. Pendant ce temps, épluchez et coupez les carottes en tronçons et les oignons en cubes. Dès la viande colorée, retirez-la et faites colorer la garniture aromatique. Après coloration, ajoutez le concentré de tomate et le bouquet garni, déglacez avec le vin blanc et laissez réduire. Remettez la viande et mouillez avec le jus de veau (ou bouillon de bœuf). Assaisonnez au piment d'Espelette et laissez mijoter doucement à couvert pendant 2 heures et demie.

- Lavez et essuyez bien les mini-légumes, pochez-les séparément à l'anglaise en prenant soin de les refroidir à l'eau froide. Écossez les févettes et cuisez-les à l'anglaise, refroidissez et égouttez bien.

- Vérifiez la cuisson de la viande avec une pointe de couteau ou une fourchette à viande, celle-ci doit pouvoir entrer et ressortir de la viande sans résistance. Déposez la viande dans un plat et couvrez d'une feuille de papier aluminium. Faites réduire le jus de cuisson jusqu'à consistance, et dégraissez si besoin.

- Dans un sautoir, faites chauffer la graisse de canard et le beurre, roulez-y les légumes tous ensemble et assaisonnez.

- Découpez la viande et mettez-la dans un plat en terre bien chaud, dressez les légumes autour du plat et arrosez la viande de sauce.

La plupart des viandes ont des fibres, c'est-à-dire plusieurs couches de tissu musculaire. Pour éviter qu'elles se désagrègent, coupez-les en travers des fibres, comme illustré à la figure 6-2.

Figure 6-2 : Coupez la viande en travers des fibres pour éviter qu'elle se désagrège.

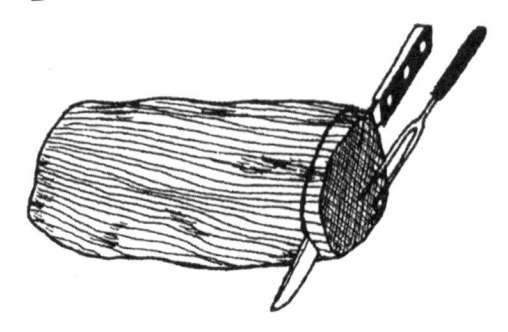

Couper un rôti braisé en travers des fibres

Régalez-vous avec des cuisses de poulet

Les cuisses de poulet se consomment communément mais, si vous les braisez, vous pouvez en faire un plat qui sort de l'ordinaire. Ce mode de cuisson les rend tendres. Les cuisses de poulet (ou de canard) sont beaucoup plus savoureuses que les blancs. Braisées, elles s'attendrissent et absorbent une partie de la sauce.

Cuisses de poulet fermier des Landes

difficulté ★★★   temps ★★★   coût €€€

Ustensiles : Grande sauteuse avec couvercle, planche à découper, couteau d'office, couteau économe, couteau éminceur

Temps de préparation : 30 minutes

Temps de cuisson : 1 heure

Quantité : 4 personnes

4 cuisses de poulet fermier des Landes, coupées en deux à la jointure

30 g de graisse de canard

25 cl de vin blanc sec

1 l de bouillon de volaille

1 branche de thym frais

1 feuille de laurier

2 gousses d'ail frais

50 g de carottes taillées en cubes

50 g d'oignons taillés en cubes

20 g de ventrèche de porc (chute)

Sel fin de Guérande

Poivre du moulin

Piment d'Espelette

Pour la finition :

25 cl de crème fraîche épaisse

- Faites chauffer la graisse de canard dans le sautoir puis faites-y colorer les cuisses de poulet, la couleur doit être brun clair. Assaisonnez les morceaux et retournez-les pour les colorer sur toutes les faces.
- Taillez la garniture aromatique en petits cubes et taillez des petits lardons de ventrèche. Ajoutez cette garniture, l'ail, le thym et le laurier aux morceaux de volaille et faites colorer, ensuite déglacez avec le vin blanc et faites réduire. Arrosez de bouillon de volaille et laissez cuire 45 minutes à couvert.
- Une fois la viande cuite fondante, retirez-la puis couvrez-la d'une feuille de papier aluminium, faites réduire la sauce et filtrez. Ensuite, dans le même sautoir, remettez la sauce et ajoutez la crème, faites réduire quelques instants, vérifiez l'assaisonnement puis remettez les morceaux de cuisses dans la sauce.
- Dressez sur assiette chaude les deux morceaux de cuisse, faites une « quenelle » de fondue d'oignons sur le côté de l'assiette et saucez la viande. Décorez d'une belle branche de romarin frais, et accompagnez d'une purée de pommes de terre écrasées à la fourchette.

Le meilleur agneau que vous ayez jamais mangé

L'agneau aux haricots blancs est une recette classique dans de nombreux pays. Ce plat rustique et succulent se prépare avec une épaule d'agneau, viande maigre et nerveuse mais particulièrement savoureuse et idéale pour une cuisson longue et lente.

Agneau de sept heures, haricots cocos

difficulté ✶✶✶   temps ✶✶✶   coût €€€

Ustensiles : Cocotte en fonte, marmite avec couvercle, planche à découper, couteau d'office, couteau économe, couteau éminceur, fourchette à viande ou pince

Temps de préparation : 40 minutes

Temps de cuisson : 7 heures
Quantité : 4 à 6 personnes
1,2 à 1,5 kg d'épaule d'agneau avec os
3 gousses d'ail frais
2 branches de thym frais
2 feuilles de laurier
40 g de graisse de canard
5 cl d'huile d'olive
1 l de jus d'agneau
Sel fin de Guérande
Poivre du moulin
Piment d'Espelette
Pour les haricots :
400 g de haricots cocos secs
40 g de graisse de canard
40 g d'oignons
40 g de carottes taillées en tronçons
1 gousse d'ail frais
1 petit bouquet garni
40 g de jambon ou de ventrèche
2 l de bouillon de volaille
Sel fin de Guérande
Poivre du moulin
Piment d'Espelette
20 g de concentré de tomate
1 clou de girofle

- La veille, faites tremper les haricots à l'eau froide pour qu'ils puissent cuire plus vite. Frottez l'épaule d'agneau avec les épices, le sel, le poivre, le piment et mettez à mariner dans l'huile d'olive au réfrigérateur.

- Le jour même, préchauffez votre four à 200 °C (th. 7), déposez l'épaule d'agneau dans la cocotte en fonte et faites-la colorer au four avec l'ail et les herbes. Au bout de 20 minutes, retournez l'épaule pour qu'elle dore sur l'autre face encore 20 minutes. Puis arrosez de jus d'agneau, couvrez et laissez cuire à couvert au four à 120 °C (th. 4) pendant 4 heures.

- Dans la marmite, faites chauffer la graisse de canard et suer la garniture aromatique et le jambon taillé en lardons. Ajoutez l'oignon piqué de clous de girofle, le concentré de tomate et les haricots égouttés. Mouillez à hauteur des haricots avec le bouillon de volaille. Laissez cuire à couvert environ 40 minutes, à frémissement et en remuant de temps en temps. Remettez du bouillon si nécessaire. N'assaisonnez qu'en fin de cuisson.

> ✔ Au terme de la cuisson de l'épaule, c'est-à-dire quand la viande se détache facilement de l'os, retirez-la et réservez-la dans un plat avec une feuille de papier d'aluminium au-dessus. Faites réduire la sauce à consistance sirupeuse.
>
> ✔ Dès les haricots fondants, vérifiez l'assaisonnement et retirez la garniture aromatique.
>
> ✔ Dans un plat en terre ou une cocotte en fonte, versez les haricots, puis déposez l'épaule au-dessus. Servez « à la cuillère » la viande confite et les haricots. Versez le jus en saucière et servez.

Vous pouvez agrémenter votre sauce en ajoutant des cébettes ciselées finement et de la coriandre fraîche hachée.

Pour la cuisson des légumes secs (haricots, lentilles, pois chiches, pois cassés, fèves, etc.), n'assaisonnez qu'en fin de cuisson, au risque de faire durcir vos légumes.

Les fruits de mer en ragoût

Le ragoût de fruits de mer ci-après associe différentes saveurs qui se marient très bien. Comme tous les autres ragoûts, vous pouvez le préparer plusieurs heures à l'avance.

Notez que la coriandre est ajoutée à la dernière minute. Ainsi, il garde tout son arôme. Ne faites pas cuire la coriandre, le cerfeuil ou le persil, sinon ces herbes aromatiques fragiles perdraient à la fois leur saveur et leur couleur.

Saint-Jacques et grosses crevettes en ragoût, légumes mijotés à la coriandre

difficulté ✦✦✦   temps ✦✦✦   coût €€€

Ustensiles : Sautoir avec couvercle, couteau d'office

Temps de préparation : 20 minutes

Temps de cuisson : 20 minutes

Quantité : 6 personnes

500 g de queues de grosses crevettes décortiquées et déveinées

300 g de noix de coquilles Saint-Jacques décortiquées

250 g de tomates

400 g de blancs de poireaux ciselés grossièrement

2 gousses d'ail frais écrasées

1 poivron rouge « émondé », épépiné et émincé

40 g de pimientos del piquillo

10 cl d'huile d'olive

2 à 3 pincées de cumin moulu selon votre goût

Sel fin de Guérande

Poivre du moulin

Piment d'Espelette

15 cl de vin blanc sec

50 cl de bouillon de légumes

10 cl de crème fouettée

½ botte de coriandre fraîche

- Faites chauffer l'huile d'olive dans un sautoir à fond épais. Jetez-y les queues de crevettes, faites saisir et assaisonnez puis réservez sur une assiette. Ensuite faites la même chose avec les noix de Saint-Jacques.

- Dans le même sautoir, mettez un trait d'huile d'olive et faites suer à blond les poireaux, en les roulant dans les sucs de cuisson des fruits de mer. Ajoutez les lanières de poivron et pimientos del piquillo, l'ail écrasé, les épices et laissez confire à couvert 4 à 5 minutes. Ajoutez les tomates taillées en gros morceaux et le vin blanc, laissez réduire quelques minutes et ajoutez enfin les fruits de mer et le bouillon de légumes. Assaisonnez et laissez mijoter à couvert encore 5 minutes.

- Ensuite, débarrassez les fruits de mer et couvrez-les d'une feuille d'aluminium, faites de même avec les légumes. Faites réduire le jus de cuisson, vérifiez l'assaisonnement et ajoutez la crème fouettée et la coriandre hachée.

- Dressez vos assiettes, disposez les légumes et au-dessus répartissez les fruits de mer, enfin arrosez de sauce légère et servez bien chaud. Vous pouvez également servir en cocotte avec la sauce à part.

Quelques solutions à des problèmes courants

Que faire si un ragoût ou un plat braisé présente l'un des inconvénients suivants ?

- **Manque de goût :** Ajoutez du sel et du poivre ou bien un peu de xérès ou de madère.

- **Dur :** Faites cuire plus longtemps pour attendrir les morceaux de viande nerveux. Retirez les légumes avec une écumoire pour qu'ils ne soient pas trop cuits.

- **Brûlé au fond de la cocotte :** Retirez avec précaution les morceaux qui n'ont pas brûlé. Dans une cocotte propre, refaites une base aromatique (carottes, oignons, bouillon) puis continuez-y la cuisson.

- **Pas assez épais :** Égouttez la viande (ou le poisson) et les légumes, faites réduire la sauce à consistance souhaitée, et montez-la avec du beurre demi-sel afin de la rendre brillante et onctueuse.

Chapitre 7
Rôtir et griller

Dans ce chapitre :

▶ Le rôti : plat à déguster en famille
▶ Rôtir du bœuf, de la volaille, des légumes et plus encore
▶ Faire des marinades
▶ Cuisiner en bermuda : griller au barbecue

Les recettes de ce chapitre

▶ Poulet des Landes fourré de coquillettes au foie gras
▶ Légumes d'hiver rôtis
▶ Légumes d'été rôtis
▶ Carré de porc rôti, pommes de terre, carottes et oignons
▶ Cochon de lait rôti, laqué de miel et d'orange, parfumé au gingembre
▶ Gigot d'agneau de lait rôti piqué au romarin
▶ Filet de bœuf de Chalosse rôti, piqué aux olives noires
▶ Jambon blanc frotté d'épices Tandoori et braisé en croûte de pain
▶ Travers de porc caramélisé au sirop d'érable, citronnelle, gingembre et ail frais
▶ Saint-pierre rôti au four, jus aux olives et jeunes fenouils rôtis
▶ Bar en croûte de sel de Guérande, beurre blanc
▶ Légumes de saison grillés aux sarments de vigne comme une parillada espagnole
▶ Tastous de légumes grillés et copeaux de fromage de brebis basque
▶ Cèpes grillés
▶ Brochettes de porc au romarin
▶ Poulet en crapaudine
▶ Côte de bœuf de Chalosse, cuite à la cheminée puis tartinée d'une fondue d'échalotes
▶ Homard breton et légumes grillés au feu de bois, émulsion au curry vert
▶ Ventrèche de thon de Saint-Jean-de-Luz frottée de poivres rares et cuite à la plancha, jus de piperade
▶ Darne de saumon sauvage grillée au feu de bois, sauce béarnaise

En théorie, si vous n'aviez qu'un four avec un gril, vous pourriez tout à fait survivre – vous auriez sans doute quelques envies de pâtes mais cela finirait par passer. De même, si vous viviez dans un endroit ensoleillé et peu pluvieux, vous pourriez vous nourrir avec un simple barbecue. Dans ce chapitre, vous allez découvrir tout ce que vous pouvez faire avec ces deux appareils.

Rôtir

Au sens strict, *rôtir* signifie cuire sans couvercle dans un four dans lequel la chaleur émane des parois.

Ce mode de cuisson est très simple. Il vous suffit d'acheter un gros morceau de viande et de le mettre au four (ou presque). Le poisson entier est également délicieux rôti s'il est bien assaisonné. De même les légumes-racines, comme les carottes, les oignons et les betteraves, se prêtent très bien à ce mode de cuisson, qui les rend doux et sucrés.

L'art de rôtir est affaire de timing à 90 % et de patience à 10 %. Si vous utilisez un thermomètre à viande pendant la cuisson, il vous sera quasiment impossible de vous tromper. Lorsque vous maîtriserez bien le timing, vous pourrez vous concentrer sur des détails importants.

Assaisonner un rôti

Avez-vous déjà mangé un steak grillé au charbon de bois ou aux sarments de vigne qui laisse un merveilleux goût en bouche comme s'il s'agissait d'un bon vin ? S'il est si savoureux, c'est en grande partie parce qu'il a été salé généreusement avant la cuisson. Le sel rehausse la saveur de la plupart des aliments. Il est donc essentiel de saler la viande, le poisson, la volaille et les légumes avant de les rôtir. Cela dit, certaines personnes sont contraintes de réduire leur consommation de sel. Renseignez-vous auprès de vos invités avant de saler.

Faut-il saisir avant de rôtir ?

Saisir consiste à mettre la viande dans une poêle très chaude avant de la rôtir pour en refermer les pores (et en conserver ainsi le jus) et lui donner du goût en la dorant. Généralement, on saisit les steaks en les retournant plusieurs fois dans une poêle très chaude jusqu'à ce qu'une croûte se forme à la surface.

Pour réussir votre rôti, il faut d'abord le saisir au four ou sur un feu vif afin d'en caraméliser la surface (selon la taille du rôti entre 220 et 240 °C, th. 7/8) puis baisser la température à 140 °C (th. 5) en l'arrosant de jus de cuisson régulièrement pour avoir une belle caramélisation.

Arroser

Il est préférable d'avoir toujours du bouillon de volaille afin de déglacer les sucs et pouvoir arroser le rôti. L'arrosage apporte des saveurs, évite le dessèchement et fait briller votre rôti. Pour arroser, utilisez une grosse cuillère, une poire d'arrosage voire un pinceau pour enduire le rôti de jus ou d'huile. Cette technique évite à la viande de sécher et donne à la croûte ou à la peau une belle couleur brune.

Laisser reposer

À la sortie du four, laissez votre rôti reposer 15 à 20 minutes (selon la taille) sur une grille (placez une assiette dessous pour récupérer le jus) après l'avoir recouvert d'une feuille d'aluminium. Même un poulet ou un canard rôtis doivent reposer 10 minutes en dehors du four avant d'être découpés. Ainsi, la viande s'attendrit et le jus qu'elle contient se distribue de façon plus homogène.

L'ASTUCE D'HÉLÈNE — Pour lui donner une saveur inimitable, vous pouvez piquer votre rôti (viandes ou poissons) avec des lamelles d'ail frais, des dés de poitrine de porc fumée, des lardons de gras de jambon de pays, des lamelles de truffe fraîche, des olives noires...

Temps de cuisson et température

Les tableaux 7-1 à 7-4 indiquent les temps de cuisson et les températures à respecter pour cuire divers rôtis en fonction de leur nature et de leur poids. Retirez un rôti du four dès que sa température interne se trouve 2,5 à 5 °C au-dessous de la température requise et laissez-le reposer environ 15 minutes. La température continuera à monter pour atteindre les 2,5 à 5 °C restants. Cela dit, il ne s'agit pas d'une science exacte. Pour être précis, utilisez un thermomètre à viande. La figure 7-1 donne des instructions illustrées concernant l'utilisation de cet outil.

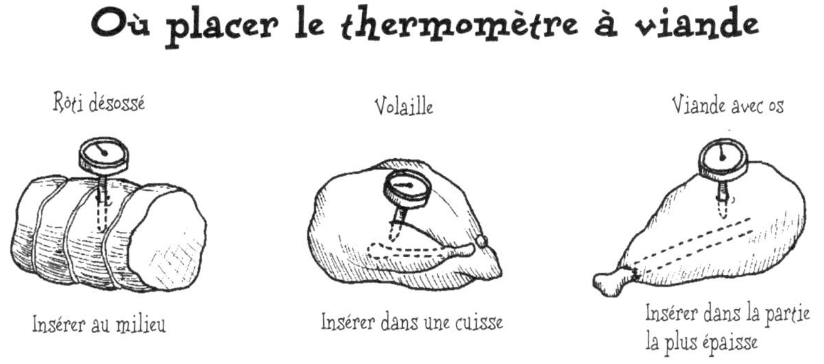

Où placer le thermomètre à viande

Figure 7-1 : Comment insérer un thermomètre à viande dans divers rôtis.

Rôti désossé — Insérer au milieu
Volaille — Insérer dans une cuisse
Viande avec os — Insérer dans la partie la plus épaisse

TRUC — Lorsque vous mettez un thermomètre à viande dans un rôti, faites attention à ce que le métal ne touche pas l'os – celui-ci est plus chaud que la viande et indiquerait une température faussement élevée.

Truc : Ce tableau est donné à titre indicatif. Pour évaluer le temps de cuisson nécessaire, utilisez un thermomètre à viande.

Tableau 7-1 Le temps de cuisson des rôtis

Type de rôti		Température de préchauffage (après 15 minutes de cuisson, baisser d'un tiers la température)		Poids	Temps de cuisson moyen	Cuisson	Température de sortie du rôti à cœur	Température à cœur après repos de 15 à 20 minutes
		chaleur statique	air pulsé				**au thermomètre électronique**	
VIANDES ROUGES								
Le bœuf	faux-filet de bœuf, rumsteck	220 à 250 °C	180 à 220 °C	1,5 à 2 kg	45 min à 1h	bleu	45 °C	54 à 56 °C
						saignant	48 °C	56 à 58 °C
						à point	54 °C	60 à 64 °C
						bien cuit	62 °C	66 à 70 °C
		200 à 220 °C	180 à 200 °C	2 à 3 kg	1h à 1h30	bleu	45 °C	54 à 56 °C
						saignant	48 °C	56 à 58 °C
						à point	54 °C	60 à 64 °C
						bien cuit	62 °C	66 à 70 °C
		200 à 220 °C	180 à 200 °C	3 à 4 kg	1h30 à 2h	bleu	45 °C	54 à 56 °C
						saignant	48 °C	56 à 58 °C
						à point	54 °C	60 à 64 °C
						bien cuit	62 °C	66 à 70 °C
	train de côtes de bœuf paré	200 à 220 °C	180 à 200 °C	2 à 3 kg 2 côtes	1h à 1h30	bleu	45 °C	54 à 56 °C
						saignant	48 °C	56 à 58 °C
						à point	54 °C	60 à 64 °C
						bien cuit	62 °C	66 à 70 °C
		200 à 220 °C	180 à 200 °C	3 à 4 kg 2 à 4 côtes	1h30 à 2h	bleu	45 °C	54 à 56 °C
						saignant	48 °C	56 à 58 °C
						à point	54 °C	60 à 64 °C
						bien cuit	62 °C	66 à 70 °C
		190 à 210 °C	170 à 190 °C	4 à 5 kg 4 à 5 côtes	2h à 2h30	bleu	45 °C	54 à 56 °C
						saignant	48 °C	56 à 58 °C
						à point	54 °C	60 à 64 °C
						bien cuit	62 °C	66 à 70 °C

Comptez 125 g à 165 g de bœuf désossé cru et 250 g à 300 g de viande crue avec os par personne, selon le morceau.

Tableau 7-1 Le temps de cuisson des rôtis (suite)

Type de rôti		Température de préchauffage (après 15 minutes de cuisson, baisser d'un tiers la température)		Poids	Temps de cuisson moyen	Cuisson	Température de sortie du rôti à cœur	Température à cœur après repos de 15 à 20 minutes
		chaleur statique	air pulsé				au thermomètre électronique	
VIANDES ROUGES								
L'agneau	selle d'agneau entière et carré d'agneau	220 à 250 °C	180 à 220 °C	800 g à 1,5 kg	environ 30 min par kg	rosé	48 °C	56 à 58 °C
						à point	54 °C	60 à 64 °C
						bien cuit	62 °C	66 à 70 °C
	gigot d'agneau avec os	220 à 250 °C	180 à 220 °C	1,5 à 2,5 kg	environ 30 min par kg	rosé	48 °C	56 à 58 °C
						à point	54 °C	60 à 64 °C
						bien cuit	62 °C	66 à 70 °C
	gigot d'agneau sans os	220 à 250 °C	180 à 220 °C	1 à 1,5 kg	environ 30 min par kg	rosé	48 °C	56 à 58 °C
						à point	54 °C	60 à 64 °C
						bien cuit	62 °C	66 à 70 °C
	épaule d'agneau avec os	220 à 250 °C	180 à 220 °C	1 à 1,5 kg	environ 30 min par kg	rosé	48 °C	56 à 58 °C
						à point	54 °C	60 à 64 °C
						bien cuit	62 °C	66 à 70 °C
	épaule d'agneau sans os	220 à 250 °C	180 à 220 °C	800 g à 1 kg	environ 30 min par kg	rosé	48 °C	56 à 58 °C
						à point	54 °C	60 à 64 °C
						bien cuit	62 °C	66 à 70 °C

Comptez 125 g à 165 g d'agneau désossé et 165 g à 250 g d'agneau avec os par personne.

Tableau 7-1 Le temps de cuisson des rôtis (suite)

Type de rôti		Température de préchauffage (après 15 minutes de cuisson, baisser d'un tiers la température)		Poids	Temps de cuisson moyen	Cuisson	Température de sortie du rôti à cœur	Température à cœur après repos de 15 à 20 minutes
		chaleur statique	air pulsé					au thermomètre électronique
VIANDES BLANCHES									
Le veau et veau de lait	le carré de veau ou rôti dans la longe.	220 à 250 °C	180 à 220 °C	1 à 2,5 kg environ 250 g par côte	environ 30' par kilogramme	rosé	50 °C	58 à 60 °C
						à point	56 °C	62 à 66 °C
						bien cuit	62 °C	68 à 72 °C
	le filet de veau	220 à 250 °C	180 à 220 °C	800 g à 1,4 kg	environ 30' par kilogramme	rosé	50 °C	58 à 60 °C
						à point	56 °C	62 à 66 °C
						bien cuit	62 °C	68 à 72 °C
	le quasi de veau	220 à 250 °C	180 à 220 °C	1 à 1,5 kg	environ 30' par kilogramme	rosé	50 °C	58 à 60 °C
						à point	56 °C	62 à 66 °C
						bien cuit	62 °C	68 à 72 °C
	l'épaule de veau de **lait** avec os	220 à 250 °C	180 à 220 °C	2 à 4 kg	environ 30' par kilogramme	rosé	50 °C	58 à 60 °C
						à point	56 °C	62 à 66 °C
						bien cuit	62 °C	68 à 72 °C
Le porc et cochon de lait	l'échine de porc	220 à 250 °C	180 à 220 °C	1 à 2 kg	environ 30' par kilogramme	rosé	50 °C	58 à 60 °C
						à point	56 °C	62 à 66 °C
						bien cuit	62 °C	68 à 72 °C
	le filet porc	220 à 250 °C	180 à 220 °C	800 g à 1 kg	environ 30' par kilogramme	rosé	50 °C	58 à 60 °C
						à point	56 °C	62 à 66 °C
						bien cuit	62 °C	68 à 72 °C
	le carré de porc	220 à 250 °C	180 à 220 °C	1 à 1,5 kg	environ 30' par kilogramme	rosé	50 °C	58 à 60 °C
						à point	56 °C	62 à 66 °C
						bien cuit	62 °C	68 à 72 °C
	la cuisse de cochon de lait	220 à 250 °C	180 à 220 °C	1,6 à 2,2 kg	environ 30' par kilogramme	rosé	50 °C	58 à 60 °C
						à point	56 °C	62 à 66 °C
						bien cuit	62 °C	68 à 72 °C

Chapitre 7 : Rôtir et griller

Tableau 7-1 Le temps de cuisson des rôtis (suite)

Type de rôti		Température de préchauffage (après 15 minutes de cuisson, baisser d'un tiers la température)		Poids	Temps de cuisson moyen	Cuisson	Température de sortie du rôti à cœur	Température à cœur après repos de 15 à 20 minutes
		chaleur statique	air pulsé					au thermomètre électronique
VIANDES BLANCHES								
Volailles	le poulet fermier rôti	210 à 230 °C	180 à 210 °C	1,5 à 2 kg	1h15 à 1h30	piquer le thermomètre à l'intérieur de cuisse : 65 °C		
	le poulet « prêt à cuire »	210 à 230 °C	180 à 210 °C	1 à 1,5 kg	1h à 1h15	piquer le thermomètre à l'intérieur de cuisse : 65 °C		
	le coquelet	210 à 230 °C	180 à 210 °C	600 à 700 g	45′ à 55′	piquer le thermomètre à l'intérieur de cuisse : 65 °C		
	le pigeon	210 à 230 °C	180 à 210 °C	400 à 550 g	25′ à 45′	rosé	50 °C	58 à 60 °C
						à point	56 °C	62 à 66 °C
						bien cuit	62 °C	68 à 72 °C
	la pintade « fermière »	200 à 220 °C	180 à 200 °C	1 à 1,2 kg	1h à 1h15	piquer le thermomètre à l'intérieur de cuisse : 65 °C		
	le chapon	190 à 210 °C	170 à 190 °C	2 à 4 kg	2h à 4h	piquer le thermomètre à l'intérieur de cuisse : 65 °C		

Pour la volaille, dès la coloration obtenue, baisser la température d'un quart.

Si la volaille est farcie, prolongez le temps de cuisson de 15 à 20 minutes selon sa taille. Comptez environ 375 g à 300 g de poulet (ou de dinde) cru par personne.

L'ASTUCE D'HÉLÈNE — Pour les petits volatiles ajoutez une farce ou un morceau de foie gras, un morceau de gras de jambon de pays, un morceau de poitrine de porc séchée au piment d'Espelette, ou même un simple morceau de pain frotté d'ail.

TRUC — Tous les fours sont différents, quel que soit leur prix. Certains affichent une température largement au-dessus de la réalité. Résultat : c'est comme si vous essayiez de faire un bon café avec de l'eau chaude du robinet. Ne prenez pas le risque de rater vos rôtis à cause de ce manque de précision. Investissez dans un thermomètre à viande.

ATTENTION ! — N'ouvrez pas sans arrêt la porte de votre four pour voir si votre rôti est cuit sinon la cuisson sera plus longue et il ne fera pas plus chaud que dans votre cuisine.

Rôtir de la volaille

Faire un poulet rôti peut vous sembler au-dessus de vos moyens. Bien sûr, il ne suffit pas de mettre le poulet au four mais, si vous ne négligez aucun détail, vous vous en sortirez sans problème et le résultat sera inoubliable.

L'erreur la plus courante consiste à faire rôtir le poulet dans un four insuffisamment chaud. Dans la recette proposée ci-après, le four doit être chauffé à 220 °C (th. 7/8), ce qui rend la peau à la fois dorée et croustillante.

Quel que soit le type de thermomètre que vous utilisez (voir chapitre 2), insérez-le profondément dans la chair entre la cuisse et le blanc du poulet. Si vous n'avez pas de thermomètre, plantez un couteau dans la partie la plus épaisse de la cuisse. Si le jus est transparent, le poulet est cuit. S'il est rose, poursuivez la cuisson pendant environ 15 minutes et faites un autre essai.

Avant de mettre votre poulet au four, retirez tous les abats (le cou, le cœur, le gésier et le foie) et mettez-les de côté. Rincez la volaille avec soin en faisant couler de l'eau froide à l'intérieur comme à l'extérieur (mieux vaut rincer les poulets et volatiles de la ferme ou sauvages ; il n'est pas nécessaire de le faire pour des poulets industriels). Ensuite, séchez la peau avec un papier absorbant et assaisonnez. Dans la recette suivante, les abats sont utilisés pour faire une délicieuse sauce à base de jus de viande.

Remettez les abats à l'intérieur du poulet, ajoutez une échalote pelée entière ou une gousse d'ail et une tranche de pain de campagne aillé.

N'oubliez pas les abats

Les chefs détestent jeter de la nourriture et leur règle numéro un est la suivante : toujours utiliser les abats. Ceux-ci rehaussent la saveur des soupes faites maison ou du bouillon en conserve.

Pour que votre poulet conserve sa forme pendant la cuisson, vous pouvez le brider. Cette étape n'est pas obligatoire mais, si vous en avez le temps, suivez les instructions illustrées des figures 7-2 et 7-3.

Chapitre 7 : Rôtir et griller **135**

Brider un poulet

1. Soulevez la peau.

Soulevez la peau et retirez la fourchette (ou os des vœux) située au niveau du cou (les blancs seront ainsi plus faciles à découper).

2. Passez les ailes sous le poulet.

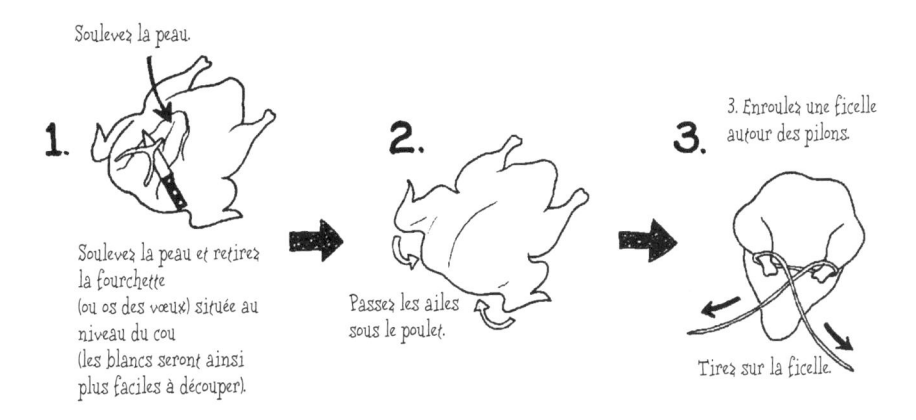

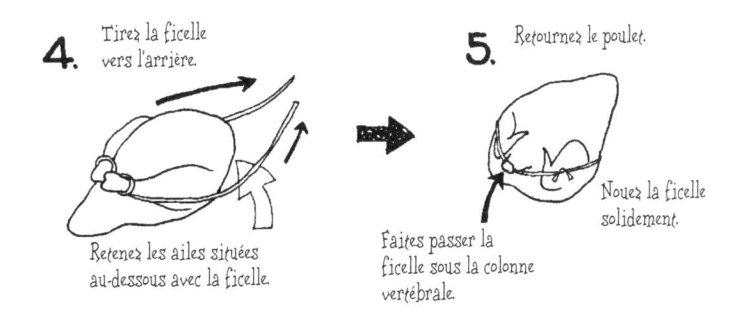

3. Enroulez une ficelle autour des pilons.

Tirez sur la ficelle.

4. Tirez la ficelle vers l'arrière.

Retenez les ailes situées au-dessous avec la ficelle.

5. Retournez le poulet.

Faites passer la ficelle sous la colonne vertébrale.

Nouez la ficelle solidement.

6. Retournez le poulet ... et voilà !

Superbe !

Et maintenant, faites un vœu avec l'os des vœux que vous avez retiré !

Figure 7-2 : Brider un poulet pour en conserver la forme.

Encore plus rapide !

Figure 7-3 : Brider un poulet encore plus rapidement.

1. Passez les ailes sous le poulet (comme dans l'étape n° 2 de la figure précédente).

2. Croisez les pilons et attachez-les ensemble.

3. Enroulez une autre ficelle autour du poulet au niveau de ses ailes.

IMPROVISEZ — Le poulet rôti (voir recette chapitre 2) froid peut être agrémenté d'une mayonnaise à la moutarde légèrement relevée. Mélangez de la moutarde de Dijon (à votre convenance) avec de la mayonnaise. Assaisonnez avec du sel, du poivre et des herbes aromatiques fraîchement hachées, comme de l'estragon, du basilic, du cerfeuil, du persil ou de l'origan. Cette mayonnaise est également délicieuse avec d'autres volailles, le porc froid, le poisson et les viandes grillées.

Poulet des Landes fourré de coquillettes au foie gras

difficulté ★★★   temps ★★★   coût €€€

Ustensiles : Poêle, grande casserole, passoire, plat allant au four, spatule
Temps de préparation : 30 minutes
Temps de cuisson : 1 heure
Quantité : 8 personnes

1 poulet jaune des Landes d'environ 1,8 kg
2 gousses d'ail
4 feuilles de laurier
20 cl de bouillon de volaille (ou d'eau à défaut)
40 g de graisse de canard
Sel
Piment d'Espelette

Pour la garniture :
400 g de coquillettes
1 foie gras de canard de 500 à 600 g

1 branche de persil plat
2 feuilles de laurier
1 gousse d'ail
1 cl d'huile d'olive de cuisson
Gros sel
Sel
Piment d'Espelette

- Flambez le poulet pour retirer les petites plumes qui resteraient.

- Détaillez le foie gras en gros dés larges de 2 cm. Assaisonnez-les de sel et de piment d'Espelette et faites-les revenir dans une poêle antiadhésive, fumante, sans matière grasse. Cette opération ne doit durer que quelques secondes, le but n'étant pas de cuire le foie gras, mais juste de colorer les dés sur toutes leurs faces. Puis égouttez-les sur une assiette recouverte de papier absorbant.

- Cuisez les coquillettes al dente, dans de l'eau bouillante salée, avec les feuilles de laurier, la gousse d'ail et l'huile d'olive. Une fois que les coquillettes sont croquantes, égouttez-les et passez-les aussitôt sous l'eau froide pour stopper la cuisson. Puis versez-les dans un saladier, ajoutez les dés de foie gras et le persil plat taillé en pluches.

- Farcissez alors la volaille avec les coquillettes au foie gras. S'il y en avait trop par rapport à la grosseur du poulet, réservez ce qui reste pour les servir dans un plat en accompagnement.

- Bridez la volaille à l'aide d'une grosse aiguille et de la ficelle de cuisine, cousez l'arrière de la bête de manière à ce que la farce soit emprisonnée.

- Déposez le poulet dans un plat allant au four avec la graisse de canard. Sur un feu vif, faites colorer sur tous les côtés, puis ajoutez les gousses d'ail, le laurier, les pattes et le cou du poulet. Laissez cuire le poulet pendant 50 minutes environ à 180 °C (th. 6), en l'arrosant régulièrement. Plus il sera arrosé, meilleur il sera. Une fois le poulet cuit, laissez-le reposer une bonne dizaine de minutes.

- Pendant ce temps, finissez le jus. Pour cela, dégraissez le plat de cuisson ; puis, sur le feu vif, versez le bouillon de volaille (ou l'eau à défaut). Détachez bien tous les sucs qui auront attaché au fond du plat, en grattant à l'aide d'une spatule, puis laissez réduire quelques instants.

- Posez le poulet à même une planche à découper et présentez-le entier. Servez le jus à part, dans une saucière, et le restant de coquillettes dans un plat à gratin.

Ajoutez aux coquillettes des champignons poêlés (cèpes, girolles, trompettes) ou un peu de truffe noire.

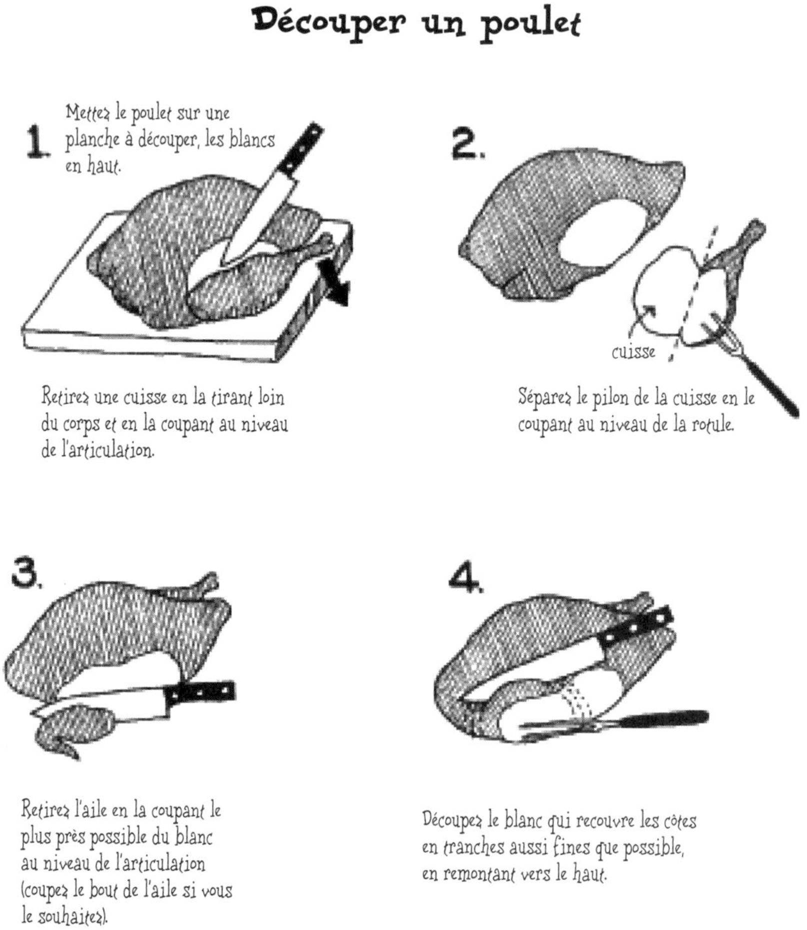

Découper un poulet

1. Mettez le poulet sur une planche à découper, les blancs en haut.

Retirez une cuisse en la tirant loin du corps et en la coupant au niveau de l'articulation.

2.

cuisse

Séparez le pilon de la cuisse en le coupant au niveau de la rotule.

3.

Retirez l'aile en la coupant le plus près possible du blanc au niveau de l'articulation (coupez le bout de l'aile si vous le souhaitez).

4.

Découpez le blanc qui recouvre les côtes en tranches aussi fines que possible, en remontant vers le haut.

Figure 7-4 : Comment découper un poulet.

Rôtir des légumes

Tous les légumes, seuls ou en assortiment, peuvent être rôtis. Ce mode de cuisson est si pratique que nous vous proposons deux recettes : une pour les légumes d'été et une autre pour les légumes d'hiver.

Dans la recette suivante, il vous suffit de prendre un grand plat à rôtir et d'y éparpiller les légumes coupés en cubes. Ensuite, il ne vous reste plus qu'à les arroser de matière grasse et à les assaisonner généreusement avec du sel et du poivre. Si vous le souhaitez, vous pouvez ajouter des herbes aromatiques fraîches ou lyophilisées, comme de l'estragon, du romarin, du basilic, de la marjolaine, etc. Faites rôtir les légumes à 200/220 °C (th. 7) jusqu'à ce qu'ils soient tendres en les retournant dans l'huile de temps à autre.

À RETENIR : Si vous mettez différents légumes dans le même plat à rôtir, il faudra respecter la chronologie des cuissons. Par exemple, les tomates cuisent beaucoup plus rapidement que les carottes. Pour contourner ce problème, vous pouvez déposer les différents légumes au fur et à mesure de la cuisson, ou bien couper les légumes durs (carottes, navets, pommes de terre, etc.) en morceaux plus petits que les légumes mous (céleri, poivrons, aubergines, etc.).

Légumes d'hiver rôtis

difficulté ✹✹✹   temps ✹✹✹   coût €€€

Ustensiles : Épluche-légumes, couteau de chef, grand saladier, cocotte en fonte
Temps de préparation : 10 minutes
Temps de cuisson : 25 minutes
Quantité : 4 personnes

300 g de carottes
300 g de petits navets
1 botte de petits oignons grelots frais
300 g de panais
300 g de rutabagas
250 g de pommes de terre Charlotte
40 g de graisse de canard
25 cl de bouillon de volaille
1 branche de thym frais
2 feuilles de laurier
½ branche de romarin
1 gousse d'ail frais
Sel fin de Guérande
Poivre blanc moulu
Piment d'Espelette

- Épluchez et lavez tous les légumes, égouttez et épongez-les.
- Taillez-les en gros morceaux.
- Chauffez la cocotte en fonte sur le feu, ajoutez la graisse de canard et faites colorer les légumes (sauf les petits oignons). Assaisonnez et ajoutez les herbes et l'ail, remuez à la spatule en bois puis une fois colorés, ajoutez les oignons et enfournez à 150 °C (th. 5) pendant 15 à 20 minutes. Si cela attache, ajoutez le bouillon de volaille (ou, à défaut, de l'eau).
- Au moment de servir, parsemez de fines herbes hachées et posez directement la cocotte sur la table.

Légumes d'été rôtis

difficulté ✦✦✦   temps ✦✦✦   coût €€€

Ustensiles : Épluche-légumes, couteau de chef, spatule ou cuillère en bois
Temps de préparation : 15 minutes
Temps de cuisson : 25 minutes
Quantité : 4 personnes

2 poivrons rouges
2 poivrons jaunes
1 botte de carottes fanes
2 petits ou mini-fenouils
2 petites aubergines
4 artichauts poivrade
40 g de graisse de canard
2 gousses d'ail frais
½ botte de basilic frais
1 branche de thym frais
2 feuilles de laurier
½ citron jaune
Sel fin de Guérande
Poivre blanc moulu
Piment d'Espelette

- Émondez les poivrons : passez-les au four 10 minutes à 250 °C dans un papier d'aluminium avec de l'huile d'olive, du sel et du piment d'Espelette. Laissez refroidir, puis coupez-les en lanières.

- Préparez les artichauts poivrade, retirez les feuilles abîmées, coupez la tige à 3 cm de l'artichaut. Coupez le haut des feuilles, l'artichaut doit faire environ 3 à 4 cm de hauteur (hors tige). Puis trempez-les dans de l'eau avec un jus de citron pressé.

- Faites chauffer la cocotte en fonte au four, ajoutez la graisse de canard. Pendant ce temps, coupez les carottes et les fenouils en deux dans le sens de la longueur. Taillez les aubergines en fuseaux, et écrasez la gousse d'ail.

- Jetez les légumes dans la cocotte, assaisonnez et ajoutez l'ail, le thym, le laurier. Laissez cuire au four pendant 20 minutes. Ensuite, ajoutez les lanières de poivrons jaunes et rouges, mélangez et laissez une dizaine de minutes au four.

- Sortez du four, vérifiez l'assaisonnement et jetez quelques belles feuilles de basilic, posez la cocotte sur la table.

L'astuce d'Hélène : Il est bien meilleur de rôtir les légumes en même temps que la viande ou le poisson. Il faut juste faire attention au temps de cuisson des différents légumes : ajoutez les légumes les plus tendres à la moitié de la cuisson de la viande.

Rôtis de bœuf, de porc et d'agneau

Le porc est une viande qui reste bon marché. Le plat suivant est relativement simple à préparer. En moins d'une demi-heure, tout est prêt et il vous suffit de mettre au four.

Carré de porc rôti, pommes de terre, carottes et oignons

difficulté ★★★   temps ★★★   coût €€€

Ustensiles : Couteau de chef, épluche-légumes, grand plat à rôtir, thermomètre à viande

Temps de préparation : 25 minutes

Temps de cuisson : Environ 1 heure

Quantité : 8 personnes

1,6 à 2 kg de carré de porc fermier à 4 ou 5 côtes

600 g de pommes de terre Roseval (ou des pommes de terre rattes du Touquet)

400 g de carottes en botte

250 g d'oignon doux

¼ de botte de sauge

50 cl de bouillon de volaille ou de jus de porc

50 g de graisse de canard

5 gousses d'ail frais

4 feuilles de laurier

2 branches de thym

½ branche de romarin frais

Sel fin de Guérande

Poivre blanc moulu

Piment d'Espelette

- Assaisonnez votre rôti, piquez-le avec des morceaux d'ail et du romarin et laissez-le mariner une heure à température ambiante. Préchauffez votre four à 220 °C (th. 7/8).

- Épluchez les carottes et les oignons, taillez-les en morceaux de 2 à 3 cm ; pour les pommes de terre, libre à vous de les éplucher ou pas. Coupez-les également en morceaux.

- Posez votre carré dans le plat à four, ajoutez la graisse de canard et enfournez, laissez colorer sur toutes les faces. Puis abaissez la température à 150 °C (th. 5).

- Ajoutez les légumes, les herbes aromatiques, l'ail restant et les feuilles de sauge. Laissez cuire environ 1 heure en remuant de temps en temps, il est possible d'ajouter du bouillon de volaille si cela attache un peu.

- Après cuisson, retirez le carré et laissez-le reposer sur grille pour récupérer le jus de cuisson. Retirez les légumes et déglacez les sucs de cuisson avec le bouillon, raclez bien à l'aide d'une spatule en bois et laissez réduire. Filtrez et mettez en saucière.

- Tranchez votre rôti, remettez les légumes dans la cocotte et posez vos côtes sur les légumes, décorez de feuilles de sauge et servez.

Le porc rôti se marie très bien avec les saveurs légèrement sucrées. Dans la recette suivante, il est accompagné de miel. Vous pouvez aussi l'enrober, un peu avant la fin de la cuisson, d'un glaçage à base de dés de pomme golden et de miel dissout dans un jus d'orange.

Utilisez un plat adapté à la cuisson sur la cuisinière et au four.

Cochon de lait rôti, laqué de miel et d'orange, parfumé au gingembre

difficulté ★★★   temps ★★★   coût €€€

Ustensiles : Couteau économe, couteau d'office, couteau éminceur, planche à découper, plat à rôtir, cocotte en fonte, presse-agrumes, cuillère à boule parisienne

Temps de préparation : 1 heure

Temps de cuisson : 1 heure

Quantité : 4 personnes

1 cuisse de cochon de lait

50 g de graisse de canard

40 g d'oignons ciselés en cubes

40 g de carottes taillées en cubes

2 branches de thym frais

4 feuilles de laurier

4 gousses d'ail frais

1 branche de romarin

50 clitre de bouillon de volaille (ou jus de cochon)

10 g de cannelle bâton

Sel fin de Guérande

Poivre blanc moulu

Piment d'Espelette

Pour le jus :

2 oranges

1 pamplemousse rose

1 citron jaune

1 citron vert

50 g de miel de forêt

- Préchauffez votre four à 220 °C (th. 7/8). Pendant ce temps, lavez bien les agrumes, pelez la peau à l'aide d'un économe et en prenant soin de prélever juste la peau colorée et non la partie blanche qui est amère. Taillez ces zestes en fines lamelles (julienne) et pressez les agrumes, récupérez le jus qui servira à déglacer le rôti.

- Déposez le rôti dans le plat à rôtir, assaisonnez et badigeonnez de graisse de canard, enfournez. N'oubliez pas de l'arroser pendant la cuisson et laissez colorer. Baisser à 160 °C (th. 5/6) au bout de 20 minutes.

- Ajoutez les carottes et les oignons, le thym, le laurier, le romarin, la cannelle, laissez colorer au four. Dès que les légumes sont colorés, déglacez les sucs avec le jus des agrumes et arrosez la viande avec ce jus.

- Retirez la garniture aromatique du rôti et caramélisez-le en l'arrosant avec le jus de déglaçage, il doit se former une belle croûte brune tout autour, si l'os se colore trop, protégez-le en l'entourant d'un papier aluminium.

- Retirez le rôti du four, laissez reposer 15 à 20 minutes, déglacez à nouveau le plat avec le bouillon de volaille et décollez bien les sucs de cuisson au fond et sur les bords. Faites réduire ce jus et filtrez-le, puis ajoutez les zestes d'agrumes et enfin rectifiez l'assaisonnement.

- Servez le rôti sur une planche à découper (avec récupérateur de jus) et le jus en saucière.

En ce qui concerne la cuisson du porc et des autres viandes, vous pouvez demander conseil à votre boucher. Demandez-lui un rôti « prêt à cuire », c'est-à-dire débarrassé de tout excédent de graisse et enroulé dans une ficelle pour être le plus uniforme possible et cuire de façon homogène. Par exemple, un gigot d'agneau doit être partiellement dégraissé et désossé. La peau et la couenne d'un jambon fumé doivent aussi être retirées. Il ne doit rester qu'une fine couche de gras, que vous pouvez strier pour décorer la surface de la viande.

Voici une recette classique de gigot d'agneau. N'hésitez pas à ajouter des légumes, comme des carottes, des oignons et des pommes de terre, à la fin de la cuisson.

Gigot d'agneau de lait rôti piqué au romarin

difficulté ★★★   temps ★★★   coût €€€

Ustensiles : Couteau économe, couteau d'office, couteau éminceur, planche à découper, cocotte en fonte, hachoir ou mixeur

Temps de préparation : 45 minutes

Temps de cuisson : 45 minutes

Quantité : 4 personnes

1 gigot d'agneau de lait de 1,2 à 1,4 kg environ

2 gousses d'ail frais

1 branche de thym frais

2 feuilles de laurier

1 branche de romarin

25 cl de jus de rôti d'agneau (ou jus de volaille rôti, ou eau)

Sel fin de Guérande

Piment d'Espelette

30 g de graisse de canard

- Préchauffez votre four à 220 °C (th. 7/8), assaisonnez le gigot et piquez-le avec des petites feuilles de romarin et des pétales d'ail, puis faites-le colorer à la graisse de canard. Dès que la coloration est suffisante, baissez votre four à 170 °C (th. 6) et ajoutez les herbes aromatiques et le reste d'ail. Arrosez-le bien fréquemment avec le jus de cuisson. Laissez cuire 15 à 20 minutes environ selon la grosseur du gigot.

- Sortez le gigot du four et laissez-le reposer sur une grille et recouvert d'une feuille de papier aluminium. Déglacez les sucs de cuisson avec le jus d'agneau et raclez bien avec une cuillère en bois. Laissez réduire et vérifiez l'assaisonnement.

Vous pouvez servir le gigot avec des haricots coco cuits en ragoût, des légumes rôtis ou encore un tian de légumes.

L'astuce d'Hélène

Faites une croûte à la fin de la cuisson pour améliorer la présentation et la saveur. Vous pouvez par exemple réaliser cette croûte au chorizo :

30 g de chorizo

1 gousse d'ail frais

1 branche de thym

30 g de manchego (ou parmesan râpé)

20 g de chapelure

20 g de beurre en pommade

- Faites sécher des fines lamelles de chorizo : pour cela, disposez-les à plat sur une feuille de papier cuisson, et remettez une autre feuille par-dessus, enfournez à 140 °C (th. 5) pendant 30 minutes. Mixez et faites sécher à nouveau pendant 4 heures.
- Hachez finement l'ail, le thym, le manchego, mélangez avec le beurre en pommade, la chapelure et le chorizo.
- Au moment de servir, étalez cette préparation sur le gigot cuit (et reposé), passez-le au gril de votre four, le beurre va fondre et la chapelure va former une croûte croustillante.

Improvisez

Vous pouvez modifier cette recette selon vos envies, en remplaçant le chorizo et le manchego par des herbes comme du thym, de la sarriette, ou par des anchois.

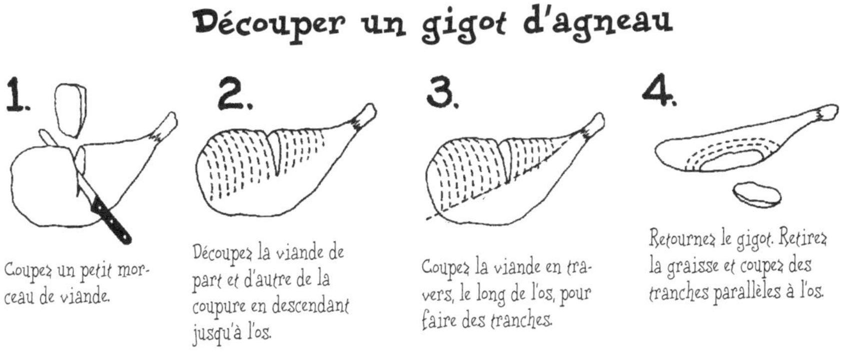

Découper un gigot d'agneau

Figure 7-5 : La bonne technique pour découper un gigot d'agneau.

1. Coupez un petit morceau de viande.
2. Découpez la viande de part et d'autre de la coupure en descendant jusqu'à l'os.
3. Coupez la viande en travers, le long de l'os, pour faire des tranches.
4. Retournez le gigot. Retirez la graisse et coupez des tranches parallèles à l'os.

Avec un peu de chance, vous aurez quelques restes de gigot. Vous pourrez les manger froids, en faire du hachis Parmentier (voir chapitre 15) ou bien un curry d'agneau (voir chapitre 13).

La recette suivante, assez onéreuse, est cependant simple, rapide et délicieuse. Pensez-y lorsque vous organisez une fête à la dernière minute. Servez ce plat avec une simple purée de pommes de terre à l'ail.

Filet de bœuf de Chalosse rôti piqué aux olives noires

difficulté ✱✱✱   temps ✱✱✱   coût €€€

Ustensiles : Plaque à rôtir adaptée au filet de bœuf, couteau d'office, thermomètre à viande, casserole

Temps de préparation : 35 minutes

Temps de cuisson : 45 minutes

Quantité : 8 personnes

1,2 kg de filet de bœuf paré et ficelé

30 g d'olives noires

2 gousses d'ail frais

2 branches de thym frais

2 feuilles de laurier

½ branche de romarin

100 g d'échalotes

Sel fin de Guérande

Piment d'Espelette

30 g de graisse de canard

Pour le jus :

30 cl de jus de bœuf (ou bouillon de volaille, ou de l'eau)

5 cl de vin rouge corsé de Madiran

Sel fin de Guérande

Piment d'Espelette

20 g de beurre demi-sel

- Préchauffez votre four à 220 °C (th. 7/8).

- Piquez le filet de bœuf avec des copeaux d'olives noires et des lamelles d'ail frais, assaisonnez-le et placez-le dans le plat à rôtir avec la graisse de canard. Enfournez et laissez caraméliser en arrosant. Au bout de 15 minutes, baissez la température à 150 °C (th. 5) et ajoutez les échalotes émincées grossièrement, arrosez souvent.

- Lavez et faites cuire les pommes de terre à l'eau froide avec le gros sel, l'ail écrasé, le laurier. Laissez cuire pendant 15 à 20 minutes, ensuite égouttez et pelez les pommes de terre à chaud, écrasez à la fourchette puis ajoutez le persil plat et les copeaux d'olives noires. Vérifiez l'assaisonnement.

- Retirez le rôti du four et laissez-le reposer sur une grille avec une feuille d'aluminium au-dessus.

- Déglacez les sucs de cuisson avec le vin, décollez bien les parties caramélisées, puis versez le bouillon de bœuf. Laissez réduire ce jus puis passez-le au chinois (passette à sauce), enfin montez au beurre.
- Déficelez le rôti puis tranchez-le, servez dans un plat chaud, avec la sauce à part en saucière.

Accompagnez avec les pommes de terre écrasées aux olives noires (voir chapitre 4).

Vous pouvez remplacer le jus de bœuf réduit par un beurre composé aux anchois et olives noires (voir chapitre 8)

Votre rosbif est trop cuit

Vous pouvez sauver un rosbif trop cuit de plusieurs façons. Par exemple, vous pouvez le trancher très fin et le servir avec une sauce nappante ou froid avec une mayonnaise. Vous pouvez également le trancher en petites lamelles et le cuisiner en sauce, ou en faire un hachis, une tourte, une soupe ou un bœuf Stroganoff. Toute recette contenant du liquide ou une sauce à la crème convient également.

Selle d'agneau de Pauillac farcie de fruits secs et rôtie, jus en infusion de cardamome

difficulté ★★★   temps ★★★   coût €€€

Ustensiles : Couteau de chef, plat à rôtir peu profond, thermomètre à viande, verre doseur, saladier, batteur électrique, plat allant au four de 22 cm.

Temps de préparation : 30 minutes

Temps de cuisson : 30 minutes

Quantité : 4 personnes

1 selle d'agneau de Pauillac

50 g de crépine

2 gousses d'ail

4 graines de cardamome verte

30 g de graisse de canard

Sel

Piment d'Espelette

Pour la farce :

75 g de boulgour

25 g de pistaches

25 g d'amandes fraîches

25 g de pignons de pin

25 g d'abricots moelleux

25 g de figues sèches

1 branche de coriandre

2 cuil. à soupe d'huile d'olive

Sel

Piment d'Espelette

Pour le jus :

15 cl de jus de rôti (ou d'eau à défaut)

- Désossez la selle d'agneau de lait de Pauillac de manière à obtenir deux demi-selles.
- Taillez les abricots moelleux et les figues sèches en lanières.
- Cuisez le boulgour dans de l'eau salée. Mélangez-le aux pistaches, amandes fraîches, pignons de pin, abricots moelleux et figues sèches. Puis ajoutez sel, piment d'Espelette, huile d'olive et pluches de coriandre ciselées.
- Assaisonnez l'intérieur de chaque demi-selle de sel et de piment d'Espelette et garnissez-les de cette farce. Puis refermez-les en enroulant bien la panoufle tout autour la viande, de manière à obtenir deux jolis boudins. Enveloppez-les dans la crépine.
- Faites revenir les selles dans la graisse de canard versée dans un plat allant au four, avec les gousses d'ail en chemise et les graines de cardamome verte. Une fois qu'elles sont colorées, finissez leur cuisson pendant 7 à 8 minutes au four chauffé à 180 °C (th. 6). Laissez-les reposer quelques minutes sur une grille posée sur une assiette. Déglacez alors le plat de cuisson avec le jus de rôti, ou l'eau à défaut. Laissez réduire quelques instants jusqu'à obtenir un jus lié et infusé de cardamome et d'ail. Puis filtrez.
- Détaillez les selles d'agneau en 6 médaillons chacune, servez avec le jus à la cardamome.

Vous pouvez servir ce plat accompagné de caviar d'aubergines (voir chapitre 16) ou d'une mousseline de carottes aux agrumes (voir chapitre 4).

À RETENIR

Rien n'est plus embarrassant que de ne pas avoir prévu assez à manger pour des invités. Faites toujours vos calculs avant de vous lancer en cuisine. Prévoyez pour chaque convive :

- Pour les viandes maigres : 140 à 150 g (crues)
- Pour les viandes grasses : 170 g (crues)
- Pour les viandes avec os : 200 g (crues)
- Pour les légumes d'accompagnement : 200 g environ (crus)
- Pensez aussi à la « part du pauvre » : mieux vaut prévoir une portion supplémentaire.

L'ASTUCE D'HÉLÈNE

S'il vous reste de la viande de bœuf, vous pouvez faire une sauce bolognaise, et s'il vous reste du rôti d'agneau faites une moussaka (voir chapitre 13).

Rôtir un jambon

Souvenez-vous que tous les jambons sont salés et que certains sont fumés. Il existe deux types de salaison : la *salaison sèche* et la *salaison humide*. La salaison sèche consiste à enduire le jambon de sel avant de le pendre dans un endroit frais et sec pour qu'il vieillisse quelques semaines ou même une année entière. La salaison humide consiste à plonger le jambon dans la saumure ou à lui injecter de la saumure pour lui donner davantage de saveur.

SAVOIR-FAIRE

Strier consiste à faire de petites incisions tout autour d'un morceau de viande ou de poisson (illustration à la figure 7-6). Le but de cette opération est de permettre aux marinades, aux sauces ou aux glaçages de pénétrer dans la viande. Pour strier, utilisez un couteau de chef.

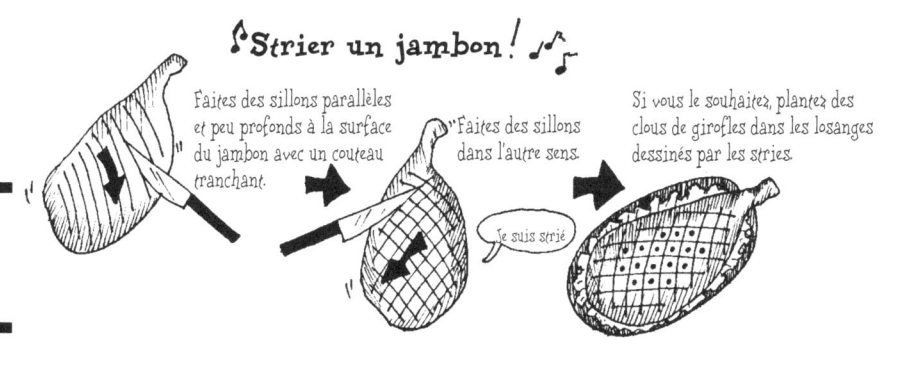

Figure 7-6 : Comment strier un jambon.

Le jambon sucré-salé

Le jambon rôti est souvent glacé avec de la confiture ou un autre ingrédient sucré pour compenser sa salinité. La couenne est d'abord retirée pour laisser apparaître une fine couche de gras, striée puis parsemée de clous de girofle. Le glaçage est appliqué au cours des 30 dernières minutes de la cuisson et lorsque le jambon atteint une température interne de 49 °C. Appliqué trop tôt, le glaçage risque de brûler. Le glaçage peut être à base de miel, de sucre brun, de mélasse, de cannelle, de gingembre, de vin jaune (type jurançon), de rhum, de jus d'orange, de porto ou encore de vin blanc.

Il est très important de retirer la graisse des sauces et des jus de viande, car non seulement elle est mauvaise pour la santé mais elle gâche le goût. Pour dégraisser vos sauces, vous pouvez les verser dans un récipient et les mettre au réfrigérateur – la graisse se solidifie à la surface et devient facile à enlever. Si vous n'avez pas le temps de réfrigérer une sauce, versez-la dans un récipient large et retirez la couche de graisse à la cuillère en commençant par les bords. Le moyen le plus simple est d'utiliser un dégraisseur (voir figure 7-7), ustensile semblable à un verre doseur, muni d'un col partant du fond. La graisse flottant à la surface, le liquide net s'écoule en premier.

Figure 7-7 : Un dégraisseur.

Jambon blanc frotté d'épices Tandoori et braisé en croûte de pain

d'après une idée de Christine Ferber, pâtissière et confiseuse

difficulté ✶✶✶   temps ✶✶✶   coût €€€

Ustensiles : Grosse marmite, batteur, grand plat à four
Temps de préparation : 30 minutes
Temps de repos : 24 heures + 3 heures de réfrigération

Temps de cuisson : au moins 4 heures
Quantité : pour un jambon de 6 kg
1 épaule de 6 kg
2 kg de gros sel
8 gousses d'ail
12 feuilles de laurier
2 branches de thym
6 branches de persil
40 g d'épices Tandoori
Pour la pâte à pain :
125 g d'huile d'olive
1 l d'eau
30 g de sel
1,5 kg de farine type 55
5 g de piment d'Espelette

- La veille, faites chauffer 4 litres d'eau et le gros sel. Laissez tiédir, plongez-y le jambon et laissez ainsi pendant 24 heures au réfrigérateur.
- Le jour même, préparez la pâte à pain. Mélangez tous les ingrédients dans la cuve du batteur, puis pétrissez jusqu'à ce que la pâte se décolle et soit lisse.
- Versez la pâte dans un plat légèrement fariné. Couvrez de film alimentaire ; déposez au réfrigérateur pendant 3 heures au moins.
- Retirez le jambon de la saumure. Frottez-le des épices Tandoori, puis piquez-le avec les gousses d'ail.
- Farinez la table de travail. Étalez la pâte en un grand carré. Déposez le jambon au milieu l'os dirigé vers le haut, recouvrez le jambon d'herbes. Rabattez la pâte vers l'os en couvrant la partie arrondie du jambon. Puis rabattez l'autre pan en recouvrant tout le jambon.
- Préchauffez le four à 200 °C (th. 7), puis déposez le jambon, baissez le four à 180 °C (th. 6) et laissez cuire pendant 4 heures au moins.
- À la sortie du four, laissez reposer 20 à 30 minutes avant de servir.

Accompagnez d'une mousseline de carottes aux agrumes (voir chapitre 4).

Comment découper un jambon

Mettez le jambon cuit sur une planche à découper. Maintenez-le avec une fourchette à découper et coupez quelques tranches dans la partie étroite. Posez le jambon sur la partie que vous venez de découper pour qu'il soit plus stable.

Coupez un petit morceau de jambon à l'extrémité du jarret puis coupez des tranches épaisses et régulières le long de l'os.

Faites passer la lame du couteau sous les tranches pour les détacher de l'os. Disposez les tranches sur un plat.

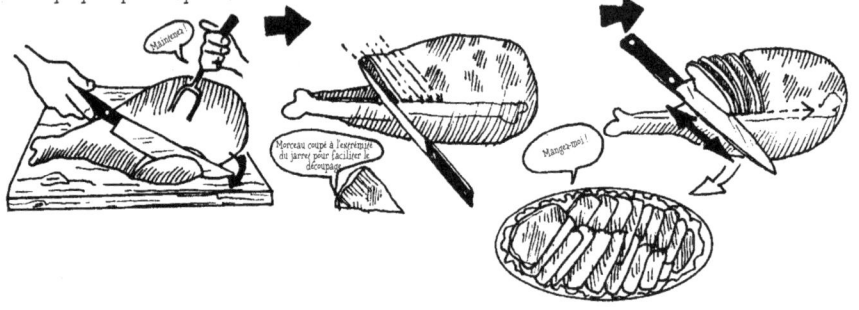

Figure 7-8 : Comment découper un jambon.

Assaisonnez les travers de porc avant de les cuire. La recette proposée ci-après suggère un assaisonnement au sucre brun, au sel et au piment d'Espelette. Les ingrédients sucrés se marient bien avec le porc. Pour une saveur plus relevée, ajoutez du poivre de Cayenne. Selon vos goûts, vous pouvez également essayer le paprika, l'oignon ou l'ail haché, le cumin moulu, la coriandre moulue, la cannelle, le thym et le basilic frais.

Le plat suivant est idéal pour une fête décontractée. Assurez-vous seulement de mettre suffisamment de rince-doigts à la disposition de vos invités.

Travers de porc caramélisé au sirop d'érable, citronnelle, gingembre et ail frais

difficulté ✶✶✶   temps ✶✶✶   coût €€€

Ustensiles : Couteau de chef, plat à rôtir, pinceau
Temps de préparation : 24 heures
Temps de cuisson : 2 heures
Quantité : 4 personnes

800 g à 1 kg de travers de porc fermier frais
10 cl de sirop d'érable
1 bâton de citronnelle fraîche

50 g de gingembre frais en lamelles
30 g de graisse de canard
2 gousses d'ail frais
5 cl de vinaigre de cidre
25 cl de jus de cochon (ou bouillon de volaille, ou eau)
Sel fin de Guérande
Poivre blanc moulu
Piment d'Espelette

- La veille, préparez votre marinade, mélangez les ingrédients, assaisonnez et mettez le travers à mariner.
- Le jour même, préchauffez votre four à 180/200 °C (th. 7), déposez votre travers dans le plat à rôtir avec une noisette de graisse de canard. Enfournez et faites colorer en veillant à ce que cela ne caramélise pas trop vite. Au bout de 15 à 20 minutes, baissez la température à 140/150 °C (th. 5) et arrosez fréquemment (avec le reste de marinade). Laissez cuire encore 1 heure et demie.
- Puis retirez la viande et déglacez les sucs avec le bouillon. Raclez bien le fond du plat et faites réduire.
- Servez le travers sur une planche à découper et le jus à part en saucière.

Servez ce plat accompagné de purée de pommes de terre, de frites, ou encore de grosses tomates au four.

Pendant la cuisson, les travers de porc libèrent une grande quantité de graisse. Vous devez vider et jeter cette graisse avant de les enduire de sauce barbecue. Ne videz pas la graisse dans l'évier, elle pourrait obstruer les canalisations ; versez-la dans une boîte en fer vide, laissez-la refroidir et se solidifier, et jetez-la.

Saint-pierre rôti au four, jus aux olives noires et jeunes fenouils rôtis

difficulté ★★★   temps ★★★   coût €€€

Ustensiles : Plat à rôtir, planche à découper, couteau d'office, spatule à poisson large
Temps de préparation : 20 minutes
Temps de cuisson : 12 à 15 minutes
Quantité : 2 personnes
600 à 800 g de saint-pierre

1 tomate
½ citron non traité
2 gousses d'ail
1 branche de thym
3 à 4 feuilles de laurier
5 cl d'huile d'olive de cuisson
Sel
Piment d'Espelette
Fleur de sel

Pour le jus :

12 olives noires
2 feuilles de basilic
Le jus d'½ citron
10 cl de fumet de poisson (ou d'eau à défaut)
2 cl d'huile d'olive d'assaisonnement
Sel
Piment d'Espelette

Pour la garniture :

3 petits fenouils

- Préparez avant tout le saint-pierre. Lavez la tomate et détaillez-la en quartiers. Taillez également le citron en rondelles. Déposez le saint-pierre dans le plat de cuisson avec les quartiers de tomate, les lamelles de citron, les gousses d'ail en chemise, le thym et le laurier. Lavez également les fenouils puis coupez-les en deux dans le sens de la longueur, disposez-les autour du saint-pierre en prenant soin de mettre le cœur au-dessus. Versez l'huile d'olive, assaisonnez de sel et de piment d'Espelette et enfournez, pendant 12 minutes environ, dans un four préchauffé à 180 °C (th. 6). Arrosez fréquemment.

- Une fois le saint-pierre cuit, retirez le poisson et la garniture du plat. Les tomates et les citrons doivent alors être légèrement confits. Posez le plat sur un feu doux, déglacez avec le jus de citron et le fumet de poisson (ou l'eau à défaut). Détachez tous les sucs à l'aide d'une spatule, laissez réduire quelques instants puis filtrez ce jus. Ajoutez alors hors du feu l'huile d'olive, les olives noires taillées en copeaux et les feuilles de basilic ciselées.

- Levez les filets de saint-pierre et posez-les avec les tomates et citrons confits dans chaque assiette. Parsemez d'un peu de fleur de sel et versez un cordon de jus tout autour.

Bar en croûte de sel de Guérande, beurre blanc

difficulté ✳✳✳   temps ✳✳✳   coût €€€

Ustensiles : Plat à four, bol en inox, planche à découper, couteau émincer, petit sautoir évasé, petit fouet à sauce

Temps de préparation : 20 minutes

Temps de cuisson : 40 à 45 minutes

Quantité : 4 personnes

1 bar de 1,2 à 1,3 kg (écaillé et vidé)

1 branche de thym frais

1 branche de romarin frais

2 feuilles de laurier

4 graines de fenouil

1 pincée de sel fin de Guérande

1 tour de moulin à poivre

1 pincée de piment d'Espelette

Pour la croûte de sel de Guérande :

1,5 kg de gros sel de Guérande

3 blancs d'œufs

250 g de beurre demi-sel

10 cl de crème fraîche liquide

Sel

Piment d'Espelette

- Préchauffez le four à 200 °C (th. 7).
- Rincez le bar sous l'eau et épongez-le bien avec du papier absorbant pour le sécher. Garnissez le ventre avec les herbes aromatiques, l'assaisonnement et les graines.
- Dans le bol en inox, mélangez le gros sel de Guérande et les blancs d'œufs, versez 1/3 de cette pâte au fond du plat à four, posez le bar au-dessus et recouvrez avec le reste de la pâte. Cela doit faire une couche de 5 à 7 mm de pâte de sel autour du bar. Enfournez 40 à 45 minutes.
- Au moment de servir, présentez le bar dans le plat à four et cassez la croûte de sel. Levez et servez les filets en les arrosant de sauce au beurre blanc (voir chapitre 8).

Accompagnez ce plat d'une écrasée de pommes de terre ou de rattes cuites en cocotte.

Cuire sur le gril ou sous le gril

Un même aliment peut être exposé à plusieurs modes de cuisson et acquérir ainsi différentes caractéristiques. Par exemple, les aliments grillés au charbon de bois ou sous le gril d'un four n'ont pas du tout la même saveur que lorsqu'ils sont rôtis.

Le principe du barbecue est une bonne organisation avec des précautions à prendre vis-à-vis de la braise ou du gaz. En fait pour la braise, il faut allumer le barbecue avec des produits adéquats et suffisamment tôt pour que la braise soit bien formée. Pour le gaz, cela est bien plus rapide surtout si le barbecue est muni d'un couvercle, mais il faut bien vérifier la température avant de cuire.

Une bonne préparation du barbecue et des produits à griller est certainement la clef de la réussite.

Vous pouvez griller tout ce que vous voulez. Ce mode de cuisson est sans doute le plus sain parce que les aliments ne baignent pas dans l'huile. Alors, ne vous contentez pas de faire des steaks. Les légumes, les crustacés et le poisson grillés sont également délicieux.

Si vous pouvez griller, vous pouvez faire cuire au gril

Griller consiste à faire cuire sur un gril, la source de chaleur se trouvant au-dessous. *Cuire au gril* consiste à faire cuire sous le gril d'un four, la source de chaleur se trouvant au-dessus. Ces deux modes de cuisson impliquent une chaleur intense. Par conséquent, ils sont réservés aux morceaux de viande ou aux légumes peu épais – les morceaux épais peuvent brûler avant de cuire à l'intérieur. Une fois grillée, la surface des aliments, notamment de la viande, devient brune et craquante.

Pour une cuisson au gril, les aliments doivent être à 10 ou 15 cm de la source de chaleur. Il est préférable de les mettre sur une plaque perforée au-dessus d'un plat dans lequel le jus pourra s'écouler. Méfiez-vous des flambées soudaines, que ce soit dans un four ou sur un gril. Non seulement elles présentent un risque d'incendie mais elles peuvent brûler la viande et lui donner un goût âcre. Utilisez le couvercle du gril pour éteindre les flammes et ayez toujours une boîte de bicarbonate de soude ou de sel à côté du four.

Charbon de bois ou gaz ?

Le vrai feu de bois donne une saveur incomparable aux aliments grillés, mais il n'est pas toujours facile d'en faire. Le barbecue est l'alternative la plus simple. Très utilisé en été, c'est un mode de cuisson convivial. Certains grils sont très simples, d'autres plus sophistiqués. Dans les sections suivantes, nous allons voir les caractéristiques des grils à charbon de bois et des grils à gaz.

Grils à charbon de bois

Pour griller sur du charbon de bois, le secret de la réussite est le même que pour la cuisson sur une cuisinière : l'homogénéité de la source de chaleur. La principale erreur des cuisiniers amateurs consiste à cuire les aliments sur des braises trop chaudes. Les braises doivent être étalées en une couche uniforme 10 à 15 cm au-dessous de la grille sur laquelle sont disposés les aliments. Attendez qu'elles soient blanches à 75 % avant de commencer la cuisson. Ne mettez pas trop de charbon de bois – un foyer trop chaud carboniserait les aliments avant qu'ils ne soient entièrement cuits.

Faites brûler le charbon de bois 30 à 35 minutes jusqu'à ce que vous obteniez un feu moyen. Pour évaluer la température, mettez la paume de la main juste au-dessus de la grille. Si vous pouvez la maintenir 2 secondes, le feu est vif ; 3 secondes, le feu est moyen-vif ; 4 secondes, le feu est moyen ; et 5 secondes, le feu est doux.

S'il vous reste des aliments à cuire alors que le feu commence à s'éteindre, ajoutez du charbon de temps à autre pour le ranimer. Stockez votre charbon de bois dans un endroit sec pour qu'il s'enflamme et brûle rapidement.

Une fois votre braise formée, ajoutez quelques herbes aromatiques comme du thym, du laurier, du romarin, cela donnera une fumée qui parfumera vos grillades.

À quoi sert le couvercle du gril ?

De nombreux grils sont équipés d'un couvercle. Fermés, ils s'apparentent à un four et peuvent atteindre une température de plus de 230 °C. Les aliments longs à cuire – cuisses de poulet, steaks épais, etc. – grillent mieux et plus rapidement couvercle fermé. En réalité, cette technique permet de griller et de rôtir en même temps. Le couvercle emprisonne la chaleur et la redirige vers les aliments. Il provoque également l'apparition de fumée, qui donne aux aliments beaucoup d'arôme et de saveur. Soulevez le couvercle souvent pour vérifier que vos grillades ne brûlent pas.

ATTENTION ! N'allumez jamais le feu avec du kérosène, de l'essence ou autres produits chimiques à moins d'être particulièrement bien assuré ! Avec un journal bien sec et un peu de patience, vous obtiendrez d'excellents résultats. Vous pouvez aussi utiliser une résistance électrique et la placer au milieu du charbon jusqu'à ce que celui-ci s'enflamme. Mais le combustible le plus couramment employé reste le gaz à briquet.

Grils à gaz

Les grils à gaz, très présents depuis quelques années, ont deux avantages incontestables sur les grils à charbon de bois : ils maintiennent une chaleur constante et ils sont moins dangereux. Certains comprennent des morceaux de lave destinés à simuler le charbon de bois, ce qui fonctionne à merveille. La technique de cuisson est la même qu'avec un gril à charbon de bois, mais les grillades sont moins savoureuses.

L'ASTUCE D'HÉLÈNE Dans la cuisine du restaurant Hélène Darroze à Paris, il y a une grillade lyonnaise en fonte, celle-ci permet de griller au feu de bois et elle est munie d'un couvercle pour fermer le foyer afin de cuire plus rapidement.

Conseils pour bien griller

Avant de commencer à griller, tenez compte des recommandations suivantes :

- Nettoyez la grille avec une brosse métallique entre chaque utilisation. Avant d'allumer le feu, huilez la grille pour que les aliments, notamment le poisson, n'attachent pas.

- Dégraissez la viande pour éviter les flambées de graisse soudaines qui noircissent les aliments et leur donnent un goût de brûlé.

- Les temps de cuisson pour les barbecues à l'extérieur sont approximatifs. N'allez pas piquer une tête dans la piscine après avoir jeté la viande sur le gril. De nombreuses variables influencent le temps de cuisson, notamment le vent, l'intensité de la chaleur et l'épaisseur de la viande.

- N'enduisez pas la viande de sauce barbecue avant les 10 dernières minutes de cuisson, sinon le sucre que contient cette sauce risque de brûler.

- Pour réussir les grillades, il faut un minimum d'organisation. Mettez une petite table juste à côté du gril pour avoir tous les ingrédients, ustensiles et plats nécessaires à portée de main.

- Faites mariner les aliments pour éviter qu'ils sèchent et pour rehausser leur saveur.

- Pensez à fermer l'arrivée de gaz après avoir éteint votre gril à gaz. Si vous utilisez un gril à charbon de bois, fermez le couvercle pour étouffer le feu.
- Ne jetez pas les braises le jour même, mais seulement le lendemain, car le feu peut y couver et provoquer un incendie.

Mariner : mythes et réalité

De nombreuses personnes pensent que les marinades attendrissent la viande. C'est une demi-vérité. Une marinade pénètre la viande, la volaille ou le gibier sur une épaisseur d'à peine 3 mm. En revanche, elle ajoute de la saveur en surface.

On pourrait écrire tout un livre uniquement sur les marinades. Pour résumer, disons qu'une marinade se compose d'un ingrédient acide (vinaigre, citron ou certains types de vin), d'huile, d'herbes aromatiques et éventuellement d'une base destinée à parfumer le tout (épices et herbes aromatiques). Une marinade doit être bien équilibrée et parfumée. Pour savoir si elle est réussie, vous n'avez pas d'autre moyen que de la goûter.

Prenons un exemple : imaginons que vous vouliez griller un steak. Demandez-vous si vous voulez l'agrémenter d'une saveur piquante, relevée ou sucrée. Une saveur sucrée ne serait pas très adaptée avec un poisson et conviendrait bien avec du porc. Le choix de la marinade dépend beaucoup de l'ingrédient principal.

Admettons que vous choisissiez une marinade piquante. Vous allez probablement mettre un peu de piment (allez-y doucement !). Ensuite, il vous faut une matière grasse qui aille à la fois avec le bœuf et le piment. La base de votre marinade est prête. Maintenant, vous pouvez l'égayer un peu. Qu'est-ce qui se marie bien avec les saveurs piquantes ? Peut-être l'ail émincé et les grains de poivre noir. La coriandre fraîche ajoute également du goût (au fur et à mesure que vous cuisinerez, vous appendrez à reconnaître les ingrédients qui vont bien ensemble). Selon vos goûts, vous pouvez ajouter un peu de cumin ou de coriandre en graines.

Vous voilà avec une marinade classique pour votre steak. Vous pouvez la modifier pour la rendre plus ou moins piquante.

Faites mariner la viande, le poisson et les légumes au réfrigérateur. À température ambiante, des bactéries se forment très rapidement à la surface des aliments.

Quelques idées de grillades

Voici quelques recettes pour apprendre à griller. Si vous n'avez jamais approché un barbecue de près, nous vous recommandons de les suivre à la lettre avant d'ajouter votre touche personnelle.

Pour éviter les flambées intempestives dues à l'écoulement d'huile sur le charbon de bois, huilez la grille avant d'allumer le feu.

Les aliments les plus simples à griller, auxquels on ne pense pas toujours, sont les légumes.

Griller des légumes

Les légumes, y compris ceux dont vous ne raffolez pas, sont généralement délicieux lorsqu'ils sont grillés. Le charbon de bois leur donne une belle texture et un goût fumé absolument irrésistible. De plus, les légumes grillés sont faciles à préparer. Voici quelques exemples :

- **Aubergines et courgettes** : Coupez-les dans le sens de la longueur en tranches de 2 cm d'épaisseur. Enduisez-les d'huile, assaisonnez-les à votre convenance et faites-les griller 15 à 20 minutes ou jusqu'à ce qu'elles soient brunes et tendres, en les retournant de temps à autre. Pour leur donner davantage de saveur, faites-les mariner 15 minutes avant de les griller dans le mélange suivant : 3 mesures d'huile, 1 mesure de vinaigre, sel, poivre, moutarde de Dijon.

- **Pommes de terre, carottes, oignons et navets** : Épluchez les légumes, coupez-les en tranches uniformes et faites-les cuire au préalable dans de l'eau bouillante jusqu'à ce qu'ils soient tendres. Rincez-les dans de l'eau froide pour stopper la cuisson et égouttez-les. Enveloppez-les dans une feuille de papier d'aluminium avec un assaisonnement composé d'huile d'olive, de jus de citron, d'herbes aromatiques, de sel et de poivre. Faites-les griller 10 à 15 minutes ou jusqu'à ce qu'ils soient tendres (vous pouvez également les enfiler sur des brochettes avant de les faire griller).

- **Tomates** : Coupez les tomates, mûres mais fermes, en tranches de 2 cm. Enduisez-les d'huile d'olive et saupoudrez-les de basilic ou de persil, de sel et de poivre. Faites les griller jusqu'à ce qu'elles soient entièrement chaudes, environ 5 minutes, en les retournant une fois.

Légumes de saison grillés aux sarments de vigne comme une parillada espagnole

difficulté ✹✹✹   temps ✹✹✹   coût €€€

Ustensiles : Pince longue pour barbecue, couteau d'office, économe, planche à découper, casserole moyenne

Temps de préparation : 20 minutes

Temps de cuisson : 20 minutes

Quantité : 8 personnes

1,2 kg de légumes (mini-courgettes jaunes et vertes, carottes fanes, jeunes fenouils, asperges vertes ou blanches, oignons nouveaux, artichauts violets, aubergine, tomate, poivrons, piments landais, rattes de l'île de Ré, potiron, potimarron, navets, radis, topinambours…)

10 cl d'huile d'olive de cuisson

5 ml de vinaigre de xérès

Fleur de sel

Sel

Piment d'Espelette

- Allumez la grillade au moins 3 heures à l'avance pour obtenir une braise abondante et bien rouge. Dans la dernière demi-heure, alimentez-la si possible en sarments de vigne.

- Nettoyez, pelez et lavez les légumes qui le demandent. Tournez les artichauts (voir chapitre 12). Détaillez-les en deux dans le sens de la longueur. Taillez l'aubergine et la tomate en tranches épaisses. Blanchissez les pommes de terre. Si ce sont des petites rattes de l'île de Ré, taillez-les en deux, si ce sont de grosses bintjes, faites des lamelles. Pour les légumes-racines, pelez-les, lavez-les et cuisez-les auparavant dans de l'eau bouillante salée, en prenant garde à ce qu'ils restent croquants.

- Au moment de les griller, assaisonnez les légumes de sel et de piment d'Espelette, roulez-les dans l'huile d'olive et attrapez-les avec une pince à bras longs avant de les déposer délicatement sur la grille au-dessus de la braise. Marquez-les de tous les côtés. En fin de cuisson, les légumes seront encore croquants. Jetez un trait de vinaigre de xérès par-dessus, puis parsemez de fleur de sel et servez aussitôt.

Ces légumes sont délicieux tels quels mais ils peuvent également accompagner un plat de viande ou un poisson grillé.

Tastous de légumes grillés et copeaux de fromage de brebis basque

difficulté ✶✶✶   temps ✶✶✶   coût €€€

Ustensiles : Couteau à pain ou machine à jambon, couteau économe, mandoline, couteau d'office, planche à découper, pince longue pour barbecue, plat

Temps de préparation : 30 minutes

Temps de cuisson : 20 minutes

Quantité : 6 personnes

1 ficelle de pain de campagne

80 g de fromage de brebis basque

1 carotte

1 courgette

2 mini-fenouils

3 artichauts violets

1 aubergine

20 cl d'huile d'olive d'assaisonnement

Fleur de sel

Piment d'Espelette

- À l'aide d'une machine à jambon, taillez de fines tranches d'1 mm d'épaisseur dans les ficelles, étalez-les sur une plaque, badigeonnez-les d'un peu de graisse de canard et passez-les sous le gril chaud du four, sur une face seulement, jusqu'à ce qu'elles deviennent dorées et croustillantes.

- À l'aide d'une mandoline, taillez carotte, courgette, mini-fenouils, artichauts violets tournés et aubergine en fines lamelles. Saisissez-les sur la braise d'un feu de bois, déposez-les dans un plat et recouvrez d'huile d'olive. Au moment de préparer les tastous, égouttez-les, posez-les sur le croûton et parsemez de fleur de sel et de piment d'Espelette. Posez un copeau de fromage sur chaque croustille.

Servez à l'apéritif.

Cèpes grillés

difficulté ✶✶✶   temps ✶✶✶   coût €€€

Ustensiles : Pince longue pour barbecue, mandoline, pinceau

Temps de préparation : 10 minutes

Temps de cuisson : 10 minutes
Quantité : 8 personnes

8 gros cèpes (environ 60 à 70 g)
10 cl d'huile d'olive extra-vierge
1 pincée de sel fin de Guérande
1 tour de poivre du moulin
1 pincée de piment d'Espelette
1 pincée de fleur de thym frais

- Retirez la terre si besoin et lavez délicatement les cèpes sans les tremper dans l'eau (voire croquis ci-après). Séchez-les bien et taillez des tranches de 7 à 8 mm d'épaisseur.
- Passez de l'huile d'olive au pinceau sur les tranches de cèpes et faites griller rapidement sur la braise. Assaisonnez et parsemez de fleur de thym arrosée d'un trait d'huile d'olive.

Comment nettoyer et couper les champignons

Figure 7-9 : Coupez les pieds des champignons et faites griller les chapeaux.

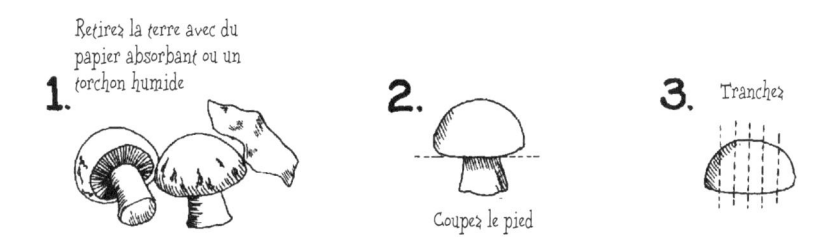

1. Retirez la terre avec du papier absorbant ou un torchon humide
2. Coupez le pied
3. Tranchez

Il est important de bien nettoyer les champignons. Les espèces sauvages peuvent être pleines de sable et de terre. Cela dit, si vous rincez ou faites tremper les champignons trop longtemps, ils risquent d'être spongieux. Mieux vaut donc utiliser du papier absorbant humide. Si les champignons sont très sales, rincez-les avec de l'eau froide mais égouttez-les bien et prenez soin de les sécher avec un torchon ou du papier absorbant.

Griller de la viande et du poisson

Dans la recette suivante, vous devez couper la viande en cubes et la faire mariner dans de l'huile d'olive, de l'ail, du romarin (frais, de préférence), du cumin, du sel et du poivre de Cayenne. Le cumin se marie très bien avec le porc (et l'agneau). Le romarin donne à l'ensemble une saveur provençale.

Brochettes de porc au romarin

difficulté ✱✱✱   temps ✱✱✱   coût €€€

Ustensiles : Couteau éminceur, saladier, brochettes en métal (car elles ne brûlent pas sur la braise) ou en bois, planche à découper

Temps de préparation : 40 minutes

Temps de cuisson : 15 à 20 minutes

Quantité : 4 personnes

750 g de filet mignon de porc fermier (ou alors une échine désossée et dégraissée sera plus savoureuse)

100 g d'oignons doux

100 g de tomates

1 poivron rouge

10 cl d'huile d'olive

1 pincée de cumin en poudre

1 branche de romarin frais

20 g de miel de forêt

1 citron jaune pressé

2 gousses d'ail frais hachées

1 pincée de sel fin de Guérande

1 pincée de piment d'Espelette

1 tour de poivre du moulin

- Dans le saladier, mélangez les cubes de filet mignon avec les épices, le miel, les herbes, le jus de citron et l'huile d'olive, assaisonnez et laissez mariner au réfrigérateur 1 heure.

- Pendant ce temps, lavez et taillez les oignons, tomates et poivrons en cubes, mélangez-les dans un saladier avec de l'huile d'olive et assaisonnez.

- Montez les brochettes, répartissez la viande pour quatre et intercalez chaque morceau avec des légumes, attention à ne pas trop serrer afin que la chaleur puisse passer entre les morceaux. Si vous utilisez des brochettes en bois, il faut les faire tremper pendant 30 minutes dans l'eau froide et recouvrir les extrémités de papier d'aluminium pour éviter qu'elles ne brûlent.

- Mettez les brochettes sur la grille et faites-les griller 10 à 15 minutes ou jusqu'à ce que la viande soit à peine rose au milieu, en les retournant toutes les 4 à 5 minutes. Servez immédiatement.

Vous pouvez remplacer le filet mignon de porc par du bœuf, de l'agneau, ou encore des cubes de poulet.

Poulet en crapaudine
d'après une idée de Suzy Palatin, auteur de livres de cuisine

difficulté ✹✹✹   temps ✹✹✹   coût €€€

Ustensiles : Plat pour mariner, planche à découper, ciseau à volaille, presse-agrumes
Temps de préparation : 10 minutes
Temps de repos : 2 heures
Temps de cuisson : 25 à 30 minutes
Quantité : 4 personnes

1 gros poulet fermier de 1,8 kg environ
3 citrons verts
1 cuil. à soupe de fleur de sel
1 piment antillais

- Ne fendez pas la volaille de façon classique : posez-la sur une planche à découper avec les blancs en appui sur la planche, fendez-la en partant des ailes pour arriver jusqu'au croupion. Faites-le à l'aide du ciseau à volaille, c'est beaucoup plus facile.
- Aplatissez alors la volaille, vous lui ferez ainsi craquer les os et frottez-la de toutes parts avec le sel.
- Posez le poulet sur le plat et parsemez-le du jus des citrons.
- Laissez-le mariner sur la plaque de cuisson durant 2 heures et retournez-le de temps en temps ou tout au moins deux fois.
- Faites cuire le poulet au barbecue, en prenant soin de nourrir la cuisson avec la marinade. Attention car la peau de poulet brûle vite, il est préférable de cuire sur une braise de moyenne intensité.
- Pour vérifier le point de cuisson, piquez l'intérieur de la cuisse, dans sa partie la plus épaisse, le jus qui s'en écoule devra être translucide et non rosé ou rouge.

L'ASTUCE D'HÉLÈNE
Le poulet peut être frotté d'un mélange de yaourt et épices tandoori, et accompagné d'un riz pilaf à la cardamome.

IMPROVISEZ
Vous pouvez remplacer le poulet par des pigeons, coquelets, etc.

Côte de bœuf de Chalosse cuite à la cheminée puis tartinée d'une fondue d'échalotes

difficulté ✶✶✶   temps ✶✶✶   coût €€€

Ustensiles : Plat pour la marinade, couteau d'office, sautoir
Temps de préparation : 30 minutes
Temps de cuisson : 1 heure
Quantité : 8 personnes
2 côtes de bœuf d'environ 3 kg chacune
50 g de beurre
Sel
Piment d'Espelette
Pour la marinade :
2 gousses d'ail
1 branche de thym
6 feuilles de laurier
2 g de grains de poivre
2 g de piment d'Espelette
2 g de grains de coriandre
2 g de baies de genièvre
25 cl d'huile d'olive de cuisson
Sel
Piment d'Espelette
Pour la fondue d'échalotes :
1 kg d'échalotes
30 g de graisse de canard
Sel
Piment d'Espelette

- Laissez mariner les côtes de bœuf pendant deux jours dans l'huile d'olive avec le poivre en grains, le piment d'Espelette, la coriandre et le genièvre, l'ail, le thym et le laurier.
- Préparez la fondue d'échalotes. Pour cela, pelez-les et ciselez-les grossièrement. Puis assaisonnez de sel et de piment d'Espelette et faites-les fondre doucement pendant 20 à 30 minutes, dans un sautoir avec la graisse de canard.
- Au moment de les cuire, assaisonnez très légèrement les côtes de bœuf de sel. Faites-les cuire au feu de bois de préférence, 10 minutes de chaque côté. Une

fois cuites, tartinez-les avec les 2/3 de fondue d'échalotes, déposez des noix de beurre sur chacune, puis laissez reposer 10 minutes sur une grille. Non seulement la viande va reposer, ce qui est essentiel pour tout rôti, mais l'échalote va aussi s'imprégner du bon goût de bœuf. Repassez-les quelques secondes au four, au moment de servir, pour qu'elles soient bien chaudes.

✔ Taillez le cœur des côtes de bœuf en grosses lamelles, disposez-les dans chaque assiette avec le restant de fondue d'échalotes.

Vous pouvez accompagner de plat avec des légumes grillés parillada (voir pages précédentes), des grosses frites ou un gratin dauphinois (voir chapitre 2).

Homard breton et légumes grillés au feu de bois, émulsion au curry vert

difficulté ✱✱✱   temps ✱✱✱   coût €€€

Ustensiles : Grande marmite, grande sauteuse, batte, pinceau, couteau de chef, chinois ou passette à sauce, petit fouet

Temps de préparation : 20 minutes

Temps de cuisson : 1 heure 30

Quantité : 4 personnes

4 homards
1 garniture aromatique
2 gousses d'ail
10 g de gingembre frais
1 bâton de citronnelle
3 g de pâte de curry vert
5 cl d'armagnac
10 cl de vin blanc sec
30 g de beurre
10 cl de crème montée
30 g de graisse de canard
Sel
Piment d'Espelette

✔ Ébouillantez les homards une minute. Séparez alors la queue et les pinces du corps. Réservez le corail s'il y en a.

✔ Concassez les corps des homards grossièrement, puis dans une grande sauteuse faites revenir la garniture aromatique, les gousses d'ail et les carcasses dans la graisse de canard. Une fois que le tout est coloré, ajoutez la pâte de curry vert, le gingembre frais et la citronnelle. Puis déglacez avec l'armagnac et le vin blanc. Réduisez à sec, versez alors de l'eau à hauteur des carcasses et laissez cuire pendant 1 heure et demie. Puis filtrez et faites encore réduire ce bouillon de moitié.

- Au moment de servir, donnez un petit coup de batte sur les pinces des homards pour les casser légèrement, détaillez la queue en deux moitiés dans le sens de la longueur, assaisonnez de sel et de piment d'Espelette et badigeonnez d'un peu de graisse de canard. Puis posez le tout sur la braise. Pour la queue, 3 minutes de cuisson suffiront, la chair doit être encore translucide ; pour les pattes, accordez 3 minutes de plus.

- Décortiquez les pinces et entre-pinces et décollez la chair des queues de la carapace. Parsemez une noix de beurre sur les chairs de homard et déposez-les 1 minute dans un four à 180 °C (th. 6).

- Au moment de servir le homard, portez à ébullition 25 cl de litre de la réduction au curry, puis versez-y doucement le corail et le beurre. Mélangez délicatement à l'aide d'un petit fouet. Ajoutez alors, en émulsionnant vivement, la crème montée. Au dernier moment, rectifiez l'assaisonnement.

Servez ce plat accompagné de légumes de saison, grillés aussi au feu de bois (voir précédemment dans ce chapitre).

Le poisson et les fruits de mer grillent particulièrement bien. Utilisez un poisson à chair ferme, qui ne risque pas de se désagréger sur la grille, comme le saumon, le flétan, le thon ou l'espadon. Évitez les poissons délicats. Les espèces dont la chair est relativement grasse, comme le maquereau et la sardine, grillent bien également.

Ventrèche de thon de Saint-Jean-de-Luz frottée de poivres rares et cuite à la plancha, jus de piperade

difficulté ✶✶✶   temps ✶✶✶   coût €€€

Ustensiles : Couteau de chef, plat pour marinade, couteau émincieur, grand sautoir, passoire, récipient de la taille de la passoire, casserole, marmite ou très grande casserole, fourchette, plancha ou poêle antiadhésive

Temps de préparation : 30 minutes

Temps de repos : 24 heures

Temps de cuisson : 1 heure

Quantité : 8 personnes

800 g de ventrèche de thon rouge

10 g de poivres rares (ou poivre mignonnette)

25 cl de litre d'huile d'olive

Sel

Piment d'Espelette

Pour la garniture :

1 kg de pommes de terre à peau épaisse

1 gousse d'ail

2 feuilles de laurier

2 branches de persil

100 g d'olives noires

15 cl d'huile d'olive fruitée

Sel

Piment d'Espelette

Pour le jus de piperade :

200 g de jambon de Bayonne

3 oignons

1 kg de tomates

2 poivrons verts

2 poivrons rouges

2 gousses d'ail

1 bouquet garni

30 g de graisse de canard

Sel

Piment d'Espelette

- La veille, préparez la piperade : taillez en gros lardons le jambon de Bayonne. Épluchez et émincez finement les oignons. Grillez légèrement les poivrons, pour les peler facilement. Puis taillez-les en lanières. Enfin, lavez les tomates, mondez-les et taillez-les en morceaux grossiers.

- Le jour même, taillez la ventrèche en lèches biseautées larges d'un centimètre environ. Frottez-les du mélange de poivres rares. Déposez les tranches dans un plat et versez l'huile d'olive.

- Dans un grand sautoir versez la graisse de canard. Faites revenir les lardons et les gousses d'ail en chemise, puis ajoutez les oignons et les poivrons. Laissez colorer. Il est important que les sucs attachent bien. Une fois que les légumes ont fondu, versez les morceaux de tomate et assaisonnez de sel et de piment d'Espelette. Ajoutez le bouquet garni et laissez mijoter 3/4 d'heure sur le coin du fourneau. Si les tomates ne sont pas assez juteuses, rajoutez un peu de bouillon de volaille ou d'eau, à défaut. Cependant, en fin de cuisson, il ne doit rester que très peu de liquide. Rectifiez alors l'assaisonnement en sel et piment d'Espelette.

- Versez la piperade dans une passoire posée sur un récipient, sans toucher à rien, de manière à récupérer les légumes d'un côté, le jus de l'autre. Surtout n'écrasez pas la piperade, et laissez égoutter longtemps (une nuit entière est l'idéal) jusqu'à ce que les légumes soient secs et le jus limpide. Si le jus n'est pas assez réduit, versez-le dans une casserole posée sur un feu vif, et laissez réduire jusqu'à obtenir la consistance voulue.

- Lavez les pommes de terre et faites-les cuire 12 à 15 minutes suivant leur grosseur dans 5 litres d'eau salée avec la gousse d'ail et les feuilles de laurier. Puis égouttez-les et retirez leur peau aussitôt. Écrasez-les alors grossièrement avec une fourchette, assaisonnez-les de fleur de sel, de piment d'Espelette et d'huile d'olive. Enfin, ajoutez les pluches de persil et les olives noires taillées en copeaux.

- Au moment de servir, assaisonnez les lèches de thon de sel et de piment d'Espelette, snackez-les « aller-retour », autrement dit 30 secondes de chaque côté, sur une plancha fumante (ou à défaut dans une poêle antiadhésive très chaude). Accompagnez ces lèches de thon du jus de piperade et de pommes de terre écrasées.

Servez ce plat accompagné de pommes de terre écrasées aux olives noires (voir chapitre 4).

L'ASTUCE D'HÉLÈNE Avec la garniture de la piperade, vous pouvez faire une délicieuse omelette que vous accompagnerez de fines tranches de jambon à peine saisies.

Le poisson, c'est bon !

Les stocks de poissons tels que : cabillaud, thon rouge, sole, turbot, sont au plus bas, il est donc impératif de consommer ces variétés de poissons avec beaucoup de précautions.

Le thon rouge est en voie de disparition, aux vues des dernières informations sur les stocks de poisson. Il faut privilégier l'achat de poisson dit « de ligne » et non pas de pêche au chalut. La pêche à la ligne est bien plus respectueuse et elle permet de prélever seulement les poissons arrivés à leur maturité, alors que le chalut ramasse toutes sortes de poissons et de toutes tailles, complètement à l'aveugle.

Les poissons d'élevage ne sont pas une solution, car pour produire un bar (ou autre poisson) de 1 kg, il faut environ 15 kg de poisson sauvage réduit en farine alimentaire sur des bateaux usines.

Tempura de légumes
(voir chapitre 16)

Œuf poché sur lit de brandade de morue
(voir chapitre 9)

Brochette de porc au romarin
(voir chapitre 7)

Ventrèche de thon de Saint-Jean-de-Luz frottée de poivres et cuite à la plancha, écrasé de pommes de terre, jus de piperade *(voir chapitre 7)*

Fricassée de lapin fermier aux olives et tomates séchées, polenta crémeuse
(voir chapitres 15 et 12)

Gigot d'agneau de lait rôti piqué au romarin
(voir chapitre 7)

Madeleines à l'huile d'olive
(voir chapitre 14)

Clafoutis aux figues et amande amère
(voir chapitre 14)

Darne de saumon grillée au feu de bois, sauce béarnaise

difficulté ★★★   temps ★★★   coût €€€

Ustensiles : Sautoir à bord évasé, petit fouet, planche à découper, couteau éminceur, couteau d'office, chinois étamine ou passette à sauce

Temps de préparation : 20 minutes

Temps de cuisson : 20 minutes

Quantité : 6 personnes

6 darnes de saumon d'environ 240 g chacune

30 g de graisse de canard

Sel

Fleur de sel

Piment d'Espelette

Pour la sauce béarnaise :

10 cl de vinaigre de vin blanc

5 cl de vin blanc sec

2 pincées de poivre mignonnette

50 g d'échalotes finement ciselées

1 botte d'estragon frais haché

5 jaunes d'œufs

250 g de beurre demi-sel clarifié

- Faites réduire de moitié et doucement le vinaigre, le vin blanc, les échalotes ciselées, le poivre mignonnette et la moitié de l'estragon. Cette réduction doit rester humide, passez le jus au chinois étamine.

- Ajoutez les jaunes d'œufs et fouettez, portez à une température de 55 à 60 °C, une fois le mélange onctueux, et quand à chaque passage du fouet apparaît le fond du sautoir, incorporez hors du feu le beurre clarifié petit à petit. Ensuite ajoutez l'autre moitié d'estragon haché et assaisonnez.

- Badigeonnez les darnes de saumon sauvage de graisse de canard liquide et assaisonnez-les de sel et de piment d'Espelette. Puis grillez-les sur la braise 2 minutes de chaque côté, car le saumon est un poisson qui se déguste saignant.

- Servez les darnes bien chaudes et la béarnaise en saucière.

Vous pouvez accompagner ce plat avec des grosses frites et une salade verte.

L'ASTUCE D'HÉLÈNE Lorsque vous achetez votre saumon, soyez attentif car le saumon peut être d'une qualité médiocre. Pour être sûr de votre choix, préférez le saumon sauvage ou bio, ou bien le saumon Label Rouge d'Écosse.

Chapitre 8

Sauces

Dans ce chapitre :

▶ Sauces incontournables : sauce tomate, arrabiata, pesto, etc.

▶ Sauces chaudes : béchamel, bordelaise, etc.

▶ Sauces froides : mayonnaise, vinaigrette, etc.

Les recettes de ce chapitre
- Sauce Béchamel
- Épinards à la béchamel
- Sauce Mornay
- Gratin de macaronis, sauce Mornay
- Endives au jambon
- Sauce Poulette
- Blanquette de saumon sauce poulette
- Sauce Albufera
- Poule au pot farcie au jambon noir de Bigorre, sauce Albufera
- Sauce bordelaise
- Sauce marchand de vin
- Daurade royale, sauce marchand de vin
- Sauce Périgueux
- Escalope de foie gras de canard du Sud-Ouest poêlée, sauce Périgueux
- Sauce poivrade
- Râbles de lièvre sauce poivrade
- Sauce grand veneur
- Gigue de chevreuil et fruits rôtis, sauce grand veneur
- Sauce vinaigrette classique
- Sauce vierge
- Sauce grenobloise
- Aile de raie pochée, sauce grenobloise
- Sauce hollandaise
- Sauce mousseline
- Sauce béarnaise
- Sauce mayonnaise
- Sauce cocktail
- Moules froides sauce cocktail
- Sauce aïoli
- Sauce gribiche
- Tête de veau sauce gribiche
- Sauce beurre blanc
- Beurre maître d'hôtel
- Tournedos de bœuf poêlé, beurre maître d'hôtel
- Beurre d'anchois
- Beurre de corail
- Homard grillé à la braise, beurre de corail
- Sauce tomate
- Sauce pesto
- Sauce Caesar

*P*our une personne qui n'a pas l'habitude de cuisiner, faire une sauce est sans doute ce qu'il y a de plus impressionnant. Faire réduire, mixer, assaisonner, ajuster… Toutes ces étapes semblent bien obscures !

Pourtant, il n'y a rien de plus simple que de concocter de bonnes sauces. Dans certains cas, il suffit de faire cuire plusieurs ingrédients dans une casserole et de les passer au mixeur. Quand vous maîtriserez bien la préparation des sauces de base, vous ne penserez plus qu'à élargir votre horizon.

Ne partez pas du principe qu'une sauce est forcément lourde et indigeste.

Non seulement les sauces d'aujourd'hui sont plus légères mais elles sont aussi plus faciles à préparer. Cela dit, vous trouverez également dans ce chapitre des recettes de sauces traditionnelles, délicieuses lorsqu'elles sont consommées avec modération.

Qui a inventé la sauce ?

Pendant tout le Moyen Âge et la Renaissance, on a mangé la viande, le gibier et la volaille avec une sauce à base de jus de viande que l'on faisait épaissir. Cette sauce était loin d'être aussi sophistiquée que celles que l'on consomme aujourd'hui. Mais que pouvait-on attendre de gens qui mangeaient avec leurs mains et jetaient les os sous la table ? Ce n'est qu'au XVIIIe siècle que les sauces modernes sont entrées dans le vocabulaire de la cuisine. En 1800, un célèbre chef français connu sous le nom de Carême dressait la liste d'une dizaine de sauces classiques, dont chacune pouvait être modifiée de différentes façons. La plupart de ces sauces sont encore très réputées aujourd'hui, notamment la sauce *ravigote* (sauce blanche très relevée), la sauce *Champagne* (sauce blanche au Champagne), la sauce *bourguignonne* (à base de vin rouge, de champignons et d'oignons), la *poivrade* (sauce au vin rouge et au poivre noir), la sauce *tomate* (sauce rouge), la sauce *raifort* (à base de crème et de raifort), la *mayonnaise* (émulsion de jaune d'œuf et d'huile) et la sauce *provençale* (à base de tomates et d'herbes aromatiques fraîches).

Aujourd'hui, la gastronomie française compte plusieurs centaines de sauces. Si vous y ajoutez les sauces espagnoles, italiennes et américaines, la liste est interminable. Mais ne vous en faites pas : la plupart des chefs n'utilisent qu'une dizaine de sauces et leurs variantes. Et celles-ci sont à la portée de toute personne capable de faire cuire un œuf tout en faisant la conversation.

Qu'est-ce qu'une sauce ?

Une sauce est un assaisonnement pour accompagner les mets ou dans lequel on peut cuisiner. Chaude ou froide, plus ou moins liquide, une sauce doit ajouter au plat une saveur qui s'harmonise avec la sienne.

Avant d'être servie, une sauce est généralement *réduite*, ce qui signifie simplement qu'on la fait cuire à feu vif pour qu'elle s'évapore, épaississe et s'intensifie en termes de saveur. Elle peut aussi être passée dans une passoire afin d'en éliminer tous les éléments solides ou réduite en purée au mixeur.

Les grandes catégories de sauce

Pour bien connaître les sauces, il faut savoir qu'elles se répartissent en plusieurs catégories.

Les sauces chaudes

- Les *sauces blanches* contiennent généralement du lait ou de la crème.
- Les *sauces beurre blanc* se composent de beurre, de vinaigre et d'échalotes.
- Les *sauces brunes* se basent sur un bouillon de viande, comme l'agneau ou le veau.
- La *sauce hollandaise* comporte des jaunes d'œufs cuits et du beurre.

Les sauces froides

- Les *vinaigrettes* se composent d'huile, de vinaigre, de sel et de poivre.
- La *mayonnaise* est un mélange de jaunes d'œufs crus ou légèrement cuits et d'huile.

Dans ce livre, vous trouverez deux sous-catégories : les beurres composés, que nous décrirons plus loin dans ce chapitre, et les sauces tomate.

Sauces blanches

La béchamel est la plus connue des sauces blanches. Pendant des siècles, la béchamel a été le mortier qui a maintenu les murs de la cuisine française. Avec son léger goût de noisette et de beurre, cette sauce est aussi la base des soufflés et de certains plats familiaux, comme les macaronis et les tourtes au fromage. La béchamel se décline en plusieurs variantes selon les plats qu'elle agrémente. Par exemple, si vous faites du poisson, vous pouvez ajouter un bouillon de poisson à la sauce. Si vous faites du poulet, optez pour un bouillon de poulet. Comme la plupart des sauces blanches, la béchamel se base sur un *roux*. Le roux est un mélange de beurre fondu et de farine (en quantités égales) chauffé à feu doux pour constituer une pâte destinée à lier les sauces. Dans la recette suivante, la béchamel commence par un roux.

La béchamel et ses variantes se marient avec toutes sortes d'aliments, notamment le poisson poché et grillé, le poulet, le veau, et pratiquement tous les légumes.

Sauce Béchamel

difficulté ✶✶✶   temps ✶✶✶   coût €€€

Ustensiles : Casserole, fouet à sauce
Temps de préparation : Environ 5 minutes
Temps de cuisson : Environ 8 minutes
Quantité : 4 à 6 personnes

30 g de farine
50 g de beurre
25 cl de litre de lait
¼ de crème fraîche liquide « fleurette »
10 cl de crème fraîche épaisse
Sel
Poivre
Noix de muscade
Piment d'Espelette

- Faites fondre le beurre dans une petite casserole. Puis, hors du feu, ajoutez la farine en pluie, en remuant vite pour éviter les grumeaux. Laissez cuire alors sur feu doux pendant 3 à 4 minutes, jusqu'à ce que le mélange roussisse.

- Ajoutez le lait et la crème fleurette, froids, et faites cuire doucement la sauce jusqu'à ce qu'elle épaississe, en remuant sans cesse pour éviter qu'elle n'accroche au fond de la casserole.

- Assaisonnez de sel, de piment d'Espelette et de noix muscade râpée. Ajoutez du piment d'Espelette.

L'ASTUCE D'HÉLÈNE — Pour rendre votre béchamel plus savoureuse, ajoutez-y 120 g de fromage de brebis basque râpé.

TRUC — Pour encore plus de goût noisette, lorsque vous faites fondre votre beurre, faites-le légèrement roussir : on appelle cela un « beurre noisette ».

QUE FAIRE ? — Si le beurre noircit, jetez-le et recommencez, sinon votre sauce blanche aura une teinte foncée.

Pour vous entraîner à faire cette sauce, nous vous suggérons les épinards à la béchamel (vous pouvez faire cette recette avec n'importe quel autre légume).

Le plat suivant, comme tout plat à base de béchamel, est très riche. Il est donc conseillé de le servir avec des aliments légers, comme un poulet grillé ou un poisson.

Épinards à la béchamel

difficulté ★★★   temps ★★★   coût €€€

Ustensiles : Plat à gratin, sautoir large, spatule en bois
Temps de préparation : 15 minutes
Temps de cuisson : 15 minutes
Quantité : 4 personnes

Sauce Béchamel (voir recette précédente).
400 g d'épinards frais
80 g de parmesan râpé
1 pincée de sel fin de Guérande
1 pincée de piment d'Espelette
1 pincée de poivre du moulin

- Lavez bien les épinards (ne les séchez pas). Mettez-les mouillés dans une grande marmite sans ajouter d'eau. Couvrez et faites cuire à feu moyen-doux environ 2 minutes ou jusqu'à ce qu'ils réduisent.
- Mettez les épinards cuits dans un égouttoir et, avec une cuillère en bois, pressez-les pour en extraire le plus d'eau possible.
- Préparez une sauce Béchamel (voir recette précédente).
- Ajoutez les épinards et le parmesan, et faites cuire à feu doux jusqu'à ce que le mélange soit chaud. Goûtez et assaisonnez à votre convenance.

Vous pouvez passer les épinards au mixeur pour les réduire en purée, juste avant l'étape 4.

Vous pouvez également verser vos épinards dans quatre petits ramequins, y casser au-dessus 4 œufs entiers et parsemer de parmesan râpé. Faites cuire quelques minutes au four avec une noisette de beurre demi-sel.

Vous pouvez également gratiner les carottes, les asperges vertes, les brocolis, les poireaux et encore beaucoup d'autres légumes. Attention à bien cuire vos légumes à l'anglaise auparavant.

Sauce Mornay

difficulté ✱✱✱   temps ✱✱✱   coût €€€

Ustensiles : Casserole, fouet à sauce
Temps de préparation : Environ 5 minutes
Temps de cuisson : Environ 8 minutes
Quantité : 4 à 6 personnes

Sauce Béchamel
120 g de beaufort râpé
4 jaunes d'œufs

> ✔ Réalisez une béchamel à laquelle vous ajoutez le beaufort puis, hors du feu, les jaunes d'œufs.

Gratin de macaronis, sauce Mornay

difficulté ✱✱✱   temps ✱✱✱   coût €€€

Ustensiles : Marmite pour les pâtes, égouttoir, casserole, fouet, spatule en bois, plat à gratin
Temps de préparation : 15 minutes
Temps de cuisson : 15 minutes
Quantité : 4 personnes

400 g de macaronis
Sauce Mornay

> ✔ Préparez la sauce Mornay (voir recette précédente).
> ✔ Faites cuire les macaronis dans un grand volume d'eau bouillante salée, égouttez-les puis versez-les dans la sauce Mornay, mélangez à la spatule, puis versez dans un plat à gratin.
> ✔ Enfournez 10 à 15 minutes à 220 °C (th. 7/8) pour faire dorer la surface. Cette recette peut se déguster telle quelle sans la gratiner au four.

Endives au jambon

difficulté ✱✱✱   temps ✱✱✱   coût €€€

Ustensiles : Plat à gratin, grande casserole, planche à découper, couteau d'office
Temps de préparation : 20 minutes

Temps de cuisson : 20 minutes

Quantité : 4 personnes

8 petites endives

4 tranches de jambon blanc à l'os

120 g de fromage de brebis basque

2 grosses pincées de gros sel

Sauce Béchamel (recette page 176)

- Dans une grande casserole, faites cuire les endives à l'anglaise, vérifiez la cuisson à l'aide d'une pointe de couteau, puis faites-les refroidir. Ensuite, pressez les endives afin de retirer le plus d'eau possible.
- Préparez une béchamel, puis ajoutez 120 g de fromage de brebis basque râpé.
- Découpez les tranches de jambon dans le sens de la longueur, roulez-y les endives, puis disposez-les dans le plat à gratin, versez la sauce Béchamel au-dessus et ajoutez quelques copeaux de fromage.
- Enfournez à 220 °C (th. 7/8) durant 15 minutes.

L'ASTUCE D'HÉLÈNE — Si les endives sont trop amères, ajoutez un peu de sucre dans l'eau de cuisson.

Sauce poulette

difficulté ★★★   temps ★★★   coût €€€

Ustensiles : Casserole, fouet à sauce

Temps de préparation : Environ 5 minutes

Temps de cuisson : Environ 8 minutes

Quantité : 4 à 6 personnes

50 cl de bouillon de volaille

4 jaunes d'œufs

1 citron jaune de Menton pressé

60 g de beurre demi-sel

- Dans la casserole, faites chauffer le bouillon de volaille, et en même temps, ajoutez les jaunes d'œufs, fouettez bien.
- Ajoutez le jus de citron, puis montez au beurre, assaisonnez, la sauce est prête dès qu'elle devient onctueuse.

Blanquette de saumon, sauce poulette

difficulté ✱✱✱   temps ✱✱✱   coût €€€

Ustensiles : Poêle antiadhésive, planche à découper, presse-agrumes, couteau éminceur, casserole moyenne, cuillère à boule parisienne

Temps de préparation : 15 minutes

Temps de cuisson : 15 minutes

Quantité : 4 personnes

600 g de filets de saumon sans peau

Sauce poulette (voir recette précédente)

150 g de courgettes vertes

150 g de carottes

100 g de champignons de Paris « bouton »

200 g de petits pois frais

1 botte de petits oignons nouveaux

1 gousse d'ail frais

20 g de gros sel

¼ de botte de cerfeuil

25 g de graisse de canard

1 pincée de sel fin de Guérande

¼ de botte de persil plat

1 pincée de piment d'Espelette

- Épluchez et lavez tous les légumes, taillez les carottes et courgettes avec la cuillère à boule parisienne. Écossez les petits pois, taillez les tiges d'oignons à 3 cm de la base, faites blanchir tous ces légumes à l'anglaise.
- Dans la poêle, faites colorer légèrement le saumon dans la graisse de canard, ajoutez les petits légumes blanchis, les champignons « bouton », assaisonnez puis ajoutez l'ail haché.
- Dressez vos assiettes, ou alors servez dans un plat, arrosez de sauce et décorez de pluches d'herbes fraîches.

Sauce Albufera

difficulté ✱✱✱   temps ✱✱✱   coût €€€

Ustensiles : Casserole, fouet à sauce, passette

Temps de préparation : Environ 5 minutes

Temps de cuisson : Environ 8 minutes

Quantité : 4 à 6 personnes

120 g de foie gras de canard confit

50 cl de bouillon de volaille

25 cl de crème fraîche liquide

5 cl de crème montée

Sel

Piment d'Espelette

- Dans une casserole, versez le bouillon de volaille et la crème fraîche liquide.
- Laissez réduire de moitié. Ajoutez le foie gras de canard, de préférence confit ou en terrine et laissez-le fondre pendant 5 à 10 minutes.
- Mixez et passez dans une passette. Rectifiez alors l'assaisonnement en sel et piment d'Espelette.

Utilisez le bouillon de cuisson de la poule pour réaliser la sauce.

Poule au pot farcie au jambon noir de Bigorre, sauce Albufera

difficulté ★★★   temps ★★★   coût €€€

Ustensiles : Marmite à bouillon, bol inox, planche à découper, couteau d'office, ficelle de cuisine, aiguille à brider, mixeur, passette à sauce, plat en terre

Temps de préparation : 45 minutes

Temps de cuisson : Environ 2 heures (selon la grosseur de la poule)

Quantité : 6 à 8 personnes

1 poule fermière de 1,7 à 1,8 kg

Sauce Albufera (voir recette précédente)

150 g de jambon de pays

250 g de poitrine de veau hachée (à demander à votre boucher)

2 gousses d'ail hachées

1 pincée de sel fin de Guérande

1 pincée de poivre blanc moulu

1 pincée de piment d'Espelette

40 g d'échalotes finement ciselées

¼ de botte de persil plat

40 g de graisse de canard

1 cl d'armagnac

Pour la cuisson :

2 l de bouillon de volaille

1 oignon piqué avec 4 clous de girofle

100 g de carottes taillées en cubes

50 g de navets taillés en cubes

80 g de blancs de poireau

80 g de céleri branche

1 poignée de gros sel

10 grains de poivre noir

- Préparez la farce de veau, mélangez dans un bol inox la chair de veau hachée, le jambon haché, le persil plat haché, les échalotes ciselées, l'ail haché, la graisse de canard et assaisonnez.

- Récupérez le foie, le cœur de la poule, hachez-les finement et mélangez à la farce, ajoutez l'armagnac puis farcissez la poule par le cul. À l'aide d'une aiguille à brider, cousez le cul de la poule, puis bridez-la avec de la ficelle de cuisine.

- Mettez la poule dans la marmite (cela peut être un pot en terre supportant la chaleur), ajoutez le bouillon de volaille, les légumes et l'assaisonnement, portez à ébullition et écumez si nécessaire. Laissez mijoter à petite ébullition, la chair de la poule doit être fondante quand vous la piquez au couteau.

- Après cuisson, retirez la poule et les légumes, passez le bouillon au chinois étamine et faites-le réduire de moitié. Mettez un peu de ce bouillon avec la poule afin qu'elle reste au chaud et filmez.

- Découpez la poule comme suit : les cuisses coupées en deux à la jointure, les ailes avec les blancs attenants et les deux sot-l'y-laisse. Coupez des tranches de farce et mettez-les dans un plat en terre, dressez les légumes de cuisson, puis les morceaux de poule et de farce. Versez une partie de la sauce au-dessus et le reste en saucière bien chaude.

Sauces brunes

Les sauces brunes d'aujourd'hui se composent d'un bouillon réduit, appelé *fond*. Le fond résulte d'un mélange d'os, d'eau, de légumes et d'aromates porté à ébullition. Plus vous faites réduire le fond, plus la saveur est intense. Pour un goût encore plus prononcé, vous pouvez même dorer les os au four préalablement.

La base de la sauce brune est le fond de veau, il est réalisé avec des os et parures de veau, des légumes aromatiques tels que les carottes, oignons, céleri branche, poireaux, thym, laurier et ail. Vous pouvez remplacer les os et parures de veau par du bœuf, de l'agneau, du cochon, du gibier…

Lorsque vous réduisez un fond de veau jusqu'à ce qu'il ait une consistance gélatineuse, vous obtenez une *demi-glace*. Si vous le faites réduire encore plus, vous obtenez une *glace*.

Une fois qu'elles ont refroidi et durci, la demi-glace et la glace peuvent être coupées en petits morceaux et congelées pour une utilisation ultérieure.

Les deux recettes suivantes font appel à la technique du déglaçage. Qu'est-ce que le déglaçage ? Ne vous est-il jamais arrivé, après avoir mangé des macaronis, d'aller picorer les petits morceaux de fromage grillés qui ont attaché au plat ? Est-ce que ce ne sont pas les meilleurs morceaux ?

Le *déglaçage* consiste à décoller les sucs pour les récupérer. Lorsque vous sautez un steak ou un blanc de poulet dans une poêle chaude, des petites particules de viande attachent à la poêle. Ces particules ont beaucoup de goût et il serait dommage de ne pas les incorporer à la sauce que vous allez faire.

Après avoir retiré un steak cuit de la poêle, dégraissez et déglacez la poêle avec de l'eau, de la crème ou du vin par exemple. Pendant que le vin frémit, raclez le fond de la poêle (avec une cuillère en bois, de préférence) pour détacher les particules de viande. Et voilà ! Il ne vous reste plus qu'à terminer la sauce et à servir.

Sauce bordelaise

difficulté ★★★   temps ★★★   coût €€€

Ustensiles : Sautoir, planche à découper, spatule en bois

Temps de préparation : 15 minutes

Temps de cuisson : 10 minutes

Quantité : 4 personnes

50 cl de jus de bœuf réduit (même recette que le fond de veau, remplacé par du bœuf)

120 g d'échalotes ciselées finement

30 g de graisse de canard

1 branche de thym frais

1 feuille de laurier

50 cl de vin rouge corsé (madiran ou fitou)

30 g de beurre demi-sel

30 g de moelle de bœuf

1 pincée de sel fin

1 pincée de piment d'Espelette

1 tour de moulin à poivre

- Faites tremper la moelle de bœuf dans de l'eau fraîche et légèrement vinaigrée, afin de la faire dégorger.
- Après avoir ciselé finement les échalotes, faites-les fondre à la graisse de canard dans le sautoir. Dès coloration, déglacez avec le vin rouge, ajoutez le thym et le laurier et laissez réduire de moitié.
- Ensuite, ajoutez le jus de bœuf réduit et faites encore réduire.
- Taillez la moelle en dés, puis montez la sauce au beurre, enfin ajoutez la moelle et assaisonnez. Retirez la branche de thym et la feuille de laurier et servez.

Servez cette sauce en accompagnement de la côte de bœuf (voir chapitre 7).

Sauce marchand de vin

difficulté ★★★   temps ★★★   coût €€€

Ustensiles : Casserole, fouet à sauce

Temps de préparation : Environ 5 minutes

Temps de cuisson : Environ 8 minutes

Quantité : 4 à 6 personnes

100 g d'échalotes

50 cl de vin rouge corsé type madiran (ou fitou)

50 cl de fumet de poisson

50 g de beurre demi-sel

- Récupérez le jus de cuisson du poisson et faites-le réduire avec le fumet de poisson.
- Dès que le jus est sirupeux, ajoutez le beurre et montez à l'aide du fouet, rectifiez l'assaisonnement.

Daurade royale, sauce marchand de vin

difficulté ★★★   temps ★★★   coût €€€

Ustensiles : Plat à four, planche à découper, fouet à sauce

Temps de préparation : 15 minutes

Temps de cuisson : 25 à 30 minutes

Quantité : 4 personnes

1 daurade royale de 1 à 1,3 kg vidée et grattée (demandez à votre poissonnier)
Sauce marchand de vin (voir recette précédente)
2 branches de thym frais
2 feuilles de laurier
1 branche de romarin
2 pincées de sel fin de Guérande
1 pincée de piment d'Espelette

- Préchauffez votre four à 200 °C (th. 7).
- Rincez la daurade sous l'eau et essuyez-la avec du papier absorbant puis assaisonnez l'intérieur avec le sel et le piment d'Espelette. Glissez-y le laurier, le thym et le romarin. Pratiquez des incisions en diagonale sur la peau (des deux côtés), afin d'améliorer la présentation et l'échange des saveurs.
- Déposez la daurade dans le plat à four, recouvrez-la avec les échalotes émincées et ajoutez le vin rouge, mettez une noisette de beurre sur la daurade et enfournez. Arrosez régulièrement pendant la cuisson, environ 25 minutes, la chair doit se détacher de l'arête centrale.
- Préparez la sauce marchand de vin.
- Gardez la daurade au chaud sous un papier d'aluminium.
- Arrosez la daurade avec la sauce et servez dans le plat à four.

Servez ce plat avec une ventrèche de thon ou un gratin de macaronis (voir recette pages précédentes) ; dans ce dernier cas, ajoutez du fromage de brebis râpé pour le gratiner au four.

Sauce Périgueux

difficulté ★★★   temps ★★★   coût €€€

Ustensiles : Casserole, fouet à sauce
Temps de préparation : Environ 5 minutes
Temps de cuisson : Environ 8 minutes
Quantité : 4 à 6 personnes

2 cl de vinaigre de xérès
10 cl de jus de volaille réduit sirupeux
2 cl de madère (ou porto rouge)

- Déglacez les sucs de cuisson de la viande avec le vinaigre de xérès, laissez réduire complètement, puis déglacez avec le madère, faites réduire de moitié puis ajoutez le jus de volaille réduit.

Escalope de foie gras de canard du Sud-Ouest poêlée, sauce Périgueux

difficulté ✶✶✶   temps ✶✶✶   coût €€€

Ustensiles : Poêle antiadhésive, planche à découper, couteau éminceur
Temps de préparation : 10 minutes
Temps de cuisson : 10 minutes
Quantité : 4 personnes

4 tranches de foie gras de canard du Sud-Ouest
Sauce Périgueux (voir recette précédente)
1 pincée de sel fin de Guérande
1 tour de moulin à poivre
1 pincée de piment d'Espelette
4 cl de jus de truffe noire du Périgord
12 g de truffe noire du Périgord hachée finement (ou brisures de truffe noire)
15 g de beurre demi-sel

- Assaisonnez de sel et de poivre vos tranches de foie gras. Chauffez la poêle antiadhésive et saisissez les quatre escalopes, retournez-les pour colorer les deux faces. Puis réservez-les sur une assiette avec plusieurs feuilles de papier absorbant et recouvrez d'une feuille de papier aluminium pour les conserver chaudes.
- Préparez la sauce Périgueux.
- Au moment de servir, ajoutez le jus de truffe noire, liez avec une noisette de beurre et ajoutez la truffe noire hachée, rectifiez l'assaisonnement.
- Dressez les escalopes sur assiettes chaudes, assaisonnez avec une pincée de piment d'Espelette et versez un filet de sauce autour du foie gras.

Sauce poivrade

difficulté ✶✶✶   temps ✶✶✶   coût €€€

Ustensiles : Casserole, fouet à sauce
Temps de préparation : Environ 5 minutes
Temps de cuisson : Environ 8 minutes
Quantité : 4 à 6 personnes

20 cl de vin rouge corsé : madiran
25 cl de jus de gibier

✔ Déglacez au vinaigre de vin et faites réduire, ajoutez le vin rouge et réduisez encore de moitié, puis ajoutez le jus de gibier, et assaisonnez.

Râbles de lièvre, sauce poivrade

difficulté ✦✦✦   temps ✦✦✦   coût €€€

Ustensiles : Cocotte en fonte, bol ou saladier, planche à découper, couteau éminceur, économe, casserole moyenne, chinois étamine

Temps de préparation : 1 heure

Temps de cuisson : 25 à 30 minutes

Quantité : 4 personnes

2 râbles de lièvre (demandez à votre boucher qu'il vous les désosse et gardez les os pour faire votre jus de gibier)

Sauce poivrade (voir recette précédente)

5 g de mignonnette de poivre concassé

100 g de carottes

80 g d'oignons

2 gousses d'ail

1 branche de céleri

50 g de ventrèche de porc séchée (ou poitrine de porc fumée)

30 g de graisse de canard

1 bouquet garni

10 cl de vinaigre de vin vieux

10 grains de poivre noir écrasés

20 g de beurre demi-sel

1 pincée de sel fin

1 pincée de piment d'Espelette

✔ La veille, préparez votre jus de gibier : faites colorer les os avec de la graisse de canard, trois fois de suite, déglacez les sucs avec de l'eau en enrobant bien les os dans le jus à chaque fois. Puis mouillez à l'eau et laissez cuire. Au bout de 4 heures de cuisson, passez au chinois et faites réduire le jus à consistance sirupeuse. Laissez-le la nuit au frais pour qu'il fige et retirez la graisse le lendemain.

✔ Le jour même, roulez les râbles dans la mignonnette de poivre et conservez-les au frais pendant 2 heures.

✔ Épluchez et lavez les légumes, taillez les carottes et oignons en brunoise, pelez le céleri branche et taillez-le en brunoise. Détaillez des petits lardons dans la

- poitrine de porc et faites étuver le tout dans 20 g de graisse de canard, ajoutez le bouquet garni. Laissez cuire 20 minutes puis mouillez au jus de gibier, laissez cuire encore 10 minutes et réservez.
- Préchauffez votre four à 140 °C (th. 5).
- Retirez la mignonnette des râbles, faites colorer le lièvre avec la graisse de canard, il doit être bien caramélisé. Ensuite retirez les râbles et ajoutez la mignonnette et les grains de poivre noir afin de les torréfier. Remettez les râbles dans la cocotte et enfournez 10 à 15 minutes en arrosant.
- Préparez la sauce poivrade.
- Retirez la viande et passez la sauce au chinois, ajoutez le beurre, rectifiez l'assaisonnement et servez en cocotte.

Servez ce plat avec une purée de pommes de terre (voir recette chapitre 4).

Sauce grand veneur

difficulté ✱✱✱   temps ✱✱✱   coût €€€

Ustensiles : Casserole, fouet à sauce
Temps de préparation : Environ 5 minutes
Temps de cuisson : Environ 8 minutes
Quantité : 4 à 6 personnes

40 g de gelée de groseilles
15 cl de crème fraîche liquide
Os et parures de chevreuil
40 g de graisse de canard
1 bouquet garni
2 gousses d'ail frais
15 cl de sang de porc (ou sang de chevreuil)

- Décantez la marinade de la viande. Faites revenir os, parures et garniture aromatique dans une sauteuse avec la graisse de canard. Une fois que tout a légèrement coloré, ajoutez le vinaigre de vin rouge, laissez réduire à sec et versez le vin de la marinade. Faites cuire alors sur feu doux pendant 3 à 4 heures, puis filtrez et faites réduire si nécessaire. Réservez jusqu'au moment de servir.
- Portez la sauce à ébullition et ajoutez la gelée de groseilles. Puis, lorsque la gelée est fondue, versez, doucement et hors du feu, le sang du chevreuil, sans cesser de fouetter pour qu'il ne coagule pas. C'est à ce moment-là que la sauce sera définitivement liée, nappante et veloutée.

Gigue de chevreuil et fruits rôtis, sauce grand veneur

difficulté ✱✱✱   temps ✱✱✱   coût €€€

Ustensiles : Grand saladier, cocotte en fonte, plat à four, planche à découper, couteau éminceur
Temps de préparation : la veille 30 minutes et 45 minutes le jour même
Temps de cuisson : 20 à 30 minutes
Temps de repos : 24 heures (pour la marinade)
Quantité : 8 personnes

1 cuissot de chevreuil d'environ 1,8 à 2 kg
Sauce grand veneur (voir recette précédente)
5 g de poivre mignonnette
30 g de graisse de canard
Sel
Piment d'Espelette

Pour la marinade :
1 garniture aromatique
1 bouquet garni
10 g de poivre mignonnette
2 g de graines de genièvre
1,5 l de vin rouge (de préférence de Madiran)
30 g de graisse de canard
1 g de cardamome en graines
1 g de baies de genièvre
1 g de poivre mignonnette
1 g de clous de girofle
1 g de coriandre en graines
10 cl de vinaigre de vin rouge

Pour les fruits rôtis :
6 petites poires bien fermes
6 pêches de vigne
60 g de sucre en poudre
30 g de beurre demi-sel
30 g de graisse de canard
1 pincée de quatre-épices

Sel fin de Guérande
Poivre du moulin
Piment d'Espelette

- La veille, récupérez les carcasses et les parures, ainsi qu'un peu de sang (15 cl seront suffisants), qui servira pour la sauce.
- Déposez les os et les parures, la garniture aromatique taillée en grosse brunoise et le bouquet garni dans un plat. Ajoutez le poivre mignonnette et le genièvre. Versez le vin rouge et laissez mariner la gigue entière pendant 24 heures.
- Le jour même, préparez la sauce grand veneur. Dans une cocotte en fonte, faites colorer la gigue de chevreuil sur toutes les faces. Faites-la rôtir au four à 150 °C (th. 5) pendant environ 25 minutes, en l'arrosant bien régulièrement, puis laissez reposer sur une grille.
- Pendant la cuisson de la viande, faites rôtir les fruits : pelez les poires, évidez-les afin de retirer les pépins, puis enfournez-les avec les pêches de vigne émondées et coupées en deux. Dans un plat à four et avec du beurre et de la graisse de canard, enfournez et faites-les rôtir en même temps que la viande, en les arrosant de jus durant la cuisson.
- Une fois la viande reposée, détaillez de belles tranches et dressez vos assiettes

Sauces vinaigrettes

Les sauces vinaigrettes ne sont pas très grasses et sont prêtes en un tournemain. Lorsque vous maîtriserez la recette classique, vous pourrez lui trouver de nombreuses variantes.

Huile d'olive et autres types d'huile

Acheter de l'huile d'olive au supermarché est devenu de plus en plus complexe, tant le choix est grand. Tout d'abord, l'huile d'olive peut être, par ordre de qualité, *pure*, *vierge* ou *extra-vierge*. L'une ou l'autre de ces *mentions* est généralement indiquée sur l'étiquette.

La qualité dépend de la teneur en acide oléique de l'huile, les huiles les plus fines étant celles qui ont l'acidité la plus faible. Ces trois variétés d'huile d'olive sont issues de la première *pression* des olives (processus de broyage qui permet d'extraire l'huile des olives). L'huile d'olive extra-vierge est celle qui a l'arôme le plus riche et la saveur la plus forte. L'huile d'olive pure peut provenir à la fois de la première et de la seconde pression des olives qui ont mûri sur l'arbre. On la mélange parfois avec 5 à 10 % d'huile d'olive vierge pour en enrichir la saveur.

Il existe également de l'huile de noix, de noisette, de sésame, de maïs, d'arachide, de carthame et de soja. Les huiles de maïs, d'arachide et de carthame, qui ont une saveur neutre, peuvent être mélangées avec une quantité égale d'huile d'olive ou de noix. En revanche, les huiles de noix, de noisette et de sésame sont fortes. Utilisez-les avec modération.

De plus en plus d'épiceries fines proposent des huiles aromatisées aux herbes, au citron, au poivre ou aux tomates séchées. Ces huiles assaisonnent à la perfection les salades vertes et sont également délicieuses sur une pizza et avec le fromage de chèvre ou le brie, les légumes rôtis et les croûtons grillés.

La durée de conservation de l'huile dépend de sa variété. Les huiles d'olive se conservent jusqu'à un an si elles sont bien bouchées et stockées à l'abri de la chaleur et de la lumière. En revanche, les huiles de noix ne se conservent que quelques mois. Par conséquent, mieux vaut les acheter en petites quantités.

Vinaigres

Dans une vinaigrette, l'huile doit être contrebalancée par un élément acide – un ingrédient aigrelet qui stimule le palais et tranche avec la richesse de l'huile. Dans la plupart des cas, on choisit le vinaigre, mais un jus de citron frais apporte aussi tout le piquant nécessaire.

Les vinaigres

- **Les vinaigres d'alcool blanc** : très puissants, avec un goût alcoolisé.

- **Les vinaigres de vin rouge** : idéaux pour les déglaçages de cuisson, les vinaigrettes et les sauces.

- **Le vinaigre de cidre** : pour assaisonnement et le déglaçage de cuisson des fruits ou viandes blanches.

- **Les vinaigres aromatisés** : à l'estragon, aux échalotes, au basilic… sont idéaux pour les vinaigrettes.

- **Le vinaigre balsamique de Modène** : vieilli en fût de plusieurs essences de bois différentes et durant au minimum huit ans, il est recommandé de s'en servir comme sauce d'accompagnement et sans rien d'autre. Son goût est très prononcé et sa couleur est sombre, il est très parfumé.

- **Le vinaigre de xérès ou jerez** : vinaigre de vin espagnol. Très fruité, il est parfait pour les sauces et vinaigrettes.

- **Le vinaigre de riz** : d'origine japonaise, très doux, il est surtout utilisé dans la cuisine asiatique et dans les salades.

Sauce vinaigrette classique

difficulté ★★★   temps ★★★   coût €€€

Ustensiles : un bol, une cuillère, une fourchette de table
Temps de préparation : 5 minutes
Quantité : 50 cl de sauce

12,5 cl de vinaigre de vin vieux (ou autre vinaigre, jus d'agrume : citron vert, jaune)

37,5 cl d'huile de votre choix (olive, tournesol, noix, colza…)

30 g de moutarde de Dijon

5 g de sel fin

1 g de poivre blanc moulu

- Dans un bol, mélangez le vinaigre, le sel, le poivre et la moutarde. Placez la fourchette sous la cuillère et remuez afin de dissoudre les épices.
- Ajoutez l'huile petit à petit en continuant de remuer.

TRUC On utilise 1 volume d'acide (vinaigre, jus de citron) pour 3 volumes d'huile et assaisonnement.

Il y a autant de variantes de vinaigrette qu'il y a de chefs de cuisine, on peut y ajouter toutes sortes de choses en fonction de ses goûts et pratiques culinaires.

L'ASTUCE D'HÉLÈNE Je fais ma vinaigrette selon la recette précédente, mais j'utilise du vinaigre balsamique et de l'huile d'olive extra vierge, et j'ajoute une petite pincée de piment d'Espelette.

TRUC Si vous le pouvez, il est plus facile de réaliser une grande quantité de vinaigrette et de la stocker dans une bouteille. Vous pourrez ainsi assaisonner vos salades et entrées tout au long de la semaine.

Sauce vierge

difficulté ★★★   temps ★★★   coût €€€

Ustensiles : un couteau d'office, un bol, une planche à découper, une poêle antiadhésive
Temps de préparation : 10 minutes
Temps de cuisson : 5 minutes
Quantité : 25 cl de sauce

1 grosse tranche de pain de campagne

2 petits citrons verts non traités
40 g d'olives noires dénoyautées
250 g de tomates olivettes bien mûres
50 g de graisse de canard
20 cl d'huile d'olive vierge extra
6 g de fleur de sel de Guérande
2 tours de moulin à poivre
1 pincée de piment d'Espelette

- Émondez et épépinez les tomates. Taillez-les en petits dés.
- Détaillez des petits cubes de pain de campagne et faites-les frire dans la poêle et à la graisse de canard. Égouttez-les et posez-les sur un papier absorbant.
- Taillez des petits copeaux d'olive noire, prélevez le zeste les citrons en récupérant uniquement la partie colorée, puis hachez finement les zestes. Pelez à vif les citrons. Avec la chair, taillez des petits dés.
- Dans un bol, mélangez tous les ingrédients, assaisonnez et servez.

Sauce grenobloise

difficulté ✶✶✶   temps ✶✶✶   coût €€€

Ustensiles : Poêle, couteau d'office
Temps de préparation : Environ 5 minutes
Temps de cuisson : Environ 8 minutes
Quantité : 4 à 6 personnes

40 g de petites câpres entières
1 gros citron jaune de Menton
2 tranches de pain de mie

- Détaillez les tranches de pain de mie en petits croûtons de 1 cm de côté, faites-les frire dans la graisse de canard puis égouttez-les sur un papier absorbant.
- Dans la poêle, faites fondre une noisette de beurre, dès qu'il est « noisette », ajoutez les câpres, les dés de citron, puis déglacez avec la réduction d'échalotes. Assaisonnez de sel, poivre et une petite pincée de piment d'Espelette et dressez.

Aile de raie pochée, sauce grenobloise

difficulté ★★★   temps ★★★   coût €€€

Ustensiles : Planche à découper, petite poêle antiadhésive, bol inox, fouet, casserole
Temps de préparation : 20 minutes
Temps de cuisson : 15 minutes
Quantité : 4 personnes

400 g d'aile de raie pelée
Sauce grenobloise (voir recette précédente)
60 g d'échalotes ciselées finement
50 cl de fumet de poisson
4 cl de vinaigre d'alcool blanc
25 cl de vin blanc sec
20 g de graisse de canard
1 branche de persil plat
Sel fin de Guérande
1 tour de moulin à poivre

- Faites dorer légèrement et cuire les ailes de raie dans la graisse de canard, assaisonnez-les. Dans la casserole, faites réduire les échalotes, le vinaigre, le vin blanc, puis ajoutez le fumet, faites réduire à nouveau et rectifiez l'assaisonnement.
- Une fois le poisson cuit, égouttez-le sur un papier absorbant, jetez la graisse de canard.
- Pelez à vif le citron et levez les suprêmes, ensuite taillez des petits dés, réservez-les.
- Dans chaque assiette, déposez un morceau de raie, puis versez dessus une cuillerée de sauce grenobloise et décorez de croûtons et de persil plat.

Sauces à base d'œufs

La sauce hollandaise est celle que l'on utilise pour faire les œufs Bénédicte. Si vous débutez en cuisine, elle vous plaira car, si vous la ratez, vous pourrez la rattraper facilement (voir icône Que faire ?). Cette sauce riche au goût de citron se prête avec bonheur à de multiples interprétations : ajoutez de l'estragon et du cerfeuil et vous obtenez une sauce béarnaise ; ajoutez de la tomate et vous obtenez une sauce choron (idéale avec un steak), incorporez de la crème fouettée et vous obtenez une crème chantilly ; ajoutez de la moutarde séchée et vous obtenez une sauce parfaite pour les légumes bouillis.

Sauce hollandaise

difficulté ★★★   temps ★★★   coût €€€

Ustensiles : Casserole, sautoir, petit fouet
Temps de préparation : 5 minutes
Temps de cuisson : 10 minutes
Quantité : 4 personnes (25 cl)

300 g de beurre doux
4 jaunes d'œufs
Le jus d'un citron jaune
1 pincée de sel fin de Guérande
1 pincée de poivre blanc en poudre

- Mettez à clarifier le beurre, retirez le petit-lait et les impuretés en surface.
- Dans un sautoir, versez 2 à 3 cuillerées à soupe d'eau, ajoutez les jaunes d'œufs et fouettez sur feu très doux jusqu'à ce que le mélange soit onctueux, comme une pommade, il faut bien fouetter partout dans le sautoir.
- Ensuite, hors du feu, ajoutez le beurre clarifié petit à petit. À la fin, assaisonnez et ajoutez le jus de citron.

Cette sauce est idéale pour accompagner des asperges ou des œufs Bénédictine (voir chapitre 9).

Les personnes qui n'ont pas l'habitude de cuisiner chauffent parfois la sauce trop longtemps, si bien que celle-ci devient trop épaisse. Si vous avez commis la même erreur, ajoutez 1 à 2 cuillerées à soupe d'eau bouillante. Battez vigoureusement jusqu'à ce que la sauce redevienne onctueuse. Pour qu'il n'y ait pas de grumeaux, l'eau ne doit jamais franchir le degré d'ébullition pendant la préparation.

Sauce mousseline

difficulté ★★★   temps ★★★   coût €€€

Préparez votre sauce hollandaise et ajoutez-y la moitié de son poids en crème fouettée, rectifiez l'assaisonnement.

Elle est idéale avec la recette de tempura de poisson et légumes (voir chapitre 16).

L'astuce d'Hélène : Vous pouvez aromatiser votre sauce mousseline, en ajoutant à la fin des épices, des zestes d'agrumes, ou encore des agrumes confits au sucre, du gingembre frais râpé…

Sauce béarnaise

difficulté ★★★   temps ★★★   coût €€€

Ustensiles : Sautoir, petit fouet, planche à découper, couteau d'office, passette à sauce
Temps de préparation : 10 minutes
Temps de cuisson : 15 minutes
Quantité : 25 cl (4 personnes)

300 g de beurre doux
4 jaunes d'œufs
6 cl de vin blanc sec
5 cl de vinaigre d'alcool blanc
½ botte d'estragon frais
30 g d'échalotes finement ciselées
1 pincée de poivre mignonnette

- Mettez à clarifier le beurre.
- Dans un sautoir, faites réduire d'un tiers : les échalotes ciselées, le vinaigre, le vin blanc, un tiers de l'estragon haché et le poivre mignonnette. Passez à la passette et récupérez le jus.
- Dans le même sautoir propre, remettez le jus et 4 jaunes d'œufs, puis fouettez afin de donner une pommade onctueuse. Puis petit à petit versez le beurre clarifié au-dessus. À la fin, ajoutez le reste d'estragon haché et assaisonnez. Si votre sauce tourne, versez une cuillerée à soupe d'eau chaude et émulsionnez à nouveau.

Servez cette sauce avec du saumon ou des viandes grillées.

Sauce mayonnaise

difficulté ★★★   temps ★★★   coût €€€

Ustensiles : Bol inox, fouet (certains robots ménagers permettent de réaliser la mayonnaise)
Temps de préparation : 2 minutes
Quantité : 4 personnes (25 cl)

2 jaunes d'œufs

1 cuil. à soupe de moutarde de Dijon

1 pincée de sel fin

1 pincée de poivre blanc en poudre

25 cl de litre d'huile de tournesol

1 cl de vinaigre à l'estragon

✔ Dans un bol inox, mettez les jaunes d'œufs, la moutarde et le poivre blanc, mélangez bien au fouet et incorporez petit à petit l'huile. À la fin, incorporez le vinaigre et rectifiez l'assaisonnement.

L'ASTUCE D'HÉLÈNE

Pour donner une texture plus légère, ajoutez à votre mayonnaise deux cuillerées de crème fouettée nature ou de blancs d'œufs montés en neige. Cela vaut pour quasiment toutes les sauces froides ou chaudes.

IMPROVISEZ

Vous pouvez assaisonner la mayonnaise de nombreuses façons selon qu'elle accompagne des légumes, de la viande ou des hors-d'œuvre. Ajoutez, par exemple, de l'aneth, du cerfeuil, du basilic, des câpres, du jus de citron, des anchois, du cresson haché ou de la purée d'avocat (éventuellement avec du Tabasco). La mayonnaise fraîche se conserve plusieurs jours au réfrigérateur dans un récipient fermé hermétiquement. La saveur de la mayonnaise change selon le type d'huile que vous utilisez. L'huile d'olive extra-vierge a un goût un peu trop prononcé. Optez plutôt pour un mélange équilibré d'huile d'olive classique et d'huile végétale.

Vous êtes-vous déjà demandé pourquoi les pots de mayonnaise vendus dans le commerce se conservent plus longtemps que la mayonnaise faite maison ? Cela n'a sans aucun doute rien de naturel. Raison de plus pour faire votre propre mayonnaise, qui sera infiniment meilleure et moins chère que le produit commercialisé. Essayez la recette suivante et comparez vous-même.

IMPROVISEZ

Vous obtiendrez une sauce rémoulade, idéale avec le céleri râpé, si vous réalisez une sauce mayonnaise fortement moutardée et additionnée d'un jus de citron.

Sauce cocktail

difficulté ★★★   temps ★★★   coût €€€

Ustensiles : Bol inox, fouet (certains robots ménagers permettent de réaliser la mayonnaise)

Temps de préparation : 2 minutes

Quantité : 4 personnes

200 g de mayonnaise

40 g de ketchup

5 g de paprika doux
2,5 cl de cognac
2 gouttes de Tabasco
20 g de concentré de tomates
1 pincée de piment d'Espelette

- Dans un bol : mélangez au fouet la mayonnaise avec le reste des ingrédients, vérifiez l'assaisonnement et réservez au frais.

Moules froides sauce cocktail

difficulté ★★★   temps ★★★   coût €€€

Ustensiles : Sautoir avec couvercle, cuillère en bois, passette à sauce, plat de service
Temps de préparation : 10 minutes
Temps de cuisson : 5 à 7 minutes
Quantité : 4 personnes
1 kg de moules de bouchot
200 g de sauce cocktail
1 grosse échalote
1 gousse d'ail frais hachée
¼ de botte de ciboulette
25 cl de vin blanc sec
1 tour de moulin à poivre
1 pincée de sel fin de Guérande
1 pincée de piment d'Espelette
20 g de beurre doux

- Dans un sautoir, faites suer les échalotes ciselées finement, ajoutez le persil plat haché, la gousse d'ail hachée, les moules et le vin blanc. Faites cuire à couvert 5 à 7 minutes en remuant de temps en temps. Une fois les moules ouvertes, égouttez-les, et récupérez le jus de cuisson dans une casserole afin de le faire réduire.
- Une fois réduit de moitié, ajoutez 1 à 2 cuillerées à soupe de ce jus dans la sauce cocktail selon votre goût.
- Décortiquez les moules, dressez-les dans un plat de service et versez au-dessus la sauce cocktail, décorez avec de la ciboulette ciselée.

Sauce aïoli

difficulté ★★★   temps ★★★   coût €€€

Ustensiles : Bol inox, fouet
Temps de préparation : 2 minutes
Quantité : pour un petit bol
1 tête d'ail frais
20 cl d'huile d'olive
1 pincée de sel fin de Guérande
1 pincée de poivre blanc en poudre
1 petite pincée de piment d'Espelette

> ✔ Pelez et écrasez l'ail au pilon (ou au mixeur), puis montez petit à petit avec l'huile d'olive comme pour une mayonnaise. Assaisonnez.

Cette sauce est idéale avec le poisson.

Une variante consiste à cuire 15 à 20 minutes la tête d'ail entière au four, puis la peler et l'écraser au pilon.

Sauce gribiche

difficulté ★★★   temps ★★★   coût €€€

Ustensiles : Casserole, fouet à sauce
Temps de préparation : Environ 5 minutes
Temps de cuisson : Environ 8 minutes
Quantité : 4 à 6 personnes
2 œufs durs (juste cuits : 9 minutes à l'eau bouillante)
25 cl d'huile d'olive
4 cl de vinaigre de vin blanc aromatisé à l'estragon
20 g de cornichons concassés
20 g de câpres concassées
1 cuil. à soupe de cerfeuil haché
1 cuil. à soupe de persil plat haché
1 cuil. à soupe d'estragon haché
1 pincée de sel fin
1 tour de moulin à poivre
1 pincée de piment d'Espelette

- Dans un bol inox, écrasez en purée les deux jaunes d'œufs, puis montez-les à l'huile d'olive, puis ajoutez le vinaigre pour la serrer.

- Ajoutez les cornichons, les câpres, les herbes et assaisonnez.

Tête de veau sauce gribiche

difficulté ✱✱✱   temps ✱✱✱   coût €€€

Ustensiles : Marmite, bol inox, planche à découper, économe, couteau d'office, couteau éminceur

Temps de préparation : 30 minutes

Temps de cuisson : 3 heures

Quantité : 6 personnes

1 tête de veau roulée (demander à votre boucher de la préparer)

Sauce gribiche (voir recette précédente)

2 carottes pelées et lavées

1 oignon pelé et piqué de 3 clous de girofle

3 gousses d'ail frais pelées

1 gros bouquet garni

2 cervelles de veau

Le jus d'un citron jaune

2 l de bouillon de volaille

1 grosse pincée de gros sel

10 grains de poivre noir

- Dans une marmite, mettez la tête en cuisson avec la garniture aromatique entière. Faites cuire à couvert et à frémissement pendant 3 à 4 heures.

- Mettez la cervelle à dégorger sous un filet d'eau courante.

- Après cuisson, récupérez un peu de bouillon de cuisson et pochez les cervelles, assaisonnez-les et laissez cuire à frémissement.

- Découpez la tête de veau et dressez sur assiette creuse, déposez un morceau de cervelle et accompagnez de légumes cuits au bouillon (pommes de terre Charlotte, carottes, poireaux).

- Ajoutez quelques belles pluches de persil plat et servez bien chaud arrosé de sauce gribiche.

Sauces à base de beurre

Sauce beurre blanc

difficulté ★★★   temps ★★★   coût €€€

Ustensiles : Casserole, passette à sauce
Temps de préparation : 15 minutes
Temps de cuisson : 10 minutes
Quantité : 4 personnes
50 g d'échalotes ciselées finement
20 cl de vin blanc sec
200 g de beurre demi-sel
1 pincée de sel fin
1 pincée de poivre blanc en poudre

- Faites réduire les échalotes ciselées avec le vin blanc, puis passez à la passette et récupérez le jus.
- Montez ce jus au beurre petit à petit puis assaisonnez.
- Au final, on peut ajouter deux cuillerées à soupe de crème fouettée pour l'alléger.

TRUC : Chaque région a son beurre blanc, il peut être réalisé avec plusieurs sortes de beurre : beurre doux, beurre demi-sel, beurre fumé, beurre au citron, beurre au sel de Guérande, beurre aux algues, beurre au piment d'Espelette…

Les échalotes

Achetez des échalotes régulièrement, comme vous le faites avec les oignons et les ails. Variété d'ail, les bulbes d'échalotes sont notamment utilisés comme condiments. Vous en trouverez toute l'année, bien qu'elles soient plus fraîches au printemps. Leur saveur étant plus délicate et moins acide que celle des oignons, elles sont idéales dans les sauces, les salades de légumes crus et les vinaigrettes. Pour utiliser des échalotes, retirez leur peau parcheminée et émincez finement leur chair mauve pâle, comme vous le feriez avec un oignon.

Beurres composés

Prenez des herbes aromatiques fraîches, hachez-les et effritez-les entre vos mains dans du beurre à température ambiante et vous obtenez du *beurre aux fines herbes*. Ce type de *beurre composé* et bien d'autres encore peuvent être préparés à l'avance et conservés au réfrigérateur. Ils se marient avec toutes sortes d'aliments. Vous pouvez faire des beurres composés avec un zeste de citron ou d'orange, un assortiment d'épices, des câpres et autres condiments.

Une noix de beurre aux fines herbes ajoute beaucoup de saveur sur une grillade et fait ressortir le goût des légumes (recettes de légumes bouillis ou cuits à la vapeur au chapitre 4). Mélangé avec un peu de vin blanc ou de bouillon, le beurre aux fines herbes constitue la base de délicieuses sauces.

Vous pouvez préparer le beurre aux fines herbes sans mixeur. Laissez le beurre ramollir dans un bol jusqu'à ce qu'il soit malléable mais pas trop mou et ajoutez-y l'assaisonnement à la main ou à la cuillère. Ensuite, enveloppez le mélange dans un film plastique et réfrigérez-le jusqu'à ce que vous puissiez le modeler à la main. Faites rouler le beurre aux fines herbes sous vos mains pour lui donner la forme d'un cylindre et enveloppez-le bien. Une fois qu'il a refroidi, coupez des rondelles au fur à mesure de vos besoins. Vous pouvez le conserver pendant plusieurs semaines au réfrigérateur.

Il existe autant de types de beurre aux fines herbes que d'herbes aromatiques. Le beurre au persil et au thym se marie avec tout. Il est si savoureux que vous pouvez même l'utiliser pour beurrer les toasts et les sandwiches. L'estragon, l'oseille, le basilic, la ciboulette, l'ail, la sauge, le cerfeuil et les échalotes peuvent être associés dans divers mélanges. Essayez l'oseille et le persil avec le poisson ; la sauge et les échalotes avec le gibier ; et le basilic avec les tomates. Le beurre composé le plus connu est sans doute le beurre *maître d'hôtel*, qui associe persil, jus de citron, sel et poivre, et agrémente généralement le poulet ou le poisson.

Beurres d'herbes

Les beurres d'herbes sont composés d'herbes hachées et de jus de citron, assaisonnés et relevés au piment d'Espelette.

Beurre maître d'hôtel

difficulté ★★★   temps ★★★   coût €€€

Ustensiles : Bol, petit fouet, presse-agrumes, planche à découper ou hachoir à herbes
Temps de préparation : 10 minutes

Quantité : 100 g de beurre (8 personnes)
100 g de beurre demi-sel
½ citron jaune
2 branches de persil plat
Sel fin
1 tour de moulin à poivre
1 pincée de piment d'Espelette

- Dans un bol, mélangez le beurre en pommade avec un jus de citron jaune, puis ajoutez le persil frais haché, mélangez à nouveau et assaisonnez.
- Dans une feuille de papier sulfurisé, répartissez le beurre sur toute la largeur puis roulez-la en formant un cylindre régulier, fermez les extrémités avec de la ficelle et mettez au réfrigérateur pendant 2 heures.
- Au moment de servir, tranchez de beaux médaillons épais, retirez le papier autour et posez le beurre directement sur la viande ou le poisson.

Tournedos de bœuf poêlé, beurre maître d'hôtel

difficulté ★★★   temps ★★★   coût €€€

Ustensiles : Bol inox, petite casserole, sautoir ou poêle antiadhésive
Temps de préparation : 10 minutes
Temps de cuisson : 5 à 10 minutes selon la cuisson des viandes
Quantité : 4 personnes
4 tranches de filet de bœuf d'environ 150 g chacune
Beurre maître d'hôtel (voir recette précédente)
20 g de graisse de canard
Sel fin de Guérande
1 tour de moulin à poivre
1 pincée de piment d'Espelette
Pour la sauce :
40 g d'échalotes finement ciselées
20 cl de vin blanc sec
10 cl de jus de veau réduit

- Dans le bol inox, mélangez le beurre en pommade, le jus de citron, l'estragon et assaisonnez de sel et poivre. Puis une fois homogène, versez ce mélange sur une feuille de papier cuisson humide, et roulez-le afin de former un cylindre. Ficelez les bouts afin de bien le maintenir et conservez au moins une heure au frais.

✔ Faites chauffer le sautoir avec la graisse de canard. Attention à bien tempérer les viandes une heure avant. Assaisonnez les pièces de bœuf et faites cuire selon votre convenance. Puis laissez reposer.

✔ Pendant ce temps, préparez le beurre maître d'hôtel puis montez-le avec une noisette de beurre, faites quelques traits de sauce sur l'assiette. Déposez la viande et au-dessus, posez un médaillon de beurre maître d'hôtel.

Beurre d'anchois

difficulté ★★★   temps ★★★   coût €€€

Ustensiles : Petit mixeur, tamis
Temps de préparation : 5 minutes
Quantité : 4 personnes
100 g de beurre demi-sel
6 filets d'anchois au sel
1 gousse d'ail pelée
1 pincée de sel fin de Guérande
1 tour de moulin à poivre
1 pincée de piment d'Espelette
1 trait de jus de citron jaune

✔ Au mixeur, mettez tous les ingrédients, mixez afin que cela soit bien lisse et crémeux.

✔ Vérifiez l'assaisonnement et passez au tamis (facultatif). Vous pouvez le servir en pot ou en rouleau (voir la recette du beurre maître d'hôtel).

Beurre de corail

difficulté ★★★   temps ★★★   coût €€€

Ustensiles : Casserole, mixeur plongeant, bol en inox, tamis
Temps de préparation : 5 minutes
Temps de cuisson: 5 minutes
Quantité : 4 personnes
10 cl de fumet de poisson
Le jus d'½ citron jaune
80 g de beurre en pommade

- ✔ Dans une petite casserole, faites réduire le fumet et ajoutez le corail, mixez et passez au tamis afin qu'il n'y ait plus de grains.
- ✔ Dans le bol en inox, mélangez le beurre en pommade, le jus de citron et le corail cuit, assaisonnez et roulez en cylindre comme la recette précédente.

Homard grillé à la braise, beurre de corail

difficulté ✱✱✱   temps ✱✱✱   coût €€€

Ustensiles : Planche à découper, grand éminceur, marmite, petite casserole, bol inox, fouet, tamis

Temps de préparation : 15 minutes

Temps de cuisson : 10 minutes

Quantité : 4 personnes

4 homards de 400 à 500 g

3 l de nage, ou court-bouillon

1 grosse pincée de sel fin

1 pincée de piment d'Espelette

1 tour de moulin à poivre

- ✔ Dans la marmite, portez à ébullition la nage et ébouillantez 1 minute chaque homard. Puis fendez-les en deux et récupérez le corail. À l'aide du grand couteau, cassez les pinces afin d'améliorer la cuisson puis assaisonnez.
- ✔ Faites cuire les homards sur la braise, il est préférable de séparer les pinces du corps, car celles-ci cuisent environ 5 à 6 minutes alors que le corps cuit en 2 minutes.
- ✔ Préparez un beurre de corail.
- ✔ Dressez sur assiette et posez un à deux médaillons de beurre de corail au-dessus. Ajoutez une pincée de piment d'Espelette et servez.

Sauces à base de beurre composé

Avec un beurre composé, vous pouvez faire une sauce dans la poêle que vous avez utilisée pour faire cuire la viande ou le poisson. Par exemple, si vous sautez un filet d'espadon, retirez-le de la poêle lorsqu'il est cuit et ajoutez 50 g de beurre fondu (pour 4 portions) et 2 cuillerées à soupe de câpres rincées et égouttées. Faites chauffer le tout à feu moyen. Lorsque le beurre commence à dorer, ajoutez 1 cuillerée à soupe de jus de citron frais et une pincée de sel. Mélangez bien et faites grésiller le beurre sans le laisser noircir. Versez la sauce sur l'espadon.

IMPROVISEZ Vous pouvez inventer de nombreuses variantes de cette sauce. Au lieu des câpres, vous pouvez mettre de l'aneth, du basilic, du thym, de l'ail émincé, de la moutarde de Dijon, des échalotes, un zeste d'orange râpé ou du concentré de tomates. Les possibilités sont infinies.

Les autres sauces incontournables

Sauce tomate

difficulté ★★★   temps ★★★   coût €€€

Ustensiles : Marmite, mixeur plongeant, grand chinois ou passette à sauce, cuillère en bois, planche à découper, couteau éminceur

Temps de préparation : 20 minutes

Temps de cuisson : 2 heures

Quantité : 1 litre de sauce (il est préférable d'en faire une bonne quantité et de la conserver en bocaux)

1 kg de tomates fraîches bien mûres

50 g de concentré de tomates

100 g de poitrine de porc fumée (ou de jambon de pays)

1 l de bouillon de volaille

60 g d'oignons doux

60 g de carottes

40 g de graisse de canard

10 g de sucre roux

4 gousses d'ail frais

20 g de farine tamisée

1 bouquet garni

1 grosse pincée de sel

1 pincée de piment d'Espelette

- Pelez et taillez les carottes et oignons en cubes, lavez, épépinez et taillez les tomates en cubes. Faites des petits lardons avec la poitrine de porc.
- Faites chauffer la graisse de canard dans la marmite et faites colorer les lardons avec la garniture aromatique. Ajoutez le sucre roux, remuez bien, saupoudrez de farine et faites torréfier au four durant quelques minutes. Sortez la marmite, ajoutez les tomates fraîches, le concentré de tomates, l'ail écrasé, le bouquet garni, le bouillon et assaisonnez. Laissez cuire à frémissement durant 2 heures en remuant de temps en temps.

✔ Mixez la sauce (cela est facultatif) puis passez-la au chinois, rectifiez l'assaisonnement et servez.

Le pesto est une sauce très appréciée en été que vous pouvez faire facilement au mixeur. Il agrémente à merveille les pâtes, les viandes froides et les crudités. Vous pouvez le mélanger à une sauce tomate pour accommoder un poisson ou un poulet grillé, ou des pâtes.

Sauce pesto

difficulté ✶✶✶   temps ✶✶✶   coût €€€

Ustensiles : Pilon, mortier (ou robot mixeur)
Temps de préparation : 10 minutes
Quantité : 150 g de sauce

15 g d'ail frais épluché
1 botte de basilic frais (effeuillé)
60 g de pignons de pin
60 g de parmesan râpé en copeaux
20 cl d'huile d'olive extra vierge

✔ Broyez les feuilles de basilic, les gousses d'ail et les pignons de pin à l'aide d'un petit pilon, dans un mortier. Il est aussi possible de mixer le tout.

✔ Ajoutez le parmesan finement râpé, versez l'huile d'olive et mélangez bien.

Vous pouvez remplacer le basilic par de la coriandre, de la roquette, du persil, etc. ou les pignons par des noix, des noisettes, des amandes, etc.

Sauce cresson ou oseille

Le principe est simple : préparez environ 250 g de feuilles de l'ingrédient principal, soit du cresson soit de l'oseille (ou encore des épinards, de la roquette…), puis blanchissez à l'eau bouillante salée, refroidissez, égouttez et pressez. Mixez et montez à l'huile d'olive, et ajoutez un peu de bouillon de volaille ou de fumet pour détendre et mettre la sauce à la bonne consistance.

Sauce Caesar

difficulté ✶✶✶   temps ✶✶✶   coût €€€

Ustensiles : Mixeur, chinois
Temps de préparation : 5 minutes
Quantité : 4 à 6 personnes
15 g de filets d'anchois au sel
15 g de parmesan râpé
10 cl de fond blanc de volaille ou bouillon de volaille
5 cl de crème fraîche liquide
2 gousses d'ail frais hachées
1 filet de vinaigre de riz
Sel fin de Guérande
1 pincée de piment d'Espelette
1 tour de moulin à poivre (blanc)

> ✔ Mélangez tous les ingrédients au mixeur puis rectifiez l'assaisonnement et passez au chinois ou à la passette à sauce.

Idéale avec de la salade romaine, des filets de poulet jaune des Landes rôti, froids et émincés.

Troisième partie
Élargissez votre répertoire

Dans cette partie...

Vous avez commencé doucement avec les grands classiques. Maintenant, vous allez changer de répertoire tout en respectant l'harmonie des saveurs.

Cette partie traite de plusieurs catégories d'aliments, des salades aux desserts en passant par les soupes. Plusieurs recettes ainsi que des idées d'improvisation sont fournies pour chaque catégorie.

N'hésitez pas à inviter des amis pour tout un repas lorsque vous avez acquis assez de pratique. Demandez-leur ce qu'ils pensent de votre cuisine, à condition qu'ils commencent toujours par des compliments, et gardez l'esprit ouvert.

Chapitre 9

Les œufs

Dans ce chapitre :
▶ Choisir des œufs frais
▶ Faire cuire les œufs « à la dure »
▶ Brouiller les œufs sans embrouille
▶ Faire des omelettes, des tortillas et des soufflés
▶ Toujours récupérer les blancs

Les recettes de ce chapitre
▶ Œufs à la coque
▶ Œuf coque au foie gras de canard et cèpes
▶ Œufs mollets
▶ Œufs Florentine
▶ Œufs durs
▶ Œufs mimosa
▶ Œufs pochés
▶ Œufs Bénédictine
▶ Œufs pochés sur lit de brandade de morue
▶ Œufs au plat
▶ Œufs au plat, tomate et bacon
▶ Œufs cocotte
▶ Œuf cocotte en piperade, tastou au jambon de porc basque
▶ Piperade aux œufs et au jambon de Bayonne
▶ Tortilla aux pommes de terre
▶ Omelette à la confiture de fraises
▶ Quiche lorraine
▶ Soufflé au gruyère
▶ Soufflé à la fraise
▶ Soufflé au chocolat
▶ Œufs à la neige
▶ Œufs au lait
▶ Meringues

« *Rien ne rend le paysage plus beau que du jambon et des œufs.* »

— Mark Twain

L'œuf est l'élément incontournable de nombreuses recettes. Il peut tout faire. Quel autre aliment comporte à la fois un ingrédient principal (le jaune) et un agent allégeant (le blanc) dans le même petit emballage si pratique ?

De plus, la cuisson des œufs englobe la plupart des techniques décrites dans ce livre. Les œufs constituent un bon début si vous voulez simplement apprendre à vous faire un petit déjeuner complet. Mais bientôt, vous sortirez du four un soufflé moelleux et bien doré, dont l'odeur vous fera défaillir.

Choisir des œufs frais

Nous consommons principalement les œufs (non fécondés) de poule, mais aussi les œufs de caille, de canard ou encore d'autruche.

La fraîcheur est un paramètre très important. Lorsqu'un œuf vieillit, le blanc se désagrège et la membrane qui recouvre le jaune se détériore. Par conséquent, si vous faites cuire un œuf qui n'est plus très frais, le jaune risque de s'étaler.

Les œufs sont extra-frais jusqu'à 9 jours après la ponte. Ensuite, la date limite de commercialisation est de 28 jours après la ponte.

Reportez-vous à la date limite de consommation inscrite sur le carton et à la *date de ponte*, qui indique le jour où les œufs ont été pondus. En règle générale, ceux-ci doivent être consommés dans le mois qui suit la ponte.

Catégorie, calibre et couleur des œufs

Sur la coquille et sur l'emballage, les œufs sont marqués d'un code ; le chiffre initial permet d'identifier le mode d'élevage :

- 0 = poule élevée en élevage biologique ;
- 1 = poule élevée en plein air ;
- 2 = poule élevée au sol ;
- 3 = poule élevée en cage.

Selon leur poids, les œufs frais sont classés en 4 groupes :

- XL : très gros œufs, d'un poids supérieur ou égal à 73 g ;
- L : gros œufs, d'un poids compris entre 63 g et 73 g ;
- M. : œufs moyens, d'un poids compris entre 53 g et 63 g ;
- S : petits œufs, dont le poids est inférieur à 53 g.

La couleur de la coquille n'a aucun rapport avec la qualité.

Caillots sanguins

Contrairement aux idées reçues, les caillots sanguins présents dans un œuf cru ne signifient pas que l'œuf a été fécondé. Ils résultent généralement de la rupture d'un vaisseau sanguin à la surface du jaune. Un caillot ne nuit pas à la saveur de l'œuf, qui peut être consommé sans danger. Vous pouvez le retirer avec la pointe d'un couteau.

Cuire les œufs : techniques de base

La cuisson dans la coquille (œufs durs, œufs marbrés, œufs mollets et œufs à la coque)

Ces cuissons se font à l'eau bouillante. Plonger les œufs (tempérés 2 heures avant) dans l'eau à peine frémissante. Le temps de cuisson se compte à partir de la reprise du frémissement, 3 minutes pour un œuf à la coque, l'œuf mollet 6 minutes et enfin 9 minutes pour un œuf dur.

Il faut refroidir à l'eau les œufs après cuisson, sauf l'œuf coque qui se déguste chaud.

La cuisson hors coquille :

La plus courante, l'omelette (plate ou roulée), composée d'œufs entiers battus et juste assaisonnés. Il est possible de la garnir de fromage, d'herbes, de piperade…

Certaines recettes sont connues de tous : l'omelette de la mère Poularde et aussi la tortilla.

Pour les techniques suivantes, il est impératif que les œufs soient « extra-frais ».

- Les œufs au plat, à la poêle : il existe des poêles à œuf qui permettent de garder une belle forme ronde.
- Les œufs pochés : dans de l'eau à peine frémissante et avec un trait de vinaigre de vin.
- Les œufs frits : dans l'huile à la poêle avec une spatule en bois pour les rouler sur eux-mêmes.
- Les œufs cocotte : cuits dans un ramequin, dans un bain-marie, et arrosés d'un trait de crème fraîche.
- Les œufs miroir : ce sont des œufs au plat retournés, ils sont cuits des deux côtés.
- Les œufs brouillés : entiers battus, cuits au sautoir en les mélangeant, ils peuvent être agrémentés d'une garniture (saumon fumé, fines herbes, truffes noires…).

Toutes les recettes sont détaillés plus loin dans ce chapitre.

Brève histoire de la consommation des œufs

La consommation d'œufs remonte au moins à l'époque des Égyptiens, qui les utilisaient notamment pour faire du pain. L'Europe occidentale n'en consomma à grande échelle qu'à partir du XIXe siècle.

Au milieu du XXe siècle, l'élevage de poulet s'est considérablement modernisé. Les poulets passaient leur vie enfermés dans des cages sombres mais la production d'œufs a explosé. Aujourd'hui, une poule pondeuse produit en moyenne 250 à 300 œufs par an.

La chasse au cholestérol a légèrement réduit la consommation d'œufs mais celle-ci n'est en aucun cas menacée.

Œufs crus

Ils sont utilisés pour la confection de sauce mayonnaise, de meringues, de soufflés glacés. Le fait qu'ils ne subissent pas de cuisson, il faudra être vigilant par rapport à la fraîcheur des œufs et ne jamais consommer un œuf dont la coquille est fêlée ou cassée.

La consommation d'œufs crus ou peu cuits n'est pas recommandée, bien que ceux-ci fassent partie de nombreuses recettes. La présence de salmonelle, type de bactéries pouvant provoquer une intoxication alimentaire, dans un petit nombre d'œufs – environ 0,005 %, soit 1 œuf sur 20 000 – a été constatée. Bien que les risques de contracter la salmonellose soient faibles, il est plus sage de consommer des œufs crus uniquement dans les recettes où ils sont indispensables, comme la mayonnaise. Vous pouvez remplacer les œufs crus par de l'œuf liquide pasteurisé, qui ressemble beaucoup aux œufs frais.

Vous n'avez aucun moyen de savoir si un œuf est infecté, mais les bactéries sont détruites lorsque l'œuf atteint une température de 60 °C. Ne mangez jamais un œuf dont la coquille est fêlée ou cassée, car il est exposé à d'autres types de bactéries. Jetez-le sans hésiter.

D'où vient la tradition des œufs de Pâques ?

La tradition veut que l'on ne mange pas d'œufs durant le carême. À la fin de ces quarante jours, les poules ayant pondu pendant toute cette période, il fallait consommer les œufs. Les frais étaient cuisinés normalement et les plus vieux étaient cuits et décorés pour que les enfants puissent faire la « chasse aux œufs » le matin du dimanche de Pâques.

Ce sont les cloches des églises qui partent à Rome le soir du Jeudi saint et reviennent la veille de Pâques chargées d'œufs pour les enfants.

De nos jours, les œufs naturels ont été remplacés par des œufs en chocolat ou encore des lapins…

Œufs cuits

Œufs à la coque

difficulté ✹✹✹   temps ✹✹✹   coût €€€

- Vérifiez que la coquille de l'œuf ne soit pas fêlée. Portez une casserole d'eau à ébullition.
- Plongez l'œuf 3 minutes. Il s'agit que le blanc soit légèrement coagulé et que le jaune reste liquide. Puis posez l'œuf dans un coquetier, décalottez et servez accompagné de mouillettes de pain de campagne.

Œuf coque au foie gras de canard et cèpes

difficulté ✹✹✹   temps ✹✹✹   coût €€€

Ustensiles : Casserole, poêle, couteau d'office, cuillère
Temps de préparatin : 15 minutes
Temps de cuisson : 10 minutes
Quantité : 6 personnes

6 œufs fermiers
30 g de beurre demi-sel
300 g de champignons des bois

400 g de foie gras de canard cru

12 asperges vertes

20 cl de bouillon de volaille

50 g de graisse de canard

Sel

Piment d'Espelette

Fleur de sel

Cerfeuil

- Grattez le pied des asperges vertes et détaillez-les en trois tronçons chacune. Faites-les revenir dans un peu de graisse de canard versée dans une sauteuse. Assaisonnez de sel et de piment d'Espelette, et une fois qu'elles sont colorées, finissez la cuisson avec un peu de bouillon de volaille (ou d'eau à défaut). Nettoyez les champignons des bois. Poêlez-les dans un peu de graisse de canard. Assaisonnez de sel et de piment d'Espelette.

- Détaillez le foie gras en gros dés de 15 g chacun environ. Assaisonnez de sel et de piment d'Espelette, saisissez-les dans une poêle fumante sans matière grasse, 2 à 3 minutes, jusqu'à ce qu'ils deviennent souples au toucher. Égouttez sur un papier absorbant.

- Cuisez les œufs à la coque. Une fois cuits, cassez-les au-dessus d'un saladier, raclez bien le fond de chaque coquille à l'aide d'une cuillère à café de manière à bien récupérer tout le blanc. Assaisonnez de piment d'Espelette et mélangez avec le beurre demi-sel.

- Dans six bols, partagez les dés de foie gras, les champignons et les asperges. Puis versez les œufs coque par-dessus. Parsemez de fleur de sel et de pluches de cerfeuil. Versez éventuellement un cordon de jus de volaille.

Œufs mollets

difficulté ★★★   temps ★★★   coût €€€

- Vérifiez que la coquille de l'œuf ne soit pas fêlée. Portez une casserole d'eau à ébullition.

- Plongez l'œuf 5 à 6 minutes suivant la grosseur. Il s'agit que le blanc soit légèrement coagulé et que le jaune soit coulant sans être trop liquide.

- Puis retirez l'œuf de la casserole et plongez-le dans de l'eau glacée pour stopper la cuisson. Écalez l'œuf.

Œufs Florentine

difficulté ✱✱✱   temps ✱✱✱   coût €€€

Ustensiles : Casserole, poêle, ramequins
Temps de préparatin : 10 minutes
Temps de cuisson : 10 minutes
Quantité : 6 personnes
600 g d'épinards en branche
50 g de graisse de canard
12 œufs de taille moyenne
400 g de sauce Mornay (voir chapitre 8)
50 g de gruyère râpé
Sel
Piment d'Espelette

- Poêlez vivement des épinards, puis versez-les dans des petits ramequins. Posez par-dessus deux œufs cuits mollets.
- Nappez de sauce Mornay, saupoudrez de gruyère râpé, puis gratinez sous le gril.

Œufs durs

difficulté ✱✱✱   temps ✱✱✱   coût €€€

- Vérifiez que la coquille de l'œuf ne soit pas fêlée. Portez une casserole d'eau à ébullition.
- Plongez l'œuf 10 minutes. Il s'agit que le blanc soit légèrement coagulé, mais non caoutchouteux (ce qui peut être le cas si l'œuf est trop cuit) et que le jaune soit dur.
- Puis retirez l'œuf de la casserole et plongez-le dans de l'eau glacée pour stopper la cuisson. Écalez l'œuf.

Œufs mimosa

difficulté ✱✱✱   temps ✱✱✱   coût €€€

Ustensiles : Casserole, râpe à fromage, couteau d'office
Temps de préparatin : 5 minutes

Temps de cuisson : 10 minutes
Quantité : 6 personnes
6 gros œufs ou 12 petits
250 g de mayonnaise (voir chapitre 8)
2 branches de persil

- Cuisez les œufs durs (voir recette précédente). Puis écalez-les. Taillez-les en deux moitiés. Retirez les jaunes délicatement et disposez les demi-blancs dans un plat.
- Passez les jaunes d'œufs à la râpe à fromage. Réservez-en un quart, puis mélangez le reste avec la mayonnaise. Remplissez les demi-blancs d'œufs avec ce mélange. Posez par-dessus les jaunes râpés restant et parsemez de persil haché.

Écaler un œuf dur

Plus un œuf est frais, plus il est difficile à écaler. Utilisez des œufs qui sont au réfrigérateur depuis une semaine ou dix jours. Écalez-les dès qu'ils ont refroidi en procédant de la manière suivante :

- Tapez chaque œuf contre le plan de travail pour craqueler la coquille.
- Faites tourner l'œuf entre vos mains pour assouplir la coquille.
- Retirez la coquille en commençant par l'extrémité la plus grosse.

Faire couler de l'eau froide sur l'œuf pendant que vous l'écalez facilite l'opération.

Œufs pochés

difficulté ★★★   temps ★★★   coût €€€

- Portez 1 litre d'eau à ébullition. Ajoutez-y 5 cl de vinaigre de vin blanc. Cassez l'œuf dans un petit bol, puis renversez-le délicatement dans l'eau frémissante vinaigrée. Laissez cuire 3 minutes jusqu'à ce que le blanc coagule légèrement et enrobe le jaune qui doit rester coulant.
- Retirez alors l'œuf à l'aide d'une écumoire, déposez-le sur un papier absorbant posé sur une assiette, ôtez les filaments de blancs qui auraient pu se former.
- Assaisonnez d'un peu de fleur de sel et de piment d'Espelette.

Œufs Bénédictine

difficulté ✱✱✱   temps ✱✱✱   coût €€€

Ustensiles : Couteau d'office, spatule en polycarbonate
Temps de préparation : 15 minutes
Temps de cuisson : 10 minutes
Quantité : 4 personnes
8 tranches de pain de mie
4 œufs
8 fines tranches d'emmental (environ 80 g)
4 fines tranches de jambon blanc
200 g de sauce hollandaise (voir chapitre 8)
60 g de beurre

- Faites cuire les œufs pochés en suivant les instructions précédemment données.
- Entre deux tranches de pain de mie, glissez une tranche de jambon blanc entourée de deux tranches d'emmental. Faites ainsi 4 sandwiches.
- Étalez le beurre sur les deux surfaces apparentes des sandwiches.
- Dans une poêle antiadhésive très chaude, déposez les sandwiches et faites-les cuire à feu doux en les pressant légèrement avec une spatule durant la cuisson, 2 à 3 minutes de chaque côté. Vous devez obtenir des sandwiches moelleux et fondants à l'intérieur, croustillants et légèrement dorés à l'extérieur.
- Sur chaque assiette, déposez un sandwich, déposez-y un uf poché puis recouvrez de sauce hollandaise. Passez sous le grill et servez aussitôt.

Servez accompagné d'une salade verte.

Œufs pochés sur lit de brandade de morue

difficulté ✱✱✱   temps ✱✱✱   coût €€€

Ustensiles : Sautoir plat, mixeur plongeant, planche à découper, couteau à pain, casserole moyenne
Temps de préparation : 45 minutes
Temps de cuisson : 15 minutes
Quantité : 4 personnes
4 œufs
200 g de brandade de morue (voir chapitre 15)

Pour une huile parfumée à l'ail :
70 g d'huile de tournesol
30 g d'huile d'olive vierge extra
1 gousse d'ail
Pour la finition :
1 branche de persil haché
1 pincée de sel fin

- La veille, réalisez l'huile parfumée. Pour ce faire, faites infuser tous les éléments dans une huile à 80 °C et ce durant 4 heures. Laissez refroidir cette huile à couvert.
- Le jour même, faites frémir de l'eau dans la casserole, ajoutez-y deux cuillerées à café de vinaigre blanc.
- Faites pocher 4 œufs selon la recette page précédente.
- Taillez des belles tranches de pain de campagne, tartinez-les de brandade et passez-les au gril de votre four pour les faire colorer. Ensuite, posez un œuf poché dessus et décorez de quelques lamelles ou bâtonnets de truffe noire.
- Dressez sur assiette et servez.

Œufs au plat

difficulté ✶✶✶   temps ✶✶✶   coût €€€

- Dans une poêle, faites chauffer un peu de graisse de canard.
- Cassez un œuf et versez-le dans la poêle. Laissez cuire en tournant légèrement la poêle, de manière à ce que le blanc coagule et dore légèrement et que le jaune reste liquide. N'assaisonnez que le jaune de sel et de piment d'Espelette.
- Retirez alors à l'aide d'une spatule. Il est également possible de cuire les œufs directement dans des petits plats à œuf.

Œufs au plat, tomate et bacon

difficulté ✶✶✶   temps ✶✶✶   coût €€€

Ustensiles : Casserole, poêle
Temps de préparation : 5 minutes
Temps de cuisson : 5 minutes

- Cuisez les œufs en suivant la recette précédente.
- Accompagnez-les de sauce tomate (recette chapitre 8) et de fines tranches de bacon juste poêlées.

Œufs cocotte

difficulté ✶✶✶   temps ✶✶✶   coût €€€

- Beurrez un petit ramequin. Cassez deux œufs et versez-les dans les ramequins.
- Cuisez au bain-marie, au four préchauffé à 150 °C (th. 5), pendant 6 à 8 minutes. Le blanc doit coaguler et le jaune doit rester liquide.

Œuf cocotte en piperade, tastou au jambon de porc basque

Recette du restaurant Espelette du Connaught à Londres

difficulté ✶✶✶   temps ✶✶✶   coût €€€

Ustensiles : Casserole avec couvercle, ramequins

Temps de préparation : 10 minutes

Temps de repos : 2 heures

Temps de cuisson : 8 minutes

Quantité : 6 personnes

400 g de piperade (voir page 168)

12 œufs de taille moyenne

50 cl de crème fraîche liquide

100 g de jambon de Bayonne

100 g de brebis basque

6 tranches de pain de campagne

1 branche de thym

3 feuilles de laurier

Sel

Piment d'Espelette

- Portez la crème avec le jambon, 60 g de brebis basque, le thym et le laurier à ébullition. Posez un couvercle par-dessus, puis laissez infuser 2 heures. Filtrez. Faites réduire de moitié sur feu moyen.

- Dans six ramequins, partagez la piperade. Cassez deux œufs par-dessus. Puis assaisonnez de sel et de piment d'Espelette. Versez la crème réduite par-dessus.
- Cuisez au bain-marie au four préchauffé à 150 °C (th. 5) pendant 8 minutes.
- Accompagnez de tranches de pain de campagne toastées, tartinées de beurre sur lesquelles vous aurez posé une fine tranche de jambon.

Œufs brouillés

La recette détaillée se trouve au chapitre 2.

Piperade aux œufs et au jambon de Bayonne

difficulté ✶✶✶   temps ✶✶✶   coût €€€

Ustensiles : Poêle, fourchette, cuillère en bois
Temps de préparation : 10 minutes
Temps de cuisson : 5 minutes
Quantité : 6 personnes

400 g de piperade (voir page 168)
12 œufs frais
12 fines tranches de jambon de porc noir de Bigorre
30 g de graisse de canard
Sel
Piment d'Espelette

- Dans une poêle, versez la graisse de canard. Poêlez les tranches de jambon « aller/retour » de manière à juste les saisir de chaque côté. Puis retirez-les.
- Versez alors la piperade dans cette poêle, détachez bien les sucs laissés par le jambon.
- Cassez les œufs, assaisonnez-les de sel et de piment d'Espelette, battez-les légèrement, puis versez-les dans la piperade, cuisez en remuant sans cesse avec une fourchette.
- Versez alors la piperade dans un plat, posez les tranches de jambon par-dessus, servez aussitôt.

Omelettes

Il existe toutes sortes d'omelettes. Une omelette nature, rapide et facile à faire, se cuit à la poêle. En revanche, la cuisson d'une omelette soufflée, dont les blancs sont battus en neige, se termine au four.

Vous pouvez servir l'omelette suivante au petit déjeuner, au brunch, au déjeuner ou au dîner. Plusieurs herbes aromatiques (cresson, persil et estragon) la parfument.

Si vous la faites cuire correctement, le pourtour sera bien cuit et le centre, légèrement baveux. Vous pouvez utiliser d'autres herbes aromatiques et ajouter beaucoup d'autres ingrédients : du fromage, des légumes cuits, du jambon, des piments, etc.

Reportez-vous à la recette page 30.

Il est plus facile de faire une omelette dans une poêle antiadhésive. Cela dit, sachez que le revêtement antiadhésif peut provoquer la formation d'une petite « peau » sur l'omelette, ce qui n'est pas très gênant.

Vous pouvez plier une omelette en « demi-lune ». Faites glisser la moitié de l'omelette sur une assiette et retournez la poêle pour rabattre l'autre moitié au-dessus et obtenir ainsi une forme en demi-lune.

Plier une omelette

1. Battez les œufs et les herbes
2. Faites fondre le beurre jusqu'à ce qu'il soit chaud puis versez le mélange à base d'œuf
3. Faites cuire à feu vif
4. Inclinez la poêle la queue en l'air. Avec une spatule, pliez un tiers de l'omelette sur elle-même
5. Donnez 2 ou 3 coups sur la queue ... pour que l'autre côté de l'omelette se replie sur le reste, tenez avec fermeté
6. Servez sur une assiette chaude, la jointure au-dessous, et saupoudrez d'herbes aromatiques

Figure 9-1 : Plier une omelette n'est pas aussi difficile qu'on le croit.

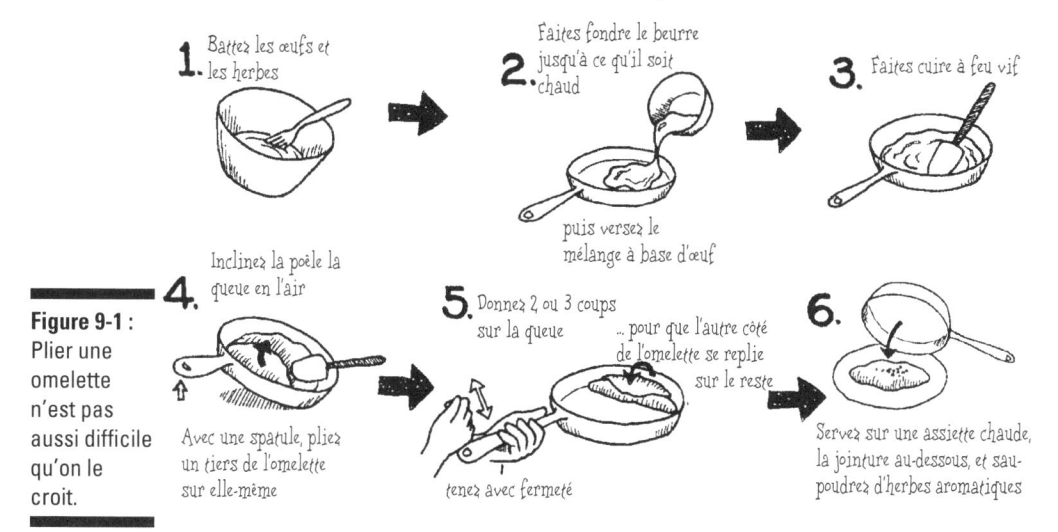

QUE FAIRE ? Si le beurre noircit avant que vous ayez ajouté le mélange à base d'œufs, essuyez soigneusement la poêle avec du papier absorbant et recommencez. Faites chauffer le beurre sans lui laisser le temps de changer de couleur. Si vous ne parvenez pas à plier l'omelette parce que celle-ci attache à la poêle, raclez le fond à l'aide d'une spatule, faites glisser l'omelette entièrement sur une assiette et, ensuite seulement, pliez-la en deux.

Tortilla aux pommes de terre

difficulté ✱✱✱   temps ✱✱✱   coût €€€

Ustensiles : Poêle, couteau éplucheur, couteau de chef, passoire
Temps de préparation : 10 minutes
Temps de cuisson : 10 minutes
Quantité : 6 personnes

500 g de pommes de terre
12 œufs
25 cl de litre d'huile d'olive
Sel
Piment d'Espelette

- Pelez les pommes de terre. Puis taillez-les en fines lamelles. Versez l'huile dans une poêle, faites chauffer, puis ajoutez délicatement les pommes de terre. Cuisez ainsi les pommes de terre sur feu doux. Elles doivent être dorées et fondantes. Puis égouttez-les dans une passoire. Réservez l'huile récupérée pour une prochaine tortilla.

- Cassez les œufs dans un saladier, assaisonnez-les de sel et de piment d'Espelette et battez-les avec une fourchette comme pour une omelette.

- Versez à nouveau les pommes de terre dans la poêle, puis versez les œufs. Laissez cuire sur feu doux jusqu'à ce que la tortilla croûte. Puis retournez délicatement avec une spatule. Cuisez l'autre côté de la même façon. La tortilla doit être dorée et croustillante à l'extérieur, et moelleuse à l'intérieur.

Omelette à la confiture de fraises

difficulté ✱✱✱   temps ✱✱✱   coût €€€

Ustensiles : Poêle, fourchette, spatule
Temps de préparation : 10 minutes
Temps de cuisson : 5 minutes
Quantité : 6 personnes

12 œufs
Sel
Piment d'Espelette
120 g de confiture de fraises
50 g de sucre
5 cl d'armagnac

- Faites une omelette baveuse en suivant la recette du chapitre 2, avant de la replier, ajoutez la confiture tout au long. Puis repliez. Déposez dans un plat, saupoudrez de sucre, faites caraméliser sous un gril.
- Déposez l'armagnac dans une petite louche, faites-le flamber, puis versez sur l'omelette. Servez aussitôt.

Autres recettes à base d'œufs

Les œufs constituent la base de nombreuses recettes sucrées ou salées, dont voici quelques exemples.

Lorsqu'elle est faite maison et sort tout juste du four, la quiche est un vrai régal. Pour la recette suivante, il vous suffit d'acheter une pâte toute faite au supermarché. Si vous avez des restes, mangez-les le lendemain, froids ou réchauffés au four à 160 °C (th. 5/6) pendant environ 15 minutes.

Quiche lorraine

difficulté ✶✶✶   temps ✶✶✶   coût €€€

Ustensiles : Couteau de chef, sauteuse, fouet, grand bol, plaque de four
Temps de préparation : Environ 20 minutes
Temps de cuisson : Environ 50 minutes
Quantité : 4 personnes

3 tranches de jambon blanc
1 petit oignon coupé en dés
1 pâte brisée
60 g de gruyère coupé en cubes
3 œufs légèrement battus
30 g d'emmental fraîchement râpé
1 cuil. à soupe d'huile
15 cl de crème épaisse

15 cl de lait

2 cuil. à soupe de persil émincé

2 pincées de muscade moulue

2 pincées de sel

1 pincée de piment d'Espelette

- Mettez la grille du four le plus bas possible et préchauffez le four à 190 °C (th.6/7).
- Faites chauffer une sauteuse à feu moyen avec 1 cuillerée à soupe d'huile. Faites revenir l'oignon à feu moyen jusqu'à ce qu'il réduise, en remuant de temps à autre, pendant 2 à 3 minutes.
- Découpez le jambon en morceaux et éparpillez ceux-ci sur la pâte à tarte avec l'oignon et le fromage.
- Avec un fouet, mélangez les œufs, la crème, le lait, le persil, la muscade, le sel et le poivre dans un grand bol. Versez le mélange sur le jambon, l'oignon et le fromage. Mettez la quiche sur une plaque et faites-la cuire au four 45 à 50 minutes ou jusqu'à ce qu'elle soit ferme.

Remplacez le jambon par l'un des ingrédients suivants : courgettes cuites en cubes, épinards hachés, poivrons rôtis, champignons sautés, poireaux sautés hachés, tomates sautées en cubes avec de l'ail et des oignons, cœurs d'artichauts sautés en cubes, lardons, dés de saumon, thon émietté ou asperges blanchies.

La technique du soufflé

Le soufflé a toujours été un plat impressionnant. Les personnes qui n'ont pas l'habitude de cuisiner se disent que, si elles le regardent de travers, il s'effondrera comme un château de cartes et provoquera l'hilarité générale. En réalité, il n'est pas plus difficile de faire un soufflé que de pocher un œuf.

Lorsque vous aurez acquis la technique de base du soufflé – sucré ou salé – vous n'aurez pas besoin de toutes les instructions données ci-après. Il vous suffira de choisir l'ingrédient principal (le fromage, dans la recette suivante) et de le mélanger aux jaunes d'œufs, puis aux blancs d'œufs, qui font gonfler le soufflé. Les soufflés salés ont généralement pour base un roux (farine, beurre et lait), qui les rend plus robustes.

En général, les soufflés se cuisent dans un moule à soufflé rond à bords droits. Les bords droits permettent au mélange de monter au-dessus du moule pendant la cuisson. Vous pouvez remplacer le moule classique par n'importe quel récipient à bords droits, à condition qu'il soit de taille équivalente. Si votre plat est trop grand, le soufflé ne gonflera pas au-dessus du bord et, s'il est trop petit, le mélange débordera.

Chapitre 9 : Les œufs 227

Pour qu'un soufflé soit réussi, la chaleur du four doit être constante et ininterrompue. Évitez d'ouvrir la porte du four pour évaluer la cuisson.

Œufs : séparer le blanc du jaune

Pour faire un soufflé, vous devez séparer le blanc du jaune de chaque œuf. Ne vous inquiétez pas, cette opération n'est pas aussi difficile qu'elle en a l'air. Pour éviter que le jaune se désagrège (vous ne pourrez pas monter les blancs en neige si vous faites tomber du jaune dedans), procédez de la manière suivante (instructions illustrées à la figure 9-2) :

- Tenez l'œuf d'une main au-dessus de deux bols.
- Tapez l'œuf contre l'un des bols – juste assez pour casser la coquille et la membrane sans percer le jaune ni détruire complètement la coquille.

  Cette étape nécessite un peu de pratique. Recommencez si nécessaire.
- Ouvrez la coquille avec vos deux pouces et laissez le blanc tomber dans l'un des bols.
- Faites passer précautionneusement le jaune d'une moitié de coquille à l'autre, en laissant tomber un peu plus de blanc à chaque fois.
- Lorsque tout le blanc est tombé, posez le jaune dans l'autre bol (s'il se désagrège, cela n'a pas d'importance) ; couvrez et réfrigérez en cas d'utilisation ultérieure.

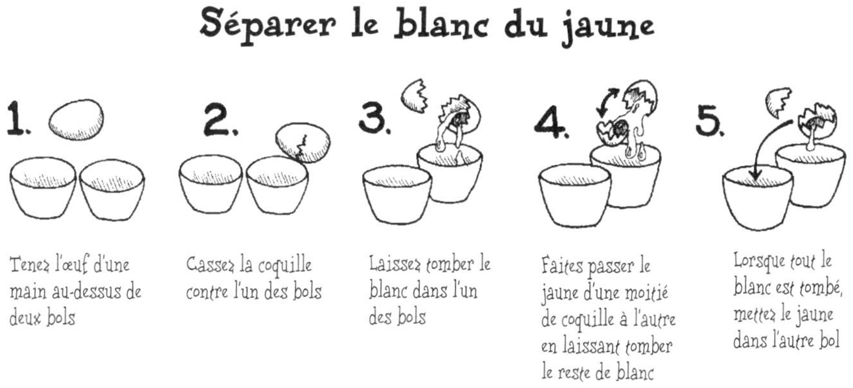

Figure 9-2 : Lorsque vous utilisez des œufs dans une recette, vous devez parfois séparer le blanc du jaune. Procédez de la manière suivante pour ne pas faire de mélange.

Séparer le blanc du jaune

1. Tenez l'œuf d'une main au-dessus de deux bols
2. Cassez la coquille contre l'un des bols
3. Laissez tomber le blanc dans l'un des bols
4. Faites passer le jaune d'une moitié de coquille à l'autre en laissant tomber le reste de blanc
5. Lorsque tout le blanc est tombé, mettez le jaune dans l'autre bol

Battre les blancs en neige

Ce sont les blancs en neige qui font gonfler le soufflé. Avant toute chose, vérifiez que le récipient et le batteur sont propres. La moindre tache d'huile ou de jaune d'œuf peut empêcher les blancs de monter en neige. Battez lentement jusqu'à ce que les blancs moussent, puis augmentez la vitesse pour incorporer le plus d'air possible jusqu'à ce qu'ils forment des mottes brillantes et régulières (si vous utilisez un fouet, le même principe s'applique). Si vous faites un soufflé sucré, ajoutez le sucre dès que les blancs commencent à prendre et continuez à battre le mélange.

Si un jaune se rompt et si vous en faites tomber une partie dans les blancs avant de les battre en neige, retirez le jaune avec un morceau de papier absorbant. Évitez de battre les blancs dans un récipient en plastique. La graisse adhère au plastique, ce qui risque de diminuer le volume des blancs en neige.

Si vous avez trop battu les blancs, si bien qu'ils ont perdu leur brillance et semblent secs et granuleux, ajoutez un autre blanc d'œuf et battez brièvement pour reconstituer la substance.

Incorporer les blancs dans le mélange

Pour incorporer les blancs, commencez par en mettre environ un quart dans le mélange qui constitue la base du soufflé (cette étape vise à alléger la pâte). Ensuite, posez le reste des blancs à la surface de la pâte. Avec une grande spatule en plastique, coupez le mélange en deux et, en allant bien jusqu'au fond, retournez une partie du mélange pour le faire passer au-dessus des blancs. Faites tourner le bol d'un quart de tour et répétez ce mouvement 10 à 15 fois (selon la quantité de pâte) jusqu'à ce que les blancs et la pâte soient bien mélangés. Ne mélangez pas trop longtemps, sinon les blancs en neige vont retomber (instructions illustrées à la figure 9-3).

Soufflé au fromage classique

Voici une recette classique de soufflé au fromage. Il s'agit d'un soufflé salé, par opposition aux soufflés sucrés.

Soufflé au gruyère

difficulté ★★★   temps ★★★   coût €€€

Ustensiles : Moule à soufflé de 1,5 litre, saladiers, casserole moyenne à fond épais, spatule en plastique, batteur électrique, plaque de four

Temps de préparation : Environ 45 minutes
Temps de cuisson : Environ 30 minutes
Quantité : 4 personnes

250 g de béchamel (voir chapitre 8)
6 œufs
Noix muscade
170 g de gruyère râpé

- Préchauffez le four à 200 °C (th. 7).
- Mettez un moule à soufflé de 1,5 litre dans le réfrigérateur. Lorsqu'il est froid, beurrez le fond et surtout les parois avec 1 cuillerée à soupe de beurre. Remettez-le au réfrigérateur.
- Cassez les œufs en séparant les blancs des jaunes. Mettez les blancs dans un récipient plus grand.
- Réalisez une béchamel en suivant la recette du chapitre 8. En fin de cuisson, ajoutez les jaunes d'œufs un à un, puis 120 g de gruyère râpé. Mélangez bien pour obtenir un ensemble homogène.
- Battez les blancs en neige dans un grand récipient avec un fouet ballon ou un batteur électrique jusqu'à ce qu'ils soient fermes mais pas secs. Ajoutez environ un quart des blancs à la base du soufflé et mélangez bien. Ajoutez le reste des blancs et incorporez-le rapidement mais en douceur avec une spatule en plastique (instructions illustrées à la figure 9-3).
- Transférez le mélange en douceur dans le moule à soufflé beurré. Le mélange doit arriver à environ 5 mm du bord. Avec le pouce, faites une petite tranchée tout autour du mélange pour que le soufflé gonfle de façon homogène. Saupoudrez la surface de gruyère râpé.
- Mettez le moule sur une plaque du four, en position basse, et faites cuire 30 à 35 minutes ou jusqu'à ce que la croûte soit dorée et la surface, ferme mais vacillante au milieu. Servez immédiatement en utilisant une grande cuillère pour récupérer la partie molle qui se trouve à l'intérieur de la croûte dorée.

Variantes :

- **Soufflé au saumon** : Remplacez le gruyère en dés par 125 g de saumon fumé coupé en petits morceaux.
- **Soufflé au jambon** : Remplacez le gruyère en dés par 125 g de jambon cuit émincé.

Quelques conseils pour faire le soufflé à la perfection :

- Un soufflé réussi doit être ferme et croustillant à l'extérieur, et moelleux et légèrement crémeux à l'intérieur. Si vous souhaitez que l'intérieur soit plus sec et plus dense, dépassez le temps de cuisson recommandé de quelques minutes.

- Si vous ouvrez la porte du four et laissez entrer de l'air froid, le soufflé risque de dégonfler. Si vous tenez à évaluer la cuisson, faites-le uniquement au cours des dix dernières minutes.

- Faites en sorte que vos invités soient à table lorsque vous arrivez avec le soufflé, sinon celui-ci se dégonflera une ou deux minutes après son retrait du four.

Comment incorporer les blancs d'œufs dans la pâte du soufflé

1. Mélangez environ ¼ des blancs en neige à la pâte
blancs
pâte

2. Posez le reste des blancs sur la pâte

3. Coupez le mélange en deux

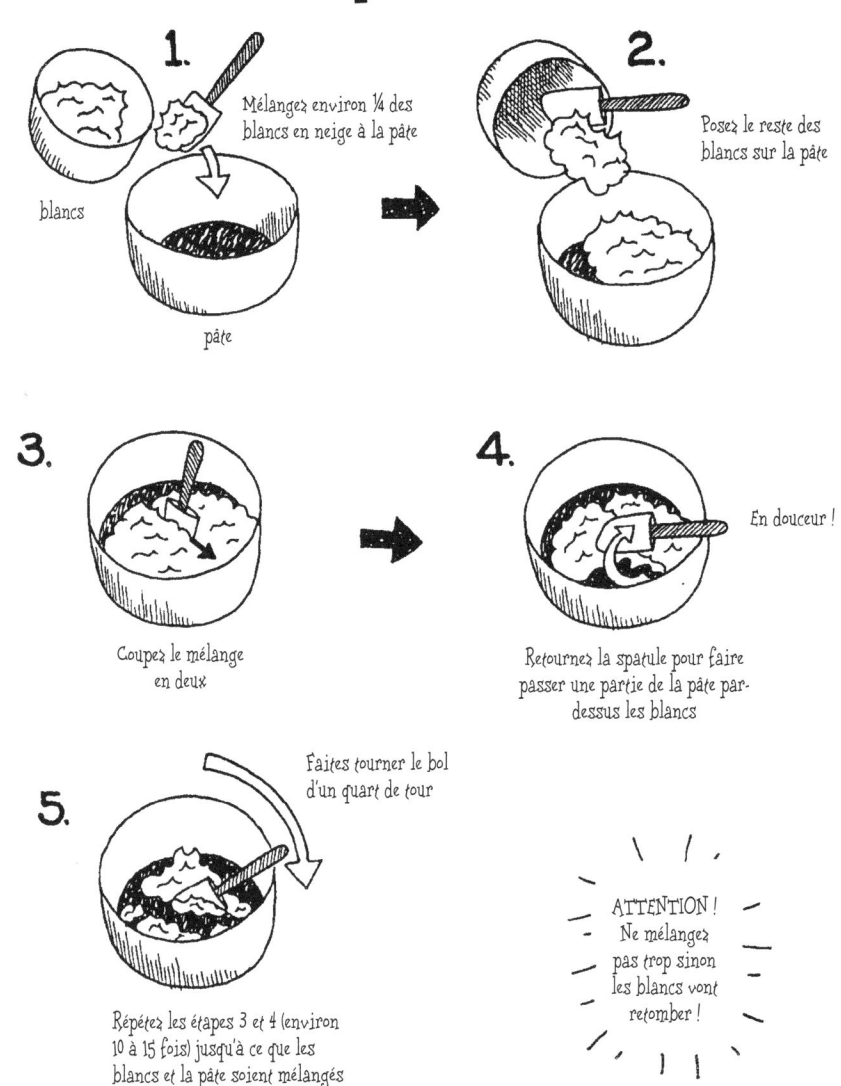

4. En douceur ! Retournez la spatule pour faire passer une partie de la pâte par-dessus les blancs

5. Faites tourner le bol d'un quart de tour
Répétez les étapes 3 et 4 (environ 10 à 15 fois) jusqu'à ce que les blancs et la pâte soient mélangés

ATTENTION ! Ne mélangez pas trop sinon les blancs vont retomber !

Figure 9-3 : Pour réussir un soufflé, il faut incorporer les blancs en neige sans les casser.

Desserts aux œufs

Soufflé à la fraise

difficulté ✹✹✹   temps ✹✹✹   coût €€€

Ustensiles : Petit sautoir, mixeur, batteur électrique, spatule, ramequins
Temps de préparation : 20 minutes
Temps de cuisson : 15 minutes
Quantité : 6 personnes

250 g de fraises
200 g de sucre
6 blancs en neige
1 cl de liqueur de fraise

- Préchauffez le four à 200 °C (th. 7).
- Lavez et équeutez les fraises. Mélangez les fraises et le sucre dans un petit sautoir, et laissez cuire sur feux doux, jusqu'à obtenir une compote grossière. Mixez légèrement pour ne pas qu'il reste de gros morceaux de fruits. Ajoutez la liqueur de fraise.
- Montez les blancs en neige au batteur. Ajoutez le restant de sucre à la fin.
- Mélangez un quart des blancs à la purée de fraises à l'aide d'un fouet, puis incorporez le reste délicatement à l'aide d'une spatule.
- Remplissez six ramequins, auparavant beurrés et sucrés, de ce mélange.
- Faites cuire au four pendant 15 minutes. À la sortie du four, saupoudrez de sucre glace et servez aussitôt.

L'ASTUCE D'HÉLÈNE
Il est possible de remplacer la purée de fraises par toute autre purée de fruits : framboises, fruits de la passion, bananes, etc.

Soufflé au chocolat

difficulté ✹✹✹   temps ✹✹✹   coût €€€

Ustensiles : Petit sautoir, mixeur, batteur électrique, spatule, ramequins
Temps de préparation : 20 minutes
Temps de cuisson : 10 minutes
Quantité : 6 personnes

315 g de chocolat 64 %
3 jaunes d'œufs
300 g de lait
20 g de Maïzena
8 blancs d'œufs
80 g de sucre semoule

- Préchauffez le four à 190 °C (th. 6/7).
- Faites fondre le chocolat dans un four micro-ondes. Portez le lait à ébullition, mélangé à la Maïzena. Versez sur le chocolat fondu et mélangez au fouet jusqu'à obtention d'une pâte lisse.
- Montez les blancs et le sucre en neige, jusqu'à ce qu'ils soient bien fermes. Ajoutez la moitié des blancs montés dans le mélange chocolat et lait, puis ajoutez les jaunes d'œufs.
- Ajoutez délicatement à l'aide d'une maryse, pour ne pas qu'ils retombent, le reste des blancs. Versez dans des petits ramequins que vous aurez auparavant beurrés et sucrés. Faites cuire au four ventilé pendant 6-7 minutes selon la taille des ramequins.

L'ASTUCE D'HÉLÈNE

Le soufflé ne sera que plus réussi si vous moulez les ramequins quelques heures à l'avance et que vous le conservez au réfrigérateur.

Œufs à la neige

difficulté ✱✱✱   temps ✱✱✱   coût €€€

Ustensiles : Batteur électrique, casserole, saladier
Temps de préparation : 15 minutes
Temps de cuisson : 5 minutes
Quantité : 6 personnes

8 œufs
1 l de lait
1 gousse de vanille
40 g de sucre
Sel

- Cassez les œufs en séparant le blanc des jaunes. Réservez les jaunes pour cuisiner une crème anglaise.
- Battez les blancs d'œufs avec une petite pincée de sel à l'aide d'un batteur électrique. Une fois qu'ils sont légèrement montés, ajoutez le sucre, puis continuez à battre jusqu'à ce qu'ils soient bien fermes.

✒ Pendant ce temps, portez le lait et la gousse de vanille à ébullition. Laissez frémir, puis déposez une cuillerée de blanc d'œuf monté. Cuisez doucement, en retournant les blancs pour qu'ils cuisent de tous les côtés. Servez accompagné de crème anglaise (voir chapitre 14).

L'ASTUCE D'HÉLÈNE

Il est possible, et plus facile, de cuire les œufs à la neige dans un four micro-ondes. Pour cela remplissez à demi des bols de blancs d'œufs, et cuisez-les 30 secondes au four micro-ondes sur force moyenne.

Œufs au lait

difficulté ✶✶✶   temps ✶✶✶   coût €€€

Ustensiles : Casserole, saladier, fourchette, ramequins
Temps de préparation : 10 minutes
Temps de cuisson : 40 minutes
Quantité : 6 personnes

6 œufs
1 l de lait
125 g de sucre
1 gousse de vanille
5 cl de rhum

✒ Préchauffez le four à 180 °C (th. 6).

✒ Versez le lait, le sucre et la gousse de vanille taillée en deux dans le sens de la longueur dans une casserole. Portez à ébullition. Retirez la vanille et grattez-la de manière à récupérer le maximum de grains.

✒ Cassez les œufs dans un saladier et battez-les comme pour une omelette. Ajoutez le rhum, puis le mélange lait et sucre bien chaud. Mélangez pour obtenir un liquide homogène, versez dans des ramequins. Enfournez au bain-marie, puis laissez cuire pendant 40 minutes. Laissez refroidir avant de servir.

Meringues

difficulté ✶✶✶   temps ✶✶✶   coût €€€

Ustensiles : Casserole, bol en inox, batteur électrique, plaque de cuisson
Temps de préparation : 15 minutes
Temps de cuisson : 1 heure

Quantité : 4 grosses meringues

4 blancs d'œufs

200 g de sucre semoule

- Préchauffez le four à 110 °C (th. 3/4).
- Mélanger les blancs et le sucre dans un bol en inox et chauffez-les au bain-marie jusqu'à ce qu'ils soient tièdes.
- Montez le mélange au batteur jusqu'à ce qu'il soit ferme.
- À l'aide une grosse cuillère, formez des quenelles et posez-les sur une plaque de cuisson allant au four, recouverte de papier sulfurisé. Enfournez et laissez cuire pendant environ 1 heure.

Vous pouvez agrémenter les meringues à votre goût en ajoutant des fruits secs sur le dessus avant cuisson (pistaches, noisettes, abricots, etc.) ou en aromatisant légèrement la meringue avec de la vanille liquide, de l'extrait de citron, ou du cacao.

Les meringues peuvent se faire en quantité et se conservent facilement dans des boîtes hermétiques.

Chapitre 10

Soupes

Dans ce chapitre :

▶ Vider le bac à légumes et improviser une soupe
▶ Faire une soupe à base de bouillon
▶ Rattraper une soupe
▶ Garnir une soupe

Les recettes de ce chapitre

▶ Bouillon de poule au tapioca, cives et infusion de citronnelle
▶ Consommé de bœuf
▶ Soupe à l'oignon
▶ Potage Parmentier
▶ Crème Du Barry
▶ Crème de champignons au parfum de jambon
▶ Velouté de potimarron au miel et à la sauge
▶ Velouté de haricots tarbais
▶ Bisque de crustacés
▶ Soupe paysanne
▶ Soupe au pistou
▶ Soupe de poisson
▶ Gaspacho aux pimientos del piquillo
▶ Gaspacho de petits pois et menthe fraîche
▶ Garbure
▶ Phô vietnamien au poulet
▶ Croûtons à l'ail

Les soupes faites maison présentent de nombreux avantages. Elles peuvent être à la fois nourrissantes et savoureuses. Une soupe peut en effet constituer tout un repas ou un hors-d'œuvre consistant. En hiver, elle tient bien à l'estomac. En été, elle est rafraîchissante si elle est servie froide. Est-il besoin d'en dire plus pour vous convaincre ?

Vous avez peut-être de quoi faire une soupe délicieuse chez vous sans même vous en rendre compte. Commencez par explorer votre bac à légumes. Avez-vous des carottes et du céleri ? Jetez-les dans une cocotte avec de l'eau, une feuille de laurier et quelques grains de poivre noir. Si vous avez du persil, ajoutez-en. Un oignon ? Encore mieux. Vous venez de faire un bouillon de légumes. Plus vous le faites cuire et réduire, plus il sera savoureux.

À ce bouillon, vous pouvez ajouter des morceaux de poulet, de dinde ou de bœuf cuit ; des pâtes ; du riz ; ou tout ce que vous avez sous la main. Comme avec les sauces, dès lors que vous avez une bonne base, vous pouvez ajouter ce que vous voulez. Dans ce chapitre, vous trouverez quelques bases de soupes à partir desquelles vous pourrez improviser à votre guise.

Les différentes catégories de soupe

Les potages clairs : réalisés avec des os et de la viande, ces préparations doivent être clarifiées.

- **Bouillons** : ils sont à base de poule (voir chapitre 4). On peut les servir nature ou agrémenté d'une infusion (citronnelle), ou encore d'une garniture (tapioca, dés de légumes)
- **Consommés** : ils sont à base de bœuf, et peuvent s'agrémenter de petits dés de légumes, d'herbes fraîches ou de petites pâtes. C'est aussi et surtout la base de la soupe à l'oignon.
- **Court-bouillon** : se compose de vin blanc, de fumet et de légumes aromatiques. Il sert principalement à la cuisson, pour pocher des poissons.
- **Fumet** : de poisson ou de crustacé, même de coquillage, il permet la réalisation de sauces ou de cuissons en accord avec les mets servis. Par exemple, on peut servir des noix de coquilles Saint-Jacques poêlées, avec un jus réduit qui aura été réalisé avec les « barbes » de coquilles Saint-Jacques.

Les potages liés : réalisés à partir de légumes, ils ont une consistance plus épaisse

- **les potages à base de purée de légumes** : c'est une sorte de purée, détendue avec du bouillon
- **les crèmes** (s'appelaient à l'origine les potages passés, car on les passait au moulin à légumes) : c'est une sorte de potage lié avec de la crème fraîche, ou bien avec de la béchamel.
- **les veloutés** : ce sont des potages mixés, puis liés avec un jaune, de la crème épaisse ou liquide, ou encore avec du beurre frais.
- **les bisques** : ce sont des potages faits à base de coulis de crustacés. La bisque de homard est la plus connue, mais on peut également la réaliser avec des langoustines.
- **les potages taillés** : ceux-là ne sont pas passés au mixeur, toutefois comme on ajoute des petits morceaux de légumes et parfois de viande, la consistance du potage épaissie.
- **les gaspachos** : sont composés de légumes crus (tomate, concombre, oignons doux…), après avoir été marinés, les légumes coupés en cubes sont mixés. Cela donne un jus épais très rafraîchissant en été.

Enfin, de nombreuses **soupes « à manger »** (à base de viande, de poisson, de féculents, etc.) sont délicieuses en tant que plat complet.

Bouillons

Bouillon de poule au tapioca, cives et infusion de citronnelle

difficulté ✱✱✱   temps ✱✱✱   coût €€€

Ustensiles : Marmite à bouillon, planche à découper, couteau économe, couteau d'office, chinois avec linge pour filtrer, couteau éminceur

Temps de préparation : 30 minutes

Temps de cuisson : 3 heures 30

Quantité : 6 personnes

1 poule fermière
200 g de carottes
80 g d'oignons
4 clous de girofle
1 branche de céleri
1 bouquet garni
1 vert de poireau
3 gousses d'ail frais
10 grains de poivre noir
15 g de gros sel
Le jus d'un ½ citron jaune

Pour la finition :

60 g de tapioca
6 brins de cive bien fine
1 bâton de citronnelle

- Épluchez et lavez les légumes, laissez-les entiers (ils pourront servir à faire une salade de légumes à la graine de moutarde). Dans la marmite, mettez la poule et recouvrez d'eau, portez à ébullition en écumant les impuretés à la surface.

- Ensuite ajoutez les légumes, le jus de citron, l'assaisonnement et le bouquet garni, laissez cuire à frémissement pendant 3 à 4 heures selon la taille de la poule. Écumez si nécessaire de temps en temps.

- Lavez les cives et ciselez-les finement, lavez la citronnelle et coupez-la en tronçons pour l'infusion.

- Une fois cuite, retirez la poule et les légumes, passez le bouillon au chinois avec un linge pour filtrer les impuretés restantes.

✔ Faites chauffer le bouillon dans la marmite, ajoutez le tapioca et la citronnelle, baissez le feu au minimum, et laissez infuser une demi-heure. Ensuite, retirez la citronnelle, vérifiez l'assaisonnement et ajoutez la cive ciselée. Servez aussitôt.

Écumer les soupes et les bouillons

Lorsque vous faites une soupe ou un bouillon, notamment à base de haricots secs, de lentilles, de viande ou de volaille, vous devez écumer le liquide frémissant avec une cuillère à manche long pour retirer et jeter l'écume qui se forme à la surface. Essayez de retirer l'écume dès qu'elle se forme. Si vous la laissez bouillir dans la soupe, elle nuira à la saveur de l'ensemble. Retirez également la graisse de la surface ou bien réfrigérez la soupe et enlevez la graisse à la cuillère une fois qu'elle est figée.

Si vous souhaitez épaissir votre soupe pour qu'elle soit plus riche, voici quelques idées :

✔ Mélangez 20 g de beurre légèrement ramolli avec 1 cuillerée à soupe de farine. Vous obtenez du beurre manié. Prélevez 25 cl et ajoutez celui-ci au beurre manié. Remuez et versez le tout dans la soupe. Faites cuire à feu moyen environ 5 minutes, jusqu'à ce que la soupe épaississe.

✔ Mélangez 1 cuillerée à soupe de farine avec 2 cuillerées à soupe de bouillon. Remuez et, cette fois, ajoutez 25 cl de bouillon. Remuez encore et versez le tout dans la soupe.

Consommés

Consommé de bœuf

difficulté ✱✱✱   temps ✱✱✱   coût €€€

Ustensiles : Marmite à bouillon, planche à découper, couteau économe, couteau d'office, couteau éminceur, chinois avec linge pour filtrer

Temps de préparation : 40 minutes

Temps de cuisson : 4 heures

Quantité : 4 personnes

1,5 kg de queue de bœuf ficelée (demandez à votre boucher de la préparer)

200 g de carottes

60 g d'oignons

100 g de navets ronds

4 clous de girofle

1 branche de céleri

1 vert de poireau ficelé

3 gousses d'ail frais

1 bouquet garni

- Dans la marmite à bouillon, mettez la viande et recouvrez d'eau, portez à ébullition et écumez la surface de l'eau afin de retirer les impuretés.
- Pendant ce temps, épluchez, lavez tous les légumes (il ne faut pas les tailler car ils pourront servir à la réalisation d'une terrine de queue de bœuf en gelée), piquez l'oignon avec les clous de girofle.
- Baissez le feu de la marmite à petit frémissement et ajoutez les légumes, le bouquet garni, une pincée de gros sel et 6 grains de poivre noir.
- Laissez cuire 4 heures en écumant de temps en temps.
- Enfin, après cuisson, retirez la viande et les légumes, émiettez la queue de bœuf, et effilochez-la en lanières, conservez-la au chaud dans un bol.
- Passez le bouillon au chinois avec le linge pour filtrer, et servez le consommé de bœuf bien chaud. La queue de bœuf à part dans le bol bien chaud.

Préparez des feuilles d'estragon, de persil, de cerfeuil pour ajouter au dernier moment dans le consommé.

Soupe à l'oignon

difficulté ✱✱✱   temps ✱✱✱   coût €€€

Ustensiles : Couteau d'office, casserole, 4 bols allant au four

Temps de préparation : 30 minutes

Temps de cuisson : 1 heure

Quantité : 4 personnes

750 g de gros oignons

4 belles tranches de pain de campagne

250 g d'emmenthal râpé

2 gousses d'ail

20 g de graisse de canard

15 cl de vin blanc

2,5 l de bouillon de volaille (ou d'eau à défaut)
2 branches de thym
4 feuilles de laurier
Sel
Piment d'Espelette

- Pelez et émincez les oignons.

- Dans une casserole, faites revenir l'oignon et l'ail sans coloration avec la graisse de canard. Déglacez avec le vin blanc, réduisez à sec. Laissez fondre l'oignon qui ne doit pas colorer. Une fois qu'il est bien compoté, assaisonnez de sel et de piment d'Espelette. Mouillez avec le bouillon et ajoutez les herbes. Laissez cuire pendant 45 minutes. Puis retirez les herbes. Rectifiez l'assaisonnement.

- Faites griller le pain de campagne, détaillez en demi-tranches, disposez chaque tranche dans le fond de quatre bols. Saupoudrez d'un peu de fromage râpé. Versez la soupe par-dessus. Saupoudrez à nouveau de fromage et faites gratiner sous le gril.

- Servez aussitôt.

Dans certaines régions, on appelle cette soupe « tourin ». Suivant les coutumes, elle peut être cuisinée avec beaucoup plus d'ail (et on parle de tourin à l'ail) ou on peut y ajouter de la tomate (et on l'appelle tourin à la tomate).

Dans les restaurants, la soupe à l'oignon est traditionnellement servie dans des petites soupières individuelles, que l'on appelle « têtes de lion », à cause des deux petites poignées en forme de tête de lion qui se trouvent sur les côtés.

Potages à base de purées de légumes

Potage Parmentier

difficulté ★★★   temps ★★★   coût €€€

Ustensiles : Grande casserole, couteau économe, couteau d'office
Temps de préparation : 15 minutes
Temps de cuisson : 45 minutes
Quantité : 6 personnes
300 g de poireaux (sans le vert)

300 g de pommes de terre

1 bouquet garni

50 g de beurre

Sel

Piment d'Espelette

- Nettoyez les poireaux en suivant le procédé ci-après, puis émincez-les.
- Pelez les pommes de terre, lavez-les, puis taillez-les en petits cubes (mirepoix, voir tableau 2-1).
- Dans une casserole, faites fondre le beurre, puis jetez les poireaux. Laissez-les fondre doucement. Puis ajoutez les pommes de terre et laissez colorer. Mouillez alors avec 2 litres d'eau, assaisonnez de sel et de piment d'Espelette, ajoutez le bouquet garni, puis laissez cuire à feu doux pendant 40 minutes environ.

Servez accompagné de croûtons (voir recette en fin de chapitre).

Vous pouvez aussi mixer cette soupe après avoir retiré le bouquet garni et en y ajoutant 30 cl de crème fraîche liquide. Vous pouvez servir cette soupe chaude, ou glacée. Cela s'appelle une vichyssoise.

Avant de mixer une soupe, laissez-la refroidir légèrement, afin d'éviter les projections qui pourraient vous brûler ou redécorer votre cuisine.

Votre soupe manque de caractère ?

Si votre soupe est fade, vous pouvez y ajouter un bouillon cube (poulet, bœuf ou légumes, selon la soupe). Toutefois, sachez que les bouillons cubes comportent beaucoup de sel et peuvent masquer les autres saveurs de la soupe. Commencez par la moitié d'un cube et goûtez avant d'ajouter l'autre moitié. Votre soupe manque peut-être simplement de sel et de poivre. Vous pouvez aussi la relever avec des herbes aromatiques, comme du romarin, de la sauge, de la sarriette, de l'estragon ou du thym. Essayez également un jus de citron ou une larme de xérès.

Éplucher et nettoyer des poireaux

Les poireaux ressemblent à des oignons qui ont trop poussé mais dont la saveur est plus douce. Vous pouvez les mettre dans une soupe ou un ragoût, ou bien les sauter dans du beurre avec des légumes tendres, comme les champignons.

Avant de faire cuire un poireau, vous devez le nettoyer soigneusement pour le débarrasser des grains de sable qui se trouvent près entre ses couches successives. Sur une planche à découper, coupez les racines qui sortent du bulbe avec un couteau tranchant. Ensuite, coupez les parties vert foncé situées à l'autre extrémité, en laissant uniquement 5 cm de tige vert pâle (en général, on n'utilise uniquement le blanc et le vert pâle d'un poireau. Les parties vert foncé doivent être jetées, mais vous pouvez les rincer et les utiliser pour faire un bouillon de poulet ou de légumes). Coupez le poireau en deux dans le sens de la longueur, lavez à l'eau vinaigrée et rincez-le sous l'eau froide en ouvrant les couches successives avec vos doigts pour retirer le sable et les gravillons.

Éplucher et nettoyer des poireaux

1. Environ 5 cm de vert pâle. Coupez. Coupez les racines mais pas le bulbe.
2. Fendez en deux. Toujours intact.
3. Lavez à l'eau vinaigrée et rincez sous l'eau froide. Je vais retirer tout ce sable de mes poireaux...

TRUC : Si vous souhaitez ajouter des herbes aromatiques à une soupe ou à une sauce, faites-le toujours à la dernière minute. Ainsi, elles conserveront leur couleur et leur saveur d'origine.

L'ASTUCE D'HÉLÈNE : Pour transformer cette soupe en plat d'accompagnement, procédez de la même façon, en mixant les légumes cuits, mais ajoutez juste ce qu'il faut de liquide de cuisson pour obtenir une purée épaisse : tous les veloutés font de bonnes purées.

Crèmes

Crème Du Barry

difficulté ★★★   temps ★★★   coût €€€

Ustensiles : Grande casserole, couteau économe, couteau d'office, mixeur
Temps de préparation : 15 minutes
Temps de cuisson : 30 minutes
Quantité : 6 personnes

500 g de chou-fleur
250 g de pommes de terre
30 cl de crème fraîche liquide
Sel
Piment d'Espelette

- Taillez le chou-fleur en sommités et lavez-les.
- Pelez les pommes de terre, lavez-les et taillez-les en gros cubes.
- Cuisez le chou-fleur et les pommes de terre dans 1,5 litre d'eau salée. Puis mixez et ajoutez la crème fraîche liquide. Rectifiez l'assaisonnement en sel et piment d'Espelette. Servez chaud ou glacé.
- Au moment de servir, râpez, à l'aide d'une mandoline, une sommité de chou-fleur en fines lamelles, sur le dessus de la soupe.

L'ASTUCE D'HÉLÈNE Si vous servez la crème glacée, versez sur le dessus, quelques gouttes d'huile d'olive. Vous pouvez servir cette soupe, accompagnée d'un tartare de noix de coquilles Saint-Jacques assaisonné avec un peu d'huile d'olive, de jus de citron, de citron confit, de sel et piment d'Espelette. Il s'agira de poser une quenelle de ce tartare dans le fond de chaque assiette creuse, puis de verser la crème Du Barry fumante sur ce tartare. La chaleur de la crème cuira ce qu'il faut le tartare de Saint-Jacques.

Crème de champignons au parfum de jambon

difficulté ★★★   temps ★★★   coût €€€

Ustensiles : Sautoir, couteau d'office, mixeur
Temps de préparation : 15 minutes
Temps de cuisson : 45 minutes

Quantité : 6 personnes

100 g de jambon de Bayonne
400 g de champignons de Paris
1 gros oignon
2 gousses d'ail
1 bouquet garni
50 cl de crème fraîche liquide
50 g de graisse de canard
Sel
Piment d'Espelette

- Pelez et ciselez l'oignon. Nettoyez les champignons de Paris.
- Faites revenir l'oignon sans coloration dans un sautoir avec le jambon et les gousses d'ail. Puis ajoutez les champignons hachés grossièrement. Laissez fondre, puis mouillez avec 1,5 litre d'eau. Laissez cuire 45 minutes. Puis mixez et ajoutez la crème liquide. Rectifiez l'assaisonnement en sel et piment d'Espelette.

IMPROVISEZ

Vous pouvez remplacer les champignons de Paris par toutes autres sortes de champignons : cèpes, girolles, mousserons. Vous pouvez même mélanger les variétés.

Veloutés

Velouté de potimarron au miel et à la sauge

difficulté ★★★   temps ★★★   coût €€€

Ustensiles : Couteau d'office, casserole, mixeur, soupière
Temps de préparation : 30 minutes
Temps de cuisson : 35 minutes
Quantité : 4 personnes

800 g de potimarron
1 gros oignon
1 gousse d'ail
50 cl de crème liquide
30 g de graisse de canard
3 branches de sauge
30 g de miel de sapin
2 feuilles de laurier

Sel

Piment d'Espelette

- Pelez le potimarron et ôtez les graines et les filaments. Il doit rester environ 500 g de chair de potimarron, taillez-le en gros cubes. Pelez l'oignon, coupez-le en quatre. Pelez l'ail et retirez le germe vert qui se trouve au centre.
- Dans une casserole, faites suer l'oignon et l'ail avec la graisse de canard. Puis ajoutez les morceaux de potimarron. Recouvrez d'eau, ajoutez 2 branches de sauge, puis laissez cuire environ 30 minutes.
- Une fois le potimarron bien cuit, ajoutez le miel et la crème, puis mixez la soupe. Rectifiez l'assaisonnement en sel et piment d'Espelette.
- Au moment de servir, portez à ébullition, puis versez dans une soupière. Déposez sur le dessus des feuilles de sauge.

Il est possible d'accompagner ce velouté de fines tranches de pain de campagne grillées, sur lesquelles on déposera un peu de caillé de chèvre ou de brebis mélangé à un peu d'huile d'olive et de poivre mignonnette.

Velouté de haricots tarbais

difficulté ★★☆   temps ★★★   coût €€€

Ustensiles : Chinois, mixeur, tamis, casserole, soupière

Temps de préparation : 40 minutes

Temps de cuisson : 1 heure

Quantité : 8 personnes

1,2 kg de haricots tarbais frais (ou 500 g de haricots secs)

80 g de jambon de pays

2 carottes

6 échalotes

1 gousse d'ail

1 bouquet garni

1 grosse tomate

1 l de bouillon de volaille

20 g de graisse de canard

50 cl de crème fraîche liquide

1 cl d'huile d'olive

Sel

Piment d'Espelette

- Cuisinez les haricots tarbais. Une fois qu'ils sont bien cuits, filtrez en réservant le jus, puis triez de manière à isoler les haricots de la garniture aromatique et du jambon.
- Mixez les haricots, puis passez cette purée à travers un tamis pour qu'elle soit bien lisse. Ajoutez-y la crème fleurette, puis une partie du jus de cuisson des haricots, jusqu'à ce que le velouté soit liquide, lisse et onctueux. Portez à ébullition à nouveau, rectifiez l'assaisonnement en sel et piment d'Espelette, versez dans une soupière, puis versez un filet d'huile d'olive.

TRUC En été, ce velouté est délicieux servi glacé : ajoutez-y juste 2 cl de vinaigre de xérès.

L'ASTUCE D'HÉLÈNE Ce velouté est délicieux accompagné de lanières de pimientos del piquillo et de filets de morue confits dans un peu d'huile d'olive.

À RETENIR Les soupes qui comportent des céréales ou des haricots secs (ou autres légumes secs) mettent relativement longtemps à cuire. Faites tremper les céréales ou les haricots dans de l'eau pendant la nuit pour réduire le temps de cuisson ou plongez-les dans la cocotte dès le début de la cuisson. Ajoutez les légumes destinés à garnir, comme les carottes dans la recette précédente, vers la fin de la cuisson afin qu'ils conservent leur saveur.

L'ASTUCE D'HÉLÈNE Pour réaliser un **velouté de carottes au gingembre et agrumes confits**, suivez la recette de la mousseline de carottes (voir chapitre 4). Détendez 500 g de cette purée avec 30 cl de crème fraîche liquide. Rectifiez l'assaisonnement en sel et piment d'Espelette.

ATTENTION ! Lorsque vous faites mijoter une soupe épaisse, remuez et raclez le fond de la cocotte régulièrement avec une cuillère en bois pour éviter que le mélange attache et brûle. Ajoutez de l'eau, si nécessaire. Si vous faites brûler une partie des aliments, transférez la partie épargnée dans une autre cocotte.

Bisques

Bisque de crustacés

difficulté ★★★   temps ★★★   coût €€€

Ustensiles : Grande sauteuse, couteau d'office, louche, mixeur, chinois
Temps de préparation : 20 minutes
Temps de cuisson : 1 heure 30
Quantité : 6 personnes

1 kg de carcasses de crustacés, ou d'étrilles
150 g d'oignons
150 g de carottes
60 g de fenouil
1 bouquet garni
10 g de concassé de tomates
1 g de genièvre
1 g de coriandre
1 g de poivre en grains
1 g de piment d'Espelette
5 cl d'armagnac
25 cl de litre de vin blanc sec
50 g de graisse de canard
100 g de beurre
25 cl de crème liquide
Sel
Piment d'Espelette

- Versez la graisse de canard dans une grande sauteuse. Faites-y revenir les étrilles concassées, ainsi que la garniture aromatique taillée en gros morceaux. Versez l'armagnac dans une louche et flambez-le.

- Une fois que le tout est légèrement coloré, déglacez avec l'armagnac, laissez réduire à sec, puis déglacez à nouveau avec le vin blanc sec.

- Versez 2 litres d'eau, ajoutez la tomate taillée grossièrement, les épices, une belle pincée de piment d'Espelette et le bouquet garni. Laissez cuire à frémissement pendant 1 heure 30, puis mixez grossièrement et filtrez à travers un gros chinois en écrasant bien toutes les carcasses avec le dos d'une louche pour récupérer le maximum de sucs. Si le bouillon n'est pas assez concentré, faites-le réduire à nouveau. Puis ajoutez la crème liquide et montez au beurre.

Congeler et réchauffer la soupe

Si vous faites plus de soupe que vous ne pouvez en manger en une seule fois, mettez-la au réfrigérateur, retirez la graisse accumulée à la surface, et congelez-la. Pour la congélation, mettez-la dans un récipient en plastique hermétique.

Réchauffez la soupe au four à micro-ondes ou à feu doux dans une casserole. Faites-la chauffer juste ce qu'il faut pour éviter que les féculents, comme les pommes de terre, les pâtes ou le riz, soient trop cuits.

Potage taillé

Par principe cette soupe doit être roborative et consistante, elle est presque un plat à elle toute seule.

Soupe paysanne

difficulté ✱✱✱   temps ✱✱✱   coût €€€

Ustensiles : Marmite à potage, planche à découper, couteau éminceur, couteau d'office, couteau économe

Temps de préparation : 20 minutes

Temps de cuisson : 40 minutes

Quantité : 4 personnes

80 g de ventrèche de porc séchée sans couenne (ou poitrine de porc fumée)

30 g d'oignons

60 g de carottes

60 g de poireaux

50 g de navets

50 g de céleri branche

60 g de panais

100 g de pommes de terre bintje

2 gousses d'ail frais

1 l de bouillon de volaille

20 g de graisse de canard

1 bouquet garni

1 pincée de gros sel

6 grains de poivre noir

- Épluchez, lavez tous les légumes, taillez-les en bâtonnets de 1 cm x 1 cm, puis taillez en fines tranches de 1 à 2 mm d'épaisseur les carottes, les navets, les pommes de terre, le céleri, le panais et conservez-les séparément. Taillez des lardons avec la ventrèche, ciselez les oignons et les poireaux en cubes.
- Dans la marmite, faites chauffer la graisse de canard, faites suer à blond la ventrèche, ajoutez les oignons, les carottes, le céleri, les navets, le panais et les poireaux, faites suer à nouveau.
- Mouillez avec le bouillon de volaille, ajoutez le bouquet garni, le poivre, l'ail et assaisonnez très légèrement de sel. Laissez cuire à frémissement pendant 25 minutes puis ajoutez les pommes de terre et laissez cuire encore 15 minutes. Vérifiez l'assaisonnement et servez bien chaud.

Accompagnez de croûtons frottés à l'ail frais, de fromage de brebis râpé.

Soupe au pistou

difficulté ✶✶✶   temps ✶✶✶   coût €€€

Ustensiles : Mortier et pilon ou mixeur, couteau d'office, grande marmite

Temps de préparation : 30 minutes

Temps de cuisson : 40 minutes

Quantité : 8 personnes

2 carottes

2 poireaux

2 oignons

2 courgettes

4 belles pommes de terre

2 navets de taille moyenne

4 artichauts violets

1 fenouil

1 branche de céleri

1 petit pied de blette

150 g de haricots verts écossés

150 g de févettes écossées

150 g de petits pois écossés

150 g de haricots coco en grains écossés

50 à 100 g de pesto (selon les goûts)

2 belles tomates

6 fleurs de courgette

100 g de pousses d'épinard

10 cl d'huile d'olive de cuisson

Sel

Piment d'Espelette

Pour la finition :

50 g de parmesan râpé

- Équeutez les haricots verts. Écossez les févettes, les petits pois et les haricots coco. Pelez les carottes, oignons, pommes de terre et navets. Lavez les poireaux, courgettes, fenouil, céleri, blette, haricots verts, tomates et pousses d'épinard. Séparez les côtes des verts de blette.

- Émincez finement les poireaux et les oignons et taillez en petits dés les carottes, courgettes, pommes de terre, navets, le fenouil, la branche de céleri, les côtes de blette. À l'aide d'un petit couteau, enlevez les premières feuilles, dures et vert foncé, des artichauts violets jusqu'à trouver celles du cœur tendre et vert pâle. Taillez-les en deux moitiés, ôtez le foin puis émincez-les. Dans une grande marmite, faites revenir tous ces légumes dans l'huile d'olive. Ne les colorez pas trop, mais laissez-les compoter. Cela prendra 15 minutes sur un feu moyen. Assaisonnez de sel et de piment d'Espelette.

- Versez alors de l'eau jusqu'à la hauteur des légumes. Laissez cuire doucement, et 10 minutes après, une fois que l'eau est absorbée, versez-en à nouveau jusqu'à cette même hauteur. Renouvelez l'opération une fois encore, et, en dernier lieu, versez de l'eau jusqu'à ce qu'elle dépasse les légumes d'au moins la largeur de la main. Ajoutez les tomates taillées en quarts et les haricots coco, et laissez cuire doucement une quinzaine de minutes encore.

- Pendant ce temps, taillez les verts de blette et les fleurs de courgette en fines lanières. Ajoutez alors les pois et les févettes, les haricots verts taillés en petits bâtonnets. Au bout de 5 minutes, versez les lanières de verts de blette et les pousses d'épinard, et 3 ou 4 minutes après, les fleurs de courgette et 4 belles cuillerées à soupe de pistou, ou plus selon son goût. Laissez cuire encore quelques instants, le temps que le condiment se mélange bien, puis servez cette soupe fumante, accompagnée d'une coupelle de parmesan Reggiano râpé.

Tous les légumes ne sont pas nécessaires, accordez selon le marché et la saison.

Si vous avez des restes, réchauffez la soupe en y jetant une poignée de riz rond.

Dans l'ensemble, les soupes de poisson sont rapides et faciles à faire. Le poisson cuit en quelques minutes. Il est donc important d'en surveiller la cuisson. Dans la recette suivante, nous avons ajouté des moules mais vous pouvez les remplacer par des palourdes ou des pétoncles.

Soupe de poisson

difficulté ★★★   temps ★★★   coût €€€

Ustensiles : Couteau de chef, grande casserole ou marmite en métal épais
Temps de préparation : Environ 35 minutes
Temps de cuisson : Environ 25 minutes
Quantité : 4 personnes

500 g de poissons de roche
2 cuil. à soupe d'huile d'olive
1 oignon moyen haché

1 grand poireau épluché, rincé et finement haché (blanc et vert pâle uniquement)

3 grosses gousses d'ail finement hachées

25 cl de vin blanc sec

25 cl de purée de tomate en conserve

1 brin de thym frais

1 feuille de laurier

1 cuil. à café de graine d'anis (facultatif)

¼ cuil. à café de piment rouge (facultatif)

Sel et poivre noir à votre convenance

¼ bouquet de basilic ou de persil finement haché

1 pain italien ou français

- Faites chauffer l'huile à feu moyen dans une casserole en métal épais. Ajoutez l'oignon, le poireau et l'ail. Faites cuire, en remuant souvent, jusqu'à ce que l'oignon colore légèrement (environ 5 minutes), puis ajoutez les poissons en morceaux.

- Ajoutez 50 cl d'eau, le vin, la purée de tomate, le thym, la feuille de laurier, la graine d'anis (facultatif), le piment rouge (facultatif), le sel et le poivre. Portez à ébullition puis réduisez la chaleur pour faire mijoter à feu doux pendant 45 minutes.

- Retirez le brin de thym et la feuille de laurier. Saupoudrez chaque assiette de basilic ou de persil et servez avec des croûtons de pain dorés à l'huile d'olive, avec de l'aïoli et du fromage râpé.

Si vous mettez trop de sel dans votre soupe, tout n'est pas perdu. La solution la plus simple consiste à ajouter de l'eau. Cela dit, si vous ne voulez pas trop éclaircir la soupe, ajoutez plutôt de très fines tranches de pomme de terre que vous aurez fait cuire jusqu'à ce qu'elles deviennent translucides. Les pommes de terre absorbent le sel. Laissez-les dans la soupe, si vous le souhaitez. Les tomates, fraîches ou en conserve (non salées, bien sûr !), agissent de la même façon.

Gaspachos

Lorsque vous faites une soupe froide, la fraîcheur et la maturité des légumes ou des fruits sont des facteurs très importants. Le gaspacho est très apprécié l'été, lorsque les tomates sont juteuses et abondantes.

Gaspacho aux pimientos del piquillo

difficulté ✱✱✱   temps ✱✱✱   coût €€€

Ustensiles : Plat creux, éplucheur, mixeur, chinois
Temps de préparation : 20 minutes
Temps de repos : 2 heures + 1 nuit
Quantité : 8 personnes

1,5 kg de tomates « cœur de bœuf »
200 g de concombre
175 g de poivrons rouges
175 g de poivrons verts
2 gousses d'ail
50 g d'oignons
175 g de pimientos del piquillo
100 cl d'huile d'olive
5 cl de vinaigre de xérès
90 g de mie de pain
Sel
Piment d'Espelette

- Mettez la mie de pain à tremper avec l'huile d'olive, le vinaigre de xérès, l'ail et l'oignon. Laissez reposer au froid pendant 2 heures.
- Épluchez les concombres et poivrons et taillez-les en dés. Mélangez-les aux tomates. Mélangez au reste des ingrédients, et laissez reposer toute une nuit.
- Le jour même, ajoutez les pimientos del piquillo, mixez et passez au chinois. Assaisonnez de sel et piment d'Espelette.
- Réservez au frais jusqu'au moment de servir. Les gaspachos doivent se servir très frais.

SAVOIR-FAIRE Pour retirer les graines d'un concombre, coupez celui-ci en deux dans le sens de la longueur et raclez la couche contenant les graines avec une cuillère.

Gaspacho de petits pois et menthe fraîche

difficulté ✱✱✱   temps ✱✱✱   coût €€€

Ustensiles : Bol mixeur, chinois
Temps de préparation : 10 minutes

Quantité : 1 litre

50 g de petits oignons doux frais

250 g de courgettes fines

280 g de petits pois frais écossés

15 cl d'huile d'olive extra vierge

1 botte de menthe verte (environ 15 g de feuilles)

2 gousses d'ail frais épluchées

1 pincée de sel fin

1 pincée de piment d'Espelette

Le jus d'un ½ citron vert

- Épluchez et lavez les légumes, taillez les courgettes, les oignons en dés, faites blanchir les petits pois frais à l'anglaise et rafraîchissez-les.
- Dans le bol du mixeur, mélangez tous les ingrédients avec 30 cl d'eau, ajoutez quelques glaçons et mixez jusqu'à ce qu'il n'y ait plus de grains. Passez au chinois et vérifiez l'assaisonnement.

Servez glacé.

Soupes à manger

Garbure

difficulté ★★★   temps ★★★   coût €€€

Ustensiles : Grande casserole, éplucheur, couteau d'office, grosse marmite, plat de service

Temps de préparation : 30 minutes

Temps de cuisson : 1 heure

Quantité : 8 personnes

1 chou frisé d'environ 2 kg

1,5 kg de pommes de terre

1 kg de carottes

500 g de haricots maïs du Béarn frais en grains (ou 300 g secs)

500 g de haricots mange-tout

2 cuisses de canard confites

2 ailes de canard confites

3 cous de canard confits (à défaut, ajoutez une cuisse de canard confite)

Sel

Piment d'Espelette

- Nettoyez le chou et faites-le blanchir quelques minutes dans l'eau bouillante. Pelez les pommes de terre et les carottes, taillez-les en gros morceaux. Nettoyez les haricots mange-tout.

- Dans une grosse marmite, versez 6 litres d'eau. Plongez-y les carottes et haricots mange-tout. Après une dizaine de minutes ajoutez les pommes de terre et après 10 minutes encore, déposez les viandes et le chou. Laissez cuire 40 minutes. Assaisonnez à ce moment-là, de sel et de piment d'Espelette. Présentez la garbure dans un plat. Déposez les légumes et un peu de bouillon dans le fond, puis les viandes découpées par-dessus. Servez le bouillon à côté.

L'ASTUCE D'HÉLÈNE

S'ils sont secs, les faire gonfler dans de l'eau glacée pendant 24 heures.

IMPROVISEZ

Vous pouvez ajouter d'autres légumes dans la garbure : topinambours, potiron, panais. Dans ce cas, pelez-les et taillez-les en morceaux grossiers et mettez-les à cuire dans leur ordre de temps de cuisson. Vous pouvez aussi ajouter d'autres viandes confites, comme des gésiers de canard confits, un rôti de porc confit, des oreilles de cochon confites… on peut aussi, 20 minutes avant de servir la garbure, y faire pocher un lobe entier de foie gras de canard.

Phô vietnamien au poulet

difficulté ★★★   temps ★★★   coût €€€

Ustensiles : poêle, fourchette à deux dents, 2 grandes marmites, assiettes creuses, théière

Temps de préparation : 30 minutes

Temps de cuisson : 2 heures minimum

Quantité : 8 personnes

1 poularde de 1,6 kg

2 bottes de coriandre

240 g de carottes

2 gros oignons

6 graines de cardamome

3 baies de genièvre

3 clous de girofle

1 grand bâton de cannelle

3 anis étoilés

5 ml de sauce nuoc-mâm

Sel

Piment d'Espelette

Pour la garniture :

4 branches de coriandre

4 cébettes thaïes ou oignons nouveaux

1 paquet de pâtes vietnamiennes

- Dans une poêle faites griller les épices. Piquez les oignons, avec leur peau, sur une fourchette à deux dents, puis faites-les brûler directement au-dessus du brûleur à gaz. Si vous n'avez pas de brûleur à gaz, brûlez-les en les déposant dans une poêle sans matière grasse.

- Déposez la poularde entière dans une grande marmite, avec la coriandre, les carottes et les oignons brûlés et les épices. Versez 5 litres d'eau par-dessus. Puis laissez cuire sur feu doux pendant 2 heures au moins. Filtrez, ajouter la sauce nuoc-mâm dans la soupe et rectifiez l'assaisonnement en sel et piment d'Espelette.

- Émiettez les chairs de la poularde et réservez-les dans un peu de bouillon de cuisson.

- Cuisez les pâtes vietnamiennes dans de l'eau bouillante salée.

- Ciselez la cébette thaïe. Ciselez la coriandre.

- Dans chaque assiette creuse, déposez les pâtes vietnamiennes. Parsemez de viande de poulet émiettée, de coriandre et cébettes ciselées.

- Servez le consommé de poularde dans une théière bien chaude, versez-le sur chaque assiette devant les convives.

Pour réaliser un **minestrone**, suivez la recette de la soupe au pistou, sans ajouter de pistou à la fin. 20 minutes avant la fin de cuisson, ajoutez 150 g de riz rond ou 250 g de pâtes sèches.

Ajouter une garniture à vos soupes

Vous pouvez donner à vos soupes un petit plus qui les rendra inoubliables. La garniture doit compléter la soupe sans en masquer le caractère.

Voici quelques idées :

- **Julienne de légumes** : légumes-racines, comme des carottes ou des panais, blanchis et finement tranchés. Dans la brunoise, ces fines tranches de légumes sont coupées en cubes minuscules.

- **Chiffonnade** : feuilles d'épinards ou d'oseille enroulées comme un cigare dans le sens de la longueur, puis tranchées en travers en petites lanières fines comme de la dentelle. Ajoutez aux bouillons clairs juste avant de servir.
- **Croûtons** : petits morceaux de pain grillés et frottés d'ail à mettre dans une soupe chaude avec du parmesan râpé (recette de croûtons à l'ail ci-après).
- **Gnocchi ou autres pâtes :** féculents pour faire une soupe plus consistante et gourmande.
- **Gremolata** : mélange d'ail haché, de persil haché et de zeste de citron râpé – également délicieux sur les grillades de bœuf, de porc ou de poulet.
- **Lardons :** petits morceaux de lard, à faire rissoler préalablement dans une poêle.
- **Pistou** : feuilles de basilic fraîches broyées, ail, parmesan et huile d'olive formant une pâte crémeuse.
- **Poêlée de champignons sauvages :** un mélange savoureux pour donner un goût très fin à votre soupe.

De nombreuses soupes sont agrémentées de petits croûtons. Les croûtons faits maison sont beaucoup plus savoureux que ceux que l'on trouve dans le commerce et sont prêts en quelques minutes.

Croûtons à l'ail

difficulté ✶✶✶   temps ✶✶✶   coût €€€

Ustensiles : Couteau à dents de scie, couteau de chef, sauteuse, spatule en métal

Temps de préparation : Environ 5 minutes

Temps de cuisson : Environ 3 minutes

Quantité : 6 personnes

4 tranches de pain de campagne

2 grosses gousses d'ail épluchées et broyées

graisse de canard ou huile d'olive

Poivre noir à votre convenance

- Empilez les tranches de pain et coupez la croûte avec un couteau à dents de scie. Coupez les tranches en cubes de 5 mm.

- Posez les gousses d'ail sur une planche à découper et aplatissez-les avec un couteau de chef.

- Faites chauffer la matière grasse à feu moyen-vif dans une grande sauteuse. Ajoutez l'ail broyé et faites-le revenir en remuant, environ 1 minute ou jusqu'à ce qu'il dore légèrement (attention à ne pas le faire brûler). Jetez l'ail. Ajoutez le pain et faites-le chauffer environ 2 minutes. Remuez les petits cubes avec une spatule en métal pour qu'ils dorent de tous les côtes. Retirez le pain de la sauteuse et séchez-le avec du papier absorbant. Poivrez si vous le souhaitez.

Chapitre 11

Salades

Dans ce chapitre :
- Connaître les diverses catégories de salades
- De nombreuses salades rapides et faciles à faire

Les recettes de ce chapitre
- Sauce mayonnaise aux herbes
- Salade de pommes de terre
- Salade de pâtes papillon aux moules
- Salade de cresson, endives et oranges
- Salade de crevettes chaudes aux pousses d'épinards
- Salade de haricots verts et pignons de pin
- Salade d'avocat, mangue et crevettes roses à la coriandre fraîche
- Carottes râpées aux amandes et raisins de Corinthe
- Concombres à la crème et à la menthe
- Taboulé aux herbes
- Salade de riz, thon, maïs et poivrons grillés
- Betteraves/mozzarella
- Salade verte mixte à l'oignon rouge
- Salade César
- Salades d'endives, noix du Périgord et raisins muscats au stilton
- Salade de quinoa, mâche, framboises et betterave
- Salade de pissenlit flambée à l'œuf poché

Faire une salade avec des ingrédients frais n'est pas sorcier. Ce qui compte, c'est la façon dont vous assaisonnez votre salade. Pour simplifier, nous avons classé les sauces de salade en deux catégories : les vinaigrettes et les sauces crémeuses (ou à base de mayonnaise). Lorsque vous faites une salade, commencez par vous demander comment vous allez l'assaisonner.

Les deux types d'assaisonnement

La vinaigrette va avec toutes les salades vertes et les légumes grillés. Les sauces crémeuses peuvent relever diverses salades à base de légumes verts ainsi que la viande, la volaille et les fruits de mer froids. Ces deux types d'assaisonnement sont faciles à préparer. Vous pouvez faire une grande quantité de vinaigrette et stocker celle-ci dans une vieille bouteille de vin ou un bocal fermé hermétiquement. En revanche, les sauces à base de mayonnaise doivent être consommées dans la semaine.

La recette de la vinaigrette classique se trouve au chapitre 8.

Voici quelques variantes de cette vinaigrette classique :

- Remplacez les 2 cuillerées à soupe d'huile d'olive par 2 cuillerées à soupe d'huile de noix ou de noisette pour donner à la vinaigrette une saveur différente. Servez avec une salade verte ou une salade de poulet grillé.
- Ajoutez 1 cuillerée à café de câpres égouttées et 1 cuillerée à soupe de cerfeuil frais haché, d'estragon, de basilic ou de thym citron. Ces herbes aromatiques se marient très bien avec une salade de pâtes.
- Les épiceries fines ou même les supermarchés vendent toutes sortes de vinaigres aromatisés. Le vinaigre à l'estragon, par exemple, ajoute un brin de fantaisie aux salades.
- Mettez des cubes de tomates séchées dans un mixeur ou un robot avec la vinaigrette et mixez le tout.
- Pour épaissir la vinaigrette, mixez-la avec 1 à 2 cuillerées à soupe de ricotta. La ricotta allégée enrichit autant les aliments que la crème mais contient beaucoup moins de calories.
- Remplacez le vinaigre par 2 cuillerées à soupe de jus de citron frais.

Sauce mayonnaise aux herbes

difficulté ✶✶✶   temps ✶✶✶   coût €€€

Ustensiles : Couteau de chef, bol, presse-agrumes, fouet

Temps de préparation : Environ 5 minutes

100 g de mayonnaise (voir chapitre 8)

3 cuil. à soupe de crème aigre

2 cuil. à soupe de ciboulette émincée

2 cuil. à soupe de persil émincé

1½ cuil. à soupe de jus de citron frais

Sel et poivre noir à votre convenance

- Mettez tous les ingrédients dans un bol et mélangez-les avec un fouet. Goûtez pour évaluer l'assaisonnement.

Cette sauce mayonnaise savoureuse se marie très bien avec le poisson fumé, le poulet froid et la viande froide en général.

Voici quelques idées pour donner un peu de fantaisie à cet assaisonnement :

- Pour une salade de fruits de mer, ajoutez 1 cuillerée à soupe de câpres égouttées et un peu d'estragon émincé (1 cuillerée à soupe ou plus s'il est frais ou bien 1 cuillerée à café s'il est lyophilisé).
- Pour un plat de viande froide ou une salade de poulet ou de crevettes, ajoutez 1 cuillerée à café de curry ou de colombo (quantité à votre convenance).
- Pour une salade de légumes, ajoutez du bleu ou du roquefort effrité.
- Pour un assortiment de viandes froides, ajoutez 1 cuillerée à café de raifort (ou à votre convenance) et mélangez bien.

Tous les chefs ont leur petit secret en ce qui concerne la sauce de salade. Au restaurant, la consigne est d'utiliser une mesure de vinaigre pour trois mesures d'huile, sauf s'il s'agit de vinaigre balsamique – dans ce cas, vous pouvez mettre un peu moins de vinaigre car celui-ci a un goût plus prononcé. »

Salades à la vinaigrette

Une salade de pommes de terre diététique repose sur une bonne vinaigrette. La recette suivante, relativement pauvre en matières grasses, est délicieuse aussi bien tiède que froide.

Salade de pommes de terre

difficulté ★★★   temps ★★★   coût €€€

Ustensiles : Couteau de chef, casserole moyenne, bol, saladier, fouet

Temps de préparation : Environ 15 minutes

Temps de cuisson : Environ 30 minutes

Quantité : 4 à 6 personnes

1 kg de pommes de terre rosevald bien nettoyées

6 cuil. à soupe d'huile d'olive

1 cuil. à soupe de vinaigre blanc

8 cébettes ciselées

1 grosse gousse d'ail finement hachée

Sel et piment d'Espelette à votre convenance

1 grosse pincée de persil plat finement haché (ou coriandre)

- Mettez les pommes de terre dans une casserole moyenne, recouvrez-les d'eau froide légèrement salée et portez l'eau à ébullition. Faites bouillir environ 20 minutes ou jusqu'à ce que les pommes de terre soient tendres, lorsque vous les percez avec un couteau, sans qu'elles se désagrègent. Égouttez-les et laissez-les refroidir un peu jusqu'à ce que vous puissiez les manipuler (vous devez faire la salade pendant qu'elles sont encore chaudes).

- Pendant que les pommes de terre cuisent, faites la vinaigrette. Mélangez l'huile et le vinaigre avec un fouet dans un bol. Ajoutez le persil, l'ail, le sel et le piment d'Espelette.

- Épluchez les pommes de terre cuites et coupez-les en tranches de 5 mm d'épaisseur (ou laissez la peau pour ajouter de la couleur). Disposez les tranches en plusieurs couches dans un saladier peu profond en alternant entre chaque couche avec de la cébette ciselée.

- Versez la vinaigrette sur les pommes de terre et remuez le tout pour mélanger. Laissez la salade reposer environ 30 minutes pour que les saveurs se mélangent. Remuez en partant du fond avant de servir, froid ou à température ambiante.

Cette salade de pommes de terre est idéale pour les pique-niques car elle ne craint pas la chaleur, contrairement aux salades vendues dans le commerce, qui contiennent de la mayonnaise. Elle se marie bien avec les sandwiches, le gaspacho (voir chapitre 10) et les blancs de poulet sautés aux tomates et au thym (voir chapitre 5).

Agrémentez votre salade de poissons fumés : anchois, harengs, haddock, saumon fumé, etc.

Les salades de pâtes sont très pratiques pour les déjeuners rapides ou en plein air. Vous pouvez les faire avec quasiment tous les ingrédients que vous mettriez dans des pâtes chaudes. Dans la recette suivante, les pâtes sont cuites dans le même bouillon que les courgettes pour en rehausser le goût (et la valeur nutritive).

Salade de pâtes papillon aux moules

difficulté ★★★   temps ★★★   coût €€€

Ustensiles : Petit bol, fouet, couteau de chef, grande casserole ou marmite, passoire, écumoire, 2 saladiers

Temps de préparation : 15 minutes

Temps de cuisson : 50 minutes

Quantité : 4 personnes

700 g de tomates mûres pelées et coupées en dés de 1 cm

1,5 kg de moules bien nettoyées et ébarbées (instructions ci-après)
250 g de pâtes papillon
2 petites courgettes coupées en rondelles de 1 cm d'épaisseur
12 cl de vin blanc sec
1 pincée de piment d'Espelette
¼ de bouquet de basilic
15 cl d'huile d'olive extra-vierge
2 cuil. à soupe de vinaigre de vin rouge ou blanc
1 cuil. à soupe de moutarde de Dijon
Sel et poivre noir à votre convenance
2 échalotes finement ciselées
2 grosses gousses d'ail finement hachées

- Mélangez le vinaigre, la moutarde, le sel et le poivre dans un bol. Battez le mélange avec un fouet métallique tout en ajoutant lentement l'huile. Une fois l'huile entièrement incorporée, ajoutez les échalotes (ou les oignons verts), l'ail et le poivre de Cayenne. Mélangez bien et mettez de côté.

- Mettez les moules dans un grande casserole et ajoutez le vin. Couvrez et faites cuire à feu vif, en secouant doucement la casserole de temps à autre pour répartir les moules différemment, pendant environ 4 minutes ou jusqu'à ce que les moules soient ouvertes. Jetez les moules qui ne s'ouvrent pas.

- Retirez les moules avec une écumoire, mettez-les dans un saladier et laissez-les refroidir. Versez le liquide de cuisson dans une passoire fine ou dans un égouttoir recouvert de papier absorbant, au-dessus d'un autre saladier pour passer le bouillon et le récupérer. Lorsque les moules sont suffisamment froides pour que vous puissiez les manipuler, retirez et jetez les coquilles, puis laissez les moules décortiquées dans le saladier.

- Mettez le bouillon passé et 2 litres d'eau dans une grande casserole ou marmite. Portez à ébullition et ajoutez les courgettes. Faites cuire 3 minutes et retirez les courgettes avec une écumoire pour les ajouter aux moules.

- Faites bouillir le bouillon à nouveau, ajoutez les pâtes, remuez et faites cuire 10 à 12 minutes, jusqu'à ce que les pâtes soient tendres mais encore fermes (al dente). Égouttez bien et laissez refroidir légèrement.

- Ajoutez les tomates et les pâtes au saladier contenant les moules et les courgettes. Ajoutez la vinaigrette et le basilic haché, et remuez le tout. Rectifiez l'assaisonnement. Servez froid ou à température ambiante.

Vous pouvez servir les pâtes froides avec d'autres plats froids, comme une salade d'avocats et de tomates.

Nettoyer les moules

Reportez-vous aux dessins suivants pour une illustration de chaque étape.

1. Raclez les coquilles avec un couteau à beurre ou un tampon à récurer pour retirer les balanes.
2. Retirez la barbe de chaque moule.
3. Mettez les moules dans un grand récipient et recouvrez-les d'eau froide. Agitez-les avec la main comme si vous les passiez à la machine à laver.
4. Égouttez les moules et jetez l'eau.
5. Recommencez plusieurs fois jusqu'à ce que l'eau soit propre.
6. Égouttez les moules une dernière fois et, si vous ne les utilisez pas immédiatement, mettez-les au réfrigérateur (ne tardez pas trop à les manger une fois qu'elles sont nettoyées).

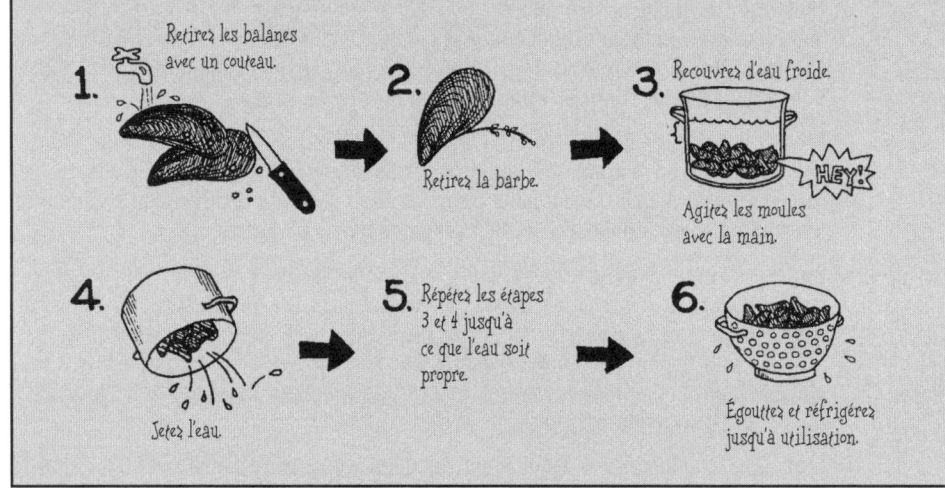

1. Retirez les balanes avec un couteau.
2. Retirez la barbe.
3. Recouvrez d'eau froide. Agitez les moules avec la main. HEY!
4. Jetez l'eau.
5. Répéter les étapes 3 et 4 jusqu'à ce que l'eau soit propre.
6. Égoutter et réfrigérez jusqu'à utilisation.

IMPROVISEZ

Vous pouvez apporter de nombreuses variantes à cette recette :

- Utilisez d'autres types de pâtes, comme des conchiglie, des penne, des fusilli ou des tortellini (pour connaître les différentes catégories de pâtes, reportez-vous au chapitre 12).
- Mélangez les pâtes froides avec des légumes cuits al dente, assaisonnés avec une vinaigrette et éventuellement des herbes aromatiques fraîches.
- Remplacez les moules par des palourdes, du poulpe ou du calamar mariné.

✔ Faites rôtir trois types de poivrons (rouges, verts et jaunes) avant de les peler, de les épépiner et de les couper en carrés de 5 mm. Assaisonnez les pâtes avec une vinaigrette aux herbes et ajoutez-les aux poivrons.

La salade suivante, pleine de couleurs, associe l'âcreté du cresson et des endives à la saveur sucrée des oranges – un mélange rafraîchissant. Vous pouvez y ajouter des olives noires ou vertes pour une saveur plus salée.

Salade de cresson, endives et oranges

difficulté ✶✶✶   temps ✶✶✶   coût €€€

Ustensiles : Couteau de chef, saladier, fouet
Temps de préparation : 25 minutes
Quantité : 4 personnes

1 bouquet de cresson lavé et égoutté

2 endives

1 orange épluchée et coupée en quartiers (voir icône Savoir-faire)

2 cuil. à café de moutarde de Dijon

2 cuil. à soupe de vinaigre de vin rouge

6 cl d'huile d'olive

½ oignon rouge ciselé

Sel et poivre noir à votre convenance

branches de persil haché

✔ Coupez et jetez les tiges du cresson, ainsi que la base des endives. Coupez les endives en travers, en morceaux de 5 cm.

✔ Pour faire la vinaigrette, mettez la moutarde dans un saladier. Ajoutez le vinaigre, puis l'huile, en mélangeant avec un fouet. Ajoutez l'oignon rouge, et salez et poivrez. Mélangez bien.

✔ Ajoutez le cresson, les endives, les quartiers d'orange et le persil. Mélangez le tout et servez.

Pour empêcher le saladier de bouger pendant que vous faites la vinaigrette, posez-le sur un torchon plié.

Pour couper une orange, commencez par la peler à vif avec un couteau tranchant. Ensuite, coupez-la le long des membranes. Vous pouvez éliminer ces membranes blanches et filandreuses qui maintiennent les quartiers. Coupez le long de chaque côté de la membrane, en abaissant la lame du couteau vers le centre du fruit (voir figure 11-1).

En ajoutant un zeste d'orange, de citron ou de citron vert, vous pouvez facilement rehausser la saveur d'une sauce de salade. Frottez le fruit contre la partie la plus fine d'une râpe, en veillant à ne retirer que la couche colorée de la peau. La couche blanche située au-dessous a tendance à être amère.

Couper une orange en retirant les membranes

Figure 11-1 : Couper une orange en quartiers.

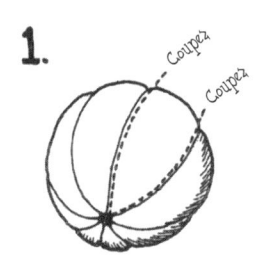

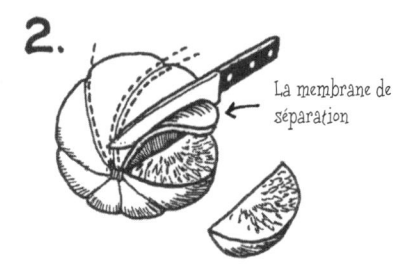

Salade de crevettes chaudes aux pousses d'épinards

difficulté ✶✶✶   temps ✶✶✶   coût €€€

Ustensiles : Couteau de chef, grande sauteuse
Temps de préparation : Environ 25 minutes
Temps de cuisson : Environ 4 minutes
Quantité : 4 personnes

700 g de grosses crevettes
100 g de pousses d'épinards frais
½ oignon rouge émincé
6 cuil. à soupe d'huile d'olive
Les zestes d'un citron
Sel et poivre noir à votre convenance
2 grosses gousses d'ail finement hachées
2 poivrons rouges ou jaunes évidés, épépinés et coupés en bandes ou en carrés de 1 cm
3 cuil. à soupe de vinaigre de vin rouge
½ bouquet de basilic

  ✒ Décortiquez les crevettes, puis mettez-les de côté.

  ✒ Retirez les tiges des épinards. Rincez bien et séchez. Disposez les feuilles d'épinards sur 4 assiettes.

- Disposez les rondelles d'oignon au centre de chaque assiette.

- Faites chauffer l'huile à feu moyen-vif dans une grande sauteuse (antiadhésive, de préférence). Ajoutez les crevettes, les poivrons, le sel et le poivre. Faites cuire, en remuant souvent, pendant environ 2 minutes ou jusqu'à ce que les crevettes soient presque entièrement roses. Ajoutez l'ail et faites cuire 1 minute de plus (attention à ne pas faire noircir l'ail). Ajoutez le vinaigre ; faites cuire en remuant pendant 45 secondes. Retirez du feu.

- Ajoutez la moitié du basilic (ou du persil) ainsi que le zeste de citron et remuez bien. Déposez les crevettes et leur sauce sur les anneaux d'oignon et les épinards. Saupoudrez chaque assiette de basilic haché. Goûtez pour ajuster l'assaisonnement, en ajoutant du sel et du poivre, si nécessaire. Servez immédiatement.

En général, les salades chaudes sont servies uniquement avec du pain. Cela dit, vous pouvez faire suivre cette salade de brochettes de porc grillées au romarin (voir chapitre 6).

Salade de haricots verts et pignons de pin

difficulté ★★★   temps ★★★   coût €€€

Ustensiles : Bol, couteau d'office, saladier, casserole
Temps de préparation : 15 minutes
Temps de cuisson : 7 minutes
Quantité : 6 personnes

500 g de haricots verts
90 g de pignons de pin
2 cl de vinaigre de xérès
Le jus d'½ citron
5 cl de crème liquide
15 brins de ciboulette
Sel
Piment d'Espelette

- Équeutez les haricots verts et passez-les sous l'eau.

- Faites-les cuire dans 2 litres d'eau bouillante salée, pendant 6 à 7 minutes, de manière à ce qu'ils restent légèrement croquants. Égouttez-les et passez-les sous l'eau froide dès la fin de la cuisson.

- Faites légèrement torréfier les pignons de pin dans une poêle sans matière grasse.

- Hachez finement la ciboulette.
- Mélangez le jus de citron, le vinaigre, la crème et la ciboulette ensemble. Assaisonnez les haricots verts avec cette sauce. Ajoutez les pignons de pin.

Vous pouvez accompagner cette salade de noix de coquilles Saint-Jacques taillées en lamelles et à peine marinées avec un peu de jus de citron et d'huile d'olive, ou avec des grosses crevettes roses, ou des blancs de volaille émincés.

Plonger les légumes verts dans de l'eau glacée dès qu'ils sont égouttés après cuisson permet non seulement de stopper la cuisson, mais aussi de fixer la chlorophylle et de les garder bien verts.

Salade d'avocat, mangue et crevettes roses à la coriandre fraîche

difficulté ★★★   temps ★★★   coût €€€

Ustensiles : Bol, couteau d'office, saladier
Temps de préparation : 15 minutes
Quantité : 6 personnes

24 grosses crevettes
2 mangues
3 avocats Haas
2 cl de jus de citron
4 cl d'huile d'olive
Sel
Piment d'Espelette
1 branche de coriandre

- Pelez les avocats, puis taillez-les en deux moitiés, retirez le noyau et taillez la chair en petits cubes. Faites de même avec les mangues.
- Décortiquez les queues de crevettes. Puis taillez chaque queue en trois morceaux.
- Hachez grossièrement les feuilles de coriandre.
- Mélangez ensemble les avocats, mangues, crevettes et la coriandre hachée. Assaisonnez avec le mélange jus de citron, huile d'olive, sel et piment d'Espelette. Servez cette salade dans des verrines.

Vous pouvez agrémenter l'assaisonnement par un peu de pesto de coriandre (voir recette chapitre 8, en remplaçant le basilic par de la coriandre).

Deux façons de couper une mangue

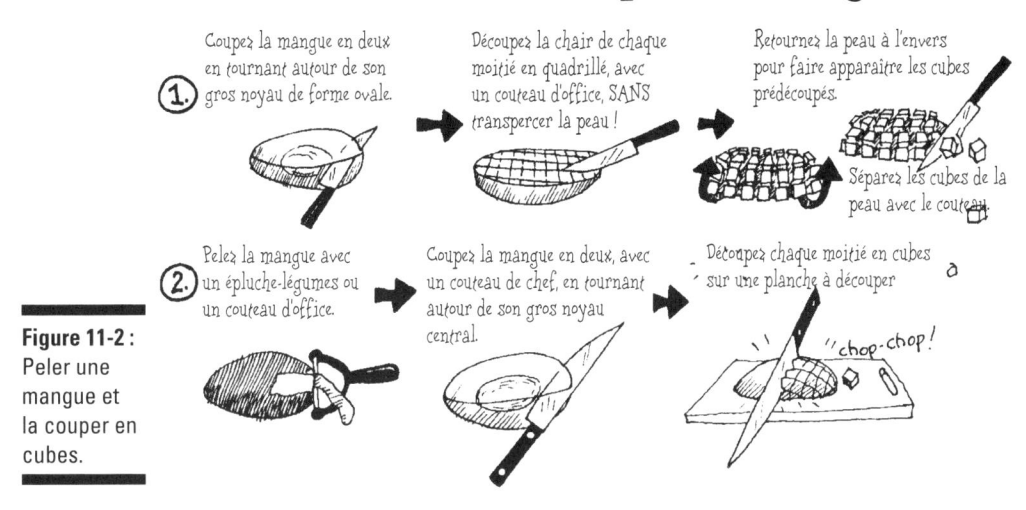

Figure 11-2 : Peler une mangue et la couper en cubes.

1. Coupez la mangue en deux en tournant autour de son gros noyau de forme ovale. → Découpez la chair de chaque moitié en quadrillé, avec un couteau d'office, SANS transpercer la peau ! → Retournez la peau à l'envers pour faire apparaître les cubes prédécoupés. Séparez les cubes de la peau avec le couteau.

2. Pelez la mangue avec un épluche-légumes ou un couteau d'office. → Coupez la mangue en deux, avec un couteau de chef, en tournant autour de son gros noyau central. → Découpez chaque moitié en cubes sur une planche à découper. « chop-chop ! »

Carottes râpées aux amandes et raisins de Corinthe

difficulté ✶✶✶   temps ✶✶✶   coût €€€

Ustensiles : Bol, couteau d'office, mixeur
Temps de préparation : 10 minutes + 1 heure de repos
Quantité : 6 personnes

400 g de carottes
100 g d'amandes effilées
80 g de raisins de Corinthe
1 branche de coriandre
Le jus d'½ citron
5 cl d'huile de pépins de raisin
1 cl d'huile d'argan (facultatif)
2 cl de vinaigre de riz
Sel
Piment d'Espelette
Sucre semoule

- Pelez les carottes et passez-les sous l'eau. Râpez-les à l'aide d'un robot.
- Mettez les raisins à tremper dans de l'eau tiède. Hachez les feuilles de coriandre.
- Préparez la vinaigrette en mélangeant le jus de citron, le vinaigre de riz et les deux huiles. Assaisonnez de sel et de piment d'Espelette.
- Une heure avant de servir, mélangez les carottes, raisins et amandes à la vinaigrette. Ajoutez la coriandre au dernier moment. Ajoutez un peu de sucre si les carottes ne sont pas assez douces.

En été, utilisez des amandes fraîches.

Concombres à la crème et à la menthe

difficulté ✶✶✶   temps ✶✶✶   coût €€€

Ustensiles : Égouttoir, mandoline, planche à découper, couteau d'office
Temps de préparation : 15 minutes
Quantité : 4 personnes

1 concombre d'environ 600 g
1 grosse échalote
10 g de gros sel de Guérande
40 g de crème fraîche épaisse (peut être allégé en remplaçant par du yaourt grec)
½ citron jaune pressé
4 cl d'huile d'olive vierge extra
1 branche d'aneth frais hachée
4 feuilles de menthe fraîche ciselées finement
4 brins de ciboulette ciselés finement
1 tour de moulin à poivre

- Le matin, pelez (et épépinez si besoin) le concombre. Tranchez-le à la mandoline en rondelles, mettez-le dans l'égouttoir avec une pincée de gros sel afin de le faire dégorger.
- Épluchez et ciselez finement l'échalote. Dans un saladier, mettez les échalotes, le jus de citron, la crème fraîche, les herbes hachées et le poivre. Mélangez bien et goûtez l'assaisonnement. Ajoutez les concombres dégorgés et mélangez. Servez frais et décoré avec de belles pluches d'herbes.

Vous pouvez agrémenter votre salade de concombres avec des petites pommes de terre Charlotte, cuites avec la peau. Épluchez et coupez en petits quartiers au moment de servir, elles seront chaudes et moelleuses et cela s'accordera parfaitement avec la crème et les herbes de la sauce.

Taboulé aux herbes

difficulté ✱✱✱   temps ✱✱✱   coût €€€

Ustensiles : Planche à découper, couteau éminceur, couteau d'office, casserole, bol inox
Temps de préparation : 20 minutes
Temps de cuisson : 10 minutes
Temps de repos : 1 heure
Quantité : 4 personnes

200 g de semoule de blé moyenne
4 cl d'huile d'olive extra vierge
1 pincée de gros sel
2 citrons jaunes de Menton
1 petit concombre
30 g de pimientos del piquillo
¼ de botte de menthe fraîche
¼ de botte de cerfeuil frais
¼ de botte de persil plat frais
¼ de botte de coriandre fraîche
¼ de botte de basilic frais
60 g de raisins de Smyrne

- Faites bouillir ¼ de litre d'eau avec l'huile d'olive et le gros sel. Versez sur la semoule dans un bol et couvrez d'un film alimentaire. Laissez gonfler la semoule pendant environ 15 minutes, ensuite égrainez-la avec une fourchette.
- Pelez à vif les citrons, puis taillez la chair en petits dés, lavez et séchez les herbes, puis hachez-les toutes ensemble. Taillez les pimientos et le concombre en petits dés, puis mélangez tous les ingrédients dans un bol, vérifiez l'assaisonnement, ajoutez les raisins et laissez au froid pendant une heure. Servez frais.

Accompagnez d'un gigot d'agneau, d'un poulet froid ou encore d'un poisson poché.

Salade de riz, thon, maïs et poivrons grillés

difficulté ✱✱✱   temps ✱✱✱   coût €€€

Ustensiles : Saladier, couteau d'office
Temps de préparation : 15 minutes

Quantité : 6 personnes

300 g de riz long

200 g de thon à l'huile

120 g de maïs doux

1 poivron vert

1 poivron rouge

2 gousses d'ail

1 branche de thym

2 feuilles de laurier

2 cl de vinaigre de cidre

3 cl d'huile de pépins de raisin

3 cl d'huile d'olive

10 g de moutarde de Dijon

Sel

Piment d'Espelette

- La veille, ouvrez les poivrons en deux, épépinez-les, déposez-les dans un plat et faites-les griller au-dessous d'un gril. Une fois que la peau est noire et a cloqué, retirez-les, laissez tiédir, puis pelez. Mettez-les à mariner dans l'huile d'olive avec les gousses d'ail écrasées et les herbes.

- Préparez la vinaigrette en mélangeant la moutarde, le vinaigre, le sel et le piment d'Espelette, puis en ajoutant l'huile de pépins de raisin.

- Passez le riz sous l'eau froide pour retirer l'amidon et cuisez-le « al dente » dans de l'eau bouillante salée. Passez-le sous l'eau froide dès la fin de la cuisson.

- Émiettez le thon à l'huile. Égouttez le maïs. Égouttez les poivrons et taillez-les en lanières. Mélangez tous les ingrédients ensemble, assaisonnez avec la vinaigrette et ajoutez l'huile de marinade des poivrons.

Betteraves/mozzarella

difficulté ✱✱✱   temps ✱✱✱   coût €€€

Ustensiles : Couteau d'office, économe, plat à four

Temps de préparation : 15 minutes

Temps de cuisson : 1 heure 30

Quantité : 6 personnes

800 g de betteraves de différentes couleurs (violettes, jaunes, roses, blanches)

6 boules de mozzarella di Buffala Campana

1 cl de vieux vinaigre balsamique traditionnel de Modène – 25 ans d'âge

25 cl d'huile d'olive de cuisson

Fleur de sel

Piment d'Espelette

✔ Pelez les betteraves à l'aide d'un économe et passez-les sous l'eau. Enveloppez chaque betterave dans une feuille d'aluminium avec un peu d'huile d'olive, du sel et du piment d'Espelette. Posez-les dans un plat et cuisez-les dans un four à 160 °C (th. 5/6) pendant 1 heure à 1 heure 30 selon leur grosseur. Une fois cuites, retirez-les de leur papillote et récupérez le jus qu'elles auront rendu pendant la cuisson.

✔ Puis taillez-les en quartiers et présentez-les dans un saladier. Préparez une vinaigrette avec le jus de cuisson rendu et l'huile d'olive, assaisonnez les betteraves de fleur de sel et de piment d'Espelette, puis de la vinaigrette.

✔ Servez avec les boules de mozzarella entières que chaque convive découpera et le vinaigre balsamique.

L'ASTUCE D'HÉLÈNE

Cette cuisson au four dans du papier d'aluminium s'appelle cuisson en robe de chambre. Elle convient à beaucoup d'autres légumes : pommes de terre, oignons, échalotes, etc.

IMPROVISEZ

Remplacez les betteraves par des tomates ou une salade de fenouils et d'artichauts poivrade émincés à la mandoline.

Glossaire de légumes verts à feuilles

Pour faire une salade, la fraîcheur des légumes et des herbes aromatiques est une condition indispensable. Si possible, achetez des produits de saison et rentrez à la maison sans faire de détours. Mieux encore, faites pousser vos légumes dans votre propre jardin.

Les légumes verts à feuilles peuvent être doux ou amers. Les variétés douces, comme la laitue iceberg, doivent être utilisées comme base pour des ingrédients au goût plus prononcé, avec un assaisonnement relevé. Par exemple, utilisez du radicchio ou de la scarole pour contraster. À l'inverse, n'assaisonnez pas une salade de radicchio avec une vinaigrette. Préférez une sauce crémeuse pour en adoucir la saveur.

Les marchés et supermarchés offrent toute l'année un grand éventail de légumes verts à feuilles. Vous pouvez donc en mélanger plusieurs dans vos salades. Ne vous limitez pas à une simple laitue iceberg. Plus vous mélangez les genres, plus vous vous régalerez.

Voici la liste de nos légumes verts à feuilles préférés, dont certains sont illustrés à la figure 11-3.

N'assaisonnez pas trop vos salades

Pour bien assaisonner une salade, il faut choisir un grand saladier et ajouter juste ce qu'il faut de sauce pour que les légumes en soient enduits lorsque vous aurez tourné la salade. Et lorsque vous tournez, allez-y franchement. Ne vous contentez pas de promener les légumes contre les parois du saladier. Retournez la salade de fond en comble.

Légumes verts doux

- **Batavia** : verte ou rouge, la batavia se compose de feuilles longues et ondulées, presque sucrées. Ajoutez la variété à feuilles rouges à une salade verte pour un contraste élégant ou mélangez les variétés rouge et verte dans le même saladier.

- **Feuille de chêne rouge** : cette laitue, dont les feuilles ressemblent à celles d'un chêne, est sucrée et colorée. Elle se marie bien avec les laitues et peut également être servie comme garniture.

- **Laitue iceberg** : la laitue iceberg, servie en toutes circonstances, est le pain blanc du monde de la salade. On l'apprécie davantage pour sa texture que pour sa saveur.

  Pour retirer le cœur d'une laitue iceberg, écrasez la tête (en la tenant à l'envers) sur une planche à découper ou un plan de travail. Vous pourrez ainsi dégager le cœur facilement en le faisant tourner sur lui-même.

- **Laitue romaine** : la laitue romaine se compose de feuilles vert foncé à l'extérieur et d'un cœur jaune pâle. Vous pouvez l'associer à d'autres salades vertes et la conserver jusqu'à une semaine au réfrigérateur. Comme d'autres légumes verts à feuilles foncées, la laitue romaine est riche en vitamine A.

Légumes verts amers

- **Chicorée** : saveur identique à la scarole mais feuilles très frisées.

- **Chou** : vert ou rouge, le chou est très bon marché et peut être ajouté cru à une salade. Découpez les feuilles avec un couteau et mélangez-les avec d'autres salades vertes pour donner à celles-ci davantage de couleur et de texture. Ce légume riche en vitamine C se conserve longtemps.

Chapitre 11 : Salades 275

Mangez de la verdure !

Laitue rouge

Batavia

Laitue romaine

Laitue iceberg

Chou

Endive

Chicorée

Pissenlit

Scarole

Frisée

Figure 11-3 :
Nos légumes verts à feuilles préférés.

Cresson

Radicchio

Épinards

- **Cresson** : ses feuilles en forme de trèfle donnent une texture croquante et une saveur poivrée aux salades. Retirez et jetez les tiges. Rincez bien. Le cresson fait également de bonnes soupes et de belles garnitures.
- **Endive** : l'endive se compose de feuilles blanches et jaune pâle serrées les unes contre les autres, qui lui donnent une forme de cigare. Très croquante, elle a un goût amer. Retirez les feuilles une à une et déchirez-les dans une salade verte ou utilisez-les entières pour y déposer des garnitures ou des sauces.
- **Épinards** : feuilles vert foncé légèrement froissées et pleines de fer. Jetez les tiges épaisses. Les pousses d'épinards sont plus petites, ovales, et lisses. Rincez les épinards soigneusement pour les débarrasser des impuretés et séchez-les bien. Mélangez-les avec des légumes verts plus doux, comme la laitue ou la batavia.
- **Frisée** : légèrement amère, cette plante jaune pâle se compose de feuilles de forme épineuse. Ajoutez-en avec modération à d'autres salades vertes pour obtenir une texture et une saveur contrastées. D'apparence semblable à la chicorée, elle a toutefois une saveur plus délicate.
- **Mesclun** : mélange de salades et d'herbes pouvant contenir notamment de la frisée, de la roquette, du radicchio et de la laitue rouge. Le mesclun est très cher. Achetez-en uniquement s'il a l'air très frais, sinon les feuilles se flétriront avant que vous n'arriviez chez vous. Nous vous recommandons d'en acheter une petite quantité, que vous mélangerez avec d'autres salades, moins chères.
- **Mizuna** : ses feuilles sont découpées, elles se consomment en salade ou en soupe. Son goût est légèrement poivré. Le mizuna rouge a le goût de la moutarde ; plus les feuilles sont grandes, plus le goût est piquant.
- **Pissenlit** : plante que vous pouvez cueillir au beau milieu de votre pelouse (si vous n'avez pas de chien). Le pissenlit est vendu sur les marchés au printemps. Les Italiens apprécient son croquant et son amertume. Mélangez-le à d'autres salades vertes avec des œufs durs hachés et une vinaigrette. Riche en vitamine C et en calcium.
- **Pourpier** : très riche en antioxydant, il contient également des vitamines, du fer, du sodium, du potassium et du magnésium. Il se mange en salade, et sert d'élément de décoration pour le dressage d'assiettes. Sa texture croquante devient moelleuse au centre des feuilles, son goût est légèrement acidulé.
- **Pousses de betterave** : elles sont rouges ou vertes, leurs feuilles sont rondes et lisses et leur tige longue et fine. Ces pousses sont résistantes et apportent du croquant à vos salades.
- **Radicchio** : petite tête compacte, dont les feuilles magenta foncé peuvent ajouter de brillantes taches de couleur dans une salade verte. Le radicchio est extrêmement amer et relativement cher. Utilisez-le

avec modération. Il se conserve bien au réfrigérateur (jusqu'à deux semaines), notamment lorsqu'il est enveloppé dans du papier absorbant humide. Comme le chou, le radicchio peut aussi être grillé, rôti ou sauté.

- **Roquette** : plante à fleurs jaunes. Ses feuilles sont délicieuses en salade.
- **Scarole** : légume que vous pouvez consommer cru en salade ou sauté dans de l'huile d'olive et de l'ail. Issue de la famille des endives, la scarole est assez amère et peut supporter des assaisonnements très parfumés.

Certains légumes verts à feuilles sont meilleurs que d'autres selon les saisons et la région dans laquelle vous vivez. Si vous trouvez de la roquette au marché, pensez à la mélanger avec d'autres salades vertes, comme la laitue romaine, la laitue rouge ou la chicorée. La roquette a un petit goût amer qui égaye toutes les salades.

Voici une salade mixte, simple et bien équilibrée, qui associe l'amertume de la roquette à la douceur de la laitue ou de la laitue rouge.

Salade verte mixte à l'oignon rouge

difficulté ✱✱✱   temps ✱✱✱   coût €€€

Ustensiles : Essoreuse à salade ou papier absorbant, couteau de chef, bol

Temps de préparation : Environ 20 minutes

Quantité : 4 personnes

1 cœur de laitue

100 g de roquette

½ oignon rouge ciselé

¼ de botte de persil finement haché

1½ cuil. à soupe de vinaigre de vin rouge ou blanc

Sel et poivre noir à votre convenance

6 cl d'huile d'olive

- Rincez les salades vertes dans un grand récipient d'eau froide ou dans l'évier (changez l'eau plusieurs fois, jusqu'à ce qu'il n'y ait plus de sable). Récupérez les feuilles une par une en retirant les tiges. Essorez-les dans une essoreuse à salade ou déposez-les à plat sur du papier absorbant et séchez-les (les salades vertes doivent être lavées et séchées à l'avance et stockées dans des sacs en plastique au réfrigérateur).
- Déchirez les feuilles de salade en petits morceaux et mettez-les dans un saladier. Ajoutez l'oignon rouge et le persil.

✐ Versez le vinaigre dans un bol et ajoutez le sel et le poivre. Commencez à mélanger tout en ajoutant l'huile progressivement. Versez la vinaigrette sur la salade. Tournez la salade pour répartir l'assaisonnement.

Cette salade constitue une entrée à la fois élégante et passe-partout.

Voici quelques variantes savoureuses de cette recette :

- Remplacez le vinaigre de vin rouge par du vinaigre balsamique.
- Ajoutez 2 cuillerées à soupe de moutarde de Dijon à la vinaigrette.
- Ajoutez 2 cuillerées à soupe de mayonnaise, de yaourt ou de crème aigre à la vinaigrette pour lui donner une texture crémeuse.
- Mélangez de la laitue romaine ou du radicchio à la laitue rouge.
- Ajoutez 1 cuillerée à café d'ail émincé.
- Ajoutez des herbes aromatiques émincées, comme de l'estragon, du thym, du basilic, du cerfeuil, de la sauge ou de la sarriette, à votre convenance.
- Ajoutez 1 cuillerée à soupe de câpres rincées et égouttées.
- Effritez du fromage de chèvre ou du bleu sur les salades vertes.
- Faites des croûtons à l'ail (recette au chapitre 10) et éparpillez-les sur les salades vertes.

Acheter et stocker des salades vertes

Lorsque vous achetez une salade verte, choisissez-en une dont les feuilles ne sont ni flétries ni molles. Une tête fraîche de laitue romaine doit ressembler à un bouquet compact de feuilles vertes. Si la bordure des feuilles est de couleur rouille ou présente des signes de dépérissement, abstenez-vous. N'achetez pas non plus de cresson dont les feuilles commencent à jaunir. Les taches brunes sur la laitue iceberg sont un signe de pourriture. La roquette et le pissenlit sont des salades très fragiles qui se flétrissent rapidement ; consommez-les dans les quelques jours qui suivent l'achat. Et ne croyez pas (simplement parce que vous avez vu votre mère le faire) que les salades flétries reprennent de la vigueur une fois plongées dans l'eau froide.

Stockez les salades vertes rincées et séchées dans le bac à légumes du réfrigérateur, après les avoir enveloppées dans du papier absorbant humide. Vous pouvez mettre le cresson, la roquette, le persil et autres herbes aromatiques fraîches dans un verre d'eau, tiges en bas, comme un bouquet de fleurs coupées. Les salades vertes ne se conservent pas très longtemps. En règle générale, consommez-les dans les quelques jours qui suivent l'achat.

Chapitre 11 : Salades

À l'heure où l'on trouve des poulets précuits dans les rayons des supermarchés, il n'est pas surprenant d'y voir également des salades vertes en sachets, accompagnées d'un assaisonnement, de croûtons et autres ingrédients de ce genre. Bien que ces salades toute faites permettent de gagner du temps, elles sont relativement chères et n'ont pas la même saveur que les salades fraîches.

Laver et sécher une laitue

Vous est-il déjà arrivé de vous endormir sur la plage la bouche ouverte, alors que le vent soulevait le sable dans votre direction ? Eh bien, cela peut vous donner un aperçu du goût qu'a une salade non lavée. Pour retirer tout le sable d'une laitue, détachez les feuilles et trempez-les brièvement dans l'eau froide, en les secouant de temps à autre. Ensuite, rincez soigneusement l'extrémité proche de la racine sous l'eau du robinet. Lavez ainsi trois fois, à grandes eaux.

Il est indispensable de sécher complètement la laitue, sinon l'assaisonnement glissera sur les feuilles. Vous pouvez utiliser du papier absorbant mais il est préférable d'avoir recours à la force centrifuge d'une essoreuse à salade (voir chapitre 2).

Salade César
d'après la recette de Caroline Rostang
dans son restaurant L'Absinthe

difficulté ★★★   temps ★★★   coût €€€

Ustensiles : Bol, couteau d'office, poêle

Temps de préparation : 20 minutes

Quantité : 6 personnes

2 romaines

2 blancs de volaille

4 œufs

2 tomates

2 tranches de pain de mie

½ citron

2 cl d'huile d'olive

20 g de parmesan râpé
Pour la sauce César :
1 gousse d'ail
30 g d'anchois à l'huile
¾ de citron
2 cl d'huile d'olive
1 cl de vinaigre de vin
20 g de parmesan râpé finement
10 g de moutarde
Sauce anglaise
Tabasco
Sel
Poivre
1 jaune d'œuf

- Réalisez une mayonnaise avec le jaune d'œuf, la moutarde et l'huile d'olive. Mixez l'ail et les anchois, incorporez ce mélange à la mayonnaise. Ajoutez le parmesan râpé, en poudre, le jus de citron et le vinaigre de vin blanc. Assaisonnez avec le Tabasco, la sauce anglaise, le sel et le poivre.

- Taillez les blancs de volaille en dés et faites-les mariner au frais dans un peu de citron et d'huile d'olive pendant 1 heure.

- Taillez la romaine en quatre dans le sens de la longueur, lavez-la puis émincez chaque quartier.

- Cuisez les œufs durs (voir recette chapitre 8).

- Taillez les croûtes des tranches du pain de mie, puis taillez-les en dés. Faites-les dorer dans une poêle avec un peu d'huile d'arachide.

- Au moment de servir, faites rôtir les dés de volaille. Assaisonnez-les de sel et poivre.

- Taillez les tomates en quartiers. Assaisonnez de sel et poivre.

- Mélangez la romaine avec la sauce César, puis partagez-la dans 4 gros bols. Ajoutez les dés de volaille, les quartiers de tomate. Coupez les œufs en deux, posez-les sur la salade. Versez une petite cuillerée de sauce César sur chaque œuf.

- Posez par-dessus les croûtons, saupoudrez de parmesan râpé.

Remplacez le poulet par des « tiger prawns » (grosses crevettes roses) ou des médaillons de homard rôti.

Salades d'endives, noix du Périgord et raisins muscats au stilton

difficulté ✱✱✱   temps ✱✱✱   coût €€€

Ustensiles : Bol, couteau d'office, saladier
Temps de préparation : 10 minutes
Quantité : 4 personnes

8 endives
250 g de cerneaux de noix du Périgord grossièrement concassés
300 g de raisins muscats
200 g de stilton
10 brins de ciboulette

Pour la vinaigrette :

½ cuil. à café de moutarde douce
6 cl de vinaigre de xérès
12 cl d'huile de pépins de raisin
Sel
Piment d'Espelette

- Préparez la vinaigrette. Mélangez le vinaigre et la moutarde. Assaisonnez de sel et de piment d'Espelette, puis ajoutez l'huile. Émulsionnez.
- Effeuillez les endives, lavez-les et essorez-les. Taillez les raisins en deux moitiés, dans le sens de la longueur.
- Taillez les brins de ciboulette en bâtonnets longs de 5 cm.
- Déposez la vinaigrette dans le fond d'un grand saladier, puis versez les feuilles d'endive, les brisures de noix, les raisins, et parsemez de petits bouts de stilton.
- Au moment de servir, mélangez.

Vous pouvez remplacer le stilton par tout autre fromage bleu, tel que roquefort, fourme d'Ambert…

Au Connaught, je propose cette salade en remplaçant l'endive par de la roquette et la présente dans une croûte de stilton évidée.

Salade de quinoa, mâche, framboises et betterave

difficulté ✶✶✶   temps ✶✶✶   coût €€€

Ustensiles : Casserole avec couvercle, égouttoir, planche à découper, couteau émincer, couteau d'office

Temps de préparation : 15 minutes

Temps de cuisson : 45 minutes

Quantité : 4 personnes

280 g de betterave rouge fraîche

2 gousses d'ail

1 feuille de laurier

1 branche de thym

1 pincée de gros sel

1 tour de moulin à poivre

200 g de mâche

120 g de quinoa

125 g de framboises

Pour la vinaigrette :

1 cuil. à soupe de vinaigre de framboise

1 cuil. à soupe de vinaigre de vin vieux

6 cuil. à soupe d'huile d'olive

Sel fin

Piment d'Espelette

¼ de botte de cerfeuil frais

- Lavez et brossez les betteraves, cuisez-les dans la casserole avec du sel, du poivre, le thym, l'ail et le laurier. Portez à ébullition et laissez cuire entre 30 et 40 minutes, vérifiez la cuisson avec une pointe de couteau.
- Lavez la mâche dans trois eaux différentes, lavez les framboises et égouttez-les sur papier absorbant.
- Cuisez le quinoa à l'eau bouillante salée, puis égouttez-le et refroidissez-le à l'eau froide.
- Une fois les betteraves cuites, stoppez la cuisson à l'eau froide, pelez-les et taillez-les en belles rondelles.

- Dressez vos salades, dans un bol, disposez les tranches de betterave autour, au milieu mettez le quinoa, puis recouvrez de mâche et décorez avec quelques framboises.
- Versez la vinaigrette au moment de servir et parsemez de pluches de cerfeuil.

Salade de pissenlit flambée à l'œuf poché

difficulté ✹✹✹   temps ✹✹✹   coût €€€

Ustensiles : Bol, couteau d'office, saladier, casserole, poêle
Temps de préparation : 20 minutes
Quantité : 6 personnes

6 gros œufs
500 g de pissenlit
150 g de ventrèche basque (ou poitrine sèche poivrée)
10 cl de vinaigre de xérès
Piment d'Espelette
Fleur de sel

- Triez les pissenlits et nettoyez-les à plusieurs eaux. Égouttez-les dans une essoreuse à salade, puis posez-les dans un saladier.
- Pochez les œufs en suivant la recette au chapitre 8.
- Taillez la ventrèche en tranches de ½ cm, puis en lardons de la même grosseur. Poêlez-les dans une poêle sans matière grasse. Une fois qu'ils sont bien colorés, déglacez avec le vinaigre. Laissez réduire quelques instants. Puis versez le mélange chaud dans le saladier. Mélangez aussitôt. La chaleur des ingrédients doit légèrement cuire les pissenlits.
- Déposez la salade dans six assiettes, posez un œuf poché par-dessus. Assaisonnez d'un peu de fleur de sel et de piment d'Espelette.

Chapitre 12
Pâtes, riz et autres céréales

Dans ce chapitre :
▶ Le secret des plats de féculents réussis
▶ Sauces classiques ou inventives
▶ Recettes classiques : spaghettis à la sauce tomate, penne au fromage, lasagnes et bien d'autres encore

Les recettes de ce chapitre
▶ Spaghetti à la tomate
▶ Penne à la romaine
▶ Sauce marinara
▶ Sauce arrabiata
▶ Penne au parmesan et au basilic
▶ Rigatoni à l'aubergine et aux courgettes
▶ Penne aux artichauts et aux olives noires
▶ Fettucine aux crevettes et au gingembre
▶ Cavatellis façon risotto aux courgettes fleurs, tomates séchées et chorizo
▶ Cannellonis de bœuf à la niçoise
▶ Tagliatelles fraîches
▶ Raviolis d'herbes et salades
▶ Agnolottis de champignons des bois à la noisette
▶ Lasagnes familiales
▶ Riz étuvé
▶ Riz pilaf aux raisins, tomates et pignons de pin
▶ Principe de base du risotto
▶ Riz sauvage classique
▶ Riz brun assaisonné
▶ Kasha à la courge musquée et aux épinards
▶ Polenta crémeuse

« *Aucun homme ne peut être sage le ventre vide.* »

— George Eliot

Dans l'Antiquité, les Grecs et les Romains mangeaient des aliments semblables aux pâtes que l'on consomme aujourd'hui. À la fin du XIIIe siècle, Marco Polo est rentré de Chine avec toutes sortes de pâtes. Aussi invraisemblable que cela puisse paraître, il ne les avait pas englouties avec de la sauce tomate sur le chemin du retour… Aujourd'hui, les pâtes sont présentes dans des dizaines de pays sous une forme ou une autre. Toutefois, personne ne songerait à mettre en doute la suprématie des Italiens en la matière.

Les pâtes, le riz et les céréales sont des féculents riches en glucides complexes, ce qui signifie que le corps humain peut bénéficier de leur apport énergétique pendant une longue période. Les glucides simples, comme le sucre et le miel, donnent à notre corps de l'énergie mais aucune substance nutritive. Autrement dit, si vous carburez aux glucides simples, tenez-vous-en aux sprints sur une courte distance. Si vous mangez des pâtes, vous êtes prêt(e) pour le marathon. Sachez en outre que 60 g de pâtes ne contiennent que 211 calories et environ 1 g de graisse. Une bonne louche de sauce Alfredo fait monter les chiffres en flèche, mais c'est une autre histoire…

Les pâtes sont-elles prêtes ?

Al dente n'est pas le nom d'un orthodontiste italien. C'est un terme sacré en Italie, qui signifie « sous la dent ». En cuisine, il signifie plus exactement « ferme sous la dent ». Dans presque tous les autres pays, la cuisson des pâtes dépasse ce stade. Et lorsque les pâtes cuisent trop longtemps, elles absorbent beaucoup d'eau et deviennent spongieuses.

Quelques conseils pour faire cuire les pâtes

- **Utilisez une marmite de 1 litre d'eau pour 100 g de pâtes.** Les pâtes, comme les danseurs de tango, ont besoin de place pour bouger. Si vous n'avez pas de marmite assez grande pour contenir autant d'eau en n'étant remplie au maximum qu'aux trois quarts, utilisez deux marmites au lieu d'en surcharger une, qui fera gicler de l'eau bouillante sur votre cuisinière.

- **Salez l'eau pour rehausser la saveur et favoriser l'absorption de la sauce.** En règle générale, comptez 2 cuillerées à café de sel pour 4 litres d'eau et 1 cuillerée à soupe pour 6 litres d'eau.

- **Mettez de l'huile dans l'eau.** Si votre eau de cuisson est calcaire, l'huile empêchera la fixation de celui-ci sur les pâtes.

- **Couvrez la marmite pour ne pas stopper l'ébullition** lorsque vous ajoutez les pâtes. Dès que l'ébullition reprend, retirez le couvercle et poursuivez la cuisson.

- **Gardez une tasse de liquide de cuisson lorsque les pâtes sont cuites.** Vous pouvez utiliser une partie du liquide pour humidifier la sauce. L'amidon que contient l'eau lie la sauce et l'aide à adhérer aux pâtes.

- **Ne rincez pas les pâtes.** Lorsque les pâtes sont al dente (tendres mais fermes), versez-les doucement dans un égouttoir. Ne les rincez pas ! L'amidon doit rester sur les pâtes pour favoriser l'adhérence de la sauce. Cette règle ne s'applique pas si vous mangez les pâtes froides, en salade.

- **Après avoir égoutté les pâtes, vous pouvez les mettre dans la casserole contenant la sauce et mélanger le tout.** Cette méthode permet de répartir la sauce plus uniformément que lorsque celle-ci est simplement versée à la cuillère sur les pâtes. Servez directement depuis la casserole.

- **Ne mélangez jamais des pâtes de formes ou de tailles différentes dans la même marmite.** Pêcher le type de pâtes dont la cuisson se termine en premier n'est pas très aisé…

TRUC La méthode ancestrale d'évaluation de la cuisson des pâtes est toujours la meilleure : piquez une pâte avec une fourchette, prenez-la entre vos doigts puis goûtez-la.

Identifier les pâtes : types de pâtes et temps de cuisson

Il existe deux grandes catégories de pâtes sèches italiennes : les macaronis et les spaghettis.

Les *macaroni* sont tous de *forme tubulaire* mais d'aspects différents. Les spaghettis, en français « petits fils », se présentent sous forme de filaments délicats. Les linguine et les fettucine sont parfois classées en dehors de la catégorie des spaghetti, car il s'agit de filaments aplatis. La figure 12-1 illustre les pâtes les plus courantes, également décrites dans les sections suivantes.

Pâtes fraîches, pâtes sèches

Les pâtes fraîches sont très appréciées par les Italiens, les Français et les Chinois. Leur goût est bien meilleur que les pâtes sèches. La texture est souple et légère, on les consomme en sauce, en plat complet (lasagnes, à la carbonara…), en gratin ; il y a mille et une façons de cuisiner les pâtes fraîches.

Les pâtes sèches sont les plus pratiques à utiliser. Leur atout majeur est la conservation et aussi les multiples formes que les producteurs ont pu leur donner. Leur prix d'achat est bien moins élevé que les pâtes fraîches, par contre elles ne contiennent pas d'œufs (en général).

Leur cuisson est similaire aux pâtes fraîches et les façons de les accommoder sont identiques.

Aujourd'hui on peut trouver des petites pâtes sèches en forme de grains de riz, elles sont utilisées pour les risottos de pâtes.

Figure 12-1 : Différentes sortes de pâtes.

Macaroni

Également connus sous le nom de pâtes tubulaires, les macaroni se mangent avec des sauces épaisses et riches. Le tableau 12-1 dresse la liste des différents types de pâtes tubulaires, avec le temps de cuisson correspondant et la sauce d'accompagnement la plus appropriée.

Tableau 12-1	Catégorie des macaronis	
Nom italien	**Traduction**	**Description et temps de cuisson approximatif**
Cannelloni	« Grands roseaux »	Pâtes farcies à la viande ou au fromage et cuites à l'étouffée dans une sauce. Cuisson : 7 à 9 minutes.
Ditali	« Dés »	Pâtes lisses de petite taille. Utilisées dans les soupes et dans les salades de pâtes. Cuisson : 8 à 10 minutes.
Penne	« Pennes »	Se mangent de préférence entièrement recouvertes d'une sauce riche. Cuisson : 10 à 12 minutes.
Rigatoni	« Grandes cannelures »	Grands tubes larges, excellents avec une sauce tomate à la viande et aux légumes. Cuisson : 10 à 12 minutes.
Ziti	« Jeunes mariés »	Tubes étroits, délicieux dans les ragoûts riches avec une sauce tomate épaisse. Cuisson : 10 à 12 minutes.

D'autres pâtes de type macaroni sont très prisées en France : les coquillettes. Ces tubes coudés, délicieux en gratins notamment, cuisent 8 à 10 minutes.

Pâtes en filaments

Les pâtes en filaments, très fines, doivent être agrémentées de sauces claires, riches en huile, qui les empêchent de coller les unes aux autres. Le tableau 12-2 indique la meilleure façon de cuisiner chaque type de pâtes de cette catégorie.

Tableau 12-2 Catégorie des spaghettis

Nom italien	Traduction	Description et temps de cuisson approximatif
Capelli d'angelo	« Cheveux d'ange »	Les plus fines de toutes les pâtes, délicieuses dans les soupes. Agrémenter d'une sauce à la tomate ou à base de crème liquide. Cuisson : 3 à 4 minutes.
Cappellini	« Petits cheveux »	Pâtes légèrement plus épaisses que les cheveux d'ange. Cuisson : 4 à 5 minutes.
Spaghetti	« Petits fils »	Longs filaments d'épaisseur moyenne. Cuisson : 10 à 12 minutes.
Vermicelli	« Petits vers »	Filaments fins. Cuisson : 5 à 6 minutes.

Pâtes plates

Les pâtes plates sont excellentes avec une sauce riche et crémeuse, comme la sauce Alfredo, ou une simple sauce au beurre avec des légumes frais sautés. Pour connaître la meilleure façon de cuisiner chaque type de pâtes de cette catégorie, reportez-vous au tableau 12-3.

Tableau 12-3 Pâtes plates

Nom italien	Traduction	Description et temps de cuisson approximatif
Fettucine	« Petits rubans »	Filaments plats. Cuisson : 8 à 10 minutes.
Linguine	« Petites langues »	Longs rubans fins. Cuisson : 8 à 10 minutes.
Tagliatelle	« Petites tranches »	Semblables aux fettucine mais un peu plus larges. Cuisson : 7 à 8 minutes.

Pâtes farcies

Remplies de viande, de fromage, de poisson ou de légumes, les pâtes farcies se mangent de préférence avec une simple sauce tomate ou une sauce à la crème légère. La pâte est souvent aromatisée et teintée avec des épinards, des tomates, des champignons ou du safran, épice très parfumée. Le tableau 12-4 indique le temps de cuisson des pâtes farcies congelées.

Tableau 12-4 Pâtes farcies

Nom italien	Description	Farce et temps de cuisson approximatif
Agnolotti	Demi-lunes	Pâtes farcies à la viande ou au fromage. Cuisson : 7 à 9 minutes.
Ravioli	Petits coussins carrés	Pâtes farcies à la viande, au fromage, au poisson ou aux légumes. Cuisson : 7 à 9 minutes.
Tortellini	Petits tortillons en forme d'anneau	Pâtes farcies à la viande ou au fromage. Cuisson : 10 à 12 minutes.

Pâtes de formes diverses

Le tableau 12-5 dresse la liste des autres pâtes, qui ne font partie d'aucune catégorie en particulier.

Tableau 12-5 Pâtes de formes diverses

Nom italien	Traduction	Accompagnement recommandé et temps de cuisson approximatif
Conchiglie	« Coquilles »	Pâtes excellentes avec une simple sauce au beurre et au basilic, et du parmesan râpé. Cuisson : 10 à 12 minutes.
Farfalle	« Papillons »	Pâtes délicieuses en salade avec des légumes frais. Cuisson : 10 à 12 minutes.
Fusili	« Torsades »	Pâtes en forme de tire-bouchon, délicieuses avec une sauce épaisse. Cuisson : 10 à 12 minutes.
Orecchiette	« Oreillettes »	Pâtes pouvant être mélangées aux soupes de poulet et aux bouillons clairs. Cuisson : 7 à 9 minutes.
Orzo	« Orge »	Pâtes en forme de riz, idéales dans une salade de poulet et de tomates séchées à la vinaigrette. Cuisson : 8 à 10 minutes.
Rotelle	« Petites roues »	Pâtes de forme amusante très appréciées des enfants. Cuisson : 8 à 10 minutes.

Faire des pâtes et une sauce parfaites

Les principes de base de la préparation d'une sauce sont les mêmes que ceux que nous avons décrits au chapitre 8 pour l'ensemble des sauces. Une seule différence, toutefois : pour les pâtes, la quantité de sauce nécessaire est souvent plus importante.

Remuez les pâtes avec une cuillère en bois, et non en métal, dès que vous les avez plongées dans l'eau bouillante. Versez-les dans l'eau en une seule fois et ne les cassez surtout pas – c'est un péché ! Si la consommation de sel vous est déconseillée, ajoutez un peu de jus de citron à l'eau de cuisson. Cette petite touche d'amertume donne au plat une saveur agréable.

Ajouter la sauce au bon moment

Vous devez ajouter la sauce dès que les pâtes sont égouttées, sinon celles-ci deviendront rigides et collantes. Elle doit donc être prête avant la fin de la cuisson des pâtes. Ensuite, il ne vous restera plus qu'à égoutter les pâtes, ajouter la sauce, remuez le tout et servir.

Note : Dans de nombreuses recettes de ce chapitre, nous vous recommandons de faire la sauce pendant que l'eau bout ou que les pâtes cuisent. Ainsi, les pâtes et la sauce sont prêtes à peu près en même temps.

Choisir la bonne sauce et savoir doser

La sauce doit avoir la bonne consistance, ni trop liquide, ni trop épaisse, afin d'enrober toutes les pâtes et de les rendre parfaitement moelleuses. S'il y a trop de sauce, les pâtes sont spongieuses. S'il n'y en a pas assez, elles sont sèches.

Vous pouvez varier les sauces en fonction des saisons :

- Au printemps, utilisez des herbes aromatiques fraîches et des légumes tendres.
- En été, utilisez des sauces légères à base de poisson.
- En automne, utilisez des champignons sauvages ou de la viande.
- En hiver, utilisez des légumes-racines ou de la viande.

Lorsque vous faites une sauce pour les pâtes, pensez toujours en termes de *hiérarchie* des saveurs. Autrement dit, faites en sorte que l'un des ingrédients domine tandis que les autres rehaussent et accompagnent cet ingrédient principal.

Par exemple, si vous avez de superbes champignons sauvages, en automne, ce serait une folie de les mélanger avec un gorgonzola au goût prononcé. Si vous voulez utiliser du fromage, celui-ci devra être doux et fumé pour accompagner la saveur des champignons.

Bien choisir les tomates

Rien n'est aussi bon qu'une tomate qui a mûri sur pied sous les rayons du soleil d'été. Malheureusement, les tomates cultivées localement ne sont disponibles que quelques mois dans l'année. Il faut donc avoir recours aux tomates cueillies encore vertes, mûries en serre et commercialisées par des producteurs d'autres régions ou pays. En règle générale, les tomates vendues en grappes sont plus savoureuses. Pour faire des soupes, des sauces ou des ragoûts, les tomates italiennes en conserve sont les plus appropriées. Si vous suivez une recette qui recommande l'utilisation de tomates fraîches à un moment où les variétés courantes ne sont pas de bonne qualité, optez pour des tomates prunes ou des tomates italiennes. Les tomates prunes, qui tirent leur nom des fruits auxquels elles ressemblent, mûrissent généralement en un jour ou deux, après l'achat, et sont parfaites pour faire une sauce rapide avec un peu de basilic et d'ail. Hors saison, utilisez des tomates en conserve – elles ont beaucoup de saveur.

Pour faire mûrir des tomates, mettez-en plusieurs dans un sac en papier pendant un ou deux jours afin d'emprisonner les gaz naturels qui provoquent la maturation. Pour accélérer encore plus le processus de maturation, mettez une banane dans le sac. Pour savoir comment peler et épépiner les tomates, reportez-vous à la recette de spaghettis à la sauce tomate, plus loin dans ce chapitre.

Sauces classiques

Les sauces italiennes sont aussi inventives et variées que les formes des pâtes. Vous trouverez ci-après la composition des sauces les plus courantes. Ainsi, la prochaine fois que vous dînerez dans un grand restaurant italien, vous saurez ce que vous mangez.

- **Arrabiata** : sauce à base de tomates, d'ail, d'huile d'olive et relevée grâce à du piment.
- **Bolognaise** : sauce tomate à la viande (bœuf, veau ou porc) qui a longuement mijoté. Elle tire son nom de la ville de Bologne, où elle a été inventée. Dans la véritable sauce bolognaise, la viande est légèrement dorée et cuite dans une petite quantité de lait et de vin avant que les tomates soient ajoutées (voir chapitre 13).

- **Carbonara** : lard cuit et croustillant (pancetta, en général) mélangé avec de l'ail, des œufs, du parmesan et parfois de la crème.
- **Fettucine all' Alfredo** : riche sauce à la crème, au beurre, au parmesan et au poivre noir fraîchement moulu accompagnant les fettucine.
- **Pesto** : fine pâte à base de feuilles de basilic fraîches, de pignes, d'ail, de parmesan et d'huile d'olive.
- **Primavera** : mélange de légumes de printemps sautés, comme des poivrons rouges, des tomates, des asperges et des pois mangetout, agrémenté d'herbes aromatiques fraîches.
- **Puttanesca** : sauce piquante aux anchois, à l'ail, aux tomates, aux câpres et aux olives noires.
- **Spaghetti alle Vongole** : spaghetti agrémentés de palourdes, d'huile d'olive, de vin blanc et d'herbes aromatiques.

Recettes de pâtes

Les recettes suivantes sont simples et vous pourrez les adapter dès que vous aurez acquis davantage d'assurance.

Sauce de base

Vous pouvez vous servir de cette sauce rapide pour créer d'innombrables variantes, comportant des herbes aromatiques, des légumes, de la viande et bien d'autres ingrédients.

Dans ce livre, nous ne parlons que de pâtes séchées (par opposition aux pâtes fraîches), sauf indication contraire.

Spaghetti à la tomate

difficulté ★★★   temps ★★★   coût €€€

Ustensiles : Couteau d'office, couteau de chef, grande marmite, égouttoir, casserole ou sauteuse, râpe

Temps de préparation : 15 minutes

Temps de cuisson : 15 minutes

Quantité : 3 à 4 personnes

5 à 6 tomates mûres

375 g de spaghetti

2 gousses d'ail épluché et émincé

4 feuilles de basilic fraîches grossièrement hachées

3 cuil. à soupe de parmesan râpé

3 cuil. à soupe d'huile d'olive

Sel et poivre noir à votre convenance

- Mondez les tomates (voir ci-dessous). Coupez-les en cubes de 1 cm (instructions illustrées à la figure 12-2).

- Portez 4 à 5 litres d'eau légèrement salée à ébullition dans une grande marmite couverte. Ajoutez les spaghettis, remuez-les bien avec une longue fourchette pour les empêcher de coller les uns aux autres, et faites-les cuire à feu vif, sans couvercle, pendant environ 8 minutes ou jusqu'à ce qu'ils soient *al dente*.

- Pendant que les spaghettis cuisent, faites chauffer l'huile à feu moyen dans une casserole ou une sauteuse. Ajoutez l'ail. Faites-le revenir en remuant avec une cuillère en bois, environ 30 secondes (attention à ne pas le faire brûler). Ajoutez les cubes de tomates, et salez et poivrez à votre convenance. Faites cuire environ 3 minutes, en écrasant les tomates avec une fourchette et en remuant souvent.

- Juste avant la fin de la cuisson des pâtes, prélevez et mettez de côté 5 cl de liquide de cuisson. Lorsque les pâtes sont prêtes, égouttez-les et remettez-les dans la marmite. Ajoutez aux pâtes la sauce tomate, le basilic et le liquide de cuisson que vous avez mis de côté. Remuez le tout et faites cuire pendant quelques secondes, à feu doux. Servez immédiatement, avec le parmesan à part.

Monder les tomates consiste à les peler de la façon suivante : plongez-les dans l'eau bouillante pendant 10 à 15 secondes. Retirez-les avec une écumoire et immergez-les dans un bol d'eau glacée pour les rafraîchir rapidement. Lorsque les tomates ont suffisamment refroidi pour que vous puissiez les manipuler, pelez-les avec un couteau à éplucher et retirez les graines.

Comment peler, épépiner et hacher les tomates

1. Enfoncez la lame du couteau en diagonale. Retirez la tige.

2. Faites une incision en forme de X à la base.

3. Plongez dans l'eau bouillante pendant environ 10 secondes.

4. Retirez avec une fourchette à long manche. Immergez dans l'eau froide.

5. Pelez en commençant par le X. Facile ! (Les pêches et les abricots se pèlent de la même façon.)

6. Coupez en deux.

7. Pressez ! Les graines sont expulsées.

8. Hachez en petits morceaux.

Figure 12-2 : Plongez les tomates dans l'eau bouillante pendant quelques secondes pour pouvoir les peler plus facilement.

IMPROVISEZ — Vous pouvez ajouter une petite boîte de miettes de thon égouttées, des olives noires tranchées et quelques cœurs d'artichauts cuits. Les crevettes sautées et les pointes d'asperges, ou même les foies de volaille sautés, complètent également à merveille cette sauce classique.

Penne à la romaine

difficulté ★★★   temps ★★★   coût €€€

Ustensiles : Marmite, couteau d'office, couteau éminceur, saladier, passoire
Temps de préparation : 15 minutes
Temps de cuisson : 15 minutes
Quantité : 6 personnes

400 g de penne
500 g de tomates, type « cœur de bœuf »
2 gousses d'ail
1 branche de basilic
50 g de parmesan râpé
10 cl d'huile d'olive
Sel
Piment d'Espelette

✔ Cuisez les penne dans 5 litres d'eau bouillante salée.

✔ Lavez les tomates et sortez le pédoncule. Détaillez-les en deux moitiés, puis en dés grossiers. Pelez les gousses d'ail et éclatez-les, en appuyant fort dessus avec la partie la plus large de la lame d'un émincer. Ciselez les feuilles de basilic.

✔ Dans un saladier, déposez les dés de tomate, assaisonnez de sel et de piment d'Espelette, ajoutez l'ail et versez l'huile d'olive. Laissez ainsi une demi-heure, puis une fois les penne cuites, égouttez-les et versez-les aussitôt sur cette salade de tomates, ajoutez le basilic et mélangez rapidement. Servez accompagné de parmesan râpé.

L'ASTUCE D'HÉLÈNE Respectez toujours le produit et la saison. Ainsi ce plat ne peut pas être cuisiné en hiver, où les tomates n'ont pas de goût. Mais c'est le plat idéal des soirées d'été, où la maturité des tomates est alors à son apogée.

L'ASTUCE D'HÉLÈNE Jouez avec les variétés de tomates. On trouve aujourd'hui des tomates de toutes les couleurs : rouges, roses, jaunes, blanches, noires… mélangez-les pour faire un plat coloré.

Sauce congelée

Vous pouvez faire la sauce marinara, sauce très parfumée qui mijote longuement, en grande quantité, comme dans la recette suivante, et la congeler en portions individuelles pour une utilisation ultérieure. Si vous préférez, utilisez-la entièrement pour faire les lasagnes familiales dont la recette est fournie plus loin dans ce chapitre.

Sauce marinara

difficulté ★★★   temps ★★★   coût €€€

Ustensiles : Couteau de chef, casserole en métal épais, cuillère en bois, robot ou mixeur, râpe

Temps de préparation : 15 minutes

Temps de cuisson : 1 heure

Quantité : Pour un bol

1 boîte de 1 kg de tomates pelées italiennes

180 g de concentré de tomate

4 cuil. à soupe d'huile d'olive

1 gros oignon épluché et émincé

3 gousses d'ail épluché et émincé

20 g de parmesan
7 cl de vin rouge sec
12 cl d'eau
2 branches de thym frais haché
2 branches d'origan frais haché
Sel et poivre noir à votre convenance

- Faites chauffer l'huile d'olive à feu moyen dans une casserole en métal épais. Ajoutez l'oignon et l'ail, et faites-les revenir jusqu'à ce qu'ils ramollissent, environ 3 à 4 minutes, en remuant souvent (attention à ne pas faire brûler l'ail). Ajoutez tous les autres ingrédients, excepté le fromage, et faites mijoter pendant environ 1 heure, partiellement couvert, en remuant de temps à autre. Laissez refroidir à température ambiante.

- Versez la sauce dans un mixeur ou un robot (en plusieurs fois, si nécessaire), fermez bien le couvercle, et réduisez en purée jusqu'à ce que le mélange soit onctueux mais encore légèrement granuleux.

- Remettez la sauce dans la casserole et faites-la chauffer à feu très doux. Goûtez pour évaluer l'assaisonnement et ajoutez le fromage à ce stade ou directement à table.

Vous aurez besoin de presque 1 litre de sauce pour 1 kg de pâtes ou pour un grand plat de lasagnes (voir lasagnes familiales, plus loin dans ce chapitre). Si vous avez trop de sauce, vous pouvez en congeler une partie dans un récipient hermétique jusqu'à 6 mois.

Une marmite d'eau bouillante peut représenter un danger dans une cuisine. Utilisez des marmites avec des petites poignées, auxquelles on ne peut pas s'accrocher facilement, et mettez-les à bouillir sur les brûleurs du fond, loin des petites mains curieuses.

Sauce arrabiata

difficulté ★★★   temps ★★★   coût €€€

Ustensiles : Sautoir à fond épais, cuillère en bois, chalumeau ou plaque de cuisson au gaz, planche à découper, couteau éminceur

Temps de préparation : 20 minutes

Temps de cuisson : 1 heure

Quantité : 6 à 8 personnes

1 kg de tomates bien mûres
25 g de concentré de tomates (une petite boîte)
1 gros oignon

Chapitre 12 : Pâtes, riz et autres céréales *299*

4 gousses d'ail frais

1 piment rouge frais

2 poivrons rouges

8 cl d'huile d'olive vierge extra

15 g de sucre roux

4 cl de vinaigre balsamique de Modène

10 cl de vin blanc sec

1 bouquet garni

10 g de sel fin

1 pincée de piment d'Espelette

- Faites griller la peau des poivrons, puis pelez-les, épépinez-les et taillez-les en cubes de 1 cm.
- Épépinez les tomates puis taillez-les en cubes de 1 cm. Épépinez le piment puis taillez-le en petits cubes de 0,5 cm.
- Pelez l'oignon, lavez-le et taillez-le en cubes. Pelez l'ail, écrasez-le et hachez-le grossièrement.
- Dans le sautoir, faites chauffer l'huile d'olive, jetez-y les cubes d'oignon et faites caraméliser légèrement. Ensuite ajoutez les dés de poivron rouge et le piment. Laissez colorer à nouveau quelques minutes, puis ajoutez l'ail, le sucre roux. Déglacez avec le vinaigre, laissez réduire, puis mouillez au vin blanc.
- Assaisonnez, ajoutez le bouquet garni, les tomates et le concentré de tomates. Laissez cuire tout doucement pendant 1 heure.
- Rectifiez l'assaisonnement, ajoutez quelques petits bouquets de basilic frais et servez.

Plat de pâtes rapide

Si vous n'avez pas beaucoup de temps devant vous, oubliez les sauces élaborées et optez pour une garniture rapide à base de fromage, comme dans la recette suivante.

Penne au parmesan et au basilic

difficulté ★★★   temps ★★★   coût €€€

Ustensiles : Grosse marmite, couteau de chef, râpe, égouttoir
Temps de préparation : 10 minutes
Temps de cuisson : 20 minutes
Quantité : 3 à 4 personnes

250 g de penne
2 cuil. à soupe d'huile d'olive
20 g de beurre
20 g de parmesan râpé
¼ de bouquet de basilic frais
1 pincée de muscade fraîchement râpée ou moulue
Sel et poivre noir à votre convenance

- Portez 3 à 4 litres d'eau légèrement salée à ébullition dans une grosse marmite couverte. Ajoutez les penne, remuez bien pour les empêcher de coller les unes aux autres, et faites bouillir à nouveau à feu vif. Faites cuire, sans couvercle, environ 10 minutes ou jusqu'à ce que les pâtes soient *al dente*.

- Juste avant la fin de la cuisson des pâtes, prélevez 5 cl de liquide de cuisson. Lorsque les penne sont prêtes, égouttez-les et remettez-les dans la marmite. Ajoutez l'huile d'olive et le beurre, et remuez le tout. Ensuite, ajoutez le fromage, le basilic, la muscade, le poivre et le liquide de cuisson que vous avez prélevé.

- Remuez pour mélanger et faites chauffer pendant 30 secondes, à feu moyen. Salez, si nécessaire. Servez immédiatement.

Vous pouvez finaliser la sauce en ajoutant une cuillerée à café de pistou.

Plats de pâtes plus élaborés

Une fois que vous maîtrisez les principaux plats de pâtes, vous pouvez faire preuve de créativité en utilisant différents ingrédients. Mais avant de vous précipiter dans une épicerie fine pour acheter des carambolés et du jambon fumé, pensez à l'harmonie des saveurs. Aucun des ingrédients de votre sauce ne doit éclipser les autres – les navets, par exemple, ont cette tendance. Pour savoir si des ingrédients peuvent être associés dans une sauce, demandez-vous si vous pourriez les servir ensemble, en plat d'accompagnement.

Voici un plat de pâtes aux légumes, dans lequel les saveurs sont tout à fait en harmonie. L'aubergine à une texture particulière et une saveur légèrement amère mais douce. Utilisez-la comme ingrédient principal. Les courgettes au goût subtil ajouteront de la couleur, ainsi que les tomates.

Rigatoni à l'aubergine et aux courgettes

difficulté ★★★   temps ★★★   coût €€€

Ustensiles : Couteau de chef, râpe, grande marmite, 2 grandes casseroles ou sauteuses, égouttoir

Chapitre 12 : Pâtes, riz et autres céréales

Temps de préparation : 25 minutes
Temps de cuisson : 30 minutes
Quantité : 4 à 6 personnes

500 g de rigatoni, ziti, fusili ou conchiglie

1 aubergine moyenne (environ 500 g), sans les extrémités, épluchée et coupée en cubes de 2 cm (instructions illustrées à la figure 12-3)

300 g de courgettes, sans les extrémités, coupées en deux dans le sens de la longueur puis en demi-cercles de 1 cm d'épaisseur

800 g de tomates mûres évidées, pelées et hachées

4 cuil. à soupe d'huile d'olive

2 gousses d'ail épluché et finement haché

¼ de botte de persil haché

2 cuil. à café d'origan

20 g de parmesan (et à votre convenance pour la garniture)

½ cuil. à café de sucre

½ cuil. à café de piment rouge

Sel et poivre noir

¼ de botte de basilic grossièrement haché

- Faites chauffer 1 cuillerée à soupe d'huile d'olive à feu moyen dans une grande casserole ou sauteuse et ajoutez l'ail. Faites revenir l'ail pendant 1 minute, en remuant constamment, sans le faire brûler. Ajoutez les tomates, le persil, l'origan, le sucre, le piment (facultatif), le sel et le poivre. Remuez pour mélanger, portez à ébullition, réduisez la chaleur et laissez mijoter pendant 15 minutes, partiellement couvert.

- Pendant que la sauce mijote, faites chauffer le reste d'huile d'olive à feu vif dans une autre sauteuse. Lorsque l'huile est très chaude, ajoutez l'aubergine et les courgettes, puis salez et poivrez à votre convenance. Faites cuire à feu moyen, en remuant de temps à autre, environ 5 à 7 minutes ou jusqu'à ce que les légumes soient dorés et tendres. Après avoir laissé mijoter la sauce tomate pendant 15 minutes, ajoutez le mélange à base d'aubergine et de courgettes et faites mijoter encore 15 minutes.

- Pendant ce temps, faites bouillir 5 litres d'eau légèrement salée à feu vif dans une grande marmite couverte.

- Versez les pâtes dans l'eau bouillante, remuez-les bien pour les empêcher de coller les unes aux autres, et faites-les cuire en respectant le temps de cuisson indiqué sur le paquet ou jusqu'à ce qu'elles soient *al dente*. Juste avant d'égoutter les pâtes, prélevez 15 cl de liquide de cuisson et versez-la dans la sauce.

- Égouttez les pâtes cuites et remettez-les dans la marmite. Ajoutez la sauce et le basilic. Remuez le tout et servez chaud avec le fromage à part.

Figure 12-3 : La meilleure façon de couper une aubergine.

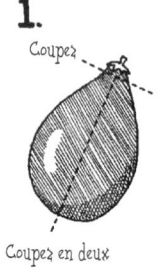

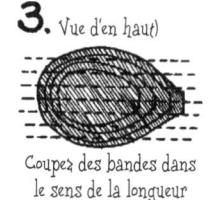

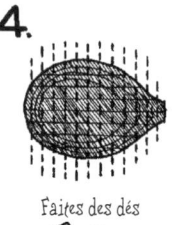

À cette sauce épaisse et consistante, vous pouvez ajouter une viande, comme du porc haché ou de la saucisse italienne douce. Par exemple, faites cuire dans une petite sauteuse 250 g de saucisse italienne douce après avoir haché celle-ci grossièrement. Ajoutez la saucisse cuite à la sauce tomate avec l'aubergine et les courgettes. Vous pouvez aussi arroser les morceaux d'aubergine et de courgettes d'huile et les faire griller ou rôtir au four jusqu'à ce qu'ils soient tendres, avant de les ajouter à la sauce tomate.

Penne aux artichauts et aux olives noires

difficulté ✱✱✱   temps ✱✱✱   coût €€€

Ustensiles : Petit couteau, casserole, sautoir ou cocotte, chinois, grande casserole, passoire, plat mandoline

Temps de préparation : 20 minutes

Temps de cuisson : 40 minutes

Quantité : 6 personnes

400 g de penne

14 artichauts violets

40 g d'olives noires

40 g de parmesan Reggiano

1 branche de céleri

2 grosses carottes

1 fenouil

2 oignons

1 gousse d'ail

3 g de grains de poivre

Chapitre 12 : Pâtes, riz et autres céréales

3 g de graines de coriandre

3 g de baies de genièvre

20 cl de vin blanc sec

15 cl d'huile d'olive

Sel

Piment d'Espelette

- Tournez* les artichauts. Puis taillez 12 d'entre eux en quarts, ôtez le foin. Réservez les deux autres dans un peu d'eau citronnée.

- Cuisinez les artichauts en barigoule : taillez grossièrement la garniture aromatique et le fenouil. Dans un grand sautoir ou une cocotte, faites revenir la garniture aromatique, le fenouil et les quarts d'artichaut dans un peu d'huile d'olive de cuisson. Puis assaisonnez de sel et de piment d'Espelette et ajoutez le poivre en grains, la coriandre et le genièvre. Une fois que tous les légumes sont saisis et colorés, ajoutez le vin blanc sec et laissez réduire de ¾. Versez 1 litre d'eau et laissez cuire à frémissement, sur petit feu, pendant 30 minutes environ. Une fois les artichauts cuits, séparez-les des éléments de la garniture, puis filtrez le jus. Faites le réduire de moitié, pour obtenir 25 cl de jus environ.

- Faites cuire les penne dans 5 litres d'eau bouillante salée. Une fois cuites, égouttez-les.

- Faites chauffer le jus de barigoule réduit avec les olives noires taillées en copeaux. Hors du feu ajoutez 5 cl d'huile d'olive. Roulez les artichauts dans ce jus, puis ajoutez les penne. Versez alors dans un plat. À l'aide d'une mandoline, râpez finement les deux artichauts crus restants. Parsemez-les sur les penne. Parsemez également de copeaux de parmesan.

IMPROVISEZ — La cuisson en barigoule se prête aussi à d'autres légumes : carottes, courgettes, radis, navets, fenouils, oignons nouveaux, etc.

SAVOIR-FAIRE — Que signifie tourner un artichaut ? À l'aide de la pointe d'un petit couteau, enlevez les premières feuilles, dures et vert foncé, des artichauts violets jusqu'à trouver celles du cœur, tendres et vert pâle.

ATTENTION ! — Quand on tourne un artichaut, il a tendance à très vite noircir. Il faut alors le conserver dans de l'eau froide dans laquelle on aura versé le jus d'un citron pressé.

L'ASTUCE D'HÉLÈNE — Le fait de râper le légume cru amène de l'amertume au plat. C'est un geste que l'on peut aussi faire avec d'autres légumes ou champignons : carottes, radis, navets, betteraves, cèpes. Le contraste du même légume cuit et cru est très intéressant.

Assaisonnements orientaux

Maintenant, vous pouvez faire preuve de davantage d'audace. Les assaisonnements orientaux ont fait leur apparition dans la cuisine occidentale il y a quelques années, lorsque les chefs ont découvert à quel point ils étaient vivifiants et bons pour la santé. Le gingembre, par exemple, a une saveur revigorante, qui se marie particulièrement bien avec les crevettes. Les saveurs dominantes du plat suivant proviennent donc du gingembre et des crevettes.

Le gingembre frais, vendu dans certains supermarchés et dans toutes les épiceries asiatiques, n'a pas du tout le même goût que le gingembre moulu. Vous ne pouvez pas les substituer l'un à l'autre. Achetez du gingembre frais, qui ne présente aucun signe de mollesse ou de pourrissement. Avec un épluche-légumes, retirez la peau fine du rhizome avant de hacher ou de râper celui-ci. Vous pouvez envelopper le gingembre dans un film plastique et le stocker au réfrigérateur, où il se conserve pendant plusieurs semaines.

Dans le plat suivant, le gingembre donne aux pâtes une petite touche exotique. Une fois que les légumes sont épluchés et coupés, cette recette est facile à faire.

Fettucine aux crevettes et au gingembre

difficulté ✱✱✱ temps ✱✱✱ coût €€€

Ustensiles : Grande marmite, couteau de chef, grande sauteuse, égouttoir

Temps de préparation : Environ 15 minutes (25 minutes si les crevettes ne sont pas décortiquées)

Temps de cuisson : 25 minutes

Quantité : 3 personnes

500 g de fettucine

600 g de crevettes moyennes décortiquées

500 g de petites courgettes, sans les extrémités, rincées puis coupées en cubes de 1 cm

6 tomates mûres évidées et coupées en cubes de 1 cm

4 cuil. à soupe d'huile d'olive

1 oignon rouge épluché et grossièrement haché

2 poivrons rouges évidés, épépinés et coupés en dés de 1 cm

2 cm de gingembre frais épluché et finement haché

¼ cuil. à café de piment rouge

¼ de bouquet de basilic haché

1 cuil. à soupe de vinaigre de vin rouge

3 gousses d'ail épluché et finement haché

Sel et poivre noir

- Faites bouillir 4 à 5 litres d'eau légèrement salée à feu vif dans une grande marmite couverte. Ajoutez les fettucine, remuez-les bien pour les empêcher d'attacher les unes aux autres et faites-les cuire, sans couvercle, en respectant le temps de cuisson indiqué sur le paquet. Les pâtes doivent être *al dente*.

- Commencez à faire la sauce pendant que l'eau bout. Faites chauffer 2 cuillerées à soupe d'huile d'olive dans une grande sauteuse. Ajoutez l'oignon, les courgettes, les poivrons rouges, le sel et le poivre. Faites cuire à feu moyen-vif, en remuant souvent, jusqu'à ce que les légumes soient tendres, environ 3 à 4 minutes. Ajoutez les crevettes, les tomates, l'ail, le gingembre et le piment rouge. Faites cuire, en remuant souvent, environ 3 à 4 minutes de plus ou jusqu'à ce que les crevettes soient uniformément roses. Ajoutez le reste d'huile d'olive, le basilic et le vinaigre. Remuez bien pour mélanger.

- Juste avant d'égoutter les pâtes, prélevez et mettez de côté 5 cl liquide de cuisson. Lorsque les pâtes sont prêtes, égouttez-les et remettez-les dans la marmite. Ajoutez la sauce à base de crevettes et de tomates aux pâtes et remuez bien. Si la sauce manque de liquide, ajoutez le liquide de cuisson que vous avez mis de côté. Servez immédiatement.

Acheter des crevettes

À moins que vous ne viviez en bord de mer, les crevettes que vous achetez dans votre supermarché ont sans doute été congelées pendant leur transit. Si elles ont bénéficié d'une congélation flash, méthode qui consiste à congeler les aliments à très basse température dès leur récolte, elles peuvent être excellentes. Dans ce cas, leur durée de conservation est d'environ 6 mois, à condition qu'elles soient bien emballées.

Les crevettes doivent être de préférence ni décortiquées ni précuites. Après avoir décortiqué une crevette, retirez la veine noirâtre qui lui longe le dos et lui donne un goût amer.

Cavatellis façon risotto aux courgettes fleurs, tomates séchées et chorizo

difficulté ✶✶✶   temps ✶✶✶   coût €€€

Ustensiles : couteau d'office, sautoir, spatule en bois, poêle
Temps de préparation : 30 minutes
Temps de cuisson : 15 minutes
Quantité : 6 personnes

300 g de cavatellis
50 g de chorizo
6 courgettes fleurs
12 copeaux de tomates séchées
Quelques feuilles de roquette
10 cl de vin blanc sec
2 échalotes
1 l de bouillon de volaille
20 g de beurre
30 g de parmesan Reggiano râpé
4 cl d'huile d'olive
50 g de graisse de canard
Sel
Piment d'Espelette

- Taillez le chorizo en petits dés. Ciselez les échalotes. Faites revenir ces ingrédients dans un sautoir avec un peu de graisse de canard. Une fois ces ingrédients fondus sans être colorés, ajoutez les cavatellis en remuant à l'aide d'une spatule de bois pour qu'ils soient nacrés. Déglacez avec le vin blanc sec, laissez réduire à sec, puis versez 20 cl de bouillon de volaille. Cuisez ainsi doucement en remuant les cavatellis avec la spatule et en versant régulièrement du bouillon de volaille au fur et à mesure que celui-ci est absorbé par les pâtes.

- Séparez la fleur du pied des courgettes fleurs. Émincez les pieds en fins biseaux, assaisonnez-les de sel et de piment d'Espelette et saisissez-les, vivement et rapidement, dans l'huile d'olive de cuisson de manière à ce qu'ils restent un peu croquants. Ouvrez la fleur de courgette en deux, débarrassez-la du pistil et taillez-la en lanières. Taillez de la même façon les copeaux de tomates séchées.

- Une fois les cavatellis cuits – il faut une quinzaine de minutes –, ajoutez les pieds de courgette et les tomates séchées. Comme pour un risotto, ajoutez le beurre en remuant sans cesse, puis le parmesan Reggiano râpé et un peu d'huile d'olive. Au dernier moment, mélangez les fleurs de courgette et les feuilles de roquette qui donneront du craquant et une légère amertume.

Chapitre 12 : Pâtes, riz et autres céréales *307*

Ces cavatellis accompagnent idéalement noix de coquilles Saint-Jacques rôties et autres coquillages et crustacés, mais aussi viandes et volailles comme l'agneau ou le lapin.

Les cavatellis sont des pâtes sèches particulières. Elles ont été coulées dans des petits moules en bronze puis séchées au four. Elles peuvent bien sûr être remplacées par n'importe quelles autres pâtes sèches : coquillettes, penne, etc. Il faudra juste être vigilant au temps de cuisson qui différera selon la forme des pâtes.

Cannellonis de bœuf à la niçoise

difficulté ★★★   temps ★★★   coût €€€

Ustensiles : Couteau d'office, 2 poêles, saladier, marmite, plat à gratin, casserole, passoire, poche à douille

Temps de préparation : 30 minutes

Temps de cuisson : 10 minutes

Quantité : 8 personnes

Pour la farce :

Les joues de bœuf braisées au vin de Madiran (recette chapitre 2, proportions à diviser de moitié)

1 pied de blette

250 g d'épinards

2 branches de persil

10 brins de ciboulette

150 g de ricotta

100 g de parmesan râpé

25 g de graisse de canard

Sel

Piment d'Espelette

Pour les cannellonis :

32 feuilles de pâte à raviolis chinois

50 g de parmesan râpé

20 cl de bouillon de volaille

Pour la finition :

50 g de parmesan Reggiano

✔ Lavez les blettes et les épinards, ainsi que les herbes. À l'aide d'un petit couteau d'office, séparez le vert des blancs de blette. Faites tomber les verts de blette et les épinards dans une poêle avec un peu de graisse de canard. Puis hachez-les grossièrement au couteau avec le persil et la ciboulette. Faites chauffer les joues de bœuf pour qu'elles soient tièdes, de manière à pouvoir les émietter facilement.

- Dans un saladier, mélangez le bœuf, le vert de blette et les épinards, le persil et la ciboulette. Ajoutez la ricotta et le parmesan râpé. Rectifiez l'assaisonnement en sel et piment d'Espelette. Si la farce est trop sèche, ajoutez-y un peu de sauce au Madiran ou un peu plus de ricotta.

- Taillez les côtes de blette en rectangles longs de 5 cm et larges de ½ cm. Cuisez-les dans de l'eau bouillante salée avec un peu de farine. Puis faites-les revenir dans une poêle avec un peu de graisse de canard. Déposez-les au fond d'un plat à gratin.

- Pochez les feuilles de pâte à raviolis chinois 1 minute dans de l'eau frémissante. Plongez-les aussitôt dans de l'eau glacée pour stopper la cuisson, puis les égouttez-les. Sur un linge étalé sur le plan de travail, saupoudrez 30 g de parmesan râpé, puis rangez les feuilles de pâte. Versez alors la farce dans une poche à douille, munie d'un large bec, tracez des bâtonnets de farce sur chaque feuille de pâte. Finissez les cannellonis en roulant la pâte sur elle-même autour de la farce. Serrez bien. Confectionnez ainsi 24 cannellonis et alignez-les dans le plat à gratin sur le lit de blettes. Au moment de servir, versez un peu de sauce au Madiran, saupoudrez du restant de parmesan, passez le plat au four à 180 °C (th. 6) pendant 5 à 6 minutes. Servez aussitôt accompagné du restant de sauce servi en saucière.

L'ASTUCE D'HÉLÈNE Sur cette même base de farce, on peut aussi réaliser des cannellonis avec un civet de chevreuil (voir chapitre 15), un salmis (voir chapitre 15) ou même une épaule d'agneau de sept heures (voir chapitre 6).

Pâtes fraîches

Tagliatelles fraîches

difficulté ✳✳✳   temps ✳✳✳   coût €€€

Ustensiles : Assiette creuse, laminoir à pâtes ou rouleau à pâtisserie
Temps de préparation : 15 minutes
Temps de repos : 1 heure
Temps de séchage : 30 minutes
Quantité :
500 g de farine
5 œufs

50 g de parmesan râpé
10 cl d'huile d'olive
1 cl de vin blanc sec
Sel

✔ Sur un plan de travail, mélangez la farine, les œufs, l'huile d'olive et une pincée de sel. Travaillez la pâte en ajoutant un peu de vin blanc, en quantité nécessaire pour qu'elle soit homogène (mais pas plus d'1 cl), puis déposez-la dans une assiette creuse légèrement farinée. Recouvrez d'un linge humide et laissez reposer au moins une heure.

✔ Passez alors la pâte plusieurs fois entre les rouleaux d'un laminoir à pâtes, en commençant par un gros écartement et en rétrécissant au fur et à mesure des passages, de manière à obtenir une pâte fine. À la fin, passez à la grille à tagliatelles. Laissez-les sécher une demi-heure, à même ce plan de travail.

Si vous ne possédez pas de laminoir à pâtes, utilisez cette méthode : sur un plan de travail à peine saupoudré de farine, étendez la pâte, très finement, au rouleau à pâtisserie, avant de la saupoudrer à nouveau de farine. Puis, roulez délicatement la pâte sur elle-même, de manière à former un gros rouleau, comme vous le feriez avec le biscuit d'une bûche de Noël. Taillez dans ce rouleau de fines tranches et dépliez-les pour obtenir les tagliatelles.

Vous pouvez ajouter à la recette de base, 50 g de parmesan râpé avant de mélanger tous les ingrédients. Les pâtes n'en seront que meilleures.

Pour colorer les pâtes, ajoutez aux ingrédients de base une pincée de pistils de safran en poudre pour obtenir des tagliatelles jaunes, 3 g d'encre de seiche pour des tagliatelles noires, 200 g de bourrache pour des tagliatelles striées de vert, 700 g d'épinards réduits en purée pour des tagliatelles vertes.

Raviolis d'herbes et salades

difficulté ★★★   temps ★★★   coût €€€

Ustensiles : Saladier, couteau d'office, poêle, laminoir à pâtes, pinceau, emporte-pièce de 5 cm de diamètre, plat, casserole

Temps de préparation : 40 minutes

Temps de repos : 1 heure

Temps de cuisson : 3 minutes

Quantité : 6 personnes

Pour la pâte à raviolis :

250 g de farine

2 g de sel

6 jaunes d'œufs
1 œuf
1 cl d'huile d'olive

Pour la farce d'herbes :
50 g de mesclun
25 g de roquette
30 g de pissenlit
25 g de feuilles de moutarde
50 g de feuilles d'épinard
1 branche de persil plat
1 branche de cerfeuil
1 branche d'estragon
5 brins de ciboulette
50 g de ricotta
50 g de parmesan râpé
15 cl d'huile d'olive de cuisson
20 cl de jus de rôti
Sel
Piment d'Espelette

- Préparez la pâte : mélangez la farine, les jaunes d'œufs et l'œuf entier. Ajoutez l'huile d'olive et un peu d'eau, jusqu'à obtention d'une pâte homogène. Laissez reposer 1 heure au moins.

- Faites tomber les herbes et salades dans l'huile d'olive versée dans une poêle. Assaisonnez de sel et de piment d'Espelette, puis hachez le tout grossièrement. Ajoutez alors la ricotta et 30 g de parmesan râpé.

- Passez la pâte plusieurs fois entre les rouleaux du laminoir en commençant par un gros écartement et en rétrécissant au fur et à mesure des passages. Déposez une cuillerée à café de farce à intervalles réguliers sur la moitié de la pâte. Badigeonnez le restant de pâte de jaune d'œuf. Puis repliez-le pour recouvrir chaque petit tas de farce. Collez les deux abaisses de pâte ensemble, en appuyant très fort avec le pouce autour des petits tas de farce. Posez autour de chaque dôme formé par la farce un emporte-pièce de 5 cm de diamètre, puis donnez un coup de poignet sec pour détailler la pâte et obtenir les ravioles. Posez alors chaque raviole sur un plat saupoudré de farine de riz.

- Au moment de servir, plongez-les 3 minutes à peine dans 8 litres d'eau bouillante salée.

- Puis roulez-les dans le jus de rôti, saupoudrez du restant de fromage râpé et gratinez. Déposez les ravioles sur six assiettes, versez un filet de jus et un filet d'huile d'olive.

Agnolottis de champignons des bois à la noisette

difficulté ✹✹✹   temps ✹✹✹   coût €€€

Ustensiles : Sautoir, laminoir à pâtes, couteau d'office, marmite
Temps de préparation : 30 minutes
Temps de cuisson : 3 minutes

350 g de pâte à ravioles (voir recette précédente)
1 jaune d'œuf
400 g de champignons des bois
2 échalotes
50 g de graisse de canard
25 cl de fond blanc
Sel
Piment d'Espelette
120 g de ricotta
5 cl d'huile d'olive
20 g de parmesan Reggiano
40 g de noisettes
10 cl de jus de volaille
2 cl d'huile de noisette

- Faites fondre les échalotes ciselées dans un sautoir avec un peu de graisse de canard, puis jetez les champignons des bois. Faites-les bien revenir. Une fois cuits, égouttez-les, puis hachez-les finement au couteau.
- Ajoutez la ricotta, les noisettes légèrement grillées et hachées grossièrement, l'huile d'olive et le parmesan. Assaisonnez de sel et de piment d'Espelette.
- Étendez la pâte à ravioles comme dans les recettes précédentes. Badigeonnez-la de jaune d'œuf, puis détaillez-la en carrés de 10 cm de côté. Déposez un petit tas de farce sur chaque carré, puis repliez un coin du carré sur son coin opposé pour former un triangle, et repliez les deux coins restant l'un sur l'autre pour refermer l'agnolotti.
- Cuisez les agnolottis dans une marmite d'eau bouillante comme des raviolis et roulez-les dans du jus de volaille avant de servir. Versez alors quelques gouttes d'huile de noisette.

Remplacez le jus de volaille par l'émulsion de parmesan (voir chapitre 17).

Les lasagnes sont faciles à faire, notamment si vous utilisez une bonne sauce en conserve, comme le suggère la recette suivante. Vous pouvez personnaliser ce plat en ajoutant à la sauce des ingrédients, comme du bœuf haché, des épinards, des champignons ou des morceaux de poulet. Cette version simple des lasagnes convient pour au moins 8 personnes. Après les avoir recouverts d'une feuille d'aluminium, vous pouvez réchauffer les restes au four à 170 °C (th. 6), pendant environ 20 minutes, ou à feu doux dans une sauteuse fermée, avec un peu d'eau. Vous pouvez également avoir recours au four à micro-ondes.

Vous pouvez faire vos lasagnes la veille, les réfrigérer et les faire cuire pendant une heure juste avant de servir.

Lasagnes familiales

difficulté ✱✱✱   temps ✱✱✱   coût €€€

Ustensiles : Marmite à pâtes, sautoir à fond épais, cuillère en bois, couteau émerinceur, planche à découper, plat à lasagnes (ou plat à four)

Temps de préparation : 45 minutes

Temps de cuisson : 1 h 15 et 25 minutes pour les lasagnes

Quantité : 6 à 8 personnes

Compter 2 plaques de lasagnes sèches par personne

500 g de viande de bœuf hachée (demandez à votre boucher des morceaux pas trop maigres)

1 kg de tomates bien mûres

1 petite boîte de concentré de tomates (environ 25 g)

200 g de carottes

50 g de ventrèche de porc ou de jambon de pays

50 cl de béchamel (voir chapitre 8)

2 gros oignons

4 gousses d'ail frais

10 cl de vin blanc sec

15 g de sucre roux

1 gros bouquet garni

10 cl d'huile d'olive vierge extra

15 g de sel fin

5 tours de moulin à poivre

1 grosse pincée de piment d'Espelette

Pour la finition :

100 g de fromage de brebis râpé

- Préparez la sauce lasagnes : épluchez et taillez les carottes et oignons en mirepoix. Épluchez l'ail et hachez-le grossièrement.
- Épépinez les tomates, taillez-les en cubes de 1 cm. Taillez la ventrèche ou le jambon en petits lardons.
- Faites chauffer l'huile dans le sautoir, faites-y fondre les lardons puis laissez colorer les oignons et les carottes. Ajoutez la viande, faites bien colorer le tout. Ajoutez le sucre roux, le concentré de tomates et l'ail, mélangez à la cuillère en bois et faites caraméliser les sucs. Déglacez avec le vin blanc et ajoutez les tomates en cubes, le bouquet garni et assaisonnez. Laissez cuire une heure, doucement, le jus doit réduire, mais si cela va trop vite ajoutez un peu de bouillon de bœuf.
- Procédez au montage : faites tremper les feuilles de lasagnes dans de l'eau bouillante, égouttez et dressez dans votre plat à four. Tout d'abord, huilez le fond du plat avec un pinceau et de l'huile d'olive, garnissez le fond du plat avec quelques plaques de lasagnes.
- Versez la sauce lasagnes, puis posez d'autres plaques de lasagnes. Garnissez avec la moitié de la béchamel au fromage de brebis. Couvrez avec d'autres plaques de lasagnes, puis de l'autre moitié de la sauce lasagnes, enfin finissez avec les dernières plaques de lasagnes et couvrez le dessus avec le reste de béchamel.
- Parsemez de fromage et faites cuire au four à 170 °C (th. 6) pendant 20 à 30 minutes, servez bien chaud.

Vous pouvez agrémenter vos lasagnes avec de la mozzarella di buffala, de l'origan frais ou encore les réaliser avec du poisson.

Si vous n'avez pas de plat à lasagnes, achetez un modèle jetable en aluminium, en vente dans la plupart des supermarchés.

Le riz

À RETENIR Avant de vous lancer dans des recettes où vous allez devoir faire bouillir ou frémir, pocher ou cuire à la vapeur, découvrez toute la versatilité d'un aliment généralement cuit dans de l'eau bouillante puis frémissante : le riz. Le riz accompagne beaucoup de plats bouillis ou cuits à la vapeur et peut être assaisonné de nombreuses façons.

Il existe des milliers de sortes de riz.

Les appellations commerciales du riz varient selon la forme des grains et selon le traitement qu'il a subi avant d'être mis sur le marché.

Selon la forme et la longueur des grains, on distingue :

- **le riz à grains ronds**, presque aussi larges que longs (4 à 5 mm de long et 2,5 mm d'épaisseur). Il a un contenu élevé en amidon. Les grains s'agglutinent à la cuisson.

  Utilisation : riz au lait, sushi, riz collant, paella…

- **le riz à grains moyens** (5 à 6 mm de longueur) est plus court et plus dodu que le riz à grains longs. Il a un contenu assez élevé en amidon et colle en refroidissant.

  Utilisation : riz au lait, boulettes de riz…

- **le riz à grains longs** (6 mm et plus), léger et non collant, a une bonne tenue à la cuisson.

Le riz « basmati » est une variété de riz à grains fins, originaire de l'Inde, très reconnue et appréciée des connaisseurs pour son goût parfumé.

TRUC Le riz sauvage est issu d'une plante herbacée qui n'a qu'une simple ressemblance avec le riz. Il pousse (et se cultive désormais) presque exclusivement dans la région des Grands Lacs, aux États-Unis. En raison de sa rareté, il est devenu assez cher. Pour réduire vos dépenses, associez-le à du riz brun. Le riz sauvage est très apprécié avec le gibier et le poisson fumé.

Les origines mondiales du riz

Le riz à grains longs :

1. **Amérique du Sud** : variété Tio João, Patna, Carolina).
2. **Amérique centrale** : Brown longs grains, Texami, riz sauvage (pas réellement un riz, plutôt une céréale).
3. **Asie** : Thaïlande (riz parfumé au jasmin, riz Kaew, riz rouge, riz noir), Chine (riz longs grains)
4. **Inde** : riz basmati Five Star, riz basmati Suprême.
5. **Iran** : le riz Sardi (ne se trouve qu'en Iran).
6. **Europe** : Espagne (Thai Bonnet pour « arroz verde », riz aux herbes).

Le riz à grains ronds :

1. **Amérique** : Brown Short, Sweet Rice.
2. **Japon** : riz pour sushi, Shinodé, Nishiki, Shiragiku, Koshihigari...
3. **Asie** : Philippines, Indonésie (riz rouge, riz gluant noir pour les desserts), Vietnam (riz gluant à grains ronds our les desserts), Thaïlande (riz vert non encore mûr aplati, Neow San Pha Thong, Kao Luang), Chine.
4. **Europe** : Espagne (Bomba, Bahia), France (riz rouge de Camargue), Italie (Arborio, Carnaroli, Vialone nano, Vialone nano semifino, Roma, Ribe, Baldo et Riso Acquarello).

Selon qu'il est décortiqué ou non, le riz se classe en deux grandes catégories :

- **le riz brun**, aussi appelé riz complet ou riz intégral : riz entier uniquement débarrassé de son enveloppe extérieure non comestible. Le riz brun peut être à la fois simple et raffiné. Ce type de riz n'a pas été « poli ». Autrement dit, toutes ses enveloppes n'ont pas été retirées. Par conséquent, il a davantage de qualités nutritives que le riz poli et coûte moins cher. Le riz brun, qui a un léger goût de noisette, a une durée de conservation inférieure à celle du riz blanc. Il est recommandé de le consommer dans les 6 mois qui suivent l'achat alors que le riz blanc peut être conservé quasiment indéfiniment.

- **le riz blanc ou riz blanchi** : riz décortiqué, c'est-à-dire dont on a enlevé le son et le germe. Il a donc perdu une grande partie de ses éléments nutritifs. On l'enrichit souvent de fer, de niacine et de thiamine pour compenser cette perte.

D'autres appellations commerciales correspondent à des traitements particuliers du riz :

- **le riz étuvé ou prétraité** est un riz (brun ou blanc) qu'on a fait tremper dans de l'eau chaude et qui a subi ensuite un traitement à la vapeur d'eau pour conserver dans les grains les vitamines et les minéraux et diminuer la quantité d'amidon superficiel.

- **le riz minute, ou riz précuit**, ou riz à cuisson rapide est un riz (brun ou blanc) qui a subi une précuisson et qui a ensuite été déshydraté. Ce traitement abrège le temps de cuisson du riz au moment de son utilisation. Le riz minute a peu de goût et peu de valeur nutritive.
- **les riz assaisonnés** sont presque toujours des riz précuits ou étuvés, fortement assaisonnés et salés, contenant un nombre plus ou moins important d'autres éléments pour en marquer le goût (fines herbes, épices, bouillon de viande ou de volaille, etc.).

Chaque type de riz a une texture et une saveur qui lui sont propres.

Le riz va avec tout ou presque. Il est donc important de bien savoir le préparer. Voici quelques conseils pour la cuisson du riz à grains longs :

- Lisez toujours les conseils d'utilisation indiqués sur le paquet.
- Mesurez avec précision les quantités de riz et de liquide.
- Respectez scrupuleusement le temps de cuisson.
- Au terme du temps de cuisson, goûtez. Si nécessaire, poursuivez la cuisson 2 à 4 minutes.
- Séparez les grains de riz cuits avec une fourchette.
- Rincez à l'eau froide pour une utilisation froide ou en salade ; égouttez et replacez dans le plat de service avec une noisette de beurre pour une utilisation chaude.

Riz étuvé

Vous trouverez du riz étuvé dans n'importe quel supermarché. Le terme étuvé signifie que les grains de riz ont été trempés dans de l'eau, précuits à la vapeur et séchés. Cette technique permet de décortiquer les grains plus facilement tout en préservant leurs substances nutritives. La vapeur retire également une partie de la fécule contenue dans le riz et donne aux grains une texture plus lisse semblable à la peau luisante de cher Uncle Ben's !

Le riz absorbe l'eau de cuisson pendant qu'elle frémit. Il est donc important de respecter les proportions. Si vous mettez trop d'eau, le riz sera pâteux et, si vous n'en mettez pas assez, il sera sec. La règle d'or est d'utiliser 1,5 litre d'eau bouillante salée pour 100 g de riz.

Pour vous entraîner, essayez la recette suivante.

Le riz va avec tout ou presque. Il est donc important de bien savoir le préparer. Voici quelques conseils pour la cuisson du riz à grains longs :

- Lisez toujours les conseils d'utilisation indiqués sur le paquet.
- Mesurez avec précision les quantités de riz et de liquide.
- Respectez scrupuleusement le temps de cuisson.
- Au terme du temps de cuisson, goûtez. Si nécessaire, poursuivez la cuisson 2 à 4 minutes.
- Séparez les grains de riz cuits avec une fourchette.
- Rincez à l'eau froide pour une utilisation froide ou en salade ; égouttez et replacez dans le plat de service avec une noisette de beurre pour une utilisation chaude.

Riz étuvé

difficulté ★★★   temps ★★★   coût €€€

Ustensiles : Casserole moyenne (3 litres) avec couvercle
Temps de préparation : 5 minutes
Temps de cuisson : 25 minutes
Quantité : 3 à 4 personnes

75 cl d'eau
20 g de beurre
240 g de riz
Sel

- Faites bouillir l'eau et le sel dans une casserole moyenne. Ajoutez le riz et le beurre. Remuez et couvrez.
- Réduisez la chaleur et laissez frémir à feu doux pendant 20 minutes.
- Retirez du feu et laissez reposer, couvert, jusqu'à ce que toute l'eau soit absorbée (environ 5 minutes). S'il reste trop d'eau, utilisez une passoire ; si le riz est trop sec, ajoutez un peu d'eau bouillante, remuez et laissez reposer 3 à 5 minutes. Séparez bien les grains de riz avec une fourchette, vérifiez l'assaisonnement, ajoutez du sel et du poivre si nécessaire, et servez.

Le riz peut accompagner de nombreux plats, notamment la blanquette de veau et le poisson sauce beurre blanc.

IMPROVISEZ

Plus vous parfumez le liquide de cuisson, plus le riz est savoureux. L'assaisonnement pénètre dans les grains et en fait un excellent accompagnement pour les légumes à la vapeur et les viandes sautées. Vous pouvez utiliser un bouillon de poulet ou de légumes, des herbes lyophilisées, du safran, un zeste ou un jus de citron, ou des épices pour parfumer le liquide. Si vous voulez ajouter des herbes fraîches, faites-le à la dernière minute.

L'ASTUCE D'HÉLÈNE

Pour certaines recettes (riz sauté, riz frit, etc.), il faut rincer les grains de riz pour en retirer une partie de l'amidon de surface. Pour d'autres recettes au contraire (riz au lait, sushis, risottos, etc), il est important de conserver l'amidon pour bien coller les grains les uns aux autres.

Dans la cuisson pilaf, les grains de riz sont légèrement nacrés dans du beurre ou de la graisse de canard puis cuits dans un liquide parfumé, comme un bouillon de poulet ou de bœuf. Lorsque vous maîtriserez cette technique, vous pourrez ajouter tout ce que vous voudrez au bouillon.

Dans la recette suivante, le riz pilaf est agrémenté de safran des Indes, de cannelle, d'ail et de raisins, ce qui lui donne une saveur moyen-orientale.

Riz pilaf aux raisins, tomates et pignons de pin

difficulté ★★★   temps ★★★   coût €€€

Ustensiles : Couteau de chef, casserole moyenne, grosse marmite ou casserole, petite poêle à frire

Temps de préparation : 10 minutes

Temps de cuisson : Environ 30 minutes

Quantité : 4 personnes

200 g de riz blanc à grains longs

50 g de pignons de pin

100 g de tomate épépinée et taillée en cubes de 1 cm

50 cl de bouillon de volaille

25 g de graisse de canard

2,5 cl d'huile d'olive

50 g d'oignon finement ciselé

1 gousse d'ail épluchée et hachée finement

10 g de safran des Indes ou de curry

1 tranche de citron jaune épépiné

20 g de raisins blonds secs

¼ de botte de persil plat haché

1 petit bâton de cannelle

Chapitre 12 : Pâtes, riz et autres céréales

Sel fin de Guérande

Piment d'Espelette

- Dans une casserole moyenne, faites frémir le bouillon de poulet. Dans une grosse marmite ou casserole, mélangez la graisse de canard et l'huile d'olive et faites chauffer à feu moyen. Ajoutez l'oignon et l'ail et faites-les revenir sans coloration environ 3 minutes en remuant de temps à autre.

- Ajoutez le riz et le safran des Indes ou le curry au contenu de la grosse marmite. Faites cuire 2 à 3 minutes à feu moyen en remuant souvent jusqu'à ce que le riz soit légèrement nacré. Ajoutez le bouillon chaud, les raisins secs (facultatif), la rondelle de citron et le sel. Faites bouillir à feu vif, remuez avec une fourchette, réduisez la chaleur et laissez frémir couvert 15 à 20 minutes ou jusqu'à ce que le liquide s'évapore.

- Pendant ce temps, faites chauffer une petite poêle à frire à feu moyen. Versez-y les pignons et grillez-les 2 à 3 minutes en les remuant avec une fourchette et en secouant la poêle pour éviter qu'ils ne dorent trop rapidement. Lorsque les pignons sont grillés, retirez-les immédiatement de la poêle.

- Lorsque le riz est cuit, retirez la rondelle de citron. Ajoutez les pignons, la tomate, le persil et la cannelle et remuez le tout. Ajustez l'assaisonnement en ajoutant du sel et du poivre à votre convenance.

L'ASTUCE D'HÉLÈNE

On dit que le riz est nacré quand il est complètement enrobé de matière grasse.

L'ASTUCE D'HÉLÈNE

Dans la recette suivante, comme souvent, j'utilise mon riz préféré : le Riso Acquarello (riz rond Carnaroli Bio)

Principe de base du risotto

difficulté ★★★   temps ★★★   coût €€€

Ustensiles : Couteau éminceur, sautoir en cuivre, cuillère en bois

Temps de préparation : 15 minutes

Temps de cuisson : 30 minutes

Quantité : 6 personnes

240 g de riz rond italien

80 g d'échalotes finement ciselées

50 g de moelle de bœuf

50 g de jambon de pays (Parme, Bayonne, Serrano)

50 g de parmesan Reggiano râpé

10 cl de vin blanc sec
1,5 l de bouillon de volaille
50 g de beurre
5 cl de crème montée
5 cl d'huile d'olive
Sel fin
Poivre du moulin
Piment d'Espelette

- Ciselez finement les échalotes, taillez en petits dés la moelle et le jambon de pays, râpez le parmesan.

- Dans le sautoir en cuivre, versez l'huile d'olive de cuisson, faites revenir la moelle et le jambon. Puis ajoutez les échalotes ciselées, faites-les fondre doucement sans coloration.

- Ajoutez le riz rond, le nacrer en remuant, puis laissez ainsi sur le feu, en attendant que le riz « craque », ce qui se fera au bout de 3 à 4 minutes de cuisson à feu vif. Déglacez alors avec le vin blanc et laissez réduire à sec.

- Versez deux petits pochons de bouillon, c'est-à-dire 20 centilitres environ, laissez cuire le riz en remuant avec la spatule en bois, sans arrêt et à feu moyen.

- Au cours de la cuisson, le bouillon est absorbé par le riz. En ajouter à plusieurs reprises, par petites doses, jusqu'à ce que le riz soit cuit et légèrement croquant. À ce moment-là, c'est-à-dire une vingtaine de minutes plus tard, il ne doit plus y avoir de liquide dans le sautoir. Une fois le riz al dente, ajoutez le beurre et le parmesan en mélangeant toujours à la spatule en bois. Quand tout est absorbé, assaisonnez en finissant à l'huile d'olive et ajoutez la garniture de votre choix.

- Servez le risotto « all'onda », à la vague, c'est-à-dire légèrement liquide et onctueux. Pour cela ajoutez au dernier moment la crème montée. Versez le risotto en assiettes creuses et le déguster aussitôt, en commençant par les bords extérieurs et en faisant tourner l'assiette.

IMPROVISEZ

Sur cette base de risotto, vous pouvez ajouter la garniture de votre choix : champignons sautés, petits pois cuits, tomates confites et lamelles de fleurs de courgette, truffe noire, morilles étuvées, cuisses de grenouille cuites meunières, palourdes ou autres coquillages.

Il est même possible de colorer le risotto en noir avec de l'encre de seiche, en vert avec une purée de persil plat ou d'épinards, ou en jaune avec des pistils de safran.

L'ASTUCE D'HÉLÈNE

La saveur du risotto dépend également de la qualité du bouillon qu'absorbe le riz. Faites le bouillon vous-même ou achetez une bonne marque.

Chapitre 12 : Pâtes, riz et autres céréales

Adaptez le bouillon utilisé à votre recette :

- Un bouillon de légumes pour les risottos à base de légumes ;
- Un bouillon de volaille pour les risottos à base de viande ;
- Un bouillon de poisson pour les risottos à base de viande.

Dans certaines régions d'Italie, on déglace au vin rouge, ce qui donne au risotto une couleur et une saveur très différente.

Préparatifs

Avant de vous lancer dans une recette, vous devez avoir tous les ingrédients nécessaires à portée de main. Hachez à l'avance les oignons et les herbes, nettoyez les légumes, mesurez les proportions, etc. Tout doit être prêt pour que vous puissiez vous consacrer entièrement à la cuisson, sans interruption.

Riz sauvage classique

difficulté ★★★   temps ★★★   coût €€€

Ustensiles : Égouttoir, casserole moyenne avec couvercle
Temps de préparation : Environ 15 minutes
Temps de cuisson : 40 minutes à 1 heure
Quantité : 4 à 6 personnes

230 g de riz sauvage
20 g de beurre
3,5 l d'eau
Sel fin de Guérande
Piment d'Espelette à votre convenance

- Lavez soigneusement le riz sauvage avant de le cuisiner : mettez-le dans un récipient rempli d'eau froide et laissez-le tremper quelques minutes. Retirez les débris qui flottent à la surface et égouttez le riz sauvage dans un égouttoir.
- Versez 3,5 l d'eau dans une casserole moyenne, couvrez et chauffez à feu vif jusqu'à ébullition. Ajoutez le riz sauvage rincé, le beurre, le sel et le poivre. Remuez le tout. Réduisez la chaleur et laissez frémir couvert 40 à 60 minutes ou jusqu'à ce que le riz sauvage soit tendre.

✒ Séparez les grains avec une fourchette et rajoutez du sel et du poivre si nécessaire avant de servir.

Si le liquide de cuisson n'est pas complètement absorbé lorsque le riz est cuit, égouttez celui-ci dans un égouttoir. Si le liquide est complètement absorbé avant que le riz ne soit cuit, ajoutez de l'eau ou du bouillon par petites quantités et poursuivez la cuisson jusqu'à ce que les grains soient tendres.

Riz brun assaisonné

difficulté ✸✸✸   temps ✸✸✸   coût €€€

Ustensiles : Couteau de chef, cuillère en bois, sautoir ou casserole avec couvercle
Temps de préparation : Environ 15 minutes
Temps de cuisson : Environ 45 minutes
Quantité : 4 personnes

230 g de riz brun
40 g d'oignon finement haché
3,5 l de bouillon de poulet ou de légumes ou bien d'eau
2 gousses d'ail émincé
2 cuil. à soupe d'huile d'olive
Sel fin de Guérande
Piment d'Espelette à votre convenance

✒ Faites chauffer l'huile dans un sautoir ou une casserole de taille moyenne. Ajoutez l'oignon et l'ail (facultatif). Faites revenir à feu doux en remuant souvent pour faire dorer (attention à ne pas faire brûler l'ail). Ajoutez le riz brun et nacrez 1 à 2 minutes en remuant souvent.

✒ Ajoutez le bouillon ou l'eau. Faites bouillir à feu vif et laissez cuire 2 minutes sans couvercle. Réduisez la chaleur, assaisonnez à votre convenance, couvrez et laissez frémir environ 45 minutes ou jusqu'à ce que le liquide soit absorbé et le riz, cuit mais encore ferme.

✒ Retirez du feu et laissez couvert pendant 5 minutes pour que les saveurs se mélangent. Si nécessaire, rajoutez du sel et du poivre avant de servir.

Le riz brun a un goût de noisette qui se marie très bien avec les rôtis et les légumes épicés. Vous pouvez par exemple le servir avec un poulet rôti (voir chapitre 2).

Chapitre 12 : Pâtes, riz et autres céréales *323*

IMPROVISEZ — Vous pouvez remplacer l'oignon par un poireau ciselé (utilisez uniquement le blanc) et ajouter une feuille de laurier au liquide de cuisson. Pensez à retirer la feuille de laurier avant de servir. Vous pouvez également mélanger au riz cuit une brunoise de légumes, carottes, navets et courgettes pour égayer la couleur.

Cuisiner d'autres céréales

La plupart des céréales, comme le riz, cuisent rapidement dans de l'eau bouillante ou dans un liquide parfumé également porté à ébullition, comme un bouillon de bœuf ou de poulet. Il est généralement inutile de les faire tremper avant de les cuire mais elles doivent cependant être rincées et débarrassées d'éventuels débris. Voici les principales céréales cuisinées en dehors du riz :

- **Le blé** tendre : plus de 10 000 sortes (grains, flocons, son de blé, farine, blé dur, blé complet, semoule).
- **Le froment** égrugé (broyé), en farine plus ou moins grosse, boulgour.
- **L'épeautre** (sous-variété robuste du blé) utilisé en farine pour le pain, ou en galettes.
- **Le millet** (semoule pour couscous ou en grains) se cuisine comme le riz.
- **Le seigle** (très utilisé en farine pour le pain, mais aussi en flocons, ou égrugé pour le pain).
- **L'avoine** en farine utilisée en pâtisserie en Angleterre et en Écosse (en flocons).
- **L'orge** pour la bière, ou perlé pour la cuisine.
- **Le quinoa** s'utilise comme le riz, pour des salades froides ou accompagnements chauds.
- **L'amaranthe**, la céréale des Incas.
- **Le sarrasin** grillé, en gruau, rôti (il s'appelle kasha), en farine pour les crêpes.
- **Le maïs** (corn-flakes, en grains pour salades et garnitures, en épis entiers pour barbecue, en farine pour la polenta, pop-corn).

Dans la recette suivante, la kasha est d'abord sautée lors d'une cuisson de style pilaf et agrémentée de courge musquée, de bouillon de poulet, d'épinards et de gingembre pour constituer un plat d'accompagnement à la fois savoureux et énergétique.

Kasha à la courge musquée et aux épinards

difficulté ✱✱✱   temps ✱✱✱   coût €€€

Ustensiles : Grosse casserole, couteau de chef, égouttoir, casserole moyenne
Temps de préparation : 10 à 15 minutes
Temps de cuisson : Environ 25 minutes
Quantité : 4 à 6 personnes

750 g de courge musquée pelée et taillée en cubes de 2 cm (petit potiron)

150 g de kasha rincé et égoutté

100 g de feuilles d'épinard lavées et ciselées grossièrement

5 cl d'huile d'olive

40 g de beurre

2 gousses d'ail épluchées et hachées

1 piment vert traditionnel épépiné et taillé en julienne

80 g d'oignon émincé finement

1,5 l de bouillon de volaille bouillant

25 g de gingembre frais émincé finement

Sel fin de Guérande

Piment d'Espelette à votre convenance

- Dans une grosse casserole, faites fondre la moitié de l'huile et du beurre à feu doux. Ajoutez l'oignon et l'ail (facultatif). Faites-les revenir 2 à 3 minutes sans coloration en remuant souvent jusqu'à ce que l'oignon ramollisse.

- Ajoutez la kasha et remuez pour imbiber les grains. Ajoutez ensuite le gingembre et le piment Jalapeño, puis la courge, le bouillon de poulet ou l'eau, le sel et le poivre. Couvrez et laissez frémir 12 à 15 minutes jusqu'à ce que la courge et la kasha soient tout juste tendres.

- Une fois la cuisson terminée, retirez du feu et ajoutez les épinards, 20 g de beurre et un filet d'huile d'olive pour la liaison et l'onctuosité. Couvrez et laissez reposer quelques minutes. Rectifiez l'assaisonnement avec du sel et du piment d'Espelette avant de servir.

Pour donner à la kasha une saveur différente, ajoutez un poivron rouge (épépiné et haché) après avoir fait revenir l'oignon. Suivez le reste de la recette en supprimant les épinards.

La recette suivante, à base de polenta (terme italien qui désigne la semoule de maïs), est très simple et change du riz et des pâtes. Agrémentée d'une bonne sauce tomate à la viande, elle constitue à elle seule un repas léger, à la fois rapide et savoureux. Pour préparer ce plat, vous pouvez utiliser du bouillon de poulet ou de l'eau – bien sûr, le bouillon parfume davantage. Pour une petite touche légèrement aillée, ajoutez une gousse d'ail émincée au liquide de cuisson.

Polenta crémeuse

difficulté ✶✶✶   temps ✶✶✶   coût €€€

Ustensiles : Casserole avec fond en métal épais de 2 ou 3 litres, cuillère en bois, couteau de chef

Temps de préparation : 5 minutes

Temps de cuisson : 25 minutes

Quantité : 4 personnes

120 g de polenta

250 g de crème mascarpone

100 g de parmesan

40 cl de bouillon de volaille

8 cl de crème liquide montée

Sel fin de Guérande

Piment d'Espelette

- Dans la casserole, faites bouillir le fond blanc de volaille, hors du feu, ajoutez la polenta. Cuire en remuant sur feu vif jusqu'à dessécher comme une pâte à choux, soit environ 10 minutes.

- Ajoutez la mascarpone et le parmesan finement râpé. Continuez à cuire sur le coin du feu pendant une dizaine de minutes. Ne jamais cesser de remuer, d'une part pour éviter les grumeaux, d'autre part pour que la préparation n'accroche pas au fond de la casserole.

- En fin de cuisson ajoutez la crème montée et assaisonnez.

- Versez alors la polenta bien chaude dans 4 assiettes creuses.

La polenta est idéale avec la fricassée de lapin (voir chapitre 15), pour un repas en famille qui change des éternels plats de pâtes.

L'ASTUCE D'HÉLÈNE Ajoutez la polenta au liquide de cuisson bouillant *lentement* et remuez constamment pour éviter les grumeaux. Si toutefois des grumeaux se forment, remuez avec un fouet pour les désagréger. La polenta durcit très rapidement après être retirée du feu. Servez-la encore fumante et arrosée de sauce pour l'empêcher de s'agglomérer. Préparez d'abord la sauce ou le ragoût et faites la polenta à la dernière minute.

TRUC La plupart des supermarchés vendent de la semoule de maïs, constituée de fragments de maïs finement moulus, que l'on appelle polenta en Italie. Celle-ci cuit plus rapidement que le gruau de maïs, composé de fragments de maïs de plus gros calibre. Essayez les deux pour voir ce que vous préférez.

IMPROVISEZ

Taillez des cèpes (ou autres gros champignons) en grosses lamelles. Assaisonnez puis faites-les revenir vivement à la graisse de canard pour qu'ils soient bien colorés. Au dernier moment jetez des pluches de persil plat et mélangez.

Posez directement sur la polenta les cèpes sautés, et arrosez d'un cordon de jus de volaille réduit fumant. Enfin râpez finement les têtes de cèpes bien fermes, à l'aide d'une mandoline, au-dessus de chaque assiette.

L'ASTUCE D'HÉLÈNE

Vous pouvez également cuisiner votre polenta avec moins de liquide, elle sera plus ferme. Laissez-la refroidir sur une plaque, sur 2 cm d'épaisseur, puis découpez-la en morceaux et faites-la dorer à la poêle.

Chapitre 13
L'art d'accommoder les restes

Dans ce chapitre :
- avec les restes d'une volaille rôtie
- avec les restes de rôti
- avec les restes d'un pot-au-feu, d'un bœuf bourguignon, d'une blanquette de veau
- avec les restes de poisson, de foie gras, de risotto, de légumes rôtis
- avec des fruits qui s'abîment
- avec des restes de pain

Les recettes de ce chapitre
- Soupe de poulet, lait de coco, curry et coriandre fraîche
- Sauce à l'ail pour volaille
- Salade de poulet, avocat et oignon rouge
- Salade de volaille et crevettes aux vermicelles chinois
- Tomates farcies
- Boulettes d'agneau au romarin, ratatouille
- Sauce bolognaise aux cèpes
- Chou farci
- Porc et nouilles chinoises sautées au wok
- Axoa de veau
- Curry d'agneau
- Moussaka
- Salade de pot-au feu aux câpres et cornichons
- Nouilles soba, poireaux et shitake dans un bouillon de pot-au-feu à l'œuf
- Parmentier de bœuf bourguignon aux topinambours
- Raviolis à la niçoise
- Vol-au-vent sauce au foie gras
- Quiche au saumon et au poireau
- Terrine de poisson aux petits légumes
- Salade de haricots blancs aux pimientos del piquillo
- Gratin de risotto
- Cromesquis de risotto, émulsion de parmesan Reggiano
- Penne du moulinier
- Confitures
- Pudding à la française
- Pain perdu

On a beau essayer de cuisiner les bonnes quantités, rien à faire : on a toujours des petits restes. Carcasse de volaille, restes d'un pot-au-feu, parures de foie gras, fruits qui s'abîment… C'est toujours dommage de jeter les restes, mais on ne sait pas toujours comment les utiliser. Voici quelques idées pour accommoder vos restes. Vérifiez tout de même que l'aliment est consommable, et évitez de conserver les restes plus de cinq jours, même au réfrigérateur.

Avec les restes d'une volaille rôtie

Vous avez servi un beau poulet rôti dimanche midi et il reste… sa carcasse ? Surtout ne la jetez pas ! Si vous y goûtez, vous réaliserez que la carcasse est la meilleure partie de votre volaille, comme tous les morceaux de viande situés près de l'os. Voici comment utiliser les os de carcasse ou les morceaux de viande qui se trouvent dessus et qu'il faudra détacher :

Soupe de poulet, lait de coco, curry et coriandre fraîche

difficulté ★★★   temps ★★★   coût €€€

Ustensiles : Poêle antiadhésive, mixeur
Temps de préparation : 20 minutes
Temps de cuisson : 30 minutes
Quantité : 6 personnes

300 g de poulet
25 cl de lait de coco
¼ botte de coriandre fraîche
300 g de patates douces
100 g d'oignons
1 l de bouillon de volaille ou d'eau
20 g de graisse de canard
2 gousses d'ail
Sel fin de Guérande
Piment d'Espelette

- Faites revenir les suprêmes ou filets de poulet avec la peau.
- Ajoutez les cubes de patate douce, les oignons ciselés et assaisonnez, mouillez au bouillon de volaille et mettez à cuire. Retirez le poulet, les patates douces et ajoutez le lait de coco, mixez et rectifiez l'assaisonnement. Dressez dans des bols en mettant les filets de poulet cuits émincés en biais, puis quelques cubes de patates douces et mouillez avec le lait de coco.
- Décorez avec des pluches de coriandre et une pincée de piment d'Espelette.

Sauce à l'ail pour volaille

difficulté ★★★   temps ★★★   coût €€€

Ustensiles : Couteau d'office, cocotte en fonte, couteau économe
Temps de préparation : 15 minutes
Temps de cuisson : 25 minutes

Quantité : 2 à 4 personnes selon les restes
Les restes d'une volaille rôtie
6 à 8 gousses d'ail rose de Lautrec
400 g de grosses pommes de terre
4 cornichons
50 cl de bouillon de volaille
30 g de graisse de canard
Sel
Piment d'Espelette

- Pelez les gousses d'ail, émincez-les finement. Faites-les revenir sur feu doux dans une cocotte en fonte avec la graisse de canard. Quand les lamelles d'ail sont colorées (attention à ne pas les brûler), versez le bouillon de volaille. Puis laissez mijoter pendant 15 minutes environ.
- Pelez les pommes de terre et taillez-les en rondelles épaisses d'½ cm. Versez-les alors dans la cocotte. Continuez la cuisson pendant 10 minutes environ et ajoutez enfin les carcasses et morceaux de volaille.
- Laissez cuire encore une dizaine de minutes avant d'ajouter les cornichons émincés finement et de rectifier l'assaisonnement en sel et piment d'Espelette.

Salade de poulet, avocat et oignon rouge

difficulté ✱✱✱   temps ✱✱✱   coût €€€

Ustensiles : Couteau d'office, saladier
Temps de préparation : 15 minutes
Quantité : 4 personnes
300 g de poulet cuit effiloché
2 gros avocats mûrs (dénoyautés et coupés en cubes de 1 cm)
60 g de bleu d'Auvergne ou roquefort en petits dés
8 tranches de bacon fumé taillé en lanières
200 g de tomates cerise coupées en deux
¼ de botte de basilic ciselé
¼ de botte de persil plat en pluches
¼ de botte de cerfeuil frais en pluches
½ gousse d'ail hachée finement
200 g de mélange de jeunes pousses de salade ou de mesclun
2 sucrines effeuillées

1 gros oignon rouge ciselé finement

Sel

Piment d'Espelette

- Réalisez votre sauce vinaigrette, et ajoutez-y les deux tiers des herbes fraîches. Il en faut suffisamment pour mariner tout le poulet.
- Ajoutez les morceaux de poulet, l'oignon rouge ciselé, l'ail dans la sauce, et laissez mariner au frais pendant 30 minutes.
- Dans 4 assiettes creuses, disposez d'abord le mélange de jeunes pousses de salade et feuilles de sucrine, puis déposez le mélange de poulet et oignon, le fromage en cubes. Décorez avec les cubes d'avocat, les tomates cerise, des pluches d'herbes et ajoutez le reste de sauce vinaigrette.

Vous pouvez remplacer le bleu par des copeaux de parmesan. Pour ajouter du croquant, agrémentez de quelques croûtons frits ou rondelles d'oignon rouge frites.

Vous pouvez remplacer les tomates cerises par 16 à 20 olives noires et ajouter 4 œufs durs.

Lorsque vous achetez un avocat, palpez-le. Il doit être mou mais pas trop. Si vous voulez le faire mûrir rapidement chez vous, mettez-le dans un sac en papier avec une orange. Fermez le sac et laissez-le mûrir toute la nuit. Les oranges émettent un gaz, l'éthylène, qui accélère le processus de maturation des autres fruits et légumes (pommes, melons, bananes, tomates). En général, les avocats, les bananes et les tomates sont cueillis encore fermes et mûrissent dans une serre comportant de l'éthylène.

Salade de volaille et crevettes aux vermicelles chinois

difficulté ✳✳✳   temps ✳✳✳   coût €€€

Ustensiles : Casserole, couteau économe, mandoline

Temps de préparation : 20 minutes

Temps de cuisson : 10 minutes

Quantité : 4 personnes

320 g de chair de volaille rôtie (que l'on aura prélevée des carcasses notamment)

12 crevettes roses de taille moyenne cuites

160 g de vermicelles chinois

4 cébettes thaïes (ou oignons nouveaux à défaut)
1 branche de coriandre
1 carotte
1 concombre
1 petit piment Jalapeño
60 g de cacahuètes non salées
3 cl de vinaigre de riz
5 cl d'huile de sésame
5 cl d'huile de pépin de raisin
Le jus d'½ citron

- Cuisez les vermicelles à l'eau bouillante salée. Plongez-les aussitôt dans l'eau pour stopper la cuisson.
- Pelez la carotte, lavez le concombre. Râpez-les à la mandoline pour en faire des filaments.
- Effeuillez la coriandre et ciselez-la. Hachez grossièrement les cacahuètes. Taillez grossièrement les chairs de volaille. Faites de même avec les queues de crevettes.
- Préparez la vinaigrette en mélangeant le vinaigre, le jus de citron et les deux huiles. Assaisonnez de sel et de piment d'Espelette.
- Dans quatre bols, partagez les vermicelles. Parsemez de morceaux de volaille, de morceaux de crevette, de carotte et de concombre, de cébette et de coriandre. Finissez avec les cacahuètes et le piment ciselé selon votre goût.
- Au dernier moment, versez la vinaigrette. Servez avec des baguettes, chaque convive mélangera lui-même les ingrédients et la vinaigrette ensemble.

Avec les restes de rôti

C'est classique : il reste toujours d'un rôti, on fait rarement la « pesée » juste. Habituellement, on confectionne le rôti froid-mayonnaise avec une salade devant la télé ou dans un sandwich le lendemain au bureau dans une bonne baguette avec quelques tranches de tomate et des cornichons : c'est un régal. Si l'on souhaite recuisiner les restes : universellement, on fait un hachis parmentier. Mais voici quelques recettes plus originales.

Si vous n'avez pas assez de restes de viande, congelez-les, et attendez le prochain rôti.

L'ASTUCE D'HÉLÈNE — Mélangez les viandes. Toutes les recettes qui suivent, même si elles sont recommandées avec une certaine viande, peuvent s'accommoder d'autres types de viande voire même de mélange.

Tomates farcies

difficulté ✦✦✦   temps ✦✦✦   coût €€€

Ustensiles : Couteau d'office, plat, poêle, râpe à fromage, plat à four, passette à sauce
Temps de préparation : 20 minutes
Temps de cuisson : 1 heure 40
Quantité : 6 ou 12 personnes selon les appétits

12 tomates bien mûres de taille moyenne (environ 80 g chacune)
500 g de rôti
2 cuisses de canard gras confites
300 g de cèpes (ou autres champignons des bois)
2 gousses d'ail
3 échalotes
2 branches de persil plat
50 g de parmesan
80 g de graisse de canard
Sel
Piment d'Espelette

- Découpez le chapeau des tomates. Conservez-les avec le pédoncule. Creusez la tomate, réservez la pulpe et assaisonnez l'intérieur de sel et d'un peu de piment d'Espelette. Renversez les tomates ainsi détaillées sur un plat, pour qu'elles dégorgent.

- Faites chauffer les cuisses de canard 10 minutes environ dans un four porté à 180 °C (th. 6), puis détachez les chairs et la peau et hachez le tout, finement, au couteau. Hachez de même les restes de viande.

- Détaillez de même les cèpes puis faites-les revenir dans un peu de graisse de canard. Enfin, hachez grossièrement les intérieurs des tomates et râpez finement le parmesan.

- Ciselez les échalotes et hachez l'ail. Faites fondre dans un peu de graisse. Ajoutez alors toutes les viandes, les cèpes, la pulpe de tomate hachée grossièrement. Hors du feu, ajoutez le parmesan, le persil haché. Rectifiez l'assaisonnement en sel et piment d'Espelette.

- Remplissez les tomates de cette farce, refermez avec les chapeaux et déposez-les dans un plat à four. Laissez cuire au four à 140 °C (th. 5) pendant 1 heure 30.

✔ Une fois les tomates cuites, débarrassez-les sur une grande assiette. Dégraissez légèrement le plat de cuisson, puis déglacez avec le vinaigre balsamique et le jus de citron, laissez réduire quelques instants, puis versez le jus de volaille. Détachez bien tous les sucs au fond du plat et filtrez le jus obtenu. Ajoutez les févettes et les copeaux de tomate confite taillés en petits dés.

Idéal avec de la viande de volaille, de porc, de veau, d'agneau…

Vous pouvez servir les tomates telles quelles, mais vous pouvez aussi les accompagner d'un jus cuisiné en déglaçant et détachant bien tous les sucs avec 5 cl de vinaigre balsamique et le jus d'½ citron, et une fois que ceci a légèrement réduit, en ajoutant 20 cl de jus de volaille.

Pour éviter que les tomates n'éclatent à la cuisson, détaillez de longues bandes de feuilles d'aluminium et enroulez-les autour des tomates pour les enfermer en serrant fort.

Cette farce peut être utilisée pour d'autres légumes à farcir : courgettes rondes, oignons nouveaux, pommes de terre, artichauts, aubergines, etc. (dans ce cas blanchissez-les légèrement avant de les rôtir).

Vous pouvez également ajouter du foie gras de canard à la farce : détaillez le foie gras en petits dés d'½ cm. Assaisonnez et faites à peine revenir dans une poêle fumante sans matière grasse. Égouttez sur du papier absorbant, puis ajoutez à la farce.

Boulettes d'agneau au romarin, ratatouille

difficulté ★★★   temps ★★★   coût €€€

Ustensiles : Hachoir à viande (ou demandez au boucher), saladier, planche à découper, couteau éminceur, sautoir avec couvercle, poêle antiadhésive

Temps de préparation : 30 minutes

Temps de cuisson : 40 minutes

Quantité : 4 personnes

600 g de rôti d'agneau

40 g d'échalotes ciselées finement

2 gousses d'ail frais

¼ de botte de persil plat

1 branche de romarin frais

1 branche de thym frais

100 g de pain de campagne
40 g de graisse de canard
Farine
Pour la ratatouille :
400 g de grosses tomates
1 oignon
2 petites courgettes
2 petites aubergines
1 poivron vert
3 gousses d'ail frais
2 branches de thym
1 branche de romarin
2 feuilles de laurier
10 cl d'huile d'olive extra vierge
Sel fin
Piment d'Espelette

- Passez au hachoir l'épaule d'agneau, ajoutez la mie du pain de campagne, le persil et l'ail. Hachez de nouveau.
- Dans un saladier, mélangez la chair d'agneau, l'échalote ciselée, les feuilles de romarin ciselées finement et les feuilles de thym. Assaisonnez et réservez au frais.
- Pelez l'oignon et taillez-le en cubes. Émondez le poivron vert, épépinez-le et taillez-le en gros cubes.
- Lavez et coupez les courgettes et les aubergines en rondelles.
- Épépinez les tomates et taillez-les en cubes. Faites un beau bouquet garni avec les herbes aromatiques.
- Dans le sautoir, faites chauffer l'huile d'olive, saisissez-y les aubergines, puis ajoutez les courgettes, les oignons, le poivron vert. Laissez colorer puis ajoutez les tomates, l'ail, le bouquet garni et assaisonnez. Laissez mijoter doucement pendant environ 15 minutes.
- Faites des boulettes entre les paumes de vos mains, puis roulez-les dans de la farine. Faites chauffer la poêle avec la graisse de canard. Rôtissez-y les boulettes. Dès qu'elles sont bien colorées, ajoutez-les à la ratatouille et laissez mijoter le tout une dizaine de minutes.

Vous pouvez utiliser aussi des restes de poulet.

Rôti de bœuf

Sauce bolognaise aux cèpes

difficulté ★★★   temps ★★★★   coût €€€

Ustensiles : Sautoir, marmite, presse-purée
Temps de préparation : 15 minutes
Temps de cuisson : 10 minutes

1 l de sauce tomate
300 g d'épaule de bœuf
2 oignons
1 gousse d'ail
50 g de cèpes secs
20 cl de vin rouge
5 cl d'huile d'olive
Sel
Piment d'Espelette

- Hachez les oignons et la gousse d'ail épluchés. Faites-les revenir dans un sautoir avec l'huile d'olive, puis ajoutez la viande hachée. Assaisonnez de sel et de piment d'Espelette.
- Laissez rissoler pendant 10 minutes, puis arrosez avec le vin rouge. Faites réduire, puis versez la sauce tomate. Laissez cuire au moins 2 heures.
- Réhydratez les cèpes séchés dans un peu d'eau froide, puis égouttez-les, hachez-les et ajoutez-les à la sauce à mi-cuisson avec 2 cuillerées à soupe de cette eau, qui aura pris le bon goût du champignon. À la fin, rectifiez l'assaisonnement en sel et piment d'Espelette.

Vous pouvez ajouter 300 g d'épaule de veau hachée à votre sauce bolognaise. Procédez en même temps que le bœuf.

Rôti de porc

Chou farci

difficulté ★★★   temps ★★★   coût €€€

Ustensiles : Grande marmite, couteau d'office, poêle, hachoir à viande, cercle à pâtisserie de 15 cm de diamètre, cocotte

Temps de préparation : 30 minutes

Temps de cuisson : 1 heure 30

Quantité : 6 personnes

1 chou vert d'environ 1 kg

100 g de graisse de canard

100 g de carottes

50 g de céleri branche

100 g d'oignon

100 g de lard de Colonnata (ou de parures de jambon)

20 cl de vin blanc

50 cl de bouillon de volaille

20 cl de jus de porc (de veau ou de volaille à défaut)

Pour la farce :

1 kg de foie de porc

1 kg de gorge de porc

1 kg d'épaule de porc

6 œufs

400 g de mie de pain de campagne trempée dans 500 g de lait

30 g d'ail ciselé

60 g de persil haché

- Effeuillez le chou et blanchissez les feuilles pendant 3 minutes dans de l'eau bouillante. Gardez les six plus belles feuilles, retirez la nervure centrale.
- Hachez le reste, et faites-le sauter dans un peu de graisse de canard.
- Taillez la garniture aromatique en grosse brunoise, réservez pour la cuisson.
- Passez tous les éléments de la farce au hachoir et mélangez-les jusqu'à homogénéité. Assaisonnez de sel et de piment d'Espelette.
- Sur un plan de travail croisez trois belles feuilles de chou. Puis montez par couches en alternant farce et chou émincé. Vous pouvez mouler le chou dans un cercle à pâtisserie de diamètre 15 afin de lui garder une forme bien ronde. Recouvrez finalement avec les trois feuilles de chou restantes.

- Façonnez le chou farci avec vos mains afin de donner la forme désirée. Puis ficelez-le de manière à ce qu'il garde sa forme en fin de cuisson.
- Préchauffez le four à 140 °C (th. 5). Dans une cocotte, faites suer la garniture aromatique dans un peu de graisse de canard. Posez le chou sur cette garniture. Déglacez avec le vin blanc, laissez réduire, puis mouillez avec le bouillon de volaille et le jus de porc.
- Placez la cocotte dans le four puis laissez braiser pendant 1 heure 30.
- En fin de cuisson, glacez le chou avec son jus de cuisson.

Servez avec une sauce tomate (voir chapitre 8).

Pour faire le plat suivant, vous pouvez utiliser les restes de filet mignon de porc aux pommes de terre et aux pommes ou de filet de porc rôti, ou bien acheter du porc cru et faire frire celui-ci séparément avant d'ajouter les légumes à la sauteuse.

Porc et nouilles chinoises sautés au wok

difficulté ★★★   temps ★★★   coût €€€

Ustensiles : Couteau de chef, râpe, épluche-légumes, grande marmite, égouttoir, saladiers, wok ou grande sauteuse

Temps de préparation : 15 minutes

Temps de cuisson : 15 minutes

Quantité : 4 personnes

300 g de viande de porc tranchée en fines lamelles

250 g de nouilles chinoises

10 cl d'huile d'arachide

6 cl de sauce soja

4 cl de vinaigre de riz

4 cl de nuoc-mâm

25 g de maïzena

10 g de sucre roux

40 g de gingembre frais râpé en fines lamelles

100 g de carottes en botte

1 gros oignon rouge

2 gousses d'ail frais taillées en fines lamelles

Piment d'Espelette

Sel fin

½ botte de coriandre fraîche concassée

10 g de gros sel

5 cl d'huile de sésame

25 cl de bouillon de volaille

- Faites bouillir une grande marmite d'eau légèrement salée. Ajoutez les nouilles et faites-les cuire en respectant le temps de cuisson indiqué sur le paquet. Égouttez-les, rincez-les sous l'eau froide et égouttez-les à nouveau. Transférez-les dans un saladier et arrosez-les d'huile de sésame pour les empêcher de coller les unes aux autres. Réservez.

- Mélangez 2 cuillerées à soupe de sauce de soja, le vinaigre, la maïzena et le sucre roux dans un autre saladier. Ajoutez le porc et remuez bien pour mélanger. Réservez.

- Faites chauffer un wok ou une grande sauteuse à feu vif. Ajoutez l'huile et faites-la chauffer jusqu'à ce qu'elle soit très chaude mais pas fumante. Ajoutez le gingembre et remuez juste quelques secondes ou jusqu'à ce qu'il dore légèrement. Ajoutez le chou, les carottes, le bouillon de poulet, l'oignon rouge, l'ail, le piment, et le porc et sa marinade. Faites cuire le tout, en remuant souvent, pendant 3 à 5 minutes, jusqu'à ce que les légumes soient tendres mais encore croquants.

- Retirez le wok du feu. Ajoutez les nouilles et remuez-les bien. Ajoutez la dernière cuillerée à soupe de sauce de soja. Assaisonnez à votre convenance.

Ce plat asiatique est traditionnellement précédé d'une soupe.

Vous pouvez remplacer certains ingrédients par d'autres. Par exemple, utilisez des poivrons rouges finement tranchés à la place des carottes. Si vous avez des restes de poulet, ils feront l'affaire tout aussi bien que le porc. Vous pouvez également remplacer celui-ci par des crevettes crues non décortiquées. La sauce de soja claire, recommandée dans la recette, donne au plat un goût légèrement salé. Pour une saveur plus intense, choisissez la sauce de soja foncée. Enfin, vous pouvez remplacer les nouilles par du riz cuit, mais ne mélangez pas celui-ci au wok ; mettez-le directement dans les assiettes et déposez le porc et les légumes par-dessus.

Pour accélérer la cuisson, vous pouvez couvrir le wok ou la sauteuse immédiatement après avoir ajouté les légumes et le porc à l'huile. Toutefois, vous devez retirer le couvercle au bout de 45 secondes environ, afin de veiller à ce que le mélange n'attache pas.

Si le mélange est trop sec, rajoutez du bouillon de poulet et remuez bien. Gardez toujours un œil sur le wok pour vous assurer qu'il y a un peu de liquide dans le fond.

Avant de commencer un wok, vous devez avoir tous les ingrédients à portée de main, nettoyés et hachés. La mise en place, avant la cuisson, est une étape très importante. Mesurez les ingrédients et disposez-les juste à côté de la cuisinière avant de faire chauffer l'huile, comme illustré à la figure 13-1. Ainsi, chacun d'eux pourra entrer en scène au bon moment.

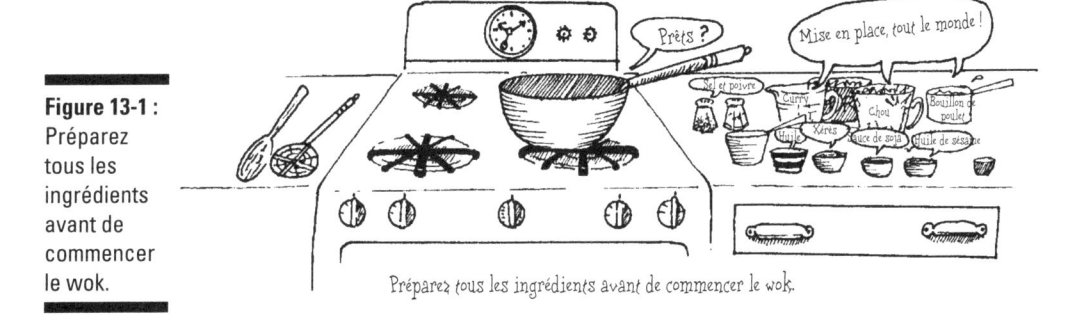

Figure 13-1 : Préparez tous les ingrédients avant de commencer le wok.

Rôti de veau

Axoa de veau

difficulté ★★★   temps ★★★   coût €€€

Ustensiles : Couteau d'office, sautoir
Temps de préparation : 25 minutes
Temps de cuisson : 40 minutes à 1 heure
Quantité : 4 personnes

500 g de restes de rôti de veau
2 échalotes
150 g de poivrons rouges
150 g de piment doux d'Anglet (ou à défaut de poivrons verts)
2 gousses d'ail
1 bouquet garni
1 cl d'huile d'olive
25 cl de fond de veau
25 cl de bouillon de volaille (ou d'eau à défaut)
Sel
Piment d'Espelette

- Faites légèrement griller les poivrons rouges de manière à retirer leur peau facilement. Ouvrez-les en deux, épépinez-les. Puis taillez-les en grosses lanières. Faites de même avec les poivrons verts si vous n'avez pas de piment doux. Sinon, ouvrez les piments doux en deux, épépinez-les, émincez-les.
- Pelez les échalotes et émincez-les.
- Taillez les restes de rôti de veau en petits dés de 1,5 cm de côté.
- Dans un grand sautoir, faites d'abord revenir les dés de veau à l'huile d'olive, jusqu'à ce qu'ils soient bien colorés et que les sucs aient bien attaché. Assaisonnez de sel et de piment d'Espelette. Puis retirez-les.
- Dans ce même sautoir, faites revenir les échalotes, les poivrons et les piments, les gousses d'ail. Assaisonnez. Quand le tout est bien fondu, ajoutez la viande et le bouquet garni. Mouillez avec le fond de veau et le fond de volaille. Puis laissez cuire 40 à 60 minutes.

La polenta accompagne très bien l'axoa.

Cette recette typique du Pays basque se réalise traditionnellement avec du veau. Mais on peut contourner la tradition et la réaliser avec du porc, de l'agneau ou même du bœuf.

Rôti d'agneau

Curry d'agneau

difficulté ★★★   temps ★★★   coût €€€

Ustensiles : Sautoir, cuillère en bois
Temps de préparation : 25 minutes
Temps de cuisson : 30 minutes
Quantité : 4 personnes

500 g de viande d'agneau cuite (dénervée et dégraissée) coupée en cubes

1 gros oignon coupé en mirepoix

100 g de carottes taillées en mirepoix

1 petit piment doux rouge

40 g de curry en poudre

25 g de graisse de canard

1 pincée de cumin en poudre (ou en grains)

3 gousses d'ail frais hachées finement

1 bouquet garni

25 cl de lait de coco

50 cl de jus d'agneau « réduit »

20 cl de vin blanc sec

30 g de raisins secs de Corinthe (gonflés à l'eau chaude et avec un trait de rhum brun)

1 grosse pincée de sel (attention la viande est déjà assaisonnée)

1 tour de moulin à poivre

1 pincée de piment d'Espelette

Pour la finition :

40 g d'amandes effilées grillées

¼ de botte de coriandre

- Dans un sautoir à fond épais, faites chauffer la graisse de canard, puis caramélisez les cubes d'agneau. Une fois la viande colorée, retirez-la et faites suer la garniture aromatique et le piment dans la graisse.

- Dès que la garniture est plus colorée, ajoutez la viande, les épices et les raisins, faites suer encore quelques minutes et déglacez avec le vin blanc. Faites réduire le vin blanc, décollez bien les sucs à l'aide d'une cuillère en bois, puis ajoutez le jus d'agneau réduit.

- Ajoutez le lait de coco, le bouquet garni, l'ail et vérifiez l'assaisonnement, laissez mijoter à couvert tout doucement pendant 25 à 30 minutes.

- Servez dans un plat ou directement dans le sautoir et ajoutez les amandes grillées et la coriandre ciselée dessus.

Accompagnez d'un riz pilaf parfumé à la cannelle (ajoutez juste un bâton de cannelle dans l'eau de cuisson du riz).

Moussaka

difficulté ★★★   temps ★★★   coût €€€

Ustensiles : Hachoir, couteau d'office, cocotte, poêle, plat à gratin

Temps de préparation : 20 minutes

Temps de cuisson : 50 minutes

Quantité : 8 personnes

800 g d'aubergines

600 g de restes d'agneau rôti

400 g de tomates

250 g de béchamel au parmesan

3 échalotes

2 gousses d'ail
1 branche de thym
2 branches de romarin
2 feuilles de laurier
20 cl de vin blanc sec
2 œufs
5 cl d'huile d'olive
Sel
Piment d'Espelette

- Hachez les viandes.

- Ciselez finement les échalotes et hachez l'ail. Faites fondre le tout dans un peu d'huile d'olive, ajoutez les herbes et la viande hachée. Faites revenir ensemble. Puis déglacez avec le vin blanc et laissez réduire à sec.

- Mondez les tomates, puis taillez-les en morceaux grossiers. Versez-les dans la cocotte. Laissez cuire à couvert pendant 45 minutes sur feu doux. En cours de cuisson, ajoutez un peu d'eau si le ragoût venait à accrocher. Rectifiez l'assaisonnement en sel et piment d'Espelette.

- Lavez les aubergines, taillez-les dans la longueur en tranches de 1 cm. Faites dorer les tranches dans une poêle avec de l'huile d'olive. Assaisonnez de sel et de piment d'Espelette.

- Préchauffez le four à 180 °C (th. 6). Tapissez le fond d'un plat à gratin d'un tiers des tranches d'aubergine. Versez la moitié du ragoût, recouvrez d'un autre tiers de tranches d'aubergine, versez le restant de ragoût, puis étalez les aubergines restantes. Finissez en versant la béchamel sur les aubergines.

- Quelques minutes avant de servir, passez au four préchauffé à 180 °C.

Utilisez pour cette recette les aubergines que l'on appelle « violettes de Florence ». Leur chair est très douce.

Pour éviter que les aubergines ne pompent trop de matière grasse, assaisonnez-les de sel et de piment d'Espelette et laissez-les dégorger pendant une heure dans une passoire avant de les cuire.

Avec les restes d'un pot-au-feu

Plat de partage par excellence, le pot-au-feu est une excellente idée de recette quand vous cuisinez pour une grande tablée. Pas toujours facile de préparer la bonne quantité et vous craignez que vos invités ne mangent pas à leur faim : bref, on a toujours tendance à faire trop de pot-au-feu. Voici des idées pour utiliser les restes d'un pot-au-feu, si vous n'avez pas envie de manger la même chose plusieurs jours de suite !

Salade de pot-au-feu aux câpres et cornichons

difficulté ★★★   temps ★★★   coût €€€

Ustensiles : Couteau d'office, plat profond, casserole
Temps de préparation : 15 minutes
Quantité : 6 personnes

800 g de pot-au-feu froid (viandes et légumes)
2 oignons rouges
50 g de cornichons
50 g de petites câpres
3 œufs
10 brins de ciboulette
20 cl de vinaigrette à la moutarde ancienne (voir chapitre 8)

- Taillez les viandes et légumes en petits cubes. Déposez-les dans un plat profond.
- Pelez les oignons, taillez-les en rouelles épaisses d'½ cm. Hachez grossièrement les cornichons et les câpres. Parsemez le tout sur la salade.
- Cuisez les œufs durs. Râpez-les sur la salade. Ciselez finement la ciboulette et parsemez-la sur la salade. Au dernier moment, versez la vinaigrette.

Nouilles soba, poireau et shitake dans un bouillon de pot-au-feu à l'œuf

difficulté ★★★   temps ★★★   coût €€€

Ustensiles : Couteau d'office, cocotte, grande casserole, passoire
Temps de préparation : 10 minutes

Temps de cuisson : 6 à 8 minutes
Quantité : 4 personnes
60 cl de bouillon de pot-au-feu
4 cl de sauce soja
15 g de mirin
200 g de shitake (ou de champignons de Paris à défaut)
200 g de blanc de poireau
200 g de nouilles soba
2 cébettes
4 œufs
Sel
Piment d'Espelette

- Taillez le poireau en rondelles d'½ cm.
- Taillez les shitake en lamelles d'½ cm.
- Portez le bouillon de pot-au-feu, la sauce soja et le mirin à ébullition. Jetez-y les poireaux et les shitake. Laissez-les cuire 4 à 5 minutes, puis retirez-les.
- Cuisez les nouilles soba dans de l'eau bouillante salée. Passez-les sous l'eau froide aussitôt.
- Dans quatre bols, versez les nouilles, puis posez par-dessus les rouelles de poireau et les shitake, parsemez de cébettes ciselées. Versez le bouillon bouillant, puis cassez un œuf dans chaque bol.
- Passez au four à 180 °C (th. 6), juste le temps que l'œuf cuise (2 à 3 minutes environ).

Avec les restes d'un bœuf bourguignon

Parmentier de bœuf bourguignon aux topinambours

difficulté ✶✶✶   temps ✶✶✶   coût €€€

Ustensiles : Couteau d'office, grande casserole, passoire, presse-purée, tamis, plat à gratin, spatule
Temps de préparation : 20 minutes
Temps de cuisson : 25 minutes

Quantité : 6 personnes

800 g de bourguignon (voir chapitre 15)

1,5 kg de topinambours

1 gousse d'ail

3 feuilles de laurier

30 cl de crème fraîche liquide

60 g de parmesan râpé

40 g de chapelure

Sel

Piment d'Espelette

- Pelez les topinambours. Cuisez-les dans 2 litres d'eau dans laquelle vous ajouterez les herbes et l'ail, pendant 15 minutes environ. Égouttez-les, passez-les au presse-purée, puis au tamis, ajoutez la crème liquide et 40 g de parmesan, puis rectifiez l'assaisonnement en sel et piment d'Espelette.
- Faites chauffer le bourguignon. Décantez-le, réservez la sauce à côté. Hachez grossièrement au couteau les viandes et la garniture du bourguignon. Arrosez d'un peu de sauce si le mélange est trop sec.
- Répartissez dans le fond d'un plat à gratin. Recouvrez avec la purée de topinambours, lissez avec une spatule. Puis mettez au four préchauffé à 200 °C (th. 7) pendant 10 minutes.
- Saupoudrez du mélange chapelure et parmesan restant. Passez sous le gril.

Parfumez la purée de topinambours avec un peu d'huile de truffe, ou mieux de jus de truffe. Vous pouvez même ajouter un peu de truffe hachée dans la purée et ce parmentier devient un véritable plat de fête.

Raviolis à la niçoise

difficulté ✱✱✱   temps ✱✱✱   coût €€€

- Faites une farce en utilisant les viandes et les légumes du bourguignon en suivant la recette des cannellonis chapitre 12, mais utilisez la farce pour faire des raviolis en suivant le procédé de la recette chapitre 12.

On peut faire les mêmes raviolis avec un reste de blanquette de veau. Roulez alors les raviolis, une fois cuits, dans la sauce blanquette.

Avec les restes d'une blanquette de veau

Vol-au-vent sauce au foie gras

difficulté ✦✦✦   temps ✦✦✦   coût €€€

Ustensiles : Emporte-pièce, pinceau, grande marmite, poêle, sautoir, saucière
Temps de préparation : 30 minutes
Temps de cuisson : 20 minutes
Quantité : 6 personnes

600 g de blanquette
300 g de champignons de Paris (ou de cèpes)
300 g de ris de veau (facultatif)
30 écrevisses (facultatif)
300 g de pâte feuilletée (voir chapitre 14)
1 jaune d'œuf pour la dorure

Pour la sauce :

120 g de foie gras de canard confit
½ litre de bouillon de volaille corsé
25 cl de crème fraîche liquide
5 cl de crème montée
Sel
Piment d'Espelette

Pour la finition :

1 branche de cerfeuil

- Étalez la pâte feuilletée en une abaisse de 4 mm environ. Détaillez 12 cercles de 10 cm de diamètre à l'aide d'un emporte-pièce. Posez-en 6 sur une plaque allant au four recouverte de papier sulfurisé, détaillez le centre des autres avec un emporte-pièce de 7 cm, enlevez le centre, de manière à obtenir 6 couronnes. Posez-les sur les premiers ronds de feuilletage, légèrement humectés.

- Battez le jaune d'œuf et passez-le au pinceau sur le feuilletage. Cuisez alors 12 minutes au four à 240 °C (th. 8). Dès la sortie du four, déposez les feuilletés sur une grille puis découpez les couvercles, délicatement pour ne pas les briser et posez-les également sur une grille. Enlevez le surplus de pâte à l'intérieur des bouchées.

- Cuisez les écrevisses pendant 4 minutes dans un court-bouillon. Puis détachez les queues des corps et décortiquez-les.

- Au moment de servir, assaisonnez les queues d'écrevisses décortiquées et les ris de veau et poêlez-les dans un peu de graisse de canard. Faites de même avec les champignons de Paris taillés en lamelles épaisses de 3 mm. Puis rassemblez la blanquette, les ris de veau, les écrevisses et les champignons dans un sautoir. Faites réchauffer ensemble.
- Réchauffez alors les vol-au-vent dans un four à 180 °C (th. 6). Puis versez la garniture dans leur cœur. Ajoutez la crème montée dans la sauce blanquette, émulsionnez et versez-en un quart dans chaque feuilletage. Présentez le reste en saucière.

Savoir-faire : Avec les carcasses d'écrevisses cuisinez un jus en faisant réduire de moitié. Versez-en un filet sur les vol-au-vent.

L'astuce d'Hélène : Vous pouvez également faire cette recette avec les restes d'une poule au pot en réalisant une sauce poulette avec le bouillon de poule.

Truc : Vous pouvez trouver des feuilletages déjà cuits et prêts à être remplis dans le commerce ou chez votre boulanger.

Avec les restes de poisson

Bien sûr, votre premier (bon !) réflexe avec un reste de poisson, c'est la brandade ! Mélangez les chairs de poisson, des pommes de terre cuites à l'eau, ajoutez du lait et de l'huile d'olive infusée à l'ail (voir chapitre 15) et le tour est joué. Mais il n'y a pas que la brandade dans la vie ! Voici d'autres idées de recettes pour « caser » vos restes de poisson et vous régaler.

Réaliser des **acras** est tout aussi simple : à 500 g de brandade réalisée comme ci-dessus, ajoutez 3 œufs. Confectionnez des boulettes, faites-les frire dans de l'huile d'arachide et servez accompagné de pluches de persil frites.

Quiche au saumon et au poireau

difficulté ★★★   temps ★★★   coût €€€

Ustensiles : Couteau de chef, sauteuse, fouet, grand bol, plaque de four
Temps de préparation : 20 minutes
Temps de cuisson : 50 minutes
Quantité : 4 personnes

Les restes de saumon rôti ou poché
1 blanc de poireau
1 petit oignon coupé en dés
1 pâte brisée
80 g de gruyère coupé en cubes
3 œufs
1 cuil. à soupe d'huile
15 cl de crème épaisse
15 cl de lait
2 cuil. à soupe de persil éminé
2 pincées de sel
1 pincée de piment d'Espelette

- Mettez la grille du four le plus bas possible et préchauffez le four à 190 °C (th. 6/7).
- Faites chauffer une sauteuse à feu moyen avec 1 cuillerée à soupe d'huile.
- Faites revenir l'oignon jusqu'à ce qu'il fonde, en remuant de temps à autre, pendant 2 à 3 minutes. Ajoutez le blanc de poireau éminé
- Déposez le poireau et l'oignon sur la pâte à tarte avec le poisson émietté.
- Avec un fouet, mélangez les œufs, la crème, le lait, le persil, le sel et le piment d'Espelette dans un grand bol. Versez le mélange sur la pâte à tarte. Mettez la quiche sur une plaque et faites-la cuire au four 45 à 50 minutes ou jusqu'à ce qu'elle soit ferme.

Terrine de poisson aux petits légumes

difficulté ✶✶✶   temps ✶✶✶   coût €€€

Ustensiles : Mixeur, couteau d'office, couteau économe, casserole, terrine en faïence, spatule
Temps de préparation : 25 minutes
Temps de cuisson : 50 minutes
Quantité : 8 personnes
400 g de saumon cuit
400 g de poisson blanc cuit (cabillaud, bar, turbot, etc.)
10 cl de crème fraîche
2 à 3 œufs entiers
1 courgette
1 carotte

10 pétales de tomates confites

1 branche d'estragon

15 brins de ciboulette

- Mixez les chairs de poisson. Ajoutez la crème, puis les œufs. Assaisonnez de sel et de piment d'Espelette.
- Lavez la courgette et taillez-la en petits dés. Pelez la carotte, taillez-la en petits dés. Faites blanchir ces légumes dans de l'eau bouillante de manière à ce qu'ils restent légèrement croquants.
- Taillez les tomates en petits dés. Ciselez la ciboulette et hachez grossièrement l'estragon.
- Ajoutez le tout au mélange de poissons.
- Chemisez une terrine rectangulaire en faïence avec du film alimentaire. Versez le mélange et lissez bien à l'aide d'une spatule.
- Mettez à cuire 50 minutes au bain-marie dans un four préalablement chauffé à 140 °C (th. 5).
- Vérifiez la cuisson avec un couteau en piquant au cœur. Puis laissez refroidir et démoulez.

Accompagnez d'une sauce tomate ou d'une crème citronnée aux herbes.

Ajoutez des coquillages que vous aurez ouverts dans un peu de vin blanc. Jouez avec les légumes selon les saisons (petits pois, haricots, févettes, etc.) ou même avec des champignons.

Avec des parures de foie gras

Il peut paraître offusquant de penser à ce qu'il puisse rester des morceaux de foie gras non dégustés. Mais parfois, au détour d'une fête trop copieuse… le foie gras s'oxyde vite. Congelez alors les bouts restants pour cuisiner cette sauce en temps voulu.

Dans le chapitre 8, vous trouverez la recette de la **sauce Albufera**, idéale pour réutiliser les restes de foie gras. Cette sauce accompagne idéalement des ris de veau rôtis, une poule au pot, ou même un poisson blanc rôti ou poché. Pourquoi pas de simples macaronis.

On peut utiliser des parures de foie gras frais, comme des restes de foie gras cuit (en terrine ou foie gras chaud).

Avec les restes d'un ragoût de haricots en grains

Salade de haricots blancs aux pimientos del piquillo

difficulté ✱✱✱   temps ✱✱✱   coût €€€

Ustensiles : Couteau d'office, saladier
Temps de préparation : 10 minutes
Quantité : 6 personnes

300 à 400 g de haricots blancs cuits
8 pimientos del piquillo
5 cébettes
50 g de roquette
Une vingtaine d'olives noires
1 cl de vieux vinaigre balsamique
15 cl d'huile d'olive
Sel
Piment d'Espelette

- Émincez les cébettes. Déposez-les dans le fond d'un saladier. Ajoutez le vinaigre balsamique, assaisonnez de sel et de piment d'Espelette, puis versez l'huile d'olive.
- Ajoutez alors les haricots cocos, les pimientos del piquillo taillés en lanières, les olives taillées en copeaux et la roquette.

L'ASTUCE D'HÉLÈNE
On peut tout aussi bien faire cette salade avec des restes de lentilles ou de pois chiches.

ATTENTION !
Il ne faut pas que les haricots soient trop cuits, sinon la salade ne serait pas très présentable.

TRUC
Vous pouvez agrémenter ces haricots de palourdes, moules de bouchot et coques ouvertes avec échalotes et vin blanc, ou de chipirons ou queues de langoustines juste sautés dans un peu d'huile d'olive.

Avec les restes d'un risotto

Le risotto n'est jamais bon réchauffé, il devient alors pâteux. Voici deux façons d'en accommoder les restes.

Gratin de risotto

difficulté ✶✶✶   temps ✶✶✶   coût €€€

Ustensiles : Plat à gratin
Temps de préparation : 5 minutes
Temps de cuisson : 15 minutes
Quantité : 4 personnes

400 g de risotto

20 cl de crème montée

30 g de parmesan

- ✔ Faites réchauffer le risotto. Ajoutez-y la crème montée.
- ✔ Versez dans un plat allant au four, puis faites gratiner sous un gril.

Cromesquis de risotto, émulsion de parmesan Reggiano

difficulté ✶✶✶   temps ✶✶✶   coût €€€

Ustensiles : Bol, poêle à frire
Temps de préparation : 5 minutes
Temps de cuisson : 10 minutes environ
Quantité : 4 personnes

400 g de risotto

1 jaune d'œuf

30 g de parmesan Reggiano finement râpé

60 g de chapelure

- ✔ À partir du risotto froid, façonnez avec les mains des boulettes régulières de 10 g chacune environ. Roulez-les dans le jaune d'œuf, puis dans le mélange panure et parmesan. Réservez au frais.
- ✔ Au moment de servir, faites-les frire dans l'huile de friture bouillante.

Idéal pour servir à l'apéritif avec des petites piques.

Avec les restes de légumes rôtis

Le premier réflexe est de faire une soupe mixée ou une purée. Voici une recette de penne, que le moulinier italien (celui qui faisait la farine dans son moulin) cuisinait sur le coin du feu pendant qu'il meulait la farine.

Penne du moulinier

difficulté ★★★   temps ★★★   coût €€€

Ustensiles : Couteau d'office, couteau économe, sautoir, spatule en bois
Temps de préparation : 20 minutes
Temps de cuisson : 15 minutes
Quantité : 8 personnes

400 g de penne
400 g de légumes rôtis
150 g de pancetta taillée en lardons
250 g de pommes de terre
2 oignons
50 g de parmesan Reggiano râpé
5 cl d'huile d'olive
50 cl de bouillon de volaille (ou d'eau à défaut)
60 g de beurre
2 branches de basilic
Sel
Piment d'Espelette

- Émincez l'oignon. Pelez les pommes de terre et taillez-les en tranches épaisses d'½ cm.
- Faites revenir ces ingrédients avec les lardons de pancetta dans un sautoir avec un peu d'huile d'olive. Une fois qu'ils sont colorés, ajoutez les penne en remuant à l'aide d'une spatule en bois pour qu'ils soient bien nacrés. Déglacez avec le vin blanc sec, laissez réduire à sec, puis versez le bouillon de volaille.

- Faites cuire ainsi doucement sur feu doux en remuant régulièrement avec la spatule. En fin de cuisson tout le liquide doit être quasi absorbé. Si les ingrédients n'étaient pas cuits une fois tout le bouillon absorbé, remouillez alors légèrement.
- Une fois que les ingrédients sont cuits (environ 15 minutes), ajoutez le beurre en remuant sans cesse, puis le parmesan râpé et le restant d'huile d'olive. Au dernier moment, ajoutez les légumes taillés en gros morceaux et le basilic ciselé.

Avec des fruits qui s'abîment

Vous pouvez cuisiner un crumble ou un clafoutis en suivant les recettes chapitre 14.

Confitures

difficulté ★★★　temps ★★★　coût €€€

Ustensiles : Couteau d'office, passoire, casserole, saladier, bassine en cuivre, spatule, écumoire, thermomètre à sucre, pots en verre

Temps de préparation : 10 minutes

Temps de repos : 1 nuit

Temps de cuisson : 1 heure 30

Quantité : environ 8 pots à confiture

2 kg de fruits

2 kg de sucre

Le jus d'un citron

- La veille, pelez ou lavez les fruits selon la variété, égouttez-les parfaitement. Mélangez-les avec le sucre cristallisé et le jus de citron. Portez à frémissement dans une casserole, puis versez dans un saladier pour laisser macérer toute une nuit.
- Le jour même, versez à nouveau dans la bassine en cuivre, puis portez à ébullition et laissez cuire sur feu doux en remuant très souvent avec une spatule et en écumant. La confiture est cuite quand elle arrive à la nappe, c'est-à-dire à 105 °C au thermomètre à sucre. On peut facilement vérifier sa consistance en en versant quelques gouttes sur une assiette. Remplissez alors aussitôt des pots en verre à ras bord, fermez-les tout de suite, et retournez-les pour qu'ils stérilisent.

Truc : Une bassine en cuivre assez large et pas trop haute est idéale pour bien cuisiner les confitures. Par contre, ne laissez surtout pas les fruits macérer dans le cuivre, ils pourraient s'oxyder.

Attention ! Ne stérilisez pas les pots de confiture dans le four ou dans un stérilisateur, la confiture cuirait alors à nouveau et serait caramélisée.

L'astuce d'Hélène : Une fois refroidis, nettoyez bien les pots, étiquetez-les et rangez-les au sec et à l'abri de la lumière. Ils se conserveront ainsi plusieurs mois.

Truc : Aromatisez les confitures avec des épices (vanille, cannelle, poivre, piment d'Espelette, cardamome, anis, girofle, safran, etc.), avec des fleurs (pétales de rose, de violette, fleurs d'églantine, d'acacia, de sureau, etc.), et osez les mélanges : rhubarbe et fraises, figues et pêches de vigne, abricots et nectarines, mangues et fruits de la passion, poires, pommes et oranges, poires et chocolat…

Avec du pain

Pudding à la française

difficulté ★★★   temps ★★★   coût €€€

Ustensiles : Casserole, tamis, saladier, moule à pudding, à charlotte (18 cm) ou à manqué (22 cm), plat rond

Temps de préparation : 15 minutes

Temps de cuisson : 1 heure

Quantité : 6 à 8 personnes

800 g de pain rassis

4 œufs

100 g de sucre semoule

40 cl de lait

4 cuil. à soupe de raisins secs

1 tasse de thé léger

3 cuil. à soupe de fruits confits en dés

3 cuil. à soupe de rhum

Sel

½ pot de marmelade d'abricots

4 poires au sirop

Pour la finition :

Coulis de cassis

- Préparez un thé léger et mettez-y les raisins à gonfler.
- Passez la marmelade d'abricots au tamis. Égouttez les raisins secs. Dans un saladier, coupez le pain en petits cubes. Battez les œufs en omelette avec le sucre semoule, versez-les dessus et mélangez. Ajoutez le lait tiède, les raisins, les fruits confits, le rhum, 1 pincée de sel et la marmelade d'abricots. Mélangez bien.
- Égouttez les poires au sirop et taillez-les en lamelles.
- Préchauffez le four à 200 °C (th. 7). Beurrez un moule à pudding, à charlotte (18 cm) ou à manqué (22 cm) et versez-y la moitié de la pâte. Répartissez par-dessus les poires coupées puis recouvrez avec le reste de la préparation. Tapotez le moule sur le plan de travail pour homogénéiser l'appareil.
- Mettez le pudding dans un plat à bain-marie. Portez à ébullition sur le feu, puis faites-le cuire 1 heure au four.
- Passez le fond du moule dans de l'eau froide, puis démoulez le pudding dans un plat rond et accompagnez d'un coulis de cassis.

IMPROVISEZ Vous pouvez réaliser, avec le même appareil (œufs, lait, sucre), un pudding au pain beurré sans fruits. Alternez, dans le plat, des tranches de pain de mie légèrement beurrées et parsemées de raisins secs (ou de fruits confits). Imbibez-les de l'appareil pendant 30 minutes, puis faites cuire pendant 45 minutes.

Pain perdu

difficulté ★★★   temps ★★★   coût €€€

Ustensiles : Couteau-scie, grand bol, poêle

Temps de préparation : 10 minutes

Temps de cuisson : 4 à 5 minutes

Quantité : 8 personnes

Pain rassis

3 œufs

25 cl de lait

2 cl de fleur d'oranger

50 g de beurre noisette

100 g de sucre en poudre

- ✔ Détaillez le pain rassis en tranches épaisses d'un bon centimètre. Battez les œufs avec le lait et la fleur d'oranger, puis plongez les tranches de brioche dans ce mélange jusqu'à ce qu'elles soient bien imbibées.

- ✔ Faites fondre le beurre dans une poêle, jusqu'à ce qu'il devienne noisette. Jetez-y les tranches de pain. Quand elles sont colorées, retirez-les. Dégraissez la poêle, versez le sucre en poudre et laissez cuire jusqu'à obtenir un caramel à peine doré. Puis poêlez à nouveau les tranches de pain perdu, mais rapidement, le temps qu'elles s'imprègnent de caramel.

- ✔ Servez aussitôt accompagné de marmelade d'abricots aux amandes ou d'une cuillerée de crème épaisse.

L'ASTUCE D'HÉLÈNE

Remplacez le pain rassis par de la brioche, le dessert n'en sera que plus goûteux. Dans ce cas, laissez rassir la brioche pendant un ou deux jours.

Chapitre 14

Desserts

Dans ce chapitre :
- Des gâteaux pour toutes les occasions
- Des recettes classiques et d'autres revisitées
- Des recettes gourmandes et savoureuses pour terminer les repas en douceur

Les recettes de ce chapitre
- Pâte brisée, sucrée, sablée, feuilletée
- Pâte à choux, pâte à choux à la vanille
- Glaçage pour éclair au chocolat
- Crème anglaise, crème pâtissière, crème Chantilly
- Tarte aux fruits
- Tarte aux fraises Mara des bois et pistaches
- Tarte fine aux pommes
- Tarte Tatin
- Tarte au citron meringuée
- Tarte choco-café
- Tarte contemporaine aux pommes et romarin
- Riz au lait
- Îles flottantes aux pralines, crème anglaise à la rose, framboises
- Crème caramel
- Mousse au chocolat
- Marmelade d'abricots aux amandes
- Mille-feuilles à la vanille
- Pommes cuites
- Charlotte pour ma Charlotte
- Far breton
- Clafoutis aux figues et amande amère
- Crumble aux pommes et à la cannelle
- Poires pochées au vin rouge
- Cake au citron
- Marbré chocolat et vanille Bourbon
- Gâteau blanc
- Gâteau au yaourt
- Brownies au chocolat et aux noix
- Cookies aux pépites de chocolat
- Shortbread
- Biscuits à la cuillère
- Madeleines
- Madeleines à l'huile d'olive
- Sablés au chocolat
- Tiramisu à l'italienne
- Triffle aux fruits rouges
- Crème glacée à la vanille Bourbon, au chocolat, au café, aux pruneaux/armagnac
- Sorbet à la fraise, à l'orange, au cacao, au yaourt

Dans ce chapitre, vous allez apprendre à faire des gâteaux, des tartes aux fruits, de délicieux fruits au four et des sorbets.

Ouvrez ce livre sur votre plan de travail et faites revivre des pâtisseries traditionnelles et d'autres revisitées.

Vous comprendrez l'importance de la précision en pâtisserie : suivez bien la recette et soyez précis dans les mesures. De plus, vous apprendrez à mettre en valeur un dessert tout simple et à faire vous-même des crèmes glacées. Pourquoi acheter des glaces au supermarché alors que vous pouvez en faire de meilleures à la maison ? Les desserts plaisent à tout le monde, alors si vous voulez faire plaisir à votre famille et à vos amis, faites-vous la main sur l'une des recettes de ce chapitre. Et attendez les regards éperdus de reconnaissance !

SAVOIR-FAIRE La pâtisserie est le domaine le plus précis et le plus scientifique de la cuisine. Les pâtes doivent comporter la bonne proportion de liquides par rapport aux solides pour donner un résultat satisfaisant après la cuisson. De même, les proportions de farine, liquide, sucre et levure doivent être scrupuleusement respectées dans les gâteaux. Mesurez toujours les ingrédients secs et liquides avec précision. Mettez les ingrédients secs à niveau avec le plat d'un couteau. Pour en savoir plus sur la façon de mesurer les ingrédients, reportez-vous au chapitre 2.

Les pâtes : techniques de base

Faire une pâte à tarte à la main

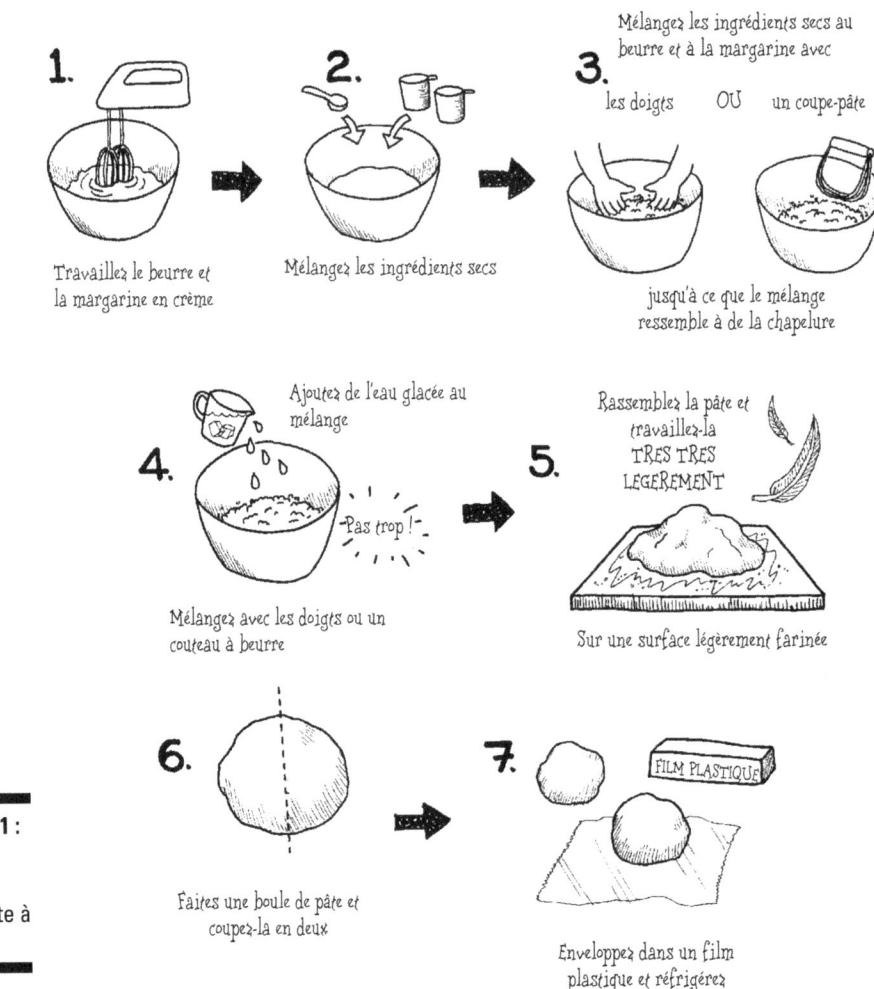

1. Travaillez le beurre et la margarine en crème
2. Mélangez les ingrédients secs
3. Mélangez les ingrédients secs au beurre et à la margarine avec les doigts OU un coupe-pâte jusqu'à ce que le mélange ressemble à de la chapelure
4. Ajoutez de l'eau glacée au mélange — Pas trop ! Mélangez avec les doigts ou un couteau à beurre
5. Rassemblez la pâte et travaillez-la TRES TRES LEGEREMENT. Sur une surface légèrement farinée
6. Faites une boule de pâte et coupez-la en deux
7. Enveloppez dans un film plastique et réfrigérez

Figure 14-1 : Comment faire une pâte à tarte à la main.

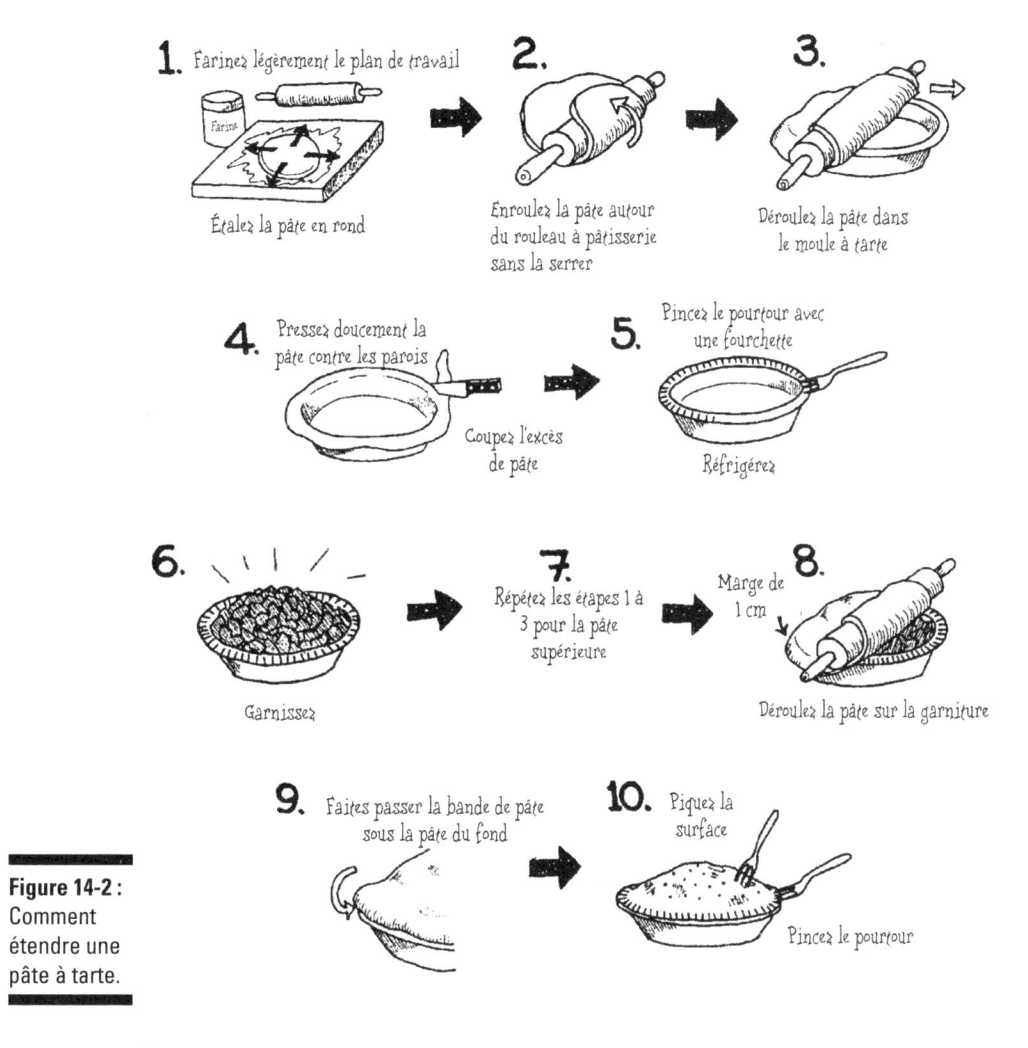

Étendre une pâte à tarte

1. Farinez légèrement le plan de travail
Étalez la pâte en rond

2. Enroulez la pâte autour du rouleau à pâtisserie sans la serrer

3. Déroulez la pâte dans le moule à tarte

4. Pressez doucement la pâte contre les parois
Coupez l'excès de pâte

5. Pincez le pourtour avec une fourchette
Réfrigérez

6. Garnissez

7. Répétez les étapes 1 à 3 pour la pâte supérieure

8. Marge de 1 cm
Déroulez la pâte sur la garniture

9. Faites passer la bande de pâte sous la pâte du fond

10. Piquez la surface
Pincez le pourtour

Figure 14-2 : Comment étendre une pâte à tarte.

Étendre une pâte demande un peu de pratique. Ne vous découragez pas si, après votre premier essai, votre pâte à tarte ressemble à une carte en relief de l'Antarctique.

Troisième partie : Élargissez votre répertoire

Si quelques morceaux de pâte se détachent pendant que vous étalez celle-ci, posez-les sur le reste, mouillez-les avec un peu d'eau et repassez le rouleau jusqu'à ce que l'ensemble de la pâte soit lisse. Si cette technique ne fonctionne pas, refaites une boule et recommencez depuis le début. Sachez toutefois que plus vous travaillez la pâte, plus elle durcit.

Pour étendre une pâte à tarte, souvenez-vous des recommandations suivantes :

- Farinez légèrement votre plan de travail, le rouleau à pâtisserie et la pâte. Ne rajoutez de farine que si la pâte colle au plan de travail ou au rouleau.
- Étalez la pâte du milieu vers l'extérieur et tournez-la fréquemment, d'environ un quart de tour, pour l'empêcher de coller au plan de travail.
- Essayez de faire vite de sorte que la pâte reste froide. Une pâte à température ambiante est plus difficile à étaler. C'est pourquoi il est important de mettre la boule de pâte au réfrigérateur.
- Si la pâte colle au plan de travail, décollez-la avec une longue spatule en métal.
- N'étendez pas davantage la pâte en la faisant passer du plan de travail au moule à tarte.

La saveur et la texture d'une pâte à tarte faite maison sont supérieures à celles des pâtes que l'on trouve dans le commerce. Cela dit, lorsque vous n'avez pas le temps de faire une pâte vous-même, mieux vaut en acheter une au supermarché que de ne pas faire de tarte du tout.

Précuire la pâte

Figure 14-3 : Préparer une pâte destinée à cuire sans la garniture.

1. Suivez les étapes 1 à 5 de la figure 14-2.

2. Piquez le fond et les parois avec une fourchette et/ou déposez une feuille de papier d'aluminium remplie de haricots secs sur la pâte pour faire du poids.

Pâte brisée

difficulté ✶✶✶   temps ✶✶✶   coût €€€

Pour un fond de tarte :

500 g de farine

375 g de beurre à température ambiante

1 jaune d'œuf

10 cl de lait à température ambiante

2 cuil. à café rases de fleur de sel

2 cuil. à café rases de sucre semoule

- Tamisez la farine. Mettez tous les ingrédients, sauf la farine, dans le bol d'un robot.
- Mélangez jusqu'à obtention d'une crème homogène, puis ajoutez la farine ; arrêtez de mélanger dès que la pâte forme une boule, sans la travailler plus longtemps.
- Entourez-la d'un film et glissez-la au réfrigérateur. Laissez reposer la pâte 4 heures au moins avant de l'utiliser.

Il est important de laisser reposer une pâte, quelle qu'elle soit. Le repos la détend en la rendant souple et malléable. Ainsi, vous l'abaisserez plus facilement et elle ne se rétractera pas pendant la cuisson.

On peut utiliser une pâte 48 heures encore après sa préparation, mais le conseil est d'en faire en grande quantité et de la mettre en boules, de poids variable selon l'usage que vous en ferez ultérieurement. Laissez la pâte décongeler avant de l'abaisser, sans la retravailler sinon elle se rétracterait à la cuisson et perdrait sa texture croquante et délicatement sablée.

Avec 1 kg de pâte, vous réaliserez quatre grandes tartes de 24 à 26 cm, six tartes moyennes, seize petites tartes de 10 cm et un grand nombre de tartelettes.

Si vous battez trop la pâte, elle durcit. L'action de battre favorise la formation de gluten, agent solidifiant issu de la farine. Plus vous travaillez ou battez la pâte, plus elle durcit (il est nécessaire de la travailler pour faire du pain au levain mais pas pour faire de délicats desserts). Par conséquent, lorsque vous faites des biscuits ou des gâteaux, arrêtez de battre la pâte dès que le liquide est entièrement absorbé par les ingrédients secs.

Pâte sucrée

difficulté ★★★ temps ★★★ coût €€€

Pour un fond de tarte :

75 g de beurre

15 g de poudre d'amandes

45 g de sucre glace

2 g de fleur de sel de Guérande

1 g de vanille en poudre

1 œuf

125 g de farine

- ✔ Passez le beurre quelques secondes dans un four à micro-ondes pour le rendre homogène puis malaxez-le.
- ✔ Ajoutez dans l'ordre suivant : la poudre d'amandes, le sucre glace, le sel de Guérande, la poudre de vanille, l'œuf, et enfin la farine. Surtout ne travaillez pas trop la pâte.
- ✔ Laissez-la reposer 1 heure au moins.

Pâte sablée

difficulté ★★★ temps ★★★ coût €€€

Les ingrédients restent les mêmes que pour la pâte sucrée mais ils sont ajoutés dans un ordre différent qui est le suivant : beurre, poudre d'amandes, sucre, farine, puis œuf.

Pâte feuilletée

difficulté ★★★ temps ★★★ coût €€€

Pour un fond de tarte :

350 g de farine

5 g de sel

175 g d'eau

300 g de beurre

Crème brûlée au foie gras de canard des Landes
(voir chapitre 17)

Soupe de poulet, lait de coco, curry et coriandre fraîche
(voir chapitre 13)

Langoustines rôties aux épices tandoori, mousseline de carottes aux agrumes
(voir chapitre 18)

Crab cake
(voir chapitre 17)

Macaronade au foie gras de canard
(voir chapitre 18)

Blanquette de saumon sauce poulette
(voir chapitre 8)

Panna cotta au coulis d'abricot, shortbread
(voir chapitres 18 et 14)

Tarte au chocolat et framboises
(voir chapitre 17)

- Réservez 250 g de beurre à température ambiante pour qu'il ramollisse. Avec les 50 g de beurre restant, réalisez un beurre noisette. Laissez refroidir.
- Mélangez le sel, la farine, l'eau et le beurre noisette, sans trop travailler. Laissez reposer pendant 1 heure au réfrigérateur.
- Étalez cette pâte sur le plan de travail. Posez le beurre au milieu, repliez les extrémités, les unes sur les autres, sur le morceau de beurre. Puis étalez de nouveau de manière à obtenir un rectangle de pâte. Repliez la première extrémité de pâte sur le milieu, puis la deuxième extrémité également. Laissez reposer 15 minutes. Étalez à nouveau la pâte, puis repliez de la même façon. Laissez reposer. Effectuez cette opération six fois.

Vous avez oublié de faire ramollir le beurre à température ambiante ? Découpez-le en petits morceaux, il ramollira rapidement.

Pâte à choux

difficulté ✶✶✶   temps ✶✶✶   coût €€€

Ustensiles : Casserole, cuillère en bois
Temps de préparation : 10 minutes
Temps de cuisson : 10 minutes
Quantité : 6 personnes

13 cl de lait
110 g de beurre
5 œufs
12 cl d'eau
5 g de sel fin
5 g de sucre en poudre
140 g de farine

- Portez le lait, l'eau, le sel fin, le sucre et le beurre à ébullition.
- Hors du feu, jetez la farine en pluie. Mélangez bien et laissez cuire à nouveau sur feu doux, sans cesser de remuer avec une spatule en bois jusqu'à ce que la pâte se décolle des parois de la casserole.
- Ajoutez les œufs entiers un par un, tout en continuant à mélanger vigoureusement.

Pâte à choux à la vanille

difficulté ★★★   temps ★★★   coût €€€

Ustensiles : Casserole, cuillère en bois
Temps de préparation : 10 minutes
Temps de cuisson : 10 minutes
Quantité : 6 personnes

100 g de beurre

4 œufs

125 g de farine

12,5 cl de lait

30 g de sucre en poudre

1 gousse de vanille

1 g de sel

- Versez dans une casserole le beurre, le lait et 12,5 cl d'eau. Faites fondre sur un feu vif.
- Ajoutez le sucre et le sel, puis versez la farine en pluie d'un seul coup. Desséchez la pâte sans cesser de remuer.
- Incorporez les œufs, l'un après l'autre. Mélangez jusqu'à obtenir une pâte homogène, qui fasse un ruban quand on la soulève avec la spatule.

L'ASTUCE D'HÉLÈNE

Parfumez vos pâtes, à la vanille en grattant une gousse, ou au chocolat en versant 30 g de cacao en même temps que le sucre et le sel.

Choux et éclairs

La pâte à choux s'utilise pour faire entre autres des choux ou des éclairs.

Pour les choux, faites des petits tas dont la base atteindra 5 cm de diamètre, à l'aide d'une cuillère à café ou d'une poche à douille.

Pour les éclairs, versez la pâte dans une poche à douille munie d'un bec de 15 mm. Tracez des bâtonnets de pâte longs de 10 cm sur une plaque antiadhésive.

Cuisez au four préchauffé à 180 °C (th. 6) pendant 15 minutes. Cinq minutes avant la fin de la cuisson, entrouvrez la porte du four de manière à créer une aération qui asséchera les choux. Une fois cuites, posez ces coques sur une grille et laissez-les à nouveau sécher à l'air libre.

Pour les choux, taillez un couvercle et garnissez les fonds de crème mousseline ou de chantilly.

Pour les éclairs, versez la crème pâtissière dans une poche à douille. Faites deux petits trous dans le fond de chaque éclair, garnissez les éclairs avec la poche à douille par ces deux petits trous.

Glaçage pour éclair au chocolat

difficulté ★★★   temps ★★★   coût €€€

Ustensiles : Casserole, cuillère en bois
Temps de préparation : 10 minutes
Temps de cuisson : 10 minutes
Quantité : 6 personnes

250 g de chocolat

60 g de sucre

10 cl d'eau

25 g de cacao

- Faites fondre le chocolat au bain-marie. Portez le sucre et l'eau à ébullition. Mélangez le tout puis ajoutez le cacao amer.
- Nappez les éclairs avec ce mélange.

SAVOIR-FAIRE — Le *bain-marie* est une sorte de bassin pour plats et marmites. Il s'agit généralement d'un grand plat allant au four à bords hauts, pouvant contenir de l'eau, dans lequel on pose un autre plat. Lorsque vous faites une sauce ou une crème délicate, mettez le plat contenant les ingrédients dans un autre plat contenant de l'eau. Cette technique empêche vos préparations les plus délicates de trop chauffer et de cailler.

TRUC — Vous pouvez varier les saveurs de vos desserts en achetant différentes sortes de chocolat noir avec un taux de cacao allant de 50 à 70 %. Plus il y a de cacao plus le chocolat est amer.

Les crèmes

Crème anglaise

difficulté ★★★   temps ★★★   coût €€€

Ustensiles : Casserole, grand bol, fouet, spatule en bois, saladier
Temps de préparation : 10 minutes
Temps de cuisson : 10 minutes
Quantité : 8 personnes

50 cl de lait entier

50 cl de crème fraîche liquide

10 jaunes d'œufs

250 g de sucre en poudre

2 gousses de vanille Bourbon

- Portez le lait entier, la crème liquide et les gousses de vanille Bourbon taillées dans le sens de la longueur à ébullition. Laissez infuser.
- Battez les jaunes d'œufs avec le sucre jusqu'à ce que le mélange blanchisse. Versez le lait et la crème bouillants. Cuisez sur un feu très doux en remuant sans cesse à l'aide d'une spatule en bois. La crème anglaise est cuite quand, en la soulevant, elle nappe la spatule. Retirez-la alors du feu et versez-la dans un saladier. Laissez refroidir en remuant souvent.

Vous pouvez aromatiser la crème anglaise avec du café, du chocolat, de la pistache, etc.

Il est impératif de n'utiliser que des bâtons de vanille frais, vous devez les fendre en deux dans le sens de la longueur puis gratter les grains qui se trouvent à l'intérieur. Pour cela, passez une lame de couteau afin de bien racler tous les grains. Ensuite vous vous servirez également des bâtons pour infuser dans le lait et des grains pour les pâtisseries.

Pensez à conserver vos blancs d'œufs au réfrigérateur, ils vous serviront pour la réalisation d'œufs en neige, de meringues ou de desserts.

Crème pâtissière

difficulté ★★★   temps ★★★   coût €€€

Ustensiles : Casserole, saladier, fouet, spatule en bois

Temps de préparation : 15 minutes

Temps de cuisson : 10 minutes

Quantité : 6 personnes

25 cl de lait

3 jaunes d'œufs

75 g de sucre en poudre

35 g de farine

½ gousse de vanille

- Portez le lait à ébullition et laissez infuser la ½ gousse de vanille taillée dans le sens de la longueur.
- Battez le sucre et les jaunes d'œufs jusqu'à ce que le mélange blanchisse. Puis incorporez la farine tamisée. Versez alors le lait vanillé. Laissez cuire la crème

sur feu doux sans cesser de remuer à l'aide d'une spatule en bois, en veillant à ce qu'elle n'accroche pas au fond du plat. La crème est cuite quand elle a épaissi.

- Retirez les morceaux de la gousse de vanille, mais grattez-les bien pour récupérer le plus de graines possible.

Parfumez votre crème pâtissière en ajoutant 60 g de chocolat fondu, ou 3 g de thé matcha, ou en faisant infuser des grains de café concassés dans le lait.

Pour faire une sauce mousseline, incorporez de la crème fouettée à la crème pâtissière.

Crème Chantilly

difficulté ✶✶✶   temps ✶✶✶   coût €€€

Ustensiles : Batteur électrique, cul-de-poule
Temps de préparation : 5 minutes

250 g de crème fraîche liquide
25 g de sucre semoule
½ gousse de vanille

- Laissez la crème liquide au réfrigérateur jusqu'au dernier moment. Puis dans la cuve d'un batteur, mélangez-la au sucre.

- Grattez la gousse de vanille pour récupérer les grains et mélangez. Battez à petite vitesse dans un premier temps, puis à plus grande vitesse ensuite, jusqu'à obtention d'une crème montée.

Pour la réussite de la chantilly, il est très important que la crème liquide soit très froide.

Remplacez le sucre semoule par du sucre muscovado qui donnera à la chantilly un goût de réglisse et une couleur ambrée. Dans ce cas, mélangez le sucre et la crème 1 heure avant de travailler le mélange et réservez au réfrigérateur de manière à ce que le sucre soit bien fondu.

Si vous battez trop la crème, elle se transforme en beurre. La crème, le batteur et le récipient doivent être froids. Commencez à battre lentement et augmentez progressivement la vitesse. La crème ne doit pas être trop ferme et former des mottes relativement souples. Si vous ne servez pas immédiatement la crème fouettée, mettez-la au réfrigérateur sans attendre.

Les tartes

Tarte aux fruits

difficulté ✸✸✶   temps ✸✸✶   coût €€€

Ustensiles : Moule à tarte de 18 cm, batteur
Temps de préparation : 20 minutes
Temps de cuisson : 45 minutes
Quantité : 8 personnes
250 g de pâte sucrée (voir recette au début du chapitre)
Pour la crème d'amandes :
85 g de pâte d'amandes
10 g de farine
2 jaunes d'œufs
1 œuf
25 g de beurre
Pour la finition :
500 g de fruits frais
50 g de glaçage à l'abricot

- Étendez finement la pâte sucrée, puis beurrez un moule à tarte de 18 cm de diamètre et de 2 cm de haut, foncez-le avec l'abaisse de pâte sucrée, précuisez la pâte selon le procédé expliqué au début de ce chapitre dans un four à 160 °C (th. 5/6). Laissez cuire 30 à 35 minutes. Une fois la pâte cuite, retirez l'aluminium et les poids.

- Dans la cuve d'un batteur, travaillez la pâte d'amandes à vitesse moyenne. Ajoutez, dans l'ordre et en continuant de battre à moyenne vitesse, les jaunes d'œufs et l'œuf entier, puis la farine et enfin le beurre fondu tiède. Versez alors cette crème dans le fond de tarte, et enfournez à nouveau à 160 °C, pour finir de cuire pendant 10 à 12 minutes. Retirez alors du four et laissez refroidir.

- Garnissez le fond de tarte des fruits que vous aurez choisis. Nappez de glaçage à l'abricot.

Utilisez des fruits frais, de saison, plutôt que des fruits en conserve.

Tarte aux fraises Mara des bois et pistaches

difficulté ✸✸✸   temps ✸✸✸   coût €€€

Ustensiles : Moule à tarte de 18 cm, batteur, casserole, cercle de 18 cm
Temps de préparation : 30 minutes
Temps de cuisson : 50 minutes
Quantité : 8 personnes
250 g de pâte sucrée
Pour la crème aux pistaches :
85 g de pâte d'amandes
10 g de pâte de pistaches
10 g de farine
2 jaunes d'œufs
1 œuf
25 g de beurre
Pour le coulis gélifié :
110 g de purée de fraises
10 g de sucre en poudre
15 cl d'eau
0,5 g d'agar-agar
Pour la finition :
500 g de fraises Mara des bois
50 g de nappage à la fraise
30 g de pistaches

- Étendez finement la pâte sucrée, puis beurrez un moule à tarte de 18 cm de diamètre et de 2 cm de haut, foncez-le avec l'abaisse de pâte sucrée, précuisez la pâte selon le procédé expliqué au début du chapitre dans un four à 160 °C (th. 5/6). Laissez cuire 30 à 35 minutes. Une fois la pâte cuite, retirez l'aluminium et les poids.

- Dans la cuve d'un batteur, travaillez la pâte d'amandes et la pâte de pistaches à vitesse moyenne. Ajoutez, dans l'ordre et en continuant de battre à moyenne vitesse, les jaunes d'œufs et l'œuf entier, puis la farine et enfin le beurre fondu tiède. Versez alors cette crème dans le fond de tarte, et enfournez à nouveau à 160 °C, pour finir de cuire pendant 10 à 12 minutes. Retirez alors du four et laissez refroidir.

- Portez à ébullition la purée de fraises, l'eau, le sucre et l'agar-agar. Versez dans un cercle de 18 cm de diamètre et laissez refroidir.

✓ Passez les fraises Mara des bois sous un filet d'eau et équeutez-les.

✓ Quelques instants avant de servir, posez le coulis gélifié sur le fond de tarte, puis garnissez des fraises Mara des bois. Nappez de glaçage à la fraise, puis terminez en parsemant les pistaches légèrement concassées.

TRUC

L'agar-agar est un gélifiant préparé à base d'algues. On peut facilement le remplacer par une feuille de gélatine préalablement détrempée dans de l'eau froide.

Tarte fine aux pommes

difficulté ✱✱✱   temps ✱✱✱   coût €€€

Ustensiles : Rouleau à pâtisserie, cul-de-poule, batteur-mélangeur électrique, couteau d'office, mandoline, casserole, spatule en bois, pinceau à lustrer

Temps de préparation : 45 minutes

Temps de cuisson : 10 à 12 minutes

Temps de repos : 20 minutes

Quantité : 4 personnes

Pour la pâte feuilletée :

240 g de pâte feuilletée (voir recette au début du chapitre)

Pour la compote :

400 g de pommes golden « Delicious » bien mûres

40 g de sucre Muscovado

1 pincée de cannelle en poudre

¼ de bâton de vanille fendu en deux

25 g de beurre doux

Pour la garniture :

4 pommes golden

8 cl de sirop léger

✓ Réalisez la pâte feuilletée.

✓ Entre chaque temps de repos, faites d'abord la compote : pelez et épépinez les pommes, taillez-les en petits cubes. Dans la casserole, faites fondre le beurre et faites-y suer les cubes de pomme, ajoutez le sucre, la cannelle et la vanille, laissez cuire doucement 20 à 25 minutes en remuant. Les pommes sont cuites dès qu'elles sont fondantes et que cela forme la compote. Retirez le bâton de vanille et laissez refroidir complètement.

✓ Après avoir donné le dernier tour à la pâte feuilletée, découpez quatre disques de 14 cm de diamètre et laissez-les reposer au frais 20 minutes.

Chapitre 14 : Desserts

- Pelez les pommes pour le décor et taillez des tranches fines et régulières à la mandoline.
- Préchauffez votre four à 200 °C (th. 7).
- Dressez les tartes fines : sur les disques de pâte, garnissez d'une fine couche de compote de pommes, étalez jusqu'à 1,5 cm du bord. Ensuite, décorez avec les rondelles de pomme posées en rosace, lustrez-les avec le sirop à l'aide du pinceau.
- Faites cuire au four durant 12 à 15 minutes selon l'épaisseur, les pommes doivent dorer légèrement et la pâte doit être dorée au-dessous. Servez bien chaud.

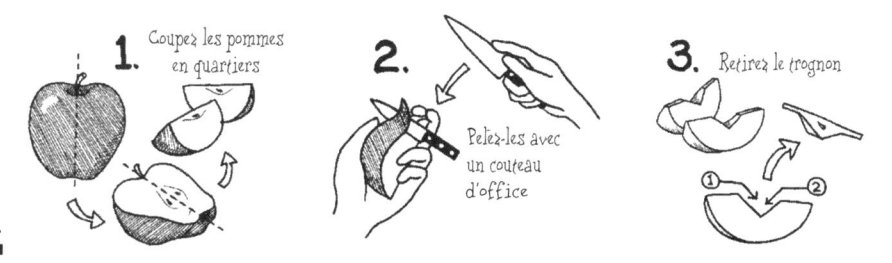

Peler et évider une pomme

Figure 14-4 : Les pommes doivent être pelées et évidées avant d'être coupées en tranches et disposées sur une tarte.

1. Coupez les pommes en quartiers
2. Pelez-les avec un couteau d'office
3. Retirez le trognon

Étendre une pâte à tarte et la mettre dans un moule à tarte est une opération périlleuse pour les personnes qui n'ont jamais cuisiné. Dans la recette précédente, vous n'avez pas à franchir cette étape. Il vous suffit de déposer la pâte sur une grande plaque à pâtisserie. Ensuite, il ne vous reste plus qu'à disposer les tranches de pommes. Une tarte doit être cuite jusqu'à ce que les fruits soient tendres et la pâte croustillante.

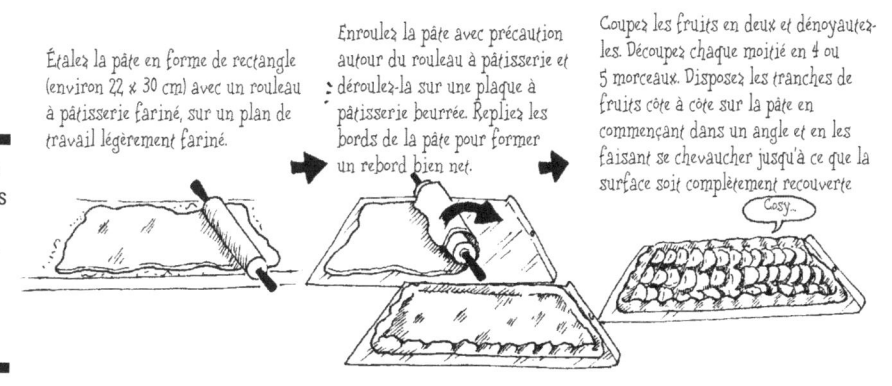

Tarte aux fruits sans moule

Figure 14-5 : Disposer des tranches de fruits sur une pâte de façon attrayante.

Étalez la pâte en forme de rectangle (environ 22 x 30 cm) avec un rouleau à pâtisserie fariné, sur un plan de travail légèrement fariné.

Enroulez la pâte avec précaution autour du rouleau à pâtisserie et déroulez-la sur une plaque à pâtisserie beurrée. Repliez les bords de la pâte pour former un rebord bien net.

Coupez les fruits en deux et dénoyautez-les. Découpez chaque moitié en 4 ou 5 morceaux. Disposer les tranches de fruits côte à côte sur la pâte en commençant dans un angle et en les faisant se chevaucher jusqu'à ce que la surface soit complètement recouverte.

Cosy...

Tarte Tatin

difficulté ★★★   temps ★★★   coût €€€

Ustensiles : Moule à Tatin ou sautoir à bord droit (si possible en métal assez épais pour une meilleure cuisson), économe, rouleau à pâtisserie, couteau d'office

Temps de préparation : 45 minutes

Temps de cuisson : 45 minutes

Temps de repos : 2 heures

Quantité : 6 personnes

1 fond de pâte brisée (voir recette au début du chapitre)

1,5 kg de pommes golden « Delicious »

250 g de beurre doux

1 pincée de fleur de sel de Guérande

200 g de sucre semoule

1 pincée de cannelle en poudre

½ citron jaune (le jus)

Pour la garniture :

250 g de crème fraîche épaisse

½ gousse de vanille

- Tout d'abord réalisez la pâte brisée.
- Épluchez les pommes, coupez-les en deux dans le sens de la hauteur puis épépinez-les. Ensuite enduisez le fond et les bords du moule avec le beurre, le sucre, une pincée de fleur de sel et la cannelle. Disposez les pommes debout rangées les unes derrière les autres en rosace, s'il y a des espaces vides, comblez-les avec des morceaux de pomme. Garnissez de façon à ce que les pommes dépassent de 1 à 2 cm les bords du moule.
- Préchauffez votre four à 180 °C (th. 6). Arrosez les pommes avec le jus de citron et enfournez environ 25 minutes, afin de faire dorer les fruits, ils doivent être blonds, puis sortez le plat du four et laissez reposer deux heures.
- Une fois refroidies, couvrez les pommes avec un disque de pâte brisée, préalablement piqué.
- Enfournez pendant 15 à 20 minutes. Dès que la pâte est cuite et dorée, sortez-la du four, laissez tempérer 10 à 15 minutes et dressez en la retournant sur le plat de service.
- Mélangez les grains de vanille à la crème fraîche et servez-la en même temps dans une saucière.

Vous pouvez servir votre tarte avec une quenelle de glace à la vanille.

Chapitre 14 : Desserts 373

Improvisez — Remplacez les pommes par d'autres fruits : mangues, bananes ou même tomates vertes.

Truc — À la fin du XIXᵉ siècle, les demoiselles Tatin tenaient un hôtel-restaurant familial en Sologne. Un jour, Caroline Tatin rata sa tarte aux pommes classique, mais les clients apprécièrent tellement cette recette qu'ils en redemandèrent. La tarte Tatin était née.

Tarte au citron meringuée

difficulté ★★★   temps ★★★   coût €€€

Ustensiles : Casserole, petit fouet, cul-de-poule, moule à tarte, batteur électrique, billes de cuisson, papier sulfurisé, râpe fine, cercle à entremets en inox de 5 cm de hauteur

Temps de préparation : 40 minutes

Temps de cuisson : 30 minutes

Quantité : 4 personnes

1 fond de pâte sablée (voir recette au début du chapitre)

Pour la crème citron :

3 œufs entiers

125 g de sucre en poudre

4 citrons jaunes de Menton

40 g de beurre doux des Charentes

Pour la meringue :

3 blancs d'œufs

1 petite pincée de sel

100 g de sucre semoule

50 g de sucre glace

- Réalisez la pâte sablée.
- Puis étalez en rond, 4 à 5 cm plus large que votre moule, disposez la pâte au fond du moule et appliquez bien celle-ci sur les bords. Retirez l'excès de pâte, mettez une feuille de papier cuisson à l'intérieur et versez-y les billes de cuisson à ras bord.
- Faites blanchir la pâte au four à 180 °C (th. 6) durant 15 à 20 minutes.
- Pendant ce temps, râpez juste la fine pellicule de couleur des citrons avec une râpe fine (microplane), puis pressez les citrons. Faites chauffer quelques instants le jus de citron avec les zestes, laissez infuser 30 minutes en laissant refroidir. Dans un cul-de-poule, mélangez les œufs avec le sucre, blanchissez-les bien au fouet. Faites fondre le beurre dans une casserole puis ajoutez-le au mélange d'œufs et sucre, enfin ajoutez les jus de citron et mélangez bien.

✔ Versez le tout dans le fond de tarte précuit et enfournez à 140 °C (th. 5) pendant 15 minutes.

✔ Pendant ce temps, montez les blancs en neige avec une pincée de sel fin. Une fois montés, ajoutez les deux sucres et faites tourner à pleine vitesse encore 3 à 5 minutes, la meringue doit être lisse et brillante.

✔ Une fois la tarte citron cuite, sortez-la du four, retirez le moule à tarte et laissez-la refroidir sur une grille de four.

✔ À froid, positionnez le cercle à entremets autour de la tarte (il doit être du même diamètre) puis garnissez avec la meringue. Faites cuire au four sous le gril à 250 °C (th. 8/9) quelques instants afin de colorer la meringue (cela peut se faire avec un chalumeau pâtissier).

✔ Réservez la tarte au frais jusqu'au moment de servir.

Ne remplacez jamais le jus de citron frais par un substitut vendu en petite bouteille. Les produits en vente dans les supermarchés ont davantage un goût d'encaustique que de citron.

Lorsque vous râpez la peau d'un agrume, retirez uniquement la partie colorée, c'est-à-dire le *zeste*. La partie blanche située au-dessous est plus amère.

Tarte choco-café

difficulté ★★★   temps ★★★   coût €€€

Ustensiles : Moule à tarte, saladier, 2 casseroles, couteau d'office

Temps de préparation : 30 minutes

Temps de repos : 1 heure

Temps de cuisson : 15 minutes

Quantité : 8 personnes

Pour la pâte :

75 g de beurre

15 g de poudre d'amandes

45 g de sucre glace

Fleur de sel de Guérande

3 g de vanille en poudre

1 œuf

125 g de farine

Pour la ganache :

220 g de chocolat pur Caraïbes

60 g de sucre en poudre

3 jaunes d'œufs

30 cl de crème fraîche liquide

10 cl de lait entier

4 g de café soluble

½ gousse de vanille Bourbon

- Préparez la pâte en mélangeant ensemble tous les ingrédients. Laissez reposer une heure puis foncez le moule en tarte. Précuisez le fond de tarte pendant 10 minutes dans un four préchauffé à 160 °C (th. 5/6).

- Versez la crème liquide, le lait entier et le café soluble dans une casserole. Ouvrez la gousse de vanille Bourbon en deux dans le sens de la longueur, grattez les deux moitiés au-dessus de la casserole de manière à récupérer les graines, puis jetez-les dans le mélange. Portez à ébullition.

- Dans une autre casserole, faites chauffer le sucre jusqu'à ce qu'il devienne un caramel brun. Mélangez avec le mélange précédent. Puis versez le tout sur le chocolat haché grossièrement au couteau. Mélangez jusqu'à ce que le chocolat soit fondu. Ajoutez les jaunes d'œufs, les uns après les autres. Retirez les morceaux de gousse de vanille et versez cette crème, que l'on appelle ganache, dans le fond de tarte précuit. Déposez dans un four chauffé à 120 °C (th. 4), puis finissez de cuire 5 minutes seulement. Laissez refroidir avant de démouler et de servir.

Cette tarte est délicieuse telle quelle, mais il est possible aussi de la recouvrir de framboises entières. C'est un délicat mariage, très savoureux.

Tarte contemporaine aux pommes et romarin

Recette de Johannes Bonin, chef pâtissier du Connaught à Londres

difficulté ★★★   temps ★★★   coût €€€

Ustensiles : Moule à tarte, batteur, casserole, couteau d'office

Temps de préparation : 40 minutes

Temps de cuisson : 1 heure

Quantité : 8 personnes

500 g de pâte sucrée (voir recette au début du chapitre)

Pour les pommes caramélisées au romarin :

200 g de sucre

400 g d'eau

2 branches de romarin frais

4 pommes Golden

Pour la crème d'amandes à la pistache :

300 g de crème pâtissière à la vanille

250 g de beurre

250 g de sucre glace

250 g d'amandes en poudre

120 g de pâte de pistaches

25 g de Maïzena

20 g de kirsch

2 gros œufs

50 g de pistaches décortiquées, grillées, concassées

- Préparez la crème d'amandes : faites griller les pistaches décortiquées durant 10 minutes dans un four à 170 °C (th. 6). Concassez-les. Malaxez le beurre avec un petit batteur, puis ajoutez tous les ingrédients un à un en continuant de mélanger à petite vitesse. Stockez la crème au réfrigérateur.

- Étalez la pâte sucrée au rouleau à pâtisserie sur une épaisseur de 2 mm d'épaisseur. Détaillez un disque de 30 cm de diamètre pour un moule à tarte. Mettez-le sur une plaque au réfrigérateur 30 minutes avant de foncer la tarte. Beurrez le moule, foncez-le et coupez le surplus de pâte. Glissez le fond au réfrigérateur.

- Précuisez la pâte dans un four à 160 °C (th. 5/6) pendant 20 minutes environ, en suivant le procédé en début du chapitre.

- Cuisez le sucre dans une casserole jusqu'à obtention d'un caramel de couleur auburn, arrêtez la cuisson en versant l'eau. Ajoutez les branches de romarin.

- Épluchez les pommes, évidez-les et coupez-les en deux. Plongez-les dans le sirop au romarin et laissez-les pocher sur feu doux pendant 30 minutes.

- Garnissez le fond de tarte précuit avec la crème d'amandes à la pistache jusqu'à 1 cm du bord, placez dans la crème les demi-pommes pochées au caramel romarin sur le côté plat et poussez légèrement pour faire remonter la crème. Faites cuire au four préchauffé à 155 °C (th. 5) pendant 20 à 25 minutes.

- Décorez la tarte avec des pistaches hachées et quelques têtes de romarin. Servez tiède.

Remplacez par d'autres fruits (orange, poire, banane) et d'autres herbes (verveine, basilic, thym).

Quelles pommes choisir pour une cuisson au four ?

Les pommes croquantes qui conservent leur forme pendant la cuisson sont les plus appropriées. L'automne et le début de l'hiver sont les saisons idéales pour faire une tourte aux pommes, car la récolte des pommes est toute fraîche. À l'exception des Granny Smith (pommes vertes acides que l'on trouve toute l'année), les pommes en vente sur les marchés au printemps et en été sont stockées depuis l'automne et n'ont pas la même saveur ni la même texture que les pommes fraîches.

Les desserts de grand-mère

Il n'y a rien de meilleur que les desserts qui rappellent l'enfant et ont un délicieux goût de nostalgie…

Riz au lait

difficulté ✹✹✹   temps ✹✹✹   coût €€€

Ustensiles : Casserole, couteau d'office
Temps de préparation : 5 minutes
Temps de repos : 2 heures
Temps de cuisson : 30 à 45 minutes
Quantité : 4 personnes

160 g de riz rond
1 bâton de vanille Bourbon
1 pincée de sel fin de Guérande
45 g de sucre roux
80 cl de lait frais entier
3 jaunes d'œufs
10 g de beurre doux
10 cl de crème fouettée
Les zestes d'une demi-orange
Les zestes d'un demi-citron

✔ Dans la casserole, portez le lait à ébullition. Pendant ce temps, fendez en deux la gousse de vanille afin que les grains puissent infuser, ajoutez la vanille, les zestes d'agrumes et le sel au lait. Coupez le feu et laissez infuser 1 heure.

- Rincez le riz puis faites-le cuire dans le lait bouillant et ajoutez le sucre. Laissez cuire doucement et à couvert. À la fin, ajoutez les trois jaunes d'œufs, mélangez et stoppez la cuisson avec une noisette de beurre. Laissez refroidir puis ajoutez la crème fouettée, cela le rendra plus crémeux. Laissez au froid 2 heures avant de servir.

Aromatisez la crème montée avec du sucre muscovado.

Îles flottantes aux pralines, crème anglaise à la rose, framboises

difficulté ★★★   temps ★★★   coût €€€

Ustensiles : Batteur, casserole, assiettes creuses
Temps de préparation : 20 minutes
Quantité : 6 personnes
Pour les îles flottantes :
4 blancs d'œufs
95 g de sucre
25 g de pralines
Pour la crème anglaise :
50 cl de lait
100 g de sucre
4 jaunes d'œufs
Eau de rose selon le goût
Pour la finition :
6 pétales de rose
120 g de framboises

- Préparez la crème anglaise en suivant la recette en début de chapitre, mais en ajoutant l'eau de rose selon votre goût, juste avant de cuire.
- Montez les blancs en neige avec le sucre (voir chapitre 9). Ajoutez les pralines, une fois qu'ils sont bien montés. Puis pochez-les dans le lait (voir chapitre 9).
- Dans le fond de 6 assiettes creuses, versez la crème anglaise. Posez une île par-dessus, puis les framboises et parsemez de pétales de rose.

Vous trouverez la recette des îles flottantes classiques au chapitre 9.

Crème caramel

difficulté ✱✱✱   temps ✱✱✱   coût €€€

Ustensiles : Casserole, ramequins, bol inox, fouet, petite casserole

Temps de préparation : 10 minutes

Temps de repos : 2 heures

Temps de cuisson : 30 minutes

Quantité : 4 personnes

50 cl de lait frais entier

1 gousse de vanille Bourbon

100 g de sucre en poudre

4 œufs entiers

Pour le caramel :

80 g de sucre en poudre

25 cl d'eau

- Préparez le caramel : versez le sucre et l'eau dans la petite casserole, faites cuire à feu vif, dès que le caramel est brun, retirez du feu et ajoutez une cuillerée à soupe d'eau chaude (attention aux projections), ensuite versez le caramel chaud dans le fond des ramequins. Il faut bien répartir le caramel au fond et légèrement sur les bords. Laissez prendre.
- Préparez la crème : fendez la gousse de vanille, puis mettez-la dans le lait, portez à ébullition. Dans le bol inox, mélangez au fouet les œufs et le sucre, le mélange doit blanchir, puis versez le lait bouillant dessus. Mélangez bien et écumez la mousse à la surface et retirez la gousse de vanille. Ensuite versez la crème dans les ramequins, faites cuire au four à 140 °C (th. 5) au bain-marie pendant 30 minutes. Après cuisson, laissez tempérer et mettez au frais 2 heures avant de servir.

Vous pouvez mettre une cuillerée de crème liquide dans votre caramel et une pincée de fleur de sel de Guérande.

Vous pouvez aussi diminuer la moitié du poids de lait et le remplacer par de la crème liquide.

Mousse au chocolat

difficulté ✱✱✱   temps ✱✱✱   coût €€€

Ustensiles : Batteur électrique, saladier, casserole, spatule en bois

Temps de préparation : 15 minutes

Temps de repos : 6 heures
Quantité : 4 à 6 personnes
200 g de chocolat noir amer (au moins 64 % de cacao)
100 g de beurre doux
4 blancs d'œufs
45 g de sucre semoule
Les zestes d'une orange

- Faites fondre le chocolat au bain-marie (cela est faisable aussi au micro-ondes). Hors du feu, ajoutez le beurre, les zestes et mélangez bien, lissez.
- Dans le bol du batteur, mettez les blancs d'œufs puis montez-les en neige. Dès qu'ils deviennent mousseux, ajoutez le sucre. Quand ils deviennent fermes, c'est-à-dire qu'une virgule se forme au bout du fouet, serrez-les 5 secondes à grande vitesse.
- Ensuite mélangez, délicatement à la spatule en bois, les blancs montés avec le chocolat.
- Mettez au réfrigérateur pendant au moins 6 heures avant de servir.

L'ASTUCE D'HÉLÈNE

Vous pouvez décorer de copeaux de chocolat ou encore saupoudrer de cacao en poudre. Vous pouvez également choisir des chocolats d'origine, tels que du Manjari, du Guatemala ou encore des Caraïbes…

ATTENTION !

Si vous battez trop les blancs d'œufs, ils sèchent. Battez les blancs jusqu'à ce qu'ils forment des mottes relativement rigides. Commencez à battre assez vigoureusement et augmentez la vitesse, tout en ajoutant les autres ingrédients, comme le sucre. Le récipient et le batteur ne doivent comporter aucune trace de graisse, sinon les blancs ne monteront pas bien en neige.

Marmelade d'abricots aux amandes

difficulté ★★★   temps ★★★   coût €€€

Ustensiles : Couteau d'office, saladier, casserole
Temps de préparation : 20 minutes
Temps de cuisson : 10 à 15 minutes
Quantité : 8 personnes
1 kg d'abricots très mûrs
150 g de sucre
½ gousse de vanille
1 étoile d'anis

3 graines de cardamome

60 g d'amandes

✔ Dénoyautez les abricots puis taillez-les en petits morceaux (8 morceaux environ par abricot).

✔ Ajoutez le sucre, les épices, la gousse de vanille taillée en deux dans le sens de la longueur. Laissez macérer au frais jusqu'à ce que les fruits compotent légèrement.

✔ Faites cuire 10 à 15 minutes sur feu moyen. Laissez refroidir, puis ajoutez les amandes concassées. Cette compote peut se conserver 2/3 jours au réfrigérateur, sinon plusieurs semaines au congélateur. Elle peut également être stérilisée.

L'ASTUCE D'HÉLÈNE Utilisez tous les fruits de votre compotier qui commencent à s'abîmer pour faire confitures et compotes.

TRUC Sentez les épices qui sont sur votre étagère depuis des mois ou des années avant de les utiliser. Si elles ont perdu tout leur arôme, jetez-les et offrez-vous-en d'autres.

Mille-feuilles à la vanille

difficulté ✱✱✱   temps ✱✱✱   coût €€€

Ustensiles : Rouleau à pâtisserie, plaque, couteau d'office
Temps de préparation : 40 minutes
Temps de cuisson : 25 minutes
Temps de repos : 2 heures
Quantité : 6 personnes

400 g de pâte feuilletée

80 g de sucre en poudre

500 g de crème mousseline à la vanille

✔ Étalez la pâte sur une épaisseur de 2 mm, puis détaillez-la aux dimensions d'une plaque à pâtisserie. Posez un papier sulfurisé sur la plaque, puis couchez la pâte sur le papier. Laissez alors reposer au réfrigérateur 2 heures au moins.

✔ Puis poudrez-la avec le sucre en poudre. Posez la plaque dans un four auparavant chauffé à 230 °C (th. 8), abaissez aussitôt le thermostat à 170 °C (th. 6). Laissez cuire ainsi pendant 10 minutes, puis couvrez la pâte d'une grille pour l'empêcher de trop lever. Poursuivez la cuisson pendant 15 minutes. Laissez refroidir.

✔ Taillez le feuilletage en trois bandes larges de 12 cm.

✔ Au dernier moment, superposez en les alternant, les trois bandes de pâte feuilletée avec deux couches de crème mousseline à la vanille.

TRUC : Faites toujours le montage au dernier moment pour ne pas que la crème humidifie le feuilletage et qu'il ne détrempe. Les mille-feuilles doivent être consommés dans la journée.

L'ASTUCE D'HÉLÈNE : Agrémentez les mille-feuilles de fruits de saison : framboises, pêches, abricots, etc. Dans ce cas, alignez régulièrement les fruits les uns à côté des autres sur la première bande de feuilletage seulement, puis garnissez les espaces de crème à la vanille.

Pommes cuites

difficulté ✹✹✹   temps ✹✹✹   coût €€€

Ustensiles : Couteau d'office, cuillère parisienne
Temps de préparation : 15 minutes
Temps de cuisson : 30 minutes
Quantité : 10 personnes

10 pommes reinettes
60 g de beurre
1 bâton de cannelle
5 étoiles d'anis
6 graines de cardamome
25 g de pistaches torréfiées
25 g de noix hachées grossièrement et grillées
20 g de figues sèches en julienne
20 g d'abricots secs en julienne
20 g de dattes en julienne
80 g de gelée de pomme verte
50 g de beurre fondu

- Lavez les pommes.
- Taillez le chapeau des pommes reinettes comme pour faire une tomate farcie. Videz-les à l'aide d'une cuillère parisienne. Réservez l'intérieur des pommes. Disposez les pommes dans un plat à rôtir, répartissez le beurre coupé en morceaux et les épices. Cuisez-les 10 minutes dans un four préchauffé à 170 °C (th. 6).
- Mélangez les fruits secs avec l'intérieur des pommes (sans les pépins). Faites cuire dans une poêle avec un peu de beurre, jusqu'à ce que la farce soit à peine compotée.

- Remplissez l'intérieur des pommes avec la farce, refermez avec le chapeau. Finissez de cuire au four à 170 °C (th. 6) pendant 15 à 20 minutes, en les arrosant régulièrement avec le jus de cuisson.

Servez avec de la glace vanille ou du riz au lait.

Remplacez les pommes par des pêches, des nectarines, des figues, etc.

Les desserts aux fruits

Charlotte pour ma Charlotte

difficulté ★★★   temps ★★★   coût €€€

Ustensiles : Moule à charlotte, casserole, cul de poule
Temps de préparation : 40 minutes
Temps de repos : 12 heures
Quantité : 8 personnes

Pour la chantilly au chocolat :

25 g de pâte à cacao

250 g de chocolat couverture à 70 %

150 g de lait

750 g de crème fraîche liquide

Pour le montage :

200 g de jus de fraises (voir recette du triffle)

300 g de biscuits à la cuillère

150 g de framboises

30 g de popping candies (sucre pétillant) au chocolat

- Préparez la chantilly au chocolat : montez la crème en chantilly.

- Faites fondre le chocolat et la pâte à cacao au bain-marie.

- Portez le lait à ébullition. Versez alors le lait sur le chocolat fondu et mélangez. Quand la température du mélange tombe à 70 °C, versez le chocolat sur la chantilly en mélangeant délicatement. Réservez au froid.

- Garnissez un moule à charlotte avec des biscuits dont on aura trempé seulement le côté lisse dans le jus de fraise. Le côté bombé doit se trouver contre la paroi du moule.

- Versez un tiers de la chantilly dans le moule, posez par-dessus des biscuits entièrement imbibés de jus de framboises, versez le 2e tiers, garnissez à nouveau de biscuits imbibés, versez le dernier tiers et finissez avec des biscuits imbibés que d'un seul côté.

✔ Laissez au réfrigérateur pendant 12 heures.

✔ Au moment de servir, démoulez, recouvrez le dessus de la charlotte de framboises, puis saupoudrez de popping candies au chocolat.

SAVOIR-FAIRE

Le *bain-marie* est une sorte de bassin pour plats et marmites. Il s'agit généralement d'un grand plat allant au four ou d'un plat à rôtir, à bords hauts, pouvant contenir de l'eau, dans lequel on pose un autre plat. Lorsque vous faites une sauce ou une crème délicate, mettez le plat contenant les ingrédients dans un autre plat contenant de l'eau. Cette technique empêche vos préparations les plus délicates de trop chauffer et de cailler.

Far breton

difficulté ✦✦✦ temps ✦✦✦ coût €€€

Ustensiles : Plat rectangulaire à four ou moule à gâteau rectangulaire, casserole, cul-de-poule, petit fouet

Temps de préparation : 15 minutes

Temps de cuisson : 40 minutes à 1 heure

Temps de repos : une nuit

Quantité : 6 personnes

65 cl de lait frais entier

140 g de beurre doux

5 œufs entiers

150 g de sucre semoule

1 bâton de vanille

1 pincée de fleur de sel de Guérande

190 g de farine de blé tamisée

Pour les pruneaux :

350 g de pruneaux d'Agen avec noyaux

50 cl de rhum brun

1 bâton de cannelle

✔ La veille, faites bouillir 50 cl d'eau, retirez du feu, ajoutez le rhum et le bâton de cannelle. Versez ce mélange sur les pruneaux et laissez infuser une nuit au frais.

✔ Le jour même, égouttez et dénoyautez les pruneaux.

✔ Faites chauffer le lait avec le bâton de vanille fendu en deux dans le sens de la longueur, ajoutez le beurre et une pincée de fleur de sel. Laissez infuser une demi-heure. Dans un cul-de-poule, faites blanchir les œufs et le sucre, il faut que cela soit bien lisse et homogène avec une couleur claire. Ajoutez la farine tamisée et mélangez au fouet.

- Préchauffez votre four à 180 °C (th. 6).
- Retirez le bâton de vanille du lait et versez le mélange lait et beurre petit à petit sur les œufs blanchis.
- Recouvrez votre plat à four de papier sulfurisé et versez votre appareil, répartissez les pruneaux et enfournez.
- Laissez cuire environ 45 minutes, le far doit être bien doré. Dégustez-le froid ou tiède.

L'ASTUCE D'HÉLÈNE

Vous pouvez remplacer le rhum par de l'armagnac, remplacer également les pruneaux par des fruits de saison ; cela vous permettra de manger du far breton en toutes saisons.

Clafoutis aux figues et amande amère

difficulté ★★★   temps ★★★   coût €€€

Ustensiles : Casserole, petit fouet, bol inox, moule à tarte
Temps de préparation : 20 minutes
Temps de cuisson : 30 minutes
Quantité : 6 personnes
12 figues (choisir de belles figues bien mûres)
Pour la crème pâtissière :
3 jaunes d'œufs
75 g de sucre semoule
1 sachet de sucre vanillé
1 cuil. à café de farine
Pour la crème d'amandes :
100 g de poudre d'amandes
100 g de sucre glace
1 cuil. à café de farine
100 g de beurre ½ sel en pommade
1 œuf

- Préparez la crème pâtissière : mélangez les trois jaunes et les sucres ensemble, ajoutez la farine, mélangez à nouveau puis ajoutez le lait. Faites cuire à feu doux jusqu'à épaississement.
- Préparez la crème d'amandes : mélangez les amandes en poudre, le sucre glace et la farine. Ajoutez le beurre et l'œuf, mélangez bien.
- Enfin, mélangez la crème pâtissière et la crème d'amandes, ajoutez 200 g de figues fraîches taillées en cubes, et quelques amandes amères émondées.

✔ Beurrez le moule à tarte et versez le mélange, laissez cuire au four à 180 °C (th. 6) durant 30 minutes.

Vous pouvez saupoudrer de sucre glace au moment de servir.

Pour une recette plus traditionnelle, remplacez les figues par 500 g de cerises.

Crumble aux pommes et à la cannelle

difficulté ✱✱✱   temps ✱✱✱   coût €€€

Ustensiles : Couteau éplucheur, plat en Pyrex
Temps de préparation : 15 minutes
Temps de cuisson : 15 minutes
Quantité : 8 personnes
500 g de pommes Golden
300 g de pommes Granny-smith
250 g de farine
250 g de poudre d'amandes
250 g de beurre en pommade
150 g de sucre roux
50 g de sucre en poudre
3 g de fleur de sel de Guérande
2 sachets de sucre vanillé
Cannelle en poudre

✔ Mélangez, à même un plan de travail, la farine, la poudre d'amandes, le beurre en pommade, le sucre en poudre et la fleur de sel de Guérande. Puis réservez au froid avant de façonner en grosses miettes.

✔ Pelez les pommes, taillez-les en deux moitiés, retirez le cœur et les pépins, puis détaillez chaque moitié en dés larges de 1 cm. Roulez les dés de pomme dans le sucre roux, le sucre vanillé et la cannelle (selon son goût).

✔ Beurrez un plat en Pyrex. Versez les dés de pomme, recouvrez de miettes de crumble et laissez cuire au four préchauffé à 160 °C (th. 5/6) pendant 15 minutes.

Servez accompagné de crème anglaise.

IMPROVISEZ — Tous les fruits se prêtent au crumble. Ainsi vous pouvez cuisiner poires, coings, bananes, fruits rouges, pêches, prunes, figues, abricots, mangues, etc. Mariez aussi avec différentes épices : poivre, piment d'Espelette, fève Tonka, cardamome… Enfin vous pouvez ajouter des fruits secs (noix, noisettes, amandes, pistaches…) ou dans le mélange de fruits ou dans la pâte à crumble elle-même. Dans ce cas-là, hachez-les plus finement.

Poires pochées au vin rouge

difficulté ★★★   temps ★★★   coût €€€

Ustensiles : Casserole, couteau éplucheur
Temps de préparation : 15 minutes
Temps de cuisson : 10 minutes
Quantité : 10 personnes

10 poires Williams
100 g de sucre en poudre
1,5 l de vin rouge
10 cl d'eau
1 orange non traitée
1 citron non traité
1 bâton de cannelle
1 gousse de vanille
5 étoiles de badiane
10 baies de genièvre

- Épluchez et videz les poires par la base. Puis versez le vin, l'eau et le sucre dans une grande casserole et portez à ébullition.
- Zestez l'orange et le citron et ajoutez ces zestes, la cannelle, la vanille, la badiane et les baies de genièvre dans la casserole.
- Plongez les poires dans ce vin chaud et laissez-les mariner pendant 48 heures en prenant garde à ce qu'elles restent toujours au contact du liquide.

Servez accompagné de glace à la vanille.

Les gâteaux de voyage

Ces gâteaux ont la particularité de ne pas contenir de crème : ils peuvent donc être transportés facilement, et se conservent plusieurs jours.

Cake au citron

difficulté ★★★   temps ★★★   coût €€€

Ustensiles : Batteur, bol, moule à cake, cuillère en bois
Temps de préparation : 20 minutes
Temps de cuisson : 1 heure
Quantité : 8 personnes

140 g de sucre semoule

100 g d'œufs

10 g de zestes de citron

60 g de crème épaisse

10 g de rhum blanc

1 pincée de fleur de sel

115 g de farine forte

3 g de levure chimique

40 g de beurre extra-fin

- Mélangez le sucre et les zestes de citron. Tamisez ensemble la farine et la levure chimique. Faites fondre le beurre et laissez-le tiédir.
- Émulsionnez le sucre, les zestes et les œufs au robot pendant 15 minutes.
- Ajoutez le beurre tempéré, la crème et le rhum blanc, mélangez et poursuivez l'émulsion 5 minutes puis incorporez à la main la farine.
- Beurrez le moule, recouvrez-le de farine et versez-y le mélange. Cuisez au four préchauffé à 170 °C (th. 6) pendant 1 heure.

L'ASTUCE D'HÉLÈNE

Vous pouvez servir le cake tel quel, mais il est bien meilleur de l'imbiber de ce sirop très simple. Mélangez 1,3 litre d'eau et 130 g de sucre et portez à ébullition. Ajoutez 60 g de jus de citron et le 10 cl d'eau. Portez à nouveau à ébullition.

Marbré chocolat et vanille Bourbon

difficulté ✶✶✶   temps ✶✶✶   coût €€€

Ustensiles : Batteur-mélangeur (ou cul-de-poule avec fouet), moule à cake, cul-de-poule, petit bain-marie, fouet, cuillère en bois

Temps de préparation : 25 minutes

Temps de cuisson : 1 heure

Quantité : 6 personnes

150 g de beurre

250 g de farine T55

200 g de sucre semoule

4 œufs

10 cl de lait frais entier

1 sachet de levure chimique

100 g de chocolat noir amer 64 % de cacao

25 g de cacao en poudre amer

1 cuil. à soupe de sucre vanillé

2 bâtons de vanille Bourbon

10 g de beurre

10 g de farine T55

- Préchauffez votre four à 180 °C (th. 6).
- Faites fondre le beurre au bain-marie. Dans un cul-de-poule, versez le beurre fondu sur 150 g de sucre, faites bien blanchir le mélange, ajoutez les 4 jaunes d'œufs et mélangez à nouveau. Puis ajoutez le lait tiède, la farine et la levure chimique.
- Au batteur, montez les 4 blancs d'œufs, à la fin, serrez-les avec 50 g de sucre et faites tourner à pleine vitesse, ils doivent être lisses et brillants. Incorporez les blancs délicatement au mélange à l'aide d'une cuillère en bois.
- Faites fondre le chocolat au bain-marie.
- Divisez votre mélange en deux parts égales, dans l'un ajoutez le sucre vanillé et les grains des deux bâtons de vanille ; dans l'autre, ajoutez le chocolat fondu et le cacao en poudre, mélangez.
- Chemisez votre moule avec les 10 g de beurre fondu et les 10 g de farine.
- Versez la moitié de chaque mélange : d'abord la vanille, puis le chocolat, et encore la vanille et finissez avec le chocolat.

L'astuce d'Hélène : Vous pouvez préparer votre sucre vanillé maison. Pour cela : dans un pot à confiture propre, versez environ 200 g de sucre semoule et ajoutez les grains de trois bâtons de vanille. Mettez aussi les bâtons fendus dans le pot. Attendez une semaine et vous aurez votre sucre vanillé.

L'astuce d'Hélène : Vous pouvez ajouter une cuillerée à soupe de rhum brun à votre mélange vanille, cela donnera un bon goût et rendra votre marbré plus moelleux.

Gâteau blanc
Recette de Christine Ferber, pâtissière et confiseuse

difficulté ★★★   temps ★★★   coût €€€

Ustensiles : Moule à gâteau, zesteur, casserole, fouet, cuillère en bois
Temps de préparation : 20 minutes
Temps de cuisson : 40 minutes environ
Quantité : 6 personnes

175 g de beurre
250 g de sucre
225 g de farine
250 g de blancs d'œufs
Le zeste d'un citron
2,5 cl de jus de citron
10 g de beurre pour le moule
10 g d'amandes effilées
10 g de sucre glace pour la décoration

- Préchauffez le four à 210 °C (th. 7).
- Beurrez le moule, et garnissez-le d'amandes hachées. Zestez et pressez le citron.
- Dans une casserole, laissez fondre le beurre et ajoutez-y le jus et le zeste de citron.
- Montez les blancs et le sucre en neige à l'aide du fouet, de préférence dans un batteur.
- Ajoutez la farine en pluie, en mélangeant délicatement à l'aide d'une cuillère en bois. Puis ajoutez, en filet, le mélange beurre-citron.
- Versez cette préparation dans le moule, et mettez au four.
- Après 10 minutes de cuisson, baissez la température du four à 190 °C (th. 6). Laissez cuire 30 minutes encore environ.
- Démoulez et laissez refroidir sur une grille. Saupoudrez de sucre glace.

Le zeste d'agrume râpé a une fâcheuse tendance à s'accrocher à la râpe. Pour faciliter l'opération, enfilez un pinceau à pâtisserie dans les trous de la râpe pour que le zeste râpé tombe sur la planche à découper ou directement dans votre préparation.

Il existe un moyen très simple de décorer un gâteau : saupoudrez-le de sucre glace. Mettez le sucre dans un tamis, tenez celui-ci au-dessus du gâteau et tapotez-le légèrement d'une main en distribuant le sucre uniformément à la surface du gâteau. Vous pouvez également utiliser un pochoir en forme de cœur ou de fleur, par exemple, que vous aurez fabriqué vous-même ou acheté dans le commerce. Faites tomber le sucre en pluie sur le pochoir et retirez celui-ci pour faire apparaître le motif. Si vous préférez, remplacez le sucre glace par du cacao non sucré.

Gâteau au yaourt

difficulté ★★★   temps ★★★   coût €€€

Ustensiles : Cul-de-poule, fouet, maryse, moule à gâteau
Temps de préparation : 15 minutes
Temps de cuisson : 45 minutes à 1 heure
Quantité : 6 personnes

1 pot de yaourt nature classique
2 pots de ce yaourt remplis de sucre semoule
3 œufs entiers
1 sachet de levure chimique
1 bâton de vanille Bourbon
3 pots de ce yaourt remplis de farine T55
½ pot de beurre fondu (ou huile d'arachide, ou encore de l'huile d'olive)
1 pot de ce yaourt rempli de poudre d'amandes
¼ de pot de ce yaourt de rhum brun (l'alcool s'évapore complètement à la cuisson)

- Préchauffez votre four à 140 °C (th. 5).
- Dans le cul-de-poule, mélangez le yaourt avec tous les ingrédients.
- Chemisez votre moule avec le beurre fondu et la farine.
- Versez votre mélange et enfournez pendant 45 minutes, vérifiez la cuisson à l'aide d'une pointe de couteau, elle doit être sèche quand le gâteau est cuit.

Vous pouvez changer votre recette en ajoutant des fruits ou alors remplacer la poudre d'amandes par de la noix de coco râpée et ajouter du chocolat noir fondu.

Brownies au chocolat et aux noix

difficulté ✦✦✦   temps ✦✦✦   coût €€€

Ustensiles : 2 saladiers, casserole, moule à manqué
Temps de préparation : 20 minutes
Temps de cuisson : 20 minutes
Quantité : 8 personnes

250 g de sucre en poudre

375 g de noix (du Périgord de préférence)

5 g de levure chimique

2 g de fleur de sel

125 g de farine

350 g de chocolat noir

120 g de pépites de chocolat

3 œufs entiers

250 g de beurre

1 gousse de vanille

5 ml d'extrait de café

- Dans un saladier, battez le sucre et les œufs entiers. Puis grattez la gousse de vanille taillée en deux dans le sens de la longueur de manière à récupérer les grains dans le mélange et versez l'extrait de café. Ajoutez alors le beurre fondu et battez jusqu'à ce que ce soit mousseux.

- Mélangez ensemble la levure chimique, la fleur de sel et la farine, puis versez en pluie dans la première préparation. Faites fondre le chocolat au bain-marie, ajoutez-le à la préparation avec les noix concassées grossièrement et les pépites de chocolat.

- Quand la pâte est bien homogène, versez-la dans un moule à manqué beurré sur une hauteur de 3 cm à peine et cuisez dans un four à 180 °C (th. 6) pendant 20 minutes. Laissez tiédir avant de découper en carrés réguliers et de servir.

TRUC La plupart des noix se dessèchent et rassissent lorsqu'elles restent exposées à l'air, à température ambiante. Pour les conserver, enveloppez-les dans une feuille de papier d'aluminium ou un film plastique (ou mettez-les dans un récipient hermétique ou un sac plastique refermable) et stockez-les au congélateur (il est inutile de les décongeler avant de les utiliser).

Les biscuits

Cookies aux pépites de chocolat

difficulté ✶✶✶   temps ✶✶✶   coût €€€

Ustensiles : Grand bol, batteur électrique, râpe, couteau de chef, cuillère en bois ou spatule en plastique, spatule en métal, plaque à pâtisserie (antiadhésive, de préférence)

Temps de préparation : Environ 20 minutes

Temps de cuisson : 8 à 10 minutes

Quantité : Environ 36 cookies

250 g de farine

180 g de pépites de chocolat noir

125 g de beurre ramolli

70 g de sucre semoule

70 g de sucre brun

30 g de noix de pécan grossièrement hachées (facultatif)

1 œuf

½ cuil. à café d'extrait de vanille

½ cuil. à café de levure

¼ cuil. à café de sel

- Préchauffez le four à 190 °C (th. 6/7).

- Mélangez la farine, la levure et le sel dans un grand bol.

- Travaillez le beurre en pommade avec le sucre semoule et le sucre brun à l'aide d'un batteur électrique, à vitesse moyenne, pendant environ 3 minutes. Une fois réduit à l'état de pâte, le beurre absorbera mieux les saveurs. Ajoutez l'œuf et la vanille, et battez le tout jusqu'à obtenir un mélange homogène (si nécessaire, éteignez le batteur et raclez les parois du récipient de temps à autre).

- Ajoutez le mélange à base de farine au mélange à base de beurre et remuez avec une cuillère en bois ou une spatule en plastique jusqu'à ce que le mélange soit homogène. Ajoutez les pépites de chocolat et les noix.

- Déposez de bonnes cuillerées à café de pâte sur une plaque à pâtisserie graissée (antiadhésive, de préférence), à environ 3 à 5 cm d'intervalle. Faites cuire une plaque de cookies à la fois, jusqu'à ce que ceux-ci soit légèrement dorés au sommet et bruns sur le pourtour, pendant environ 8 à 10 minutes. À mi-cuisson, sortez la plaque et enfilez-la dans l'autre sens pour que les cookies soient dorés uniformément.

✔ Retirez la plaque et déposez-la sur une grille métallique, puis laissez refroidir les cookies pendant environ 2 minutes ou jusqu'à ce qu'ils soient légèrement fermes. Retirez les cookies de la plaque un par un avec une spatule en métal et faites-les glisser sur une grille métallique pour qu'ils refroidissent complètement.

Pour cette recette, il est essentiel de surveiller la cuisson, car tous les fours sont différents. Jetez un œil sur vos cookies quelques minutes avant la fin du temps de cuisson. La même règle s'applique aux brownies, qui doivent rester moelleux au milieu.

Il est inutile de graisser à nouveau la plaque à pâtisserie après la première fournée de cookies, surtout si vous utilisez une plaque antiadhésive.

Shortbread

difficulté ★★★   temps ★★★   coût €€€

Ustensiles : Rouleau à pâtisserie, saladier, cuillère en bois
Temps de préparation : 15 minutes
Temps de cuisson : 30 minutes
Quantité : 4 personnes

40 g de beurre
20 g de sucre semoule
45 g de farine tamisée
1 pincée de sel fin de Guérande

✔ Mélangez tous les ingrédients dans un saladier.

✔ Placez la pâte entre deux feuilles de papier sulfurisé (papier cuisson). Étalez la pâte à l'aide d'un rouleau à pâtisserie, il faut qu'elle soit épaisse de 1 à 2 millimètres.

✔ Faites cuire au four à 160 °C (th. 5/6) pendant 25 à 30 minutes, découpez en rectangles puis laissez refroidir.

Ce biscuit accompagne délicieusement la panna cotta au coulis d'abricot (chapitre 18).

Biscuits à la cuillère

difficulté ★★★   temps ★★★   coût €€€

Ustensiles : Batteur ou fouet, 2 grands bols, poche à douille, papier sulfurisé
Temps de préparation : 20 minutes

Temps de cuisson : 8 minutes environ

Quantité : 6 personnes

4 blancs d'œufs

6 jaunes d'œufs

85 g de sucre

55 g de farine

30 g de sucre glace

- Montez les blancs en neige, puis ajoutez 50 g de sucre et continuez à monter les blancs jusqu'à ce qu'ils soient bien fermes. Cela s'appelle « serrer » les blancs.
- Battez les jaunes avec le restant de sucre, jusqu'à ce que le mélange blanchisse.
- Mélangez les deux appareils ensemble, puis ajoutez la farine.
- Versez le mélange dans une poche à douille, puis formez des bâtonnets longs de 12 cm sur un papier sulfurisé posé sur une plaque allant au four.
- Faites cuire au four à 220 °C (th. 7/8) pendant 8 minutes environ.

Madeleines

difficulté ✶✶✶   temps ✶✶✶   coût €€€

Ustensiles : saladier, couteau d'office, moules à madeleines, poche à douille

Temps de préparation : 20 minutes

Temps de repos : 10 heures

Temps de cuisson : 10 minutes

Quantité : pour 12 grosses madeleines

2 œufs

3 cl de lait entier

100 g de beurre

15 g de miel

65 g de sucre en poudre

100 g de farine

5 g de levure chimique

1 g de sel

½ gousse de vanille

- La veille, faites cuire le beurre noisette (voir chapitre 8). Mélangez les œufs avec le sucre semoule, puis ajoutez le miel. Versez alors doucement le lait, puis, en pluie, le mélange farine tamisée, levure chimique et sel. Enfin, ajoutez le beurre noisette dans la pâte. Grattez la vanille taillée dans le sens de la longueur de manière à récupérer les graines, mélangez.

- Laissez alors reposer cette pâte au réfrigérateur jusqu'au lendemain.
- Le jour même, préchauffez le four à 210 °C (th. 7). Beurrez et farinez les moules à madeleines, puis versez la pâte dans une poche à douille et remplissez les moules. Enfournez et laissez cuire pendant 10 minutes environ. Servez les madeleines tièdes.

Madeleines à l'huile d'olive

difficulté ★★★   temps ★★★   coût €€€

Ustensiles : Bol inox ou saladier, fouet, moules à madeleines, poche à douille ronde
Temps de préparation : 10 minutes
Temps de cuisson : environ 10 à 12 minutes
Quantité : 10 à 12 pièces

1 œuf entier
35 g de sucre semoule
2 g de zeste de citron râpé
1 petite pincée de sel fin de Guérande
1 g de levure chimique
37 g de farine de blé T55
10 g de lait entier
3 g de jus de citron
7 g de beurre clarifié
22 g d'huile d'olive

- Mélangez tous les ingrédients dans l'ordre, puis laissez reposer une heure.
- À l'aide de la poche à douille, garnissez les moules.
- Laissez cuire à 180 °C (th. 6) jusqu'à ce que les madeleines soient bien dorées.

Vérifiez toujours la température de votre four lorsque vous faites de la pâtisserie. Si votre gâteau ne semble pas cuit alors que la minuterie s'est arrêtée, votre four ne fonctionne peut-être pas correctement. Achetez un thermomètre à four pour voir si la température correspond à celle qui est affichée sur le thermostat. Si ce n'est pas le cas, réglez le thermostat pour atteindre la température souhaitée. Mieux encore, faites réparer votre four.

Sablés au chocolat

Recette de Christine Ferber, pâtissière et confiseuse

difficulté ✱✱✱   temps ✱✱✱   coût €€€

Ustensiles : Batteur, couteau d'office, casserole, papier sulfurisé

Temps de préparation : 20 minutes

Temps de repos : 1 nuit

Temps de cuisson : 10 minutes

Quantité : 6 personnes

250 g de farine

150 g de beurre

15 g de pralin

60 g de sucre semoule

25 g de sucre glace

25 g de poudre d'amandes

12 g de poudre de noisettes

1 œuf

½ bâton de vanille

Sel

Pour l'enrobage :

250 g de chocolat à 56 % (lait) ou 70 % (noir) selon son goût

- Mélangez le beurre tempéré, le pralin et le sucre semoule dans un batteur. Ce mélange doit être homogène et lisse. Versez la farine, la poudre d'amandes, la poudre de noisettes, le sel et le sucre glace. Grattez la vanille.
- Battez à petite vitesse jusqu'à ce que la pâte soit sablée. Ajoutez l'œuf pour lier la pâte. Pétrissez très peu de temps, les ingrédients doivent tout juste être liés. Étendez régulièrement la pâte sur une plaque couverte de papier sulfurisé, couvrez la pâte d'une autre feuille de papier sulfurisé. Déposez au réfrigérateur pendant une nuit.
- Étalez la pâte sur 3 mm d'épaisseur et découpez-la à l'aide d'un couteau en bâtonnets longs de 10 cm et larges d'1 cm.
- Déposez les bâtonnets sur une plaque à intervalles réguliers, distants de 3 cm, et faites cuire au four préchauffé à 170 °C pendant 10 minutes. Laissez refroidir.
- Faites fondre le chocolat au bain-marie, puis faites-le tempérer. Trempez alors une extrémité de chaque bâtonnet dans le chocolat et laissez figer en les posant sur une grille.

L'ASTUCE D'HÉLÈNE — Si vous ne trouvez pas de pralin dans le commerce, achetez-le directement chez votre pâtissier. Il se fera un plaisir de vous en vendre un petit sachet si vous lui expliquez que c'est pour faire une recette de Christine Ferber ! Vous pouvez aussi le supprimer dans la recette, mais c'est dommage.

TRUC — Pour tempérer le chocolat facilement, voici la façon de procéder : une fois le chocolat fondu au bain-marie et mélangé à la cuillère en bois, déposez le bol dans un saladier rempli de glaçons. Continuez à mélanger, en ramenant le chocolat des parois vers le centre. Goûtez. Le chocolat tempéré est prêt lorsqu'il semble un peu froid sur les lèvres.

Les verrines

Tiramisu à l'italienne

difficulté ✶✶✶   temps ✶✶✶   coût €€€

Ustensiles : Cul-de-poule, batteur
Temps de préparation : 20 minutes
Quantité : 6 personnes

20 biscuits à la cuillère (voir recette plus haut dans ce chapitre)
500 g de mascarpone
25 cl de crème fraîche liquide
4 jaunes d'œufs
100 g de sucre
1 l de café très fort
10 cl de marsala (liqueur italienne)
100 g de cacao en poudre

- Préparez la crème : montez séparément la crème liquide et le mascarpone. Mélangez les jaunes avec le sucre jusqu'à ce que le mélange blanchisse. Puis mélangez le tout ensemble.
- Trempez les biscuits à la cuillère dans le mélange café et marsala. Répartissez-les dans le fond de verrines. Versez la moitié de la crème au mascarpone. Étalez bien, puis saupoudrez de cacao en poudre. Recouvrez à nouveau de biscuits imbibés de café fort et marsala. Finissez avec le restant de crème.
- Laissez reposer au réfrigérateur. Au moment de servir, saupoudrez à nouveau de cacao en poudre.

IMPROVISEZ — Ajoutez des fruits (fruits rouges, pêches, poires...) ou des fruits secs (raisins, noix...).

Triffle aux fruits rouges

difficulté ✱✱✱   temps ✱✱✱   coût €€€

Ustensiles : Cul-de-poule, film alimentaire, casserole, passoire, saladier, 6 ramequins
Temps de préparation : 20 minutes
Temps de cuisson : 15 minutes
Quantité : 6 personnes

300 g de brioche
1 l de crème anglaise
300 g de fraises abîmées ou congelées
30 g de sucre
300 g de fruits rouges frais (fraises, framboises, fraises des bois, groseilles, mûres, myrtilles)
150 g de fromage blanc

- Préparez un jus de fraise, en déposant dans un cul-de-poule les fraises abîmées et le sucre en poudre. Enveloppez d'un film alimentaire, puis posez le récipient dans une casserole remplie d'eau à moitié. Cuisez les fraises au bain-marie, sur feu doux, pendant 2 heures. Versez ensuite dans une passoire posée au-dessus d'un saladier, de manière à laisser les fraises égoutter pendant 3 heures et à récupérer le jus.

- Taillez la brioche en tranches épaisses d'un centimètre. Déposez-les dans le fond de 6 petits ramequins. Versez alors la crème anglaise par-dessus, puis laissez cuire pendant 15 minutes dans un four préchauffé à 100 °C (th. 3).

- Au moment de servir, taillez les fraises fraîches en quartiers, roulez tous les fruits rouges dans le jus de fraises, puis déposez-les dans chaque ramequin. Posez une quenelle de fromage flanc.

Les crèmes glacées et sorbets

Crème glacée à la vanille Bourbon

difficulté ✱✱✱   temps ✱✱✱   coût €€€

Ustensiles : Sorbetière, casserole, chinois
Temps de préparation : 20 minutes
Temps de repos : 6 heures
Quantité : 1 litre de glace

25 cl de lait entier

25 cl de crème fraîche liquide
6 jaunes d'œufs
150 g de sucre en poudre
25 g de sucre vanillé
2 gousses de vanille Bourbon

- Versez le lait, la crème liquide, le sucre vanillé et les gousses de vanille Bourbon taillées en deux dans le sens de la longueur dans une casserole. Portez à ébullition. Laissez infuser ainsi toute une nuit, au frais. Puis passez au chinois.
- Mélangez ensuite les jaunes d'œufs et le sucre jusqu'à ce qu'ils blanchissent, versez le mélange lait et crème par-dessus et faites cuire comme pour une crème anglaise. Laissez ensuite reposer cette préparation au frais pendant 6 heures.
- Retirez la gousse de vanille, grattez les grains, et turbinez dans une sorbetière pendant 20 minutes. Réservez au congélateur.

L'ASTUCE D'HÉLÈNE Cette base peut servir à la préparation d'une multitude de crèmes glacées parfumées de différentes épices. Ainsi il est possible de remplacer la vanille par 20 g de cardamome verte, 40 g de gingembre frais ou encore 10 g de poivre de Sichuan. Il est aussi possible de laisser infuser de la verveine, du thym, du romarin, etc.

Crème glacée au chocolat

difficulté ★★★   temps ★★★   coût €€€

Ustensiles : Sorbetière, bol, casserole, cuillère en bois
Temps de préparation : 30 minutes
Quantité : 1 litre de glace

270 g de chocolat noir
1 l de lait
45 g de lait en poudre
200 g de sucre

- Faites fondre le chocolat. Portez le lait à ébullition. Ajoutez le lait en poudre et le sucre, puis le chocolat fondu.
- Laissez refroidir, puis turbinez pendant 20 minutes.

L'ASTUCE D'HÉLÈNE Parfumez la glace au chocolat en laissant infuser un peu de muscade, une gousse de vanille, les zestes d'une demi-orange ou d'un demi-citron, de la cannelle.

Crème glacée au café

difficulté ✶✶✶   temps ✶✶✶   coût €€€

Ustensiles : Sorbetière, casserole, fouet, cuillère en bois
Temps de préparation : 30 minutes
Quantité : 50 cl de glace
25 cl de lait entier
15 cl de crème fraîche liquide
4 jaunes d'œufs
55 g de sucre en poudre
40 g de grains de café concassés
3 g d'essence de café (ou de café liquide)

- Portez le lait à ébullition avec les grains de café concassés. Retirez du feu et laissez le café infuser pendant 2 heures au moins, jusqu'à ce que le lait refroidisse.
- Battez les jaunes d'œufs avec le sucre et l'essence de café. Versez ensuite la crème dans le lait, portez à nouveau à ébullition, filtrez, puis mélangez avec les œufs. Faites cuire cette préparation sur feu doux jusqu'à ce qu'elle nappe la cuillère.
- Laissez refroidir 4 heures au réfrigérateur avant de turbiner dans une sorbetière pendant 20 minutes.

Crème glacée pruneaux/armagnac

difficulté ✶✶✶   temps ✶✶✶   coût €€€

Ustensiles : Sorbetière, casserole, saladier
Temps de préparation : 1 heure 30 minutes
Quantité : 1 litre de glace
50 cl de lait
25 cl de crème fraîche liquide
180 g de sucre en poudre
6 cl d'armagnac
Pour la macération :
10 cl d'eau
100 g de sucre
200 g de pruneaux d'Agen
10 cl d'armagnac

- Préparez un sirop en portant l'eau, le sucre et l'armagnac à ébullition. Laissez-y macérer, pendant 1 heure au moins, les pruneaux d'Agen.

- Puis faites bouillir le lait, la crème liquide et le sucre. Laissez refroidir ce mélange et ajoutez l'armagnac selon votre goût. Turbinez pendant 20 minutes. Pendant ce temps, taillez des copeaux dans les pruneaux. À la sortie de la sorbetière, mélangez-les délicatement à la crème glacée.

L'ASTUCE D'HÉLÈNE

Remplacez l'armagnac par du rhum et les pruneaux par des raisins secs, ou par du whisky et des marrons glacés.

Sorbet à la fraise

difficulté ★★★   temps ★★★   coût €€€

Ustensiles : Sorbetière, mixeur, saladier
Temps de préparation : 30 minutes
Temps de repos : 2 à 3 heures
Quantité : 50 cl de sorbet

600 g de fraises
130 g de sucre en poudre
½ citron

- Rincez les fraises sous un filet d'eau, puis étalez-les sur un papier absorbant pour qu'elles s'égouttent. Laissez-les reposer dans un endroit chaud, au-dessus d'un four par exemple, pendant 2 à 3 heures.

- Puis mixez-les et passez cette pulpe au tamis. Mélangez alors au sucre et au jus de citron. Puis turbinez dans une sorbetière pendant 20 minutes environ.

Sorbet à l'orange

difficulté ★★★   temps ★★★   coût €€€

Ustensiles : Sorbetière, casserole, mixeur
Temps de préparation : 30 minutes
Temps de repos : 4 heures
Quantité : 50 cl de sorbet

1 orange non traitée
90 g de sucre en poudre
10 g de lait en poudre
28 cl de jus d'orange fraîchement pressée
70 cl d'eau minérale

- Faites chauffer l'eau minérale avec les zestes d'orange jusqu'à ce qu'elle soit tiède. Ajoutez le sucre semoule et le lait en poudre. Mélangez et mixez.
- Portez à frémissement et laissez refroidir. Quand cette préparation est à température ambiante, ajoutez le jus d'orange pressée. Mixez à nouveau, puis laissez reposer 4 heures environ avant de turbiner dans une sorbetière pendant 20 minutes. Réservez au congélateur.

Sorbet au cacao

difficulté ★★★   temps ★★★   coût €€€

Ustensiles : Sorbetière, casserole, cuillère en bois
Temps de préparation : 30 minutes
Quantité : 50 cl de sorbet

100 g de sucre
25 cl d'eau
25 g de chocolat noir
38 g de cacao

- Mettez tous les ingrédients dans une casserole. Faites fondre, tout doucement.
- Laissez refroidir ce mélange, turbinez 15 minutes environ.

Sorbet au yaourt

difficulté ★★★   temps ★★★   coût €€€

Ustensiles : Sorbetière, casserole
Temps de préparation : 30 minutes
Quantité : 50 cl de sorbet

8 cl d'eau minérale
125 g de sucre
310 g de yaourt

- Portez l'eau et le sucre en poudre à ébullition.
- Laissez refroidir, puis mélangez le yaourt. Turbinez alors dans une sorbetière pendant 20 minutes et réservez au congélateur.

L'ASTUCE D'HÉLÈNE

Ce sorbet est délicieux avec un mélange de fruits rouges et un jus de fraise.

Quatrième partie
Recettes pour recevoir

« Je prépare un repas d'anniversaire pour un spécialiste de la vie marine préhistorique. Donnez-moi le plus vieux poisson que vous ayez. »

Dans cette partie...

Contrairement à ce que l'on pourrait croire, personne ne cuisine dans le vide absolu. Nous devons tous tenir compte des contraintes horaires, des téléphones qui sonnent, des machines à laver qui fuient, des enfants qui pleurent et des chiens qui quémandent.

Cuisiner pour ses invités doit rester un plaisir malgré ces contraintes. Vous trouverez ici des plats uniques conviviaux, des idées de buffets et des recettes pour les repas de fête. Bon appétit à tous !

Chapitre 15
Plats uniques

Dans ce chapitre :
- Hachis Parmentier
- Pain de viande
- Plats de viandes et de poisson
- Tourtes et tartes

Les recettes de ce chapitre
- Hachis Parmentier
- Parmentier de boudin aux pommes et châtaignes
- Brandade de morue
- Cabillaud à la marseillaise
- Bœuf bourguignon
- Osso-buco à la milanaise
- Salmis de pintade aux pruneaux d'Agen
- Civet de chevreuil
- Pot-au-feu
- Pain de viande
- Poulet basquaise
- Lapin à la moutarde
- Petit salé aux lentilles vertes du Puy
- Pavé de cabillaud, haricots maïs du Béarn et coquillages cuisinés ensemble au chorizo en cocotte de fonte
- Fricassée de lapin fermier aux olives et tomates séchées
- Tarte fondante aux oignons doux des Cévennes, tomates, mozzarella et tapenade
- Pie anglaise aux saumon, crevettes et salsifis
- Tourte feuilletée de poulet et châtaignes au foie gras
- Focaccia aux oignons, tomates et anchois de Cantabrique
- Tarte aux pommes de terre et à l'andouillette basque

Pourquoi utiliser deux plats (ou plus) lorsqu'un seul fera l'affaire ? Pour les familles, les célibataires et les fêtards, les plats uniques sont véritablement providentiels. Chaque pays a sa spécialité : le pot-au-feu en France, la paella en Espagne, le tajine au Maroc et le jambalaya en Louisiane.

Pourquoi un « plat de partage » ?

Le « plat de partage » peut vous sembler démodé. Pourtant, c'est très commode. En voici les multiples avantages :

- **Cela repose sur le principe des économies d'échelle.** Deux kilos de haricots noirs coûtent à peine plus cher qu'un seul kilo. N'hésitez pas à inviter vos voisins !

- **Cela ne demande pas beaucoup de temps ni beaucoup d'efforts.** Vous pouvez boire un verre, bavarder, boire un autre verre avec vos invités pendant que le plat mijote, aller à la cuisine avec une nonchalance calculée, et cinq minutes plus tard : à table ! Le dîner est prêt.

- **Cela fait de bons restes.** Si vous rentrez à la maison tard alors que vous mourez de faim, sortez-le du réfrigérateur et réchauffez-le au four à micro-ondes.
- **C'est un classique.** Vous pouvez prétendre que votre ragoût est une vieille recette familiale – même si c'est nous qui vous l'avons donnée !

Les hachis Parmentier et gratins

Traditionnellement, le hachis Parmentier est un plat à base de bœuf, et non d'agneau. Cependant, dans la recette suivante, nous avons préféré utiliser de l'agneau, dont la saveur est plus prononcée. Vous pouvez le remplacer par du bœuf dans la même proportion.

Hachis Parmentier

difficulté ✱✱✱   temps ✱✱✱   coût €€€

Ustensiles : Couteau de chef, grande marmite, presse-purée, grande sauteuse, plat à gratin ovale

Temps de préparation : Environ 45 minutes

Temps de cuisson : Environ 35 minutes

Quantité : 4 à 6 personnes

800 g de bœuf cuit puis haché

1,2 kg de pommes de terre bintje

200 g de beurre

25 cl de lait

2 grosses gousses d'ail épluchées et hachées

1 branche de thym

12 cl de bouillon de bœuf ou de poulet fait maison ou en conserve

1 pincée de muscade moulue

1 cuil. à soupe d'huile

1 oignon moyen haché

1 branche de romarin

Sel et poivre noir à votre convenance

- Préchauffez le four à 175 °C (th. 6).
- Épluchez les pommes de terre et coupez-les en quartiers. Mettez-les dans une grande marmite d'eau légèrement salée et portez à ébullition. Faites cuire, couvert, jusqu'à ce que les pommes de terre soient tendres, environ 20 minutes. Égouttez bien les pommes de terre et remettez-les dans la marmite.

✔ Écrasez les pommes de terre avec un presse-purée en ajoutant 100 g de beurre et suffisamment de lait pour que la purée soit onctueuse et légère. Salez et poivrez, et mettez de côté.

✔ Faites chauffer l'huile à feu moyen-doux dans une grande sauteuse. Ajoutez l'oignon et l'ail, et faites-les revenir, en remuant souvent, jusqu'à ce que l'oignon fonde (attention à ne pas faire brûler l'ail). Augmentez la chaleur et faites cuire le bœuf à feu moyen, environ 5 minutes, en remuant. Videz et jetez la graisse qui s'est accumulée dans la sauteuse.

✔ Ajoutez le bouillon, le thym, les feuilles de romarin hachées, la muscade, du sel et du poivre. Réduisez la chaleur et faites mijoter à feu doux, en remuant de temps à autre, pendant environ 15 minutes. Retirez du feu et laissez refroidir légèrement.

✔ Déposez le mélange à base de viande dans un plat à gratin. Étalez la purée de pommes de terre sur le tout. Répartissez les 100 g de beurre restants à intervalles réguliers sur la purée. Faites cuire 45 minutes ou jusqu'à ce que le hachis soit bien doré. Laissez refroidir pendant 5 minutes avant de servir.

Ce plat peut être accompagné d'une simple salade verte, ou d'une salade de tomates.

Parmentier de boudin aux pommes et châtaignes

difficulté ★★★   temps ★★★   coût €€€

Ustensiles : Marmite, presse-purée, couteau éplucheur, 2 poêles, plat à gratin
Temps de préparation : 30 minutes
Temps de cuisson : 35 minutes
Quantité : 8 personnes

900 g de boudin en boîte ou en boyau
700 g de châtaignes sous vide
2 pommes Granny-smith
2 pommes Golden
50 cl de lait
50 cl de crème fraîche liquide
25 g de graisse de canard
Sel
Piment d'Espelette
20 g de chapelure

✔ Cuisez les châtaignes dans le mélange lait et crème, sur feu doux pendant 20 minutes. Une fois cuites, passez-les au presse-purée puis finissez en ajoutant à la chair de châtaigne la moitié de la crème de cuisson, de manière à obtenir une purée onctueuse mais solide. Assaisonnez alors de sel et de piment d'Espelette.

- Lavez les pommes, puis détaillez-les en petits dés d'½ cm de côté. Poêlez-les vivement dans la graisse de canard et assaisonnez de sel et de piment d'Espelette. Une fois qu'ils sont bien colorés et légèrement fondus, versez-les dans un plat à gratin.
- Faites alors fondre le boudin dans une poêle, étalez-le ensuite sur les pommes et versez enfin la purée de châtaignes. Finissez en saupoudrant abondamment de chapelure, de manière à ce que la purée soit recouverte. Au moment de servir, réchauffez le parmentier dans un four à 180 °C (th. 6) pendant une dizaine de minutes, puis gratinez sous le gril.

Comment faire de la chapelure

Vous pouvez faire de la chapelure à l'avance et la stocker dans un bocal hermétique.

Faites griller légèrement six tranches de pain. Coupez-les en morceaux et mettez-les dans un robot ou un mixeur pour les réduire en chapelure.

Variante : Mettez des herbes aromatiques dans le robot ou le mixeur ou frottez des gousses d'ail épluchées et coupées en deux sur les tranches de pain avant de réduire celles-ci en chapelure.

Brandade de morue

difficulté ★★★   temps ★★★   coût €€€

Ustensiles : Casserole avec couvercle, marmite, sautoir, filtre, mixeur plongeant
Temps de préparation : 30 minutes
Temps de repos : 4 heures
Temps de cuisson : 20 minutes
Quantité : 4 personnes

150 g de miettes de morue
200 g de lait entier
3 g de romarin
20 g de persil plat
Sel fin

Pour l'huile parfumée à l'ail :
200 g d'huile de tournesol
100 g d'huile d'olive vierge extra
4 gousses d'ail

½ guindilla ou 1 morceau de piment d'Espelette sec

- La veille, réalisez l'huile parfumée : portez l'huile de tournesol et l'huile d'olive à 80 °C, puis ajoutez l'ail et le piment et laissez infuser durant 4 heures à cette même température. Couvrez et laissez refroidir.
- Laissez dessaler la morue dans de l'eau fraîche durant 4 heures.
- Dans un sautoir, portez le lait à frémissement avec le romarin, pochez-y la morue pendant 5 minutes. Retirez la branche de romarin et maintenez l'ensemble au chaud.
- Filtrez l'huile puis faites-la réchauffer à 70 °C.
- Versez alors tout doucement cette huile parfumée dans le sautoir où se trouve le mélange lait-morue tout en émulsionnant à l'aide d'un petit mixeur plongeant. Procédez comme vous le feriez pour une mayonnaise.
- Ajoutez alors le persil haché et rectifiez l'assaisonnement en sel qui dépendra du taux de sel de la morue.

Remplacez la morue par du cabillaud, du lieu, du saumon, etc.

Cabillaud à la marseillaise

difficulté ★★★   temps ★★★   coût €€€

Ustensiles : Sautoir, plat à gratin, couteau d'office

Temps de préparation : 20 minutes

Temps de cuisson : 20 minutes

Quantité : 6 personnes

6 pavés de cabillaud (environ 140 g chacun)

240 g de pommes de terre

240 g de fenouils

120 g d'oignons

240 g de tomates mondées

20 olives noires environ

2 gousses d'ail

1 branche de thym

4 feuilles de laurier

10 cl d'huile d'olive

Sel

Piment d'Espelette

- Émincez les fenouils et les oignons puis faites-les revenir à l'huile d'olive, sans trop les colorer. Ajoutez les tomates taillées grossièrement et laissez cuire jusqu'à obtenir une compotée. Assaisonnez de sel et de piment d'Espelette.
- Taillez les pommes de terre en tranches larges de ½ cm. Faites-les colorer à l'huile d'olive, puis finissez de cuire en ajoutant un peu de bouillon de volaille (ou d'eau à défaut) pour qu'elles soient fondantes. Assaisonnez de sel et de piment d'Espelette.
- Assaisonnez les pavés de cabillaud et faites-les colorer à la graisse de canard.
- Dans un plat à gratin, déposez les pommes de terre, puis la compotée de légumes et enfin le pavé de cabillaud. Ajoutez les olives, finissez la cuisson au four à 180 °C (th. 6).

Les plats en sauce et ragoûts

Bœuf bourguignon

difficulté ✶✶✶   temps ✶✶✶   coût €€€

Ustensiles : Cocotte en fonte, planche à découper, couteau éminceur, couteau économe, spatule en bois, petit sautoir, poêle antiadhésive, chinois

Temps de préparation : 20 minutes

Temps de cuisson : 2 h 30 à 3 heures

Quantité : 4 personnes

1 kg de macreuse coupée en cubes de 50 g

100 g de ventrèche de porc séchée taillée en lardons (sans couenne)

150 g de carottes

150 g d'oignons

3 gousses d'ail frais

50 cl de vin rouge corsé (madiran)

50 cl de fond de veau

50 g de farine tamisée

40 g de graisse de canard

1 bouquet garni

4 clous de girofle

Sel fin

Piment d'Espelette

Pour la finition :

1 botte de petits oignons nouveaux

15 g de sucre roux

5 cl de fond de veau

200 g de champignons de Paris

20 g de graisse de canard

¼ de botte de persil plat frais en pluches

- Dans la cocotte, faites revenir les lardons dans la graisse de canard, puis ajoutez les cubes de viande et faites colorer le tout.
- Pendant ce temps, épluchez et taillez en cubes les carottes, les oignons et épluchez l'ail. Retirez la viande rissolée et faites colorer la garniture aromatique. Roulez bien les légumes dans les sucs de la viande, puis dégraissez et ajoutez la viande. Saupoudrez de farine et faites torréfier au four à 150 °C (th. 5) pendant 5 minutes.
- Ensuite ajoutez le vin rouge et le fond de veau, ajoutez le bouquet garni et les clous de girofle, assaisonnez et laissez cuire à frémissement 2 h 30 à 3 heures, la viande doit être fondante une fois cuite.
- Pour les petits oignons, épluchez-les puis mettez-les à caraméliser dans le sautoir avec la graisse de canard, ajoutez le sucre puis le fond de veau, laissez cuire doucement afin que le fond réduise et que les oignons soient cuits (ajoutez de l'eau si nécessaire). Assaisonnez et réservez au chaud.
- Pour les champignons, lavez-les et séchez-les, coupez-les en quartiers puis faites-les saisir dans la poêle et à la graisse de canard, assaisonnez et réservez au chaud.
- Dès la viande cuite, retirez les cubes de viande, les lardons et passez la sauce au chinois, faites réduire si besoin et vérifiez l'assaisonnement.
- Ensuite remettez la viande et les lardons, parsemez avec des oignons caramélisés et les champignons, décorez avec les pluches de persil.

Osso-buco à la milanaise

difficulté ★★★   temps ★★★   coût €€€

Ustensiles : Couteau de chef, poêle, cocotte

Temps de préparation : 20 minutes

Temps de cuisson : 2 heures

Quantité : 6 personnes

6 morceaux d'osso-buco

400 g de tomates bien mûres

250 g de carottes
100 g d'oignons
100 g de céleri branche
20 g de farine
2 gousses d'ail
5 cl d'huile d'olive
30 cl de vin blanc
50 cl de bouillon de volaille
4 branches de persil plat
1 branche de basilic
10 g d'origan frais
10 g de marjolaine

- Taillez la garniture (carottes, oignons, céleri) en grosse mirepoix, faites-la revenir dans une cocotte avec de l'huile d'olive.
- Assaisonnez les morceaux d'osso-buco et faites-les revenir dans une poêle avec un peu d'huile d'olive. Ajoutez la farine. Une fois qu'ils sont colorés, ajoutez-les dans la cocotte avec le bouquet garni. Déglacez avec le vin blanc, laissez réduire puis ajoutez les tomates grossièrement hachées. Arrosez avec le bouillon de volaille, puis laissez cuire au four à 180 °C (th. 6) pendant 1 heure 30 environ.
- En fin de cuisson, ajoutez les herbes hachées.

Traditionnellement l'osso-buco s'accompagne de risotto au safran. Vous pouvez également le servir avec de la polenta ou des pâtes.

Les morceaux d'osso-buco sont des tranches taillées horizontalement dans le jarret de veau.

Salmis de pintade aux pruneaux d'Agen

difficulté ✱✱✱   temps ✱✱✱   coût €€€

Ustensiles : Couteau d'office, cocotte, sautoir
Temps de préparation : 20 minutes
Temps de cuisson : 1 heure 30
Quantité : 8 personnes
1 pintade fermière
100 g de pruneaux d'Agen
50 cl de vin rouge
30 cl de bouillon de volaille

5 cl de jus de truffe (facultatif)

50 g de foie gras

20 g de graisse de canard

50 g de ventrèche

50 g d'oignons grelots

2 gousses d'ail en chemise

2 échalotes

5 cl d'armagnac

1 bouquet garni

Sel

Piment d'Espelette

- Levez les suprêmes, cuisses et entrecuisses des pintades. Concassez les carcasses restantes.
- Faites revenir les viandes et les carcasses dans une cocotte avec un peu de graisse de canard. Ajoutez les gousses d'ail. Une fois que les sucs ont bien attaché, ajoutez les échalotes ciselées. Faites suer sans coloration. Déglacez avec l'armagnac, puis laissez réduire à sec.
- Arrosez avec le vin rouge, laissez cuire jusqu'à ce que l'alcool s'évapore, puis ajoutez 20 cl de bouillon de volaille. Laissez cuire à couvert 30 à 45 minutes, puis retirez les suprêmes, cuisses et entrecuisses.
- Récupérez le jus en pressant bien sur les carcasses pour obtenir le maximum de saveurs. Ajoutez le jus de truffe, faites réduire si nécessaire, puis liez avec le foie gras de canard.
- Pendant la cuisson du salmis, faites revenir les oignons grelots dans un petit sautoir avec un peu de graisse de canard, assaisonnez de sel et de piment d'Espelette et d'un peu de sucre. Puis versez le bouillon de volaille restant, recouvrez d'un papier sulfurisé et laissez confire au four à 180 °C (th. 6) pendant 20 à 30 minutes.
- Taillez la ventrèche en petits lardons. Au dernier moment, faites-les revenir à la graisse de canard.
- Rassemblez dans la cocotte les suprêmes, cuisses et entrecuisses, les lardons, et les oignons grelots. Versez le jus de salmis, ajoutez les pruneaux dénoyautés, laissez mijoter quelques instants, puis servez.

Cette recette de salmis s'applique à de nombreuses volailles (poulet, canard, pigeon, coquelet, etc.) mais elle est aussi idéale avec un gibier à plumes (perdreau, palombe, faisan et poule faisane…).

Vous pouvez remplacer les pruneaux par d'autres fruits secs : abricots, poires tapées, raisins secs, dattes, etc.

Civet de chevreuil

difficulté ✱✱✱   temps ✱✱✱   coût €€€

Ustensiles : Plat pour marinade, grand sautoir
Temps de préparation : 20 minutes
Temps de repos : 24 heures
Temps de cuisson : 5 heures
Quantité : 8 personnes

1,8 kg d'un mélange de morceaux de chevreuil (collier, bas de côte, panoufle, morceaux de gigot)

1 l de bouillon de volaille

50 cl de fond de gibier (ou fond de veau)

50 cl de vin rouge

1 garniture aromatique

5 g de baies de genièvre

5 g de grains de poivre

1 bouquet garni

50 g de farine

40 g de graisse de canard

Sel

Piment d'Espelette

- La veille, mettez à mariner la viande de chevreuil et la garniture aromatique taillée en gros morceaux dans le vin rouge. Ajoutez les baies de genièvre, le poivre en grains, le piment d'Espelette et le bouquet garni. Laissez mariner 24 heures au frais.
- Le jour même, retirez les viandes et la garniture et faites-les revenir sur un feu vif dans un grand sautoir avec la graisse de canard.
- Une fois que les morceaux de chevreuil et les légumes sont saisis, versez la farine et laissez cuire 10 minutes. Déglacez alors avec un peu de vin de marinade, le temps de détacher tous les sucs, puis versez le restant de vin. Laissez cuire à petit feu, pendant au moins 1 heure 30, le temps que l'alcool cuise et que le vin réduise de trois quarts.
- Ajoutez alors le bouillon de volaille et le fond de gibier. Laissez cuire le civet à feu doux pendant au moins 3 heures.

Accompagnez de tagliatelles fraîches (voir chapitre 12).

Vous pouvez réaliser cette recette avec d'autres gibiers à poil : marcassin, sanglier, biche, lièvre…

Les plats en cocotte

Pot-au-feu

difficulté ✶✶✶   temps ✶✶✶   coût €€€

Ustensiles : Marmite, planche à découper, couteau d'office, couteau économe, couteau éminceur, ficelle de cuisine

Temps de préparation : 30 minutes

Temps de cuisson : 3 heures + 1 heure pour les légumes

Quantité : 6 à 8 personnes

1 kg de plat de côtes de bœuf

800 g de gîte de bœuf

800 g de macreuse de bœuf

1 queue de bœuf préparée par votre boucher (taillée et ficelée prêt à cuire)

8 os à moelle de 4 cm de hauteur

240 g d'oignons

600 g de carottes

400 g de panais

600 g de poireaux fins

400 g de petits navets

4 branches de céleri

1 gros bouquet garni

4 clous de girofle

Gros sel de Guérande

10 grains de poivre noir

3 gousses d'ail frais

- Dans la marmite, mettez le plat de côtes dans 4 litres d'eau froide, portez à ébullition quelques minutes et laissez cuire une heure à frémissement. Écumez de temps en temps.

- Pendant ce temps, épluchez et lavez les légumes, laissez les oignons entiers et piquez-les avec les clous de girofle. Coupez les navets en quatre quartiers, les carottes en tronçons de 4 à 5 cm de long, les panais en deux dans le sens de la longueur, et enfin bottez les poireaux en les ficelant ensemble. Le céleri branche entrera dans la fabrication du bouquet garni.

- Au bout d'une heure, mettez le reste des viandes dans la marmite et ajoutez l'ail écrasé et le bouquet garni. Assaisonnez et portez le tout à ébullition, ensuite laissez cuire à frémissement deux heures. Écumez régulièrement.
- Mettez les os à moelle à tremper dans de l'eau fraîche avec un peu de vinaigre blanc afin de retirer les petites parties de sang.
- Après les 3 heures de cuisson de la viande, ajoutez les poireaux, et après 10 minutes de cuisson, ajoutez les carottes, les navets et les panais. Laissez cuire à frémissement encore 1 heure.
- Dans un sautoir, rangez les os à moelle et recouvrez-les de bouillon de cuisson du pot-au-feu. Laissez cuire doucement et assaisonnez.
- Prenez un grand plat en terre cuite ou une cocotte en fonte pour le dressage, égouttez les viandes et les légumes, rangez-les dans le plat en mettant les viandes au centre et les légumes autour. Dégraissez le bouillon de cuisson, dressez les os à moelle sur le plat et arrosez de bouillon, servez bien chaud.

Vous accompagnerez votre pot-au-feu de moutarde, de cornichons, ou d'une sauce gribiche, et surtout de tranches de pain de campagne grillées pour la moelle et de fleur de sel de Guérande.

Pain de viande
Recette de Raphaël François, chef exécutif du Connaught à Londres

difficulté ★★★   temps ★★★   coût €€€

Ustensiles : Couteau d'office, cocotte, pinceau

Temps de préparation : 30 minutes

Temps de cuisson : 1 heure 30

Quantité : 8 personnes

500 g de viande de porc hachée

500 g de viande de bœuf hachée

150 g de foie gras (facultatif)

1 gros oignon

3 gousses d'ail

5 branches de persil

2 œufs

Sel

Piment d'Espelette

20 g de moutarde à l'ancienne

10 g de graisse de canard

Pour la sauce :

1 carotte

1 oignon

2 tranches de céleri-rave (100 g)

50 cl de bière brune

20 cl de fond de volaille

Thym, laurier

- Taillez le foie gras en petits dés (facultatif). Pelez et ciselez les oignons. Hachez le persil grossièrement. Mélangez tous les ingrédients entre eux. Ajoutez les œufs, assaisonnez de sel et de piment d'Espelette.

- Façonnez ce mélange de manière à obtenir une forme de pain. Farinez-le légèrement. Piquez le pain avec les gousses d'ail pelées, auxquelles vous aurez enlevé le germe.

- Déposez le pain de viande dans une cocotte, versez la graisse de canard. Couvrez et enfournez dans un four préchauffé à 180 °C (th. 6).

- Taillez les légumes de la sauce en grosse mirepoix (voir tableau 2-1).

- Quand la viande commence à faire une croûte, c'est-à-dire une quinzaine de minutes après, badigeonnez le pain de viande avec la moutarde à l'ancienne. Ajoutez les légumes, laissez-les bien caraméliser. Déglacez avec la bière et le fond de volaille. Ajoutez les herbes.

- Finissez de cuire au four à 160 °C (th. 5/6), toujours à couvert, pendant 1 heure 30 environ. En fin de cuisson ajoutez du thym frais. Si la sauce n'est pas assez épaisse, retirez-la de la cocotte et faites-la réduire sur feu vif.

Il est préférable de préparer ce plat la veille, il n'en sera que plus goûteux le lendemain.

Poulet basquaise

difficulté ★★★   temps ★★★   coût €€€

Ustensiles : Sautoir, cocotte, couteau d'office

Temps de préparation : 15 minutes

Temps de cuisson : 1 heure 30

Quantité : 6 personnes

1 poulet de 1,8 kg

200 g de jambon de Bayonne
1 kg de tomates très juteuses
3 oignons
2 poivrons verts
2 poivrons rouges
2 gousses d'ail
1 bouquet garni
50 g de graisse de canard
Sel
Piment d'Espelette

- Préparez la piperade : dans un grand sautoir, versez la graisse de canard. Faites revenir les lardons et les gousses d'ail en chemise, puis ajoutez les oignons et les poivrons. Laissez colorer et fondre. Versez les morceaux de tomate et assaisonnez de sel et de piment d'Espelette. Ajoutez le bouquet garni et laissez mijoter 45 minutes sur feu doux.

- Levez les suprêmes, cuisses et gras de cuisses du poulet. Détaillez la carcasse en jolis morceaux. Assaisonnez les morceaux de poulet de sel et de piment d'Espelette, faites-les colorer dans une cocotte avec un peu de graisse de canard. Versez un peu d'eau dans la poêle de manière à détacher tous les sucs et récupérer un peu de jus, puis ajoutez la piperade.

- Laissez cuire à couvert pendant 30 à 40 minutes, en rajoutant un peu d'eau si nécessaire.

Servez accompagné de grosses frites.

Utilisez un poulet fermier, de préférence des Landes.

Lapin à la moutarde

difficulté ✶✶✶   temps ✶✶✶   coût €€€

Ustensiles : Cocotte avec couvercle, couteau de chef
Temps de préparation : 10 minutes
Temps de cuisson : 1 heure
Quantité : 6 personnes

1 lapin fermier
2 gousses d'ail
3 feuilles de laurier
1 branche de romarin

1 branche de thym
10 cl de bouillon de volaille
50 cl de crème liquide
50 g de graisse de canard
Sel
Piment d'Espelette

- Détaillez le lapin (ou demandez à votre boucher de le faire pour vous). Assaisonnez les morceaux de lapin et faites-les revenir dans une cocotte avec un peu de graisse de canard et les gousses d'ail.
- Une fois que les morceaux sont colorés, tartinez-les avec la moutarde. Ajoutez les herbes, puis laissez cuire au four à 180 °C (th. 6) pendant 40 minutes environ.
- Une fois cuits, retirez les morceaux. Déglacez la cocotte avec le bouillon de volaille ou de l'eau à défaut. Détachez bien tous les sucs, puis ajoutez la crème liquide.
- Mélangez bien, ajoutez à nouveau les morceaux de lapin, puis laissez cuire à nouveau une quinzaine de minutes. Servez dans la cocotte.

En accompagnement, servez du riz pilaf (voir chapitre 12) ou de la purée de pommes de terre (voir chapitre 4).

Petit salé aux lentilles vertes du Puy

difficulté ★★★   temps ★★★   coût €€€

Ustensiles : Grande marmite, couteau d'office, cocotte en fonte, spatule en bois
Temps de préparation : 20 minutes
Temps de cuisson : 1 heure
Quantité : 12 personnes

1 travers de porc demi-sel
2 jarrets de porc demi-sel
400 g de lard demi-sel
400 g d'échine demi-sel
1 saucisson lyonnais
400 g de lentilles vertes du Puy
100 g de ventrèche poivrée
1 garniture aromatique
1 bouquet garni
1 l de bouillon de volaille

25 g de graisse de canard
Sel
Piment d'Espelette

- Faites tremper les viandes dans de l'eau froide pendant 2 heures au moins pour enlever le surplus de sel. Cuisez-les ensuite dans 5 litres d'eau bouillante.
- Triez* les lentilles. Taillez la ventrèche poivrée en petits lardons. Faites revenir la garniture aromatique taillée en gros morceaux et les lardons dans une très grande cocotte en fonte avec la graisse de canard. Quand les sucs ont bien attaché dans le fond du plat, ajoutez les lentilles. Remuez à l'aide d'une spatule en bois pour qu'elles s'imprègnent bien de graisse de canard, puis versez le bouillon de volaille (ou l'eau à défaut) et ajoutez le bouquet garni.
- Ajoutez les viandes et laissez cuire 45 minutes.
- Retirez les viandes, détaillez-les. Comme pour tous les légumes secs, n'assaisonnez les lentilles qu'en fin de cuisson. Posez les viandes découpées dans la cocotte et servez tel quel.

SAVOIR-FAIRE Contrairement aux autres légumes secs (pois chiches, haricots blancs), il n'est pas nécessaire de mettre à tremper les lentilles dans l'eau avant de les cuisiner.

SAVOIR-FAIRE Trier les lentilles signifie retirer les éléments étrangers, en général des petits cailloux, à la matière première. Pour cela, étalez les lentilles sur le plan de travail.

Pavé de cabillaud, haricots maïs du Béarn et coquillages cuisinés ensemble au chorizo en cocotte de fonte

difficulté ✸✸✸   temps ✸✸✸   coût €€€

Ustensiles : Sautoir, cocotte en fonte
Temps de préparation : 20 minutes
Temps de cuisson : 20 minutes
Quantité : 6 personnes

6 épais pavés de cabillaud (120 g chacun environ)
500 g de haricots maïs cuisinés (voir haricots tarbais chapitre 10)
1 gousse d'ail
3 feuilles de laurier
1 branche de thym

100 g de graisse de canard
Piment d'Espelette
Pour la garniture :
12 palourdes
24 coques
40 g de chorizo
12 pimientos del piquillo
2 branches de persil plat
50 g de graisse de canard
Sel
Piment d'Espelette

- Déposez les pavés de cabillaud dans un sautoir avec la graisse de canard, la gousse d'ail en chemise, les feuilles de laurier et le thym. Cuisez sur un feu très doux pendant une dizaine de minutes, en arrosant le poisson régulièrement jusqu'à ce que les « feuilles » commencent à se détacher doucement les unes des autres et soient nacrées.

- Dans une cocotte en fonte, versez la graisse de canard, puis faites revenir le chorizo taillé en petits dés. Une fois qu'il est bien coloré, ajoutez les haricots et les pimientos coupés en lanières. Mélangez rapidement, puis posez par-dessus les pavés de cabillaud et les coquillages.

- Fermez la cocotte et mettez-la 3 à 4 minutes sur un feu très vif pour que tous les coquillages s'ouvrent et que les goûts et les odeurs enfermés se mélangent. Ajoutez alors les pluches de persil et posez aussitôt la cocotte sur la table. Ouvrez-la devant les convives.

Vous pouvez remplacer le cabillaud par des épais pavés de morue dessalée.

Fricassée de lapin fermier aux olives et tomates séchées

difficulté ✶✶✶   temps ✶✶✶   coût €€€

Ustensiles : Couteau éminceur, cocotte en fonte, spatule en polycarbonate, cuillère en bois
Temps de préparation : 15 minutes
Temps de cuisson : 45 minutes
Quantité : 4 personnes

1 lapin fermier d'environ 1,6 à 2 kg coupé en morceaux (1/2 cuisses, épaule, côtes, selle)
30 g de graisse de canard

50 g d'oignons taillés en mirepoix

50 g de carottes taillées en mirepoix

Olives noires taillées en copeaux

Tomates séchées marinées (en conserve)

2 gousses d'ail épluchées

30 g de ventrèche de porc basque taillée en lardons

1 bouquet garni

4 feuilles de sauge

10 cl de vin blanc sec

50 cl de bouillon de volaille

15 g de concentré de tomate

Sel fin de Guérande

Poivre blanc du moulin

Piment d'Espelette

- Dans une cocotte en fonte, faites chauffer la graisse de canard, faites-y colorer les morceaux de lapin préalablement assaisonnés. Retournez-les sur toutes les faces, puis débarrassez sur une assiette. Ajoutez dans la cocotte les lardons de ventrèche, faites fondre, puis ajoutez les cubes d'oignon et de carotte, remuez de temps en temps.

- Déglacez avec la moitié du vin blanc, et faites réduire, puis ajoutez le concentré de tomate et l'ail haché. Colorez à nouveau, puis déglacez encore avec le reste de vin blanc. Faites réduire.

- Ajoutez le bouillon de volaille, assaisonnez légèrement, remettez les morceaux de lapin et la sauge ainsi que le bouquet garni. Couvrez et laissez cuire à petit frémissement durant 30 minutes. Au bout de 20 minutes, ajoutez les copeaux d'olives noires et les quartiers de tomates séchées.

- Après cuisson, retirez le bouquet garni, et vérifiez la cuisson des cuisses, la viande doit se décoller facilement de l'os.

- Faites réduire la sauce et rectifiez l'assaisonnement.

- Dressez les morceaux de lapin sur des grandes assiettes et disposez sur le côté une cuillerée de polenta crémeuse, nappez les morceaux avec la garniture et décorez avec des feuilles de sauge fraîche.

Servez ce plat avec la polenta crémeuse ou poêlée (voir chapitre 12).

Les tartes et tourtes

Tarte fondante aux oignons doux des Cévennes, tomates, mozzarella et tapenade

difficulté ✱✱✱   temps ✱✱✱   coût €€€

Ustensiles : Bol, moule à tarte, couteau d'office, sautoir
Temps de préparation : 20 minutes
Temps de repos : 2 heures
Temps de cuisson : 2 heures 30
Quantité : 6 personnes
Pour la pâte :
190 g de beurre
5 g de sel fin
5 g de sucre en poudre
1 jaune d'œuf
5 cl de lait
250 g de farine
2 pincées de piment d'Espelette
2 pincées de fleur de thym
Pour la compote d'oignons :
800 g d'oignons doux des Cévennes
2 gousses d'ail
2 feuilles de laurier
1 branche de thym
30 g de graisse de canard
Sel
Piment d'Espelette
Pour la finition :
250 g de mozzarella
6 à 8 tomates selon leur taille
20 g de tapenade
1 branche de basilic
10 cl d'huile d'olive
Sel
Piment d'Espelette

- Préparez la pâte : mélangez le beurre, le sel fin, le sucre, le jaune d'œuf, le lait, deux bonnes pincées de piment d'Espelette et de fleur de thym. Laissez reposer au moins 2 heures, puis étendre finement. Déposez la tarte dans le moule à tarte et faites-la précuire. Faites cuire au four à 160 °C (th. 5/6) pendant 8 minutes environ.

- Préparez la compote d'oignons : pelez et émincez les oignons. Jetez-les dans un sautoir avec la graisse de canard, les gousses d'ail, les feuilles de laurier et le thym. Assaisonnez de sel et de piment d'Espelette et laissez cuire doucement, sur le coin d'une plaque, pendant 2 heures.

- Tranchez les tomates et la mozzarella en lamelles épaisses d'½ cm.

- Tartinez le fond de tarte avec la compote d'oignons, disposez en alternance 3 rondelles de tomate et 1 de mozzarella. Recouvrez ainsi toute la tarte. Versez l'huile d'olive par-dessus. Finissez de les cuire pendant 10 minutes au four chauffé à 180 °C (th. 6), parsemez de tapenade et de feuilles de basilic.

- Servez aussitôt.

L'ASTUCE D'HÉLÈNE

Ne cuisinez cette tarte qu'en été, à la pleine maturité des tomates. En automne, cette tarte est aussi excellente avec des cèpes. Dans ce cas-là, taillez les têtes des cèpes, qui doivent être bien fermes, à l'aide d'une mandoline, en lamelles épaisses de 2 mm. Recouvrez le fond de tarte de compotée d'oignons, puis des lamelles de cèpes, comme vous le feriez pour une tarte aux pommes.

Pie anglaise aux saumon, crevettes et salsifis

difficulté ★★★   temps ★★★   coût €€€

Ustensiles : Couteau d'office, cocotte, chinois, économe, casserole, cocotte en fonte, pinceau

Temps de préparation : 20 minutes

Temps de cuisson : 20 minutes

Quantité : 6 personnes

500 g de saumon

500 g de pâte feuilletée

18 queues de crevettes roses décortiquées, de taille moyenne

500 g de salsifis

350 g de champignons de Paris

30 cl de bouillon de volaille

25 cl de vin blanc sec

4 feuilles de laurier

1 branche de thym

2 gousses d'ail

50 g de graisse de canard

2 branches de persil

2 jaunes d'œufs

Sel

Piment d'Espelette

- Taillez les pavés de saumon en gros cubes. Taillez les champignons de Paris en lamelles épaisses. Assaisonnez le tout de sel et de piment d'Espelette et faites revenir dans une cocotte avec un peu de graisse de canard, les feuilles de laurier, la branche de thym et les gousses d'ail.

- Une fois qu'ils sont colorés, retirez le saumon et les champignons de Paris. Déglacez la cocotte avec le vin blanc, laissez réduire à sec, puis ajoutez le bouillon de volaille et la crème. Laissez mijoter quelques instants en détachant tous les sucs. Rectifiez l'assaisonnement, puis filtrez.

- Pelez les salsifis et cuisez-les dans de l'eau bouillante salée dans laquelle vous ajouterez un peu de farine. Taillez-les en tronçons longs de 5 cm.

- Étendez la pâte feuilletée. Chemisez une cocotte en fonte avec les deux tiers de la pâte. Dorez la pâte avec les jaunes d'œufs battus. Cuisez au four préchauffé à 180 °C (th. 6) pendant 10 minutes, jusqu'à ce que la pâte soit colorée. Ajoutez tous les dés de saumon, les champignons, les salsifis et les pluches de persil.

- Versez la sauce, puis mettez au four pendant 4 minutes. Ajoutez alors les queues de crevettes. Recouvrez avec le restant de pâte feuilletée. Finissez de cuire au four pendant 8 minutes. Servez aussitôt.

IMPROVISEZ Sur le même principe, on peut accommoder la pie de toutes sortes d'ingrédients : viandes (agneau, bœuf, veau), volailles (poulet, pintade), crustacés (langoustines, homard), coquillages (noix de Saint-Jacques, palourdes, moules), poissons (bar, daurade, sole…) et bien sûr tous les légumes et champignons inimaginables. Les jours de fête, associez homard, poulet des Landes et girolles, et remplacez le bouillon de volaille par un bouillon de crustacés.

L'ASTUCE D'HÉLÈNE La pie peut se préparer à l'avance jusqu'au moment de la refermer avec la pâte feuilletée. Il suffira alors de la laisser un peu plus longtemps au four pour la réchauffer.

Pour faire la recette suivante, il faut d'abord cuisiner le poulet en suivant la recette du chapon aux cèpes du chapitre 17, mais sans utiliser les suprêmes. Laissez bien cuire la volaille, de manière à ce que les viandes s'effilochent facilement.

Tourte feuilletée de poulet et châtaignes au foie gras

difficulté ✦✦✦   temps ✦✦✦   coût €€€

Ustensiles : Hachoir à viande ou mixeur, couteau d'office, moule à gâteau, pinceau
Temps de préparation : 20 minutes
Temps de cuisson : 40 minutes
Quantité : 6 personnes
Pour la farce :
Les cuisses et gras de cuisses du poulet cuisiné
250 g de gorge de porc
250 g de foie gras de canard
5 cl d'armagnac
5 cl de madère
1,5 g de quatre-épices
Sel
Piment d'Espelette
Pour le montage :
500 g de pâte feuilletée (voir chapitre 14)
Les suprêmes de poulet
360 g de châtaignes blanchies et pelées (ou précuites sous vide)
5 cl d'armagnac
Sel
Piment d'Espelette
1 jaune d'œuf

- Hachez le chapon, le lard et le foie gras à la grille moyenne d'un hachoir. À défaut de hachoir, mixez grossièrement. Mélangez le tout, ajoutez l'armagnac et le madère, puis assaisonnez de sel, piment d'Espelette et quatre-épices.

- Taillez chaque blanc de chapon en 5 larges tranches. Assaisonnez-les de sel et de piment d'Espelette. Laissez-les mariner quelques instants dans l'armagnac.

- Étalez la pâte finement puis chemisez le moule à gâteau. Choisissez de préférence un moule dont le fond est détachable. Versez la moitié de la farce. Déposez les châtaignes et les morceaux de suprêmes, puis versez le restant de farce. Recouvrez avec le restant de pâte feuilletée. Refermez la tourte, en pinçant bien fort au niveau des rebords, pour que la pâte du couvercle soit soudée à la pâte précuite. À l'aide d'un pinceau, badigeonnez de jaune d'œuf. Au milieu de la tourte, faites un petit trou. Dans du papier sulfurisé, fabriquez une petite cheminée que vous glisserez dans le trou.

- Faites cuire au four préchauffé à 200 °C (th. 7) pendant 40 minutes.

Servez accompagnée de salades et herbes avec une vinaigrette au vinaigre de xérès.

La cheminée ne sert pas seulement à verser la sauce dans la tourte. Elle permet aussi à la vapeur de se dégager facilement pendant la cuisson de la tourte.

Focaccia aux oignons, tomates et anchois de Cantabrique

difficulté ✸✸✸   temps ✸✸✸   coût €€€

Ustensiles : Couteau d'office, poêle, bol

Temps de préparation : 10 minutes

Temps de cuisson : 20 minutes

Quantité : 6 personnes

Pour la focaccia :

250 g de farine

10 g de levure

8 g de sucre

7 g de sel

4 cl d'huile d'olive

Pour la garniture :

300 g de compotée d'oignons (voir recette de la tarte fondante, précédemment dans ce chapitre)

300 g de sauce tomate (voir recette chapitre 8)

1 boîte d'anchois au sel

- Préparez la pâte à focaccia en mélangeant tous les ingrédients ainsi que 10 cl d'eau, travaillez bien la pâte pour enlever les bulles d'air, puis laissez-la reposer pendant une heure.

- Étalez-la alors au rouleau à pâtisserie sur une épaisseur d'un bon centimètre et demi. Déposez-la sur une plaque à pâtisserie recouverte de papier sulfurisé. Faites reposer à nouveau et enfournez dans un four préchauffé à 160 °C (th. 5/6) pendant environ 12 minutes.

- Étalez la compotée d'oignons sur la focaccia et la sauce tomate. Posez les filets d'anchois. Enfournez à nouveau pendant 5 minutes. Servez aussitôt.

Vous pouvez ajouter toutes autres sortes d'ingrédients à connotation méditerranéenne sur la focaccia : olives noires, basilic, artichauts ou champignons à l'huile, poivrons grillés, thon à l'huile, etc.

L'ASTUCE D'HÉLÈNE

Si, au lieu d'utiliser des anchois à l'huile, vous préférez des anchois frais, voici une recette de marinade qui s'accompagne parfaitement à tous les poissons bleus (sardines, maquereau, lisette, etc.).

300 g d'anchois frais
15 g de gros sel
10 ml d'huile d'olive
1 gousse d'ail
2 feuilles de laurier
1 branche de thym
1 g de poivre en grains
1 g de graines de coriandre
1 g de graines de fenouil

- Levez les filets d'anchois frais, mettez-les dans du gros sel 20 minutes puis rincez bien.
- Mettez-les à mariner dans l'huile d'olive et les aromates pendant 5 minutes à peine.

Tarte aux pommes de terre et à l'andouillette basque

difficulté ★★★   temps ★★★   coût €€€

Ustensiles : Moule à gâteau de 25 cm, bol, économe, mandoline
Temps de préparation : 20 minutes
Temps de cuisson : 50 minutes
Quantité : 6 personnes
200 g de pâte brisée (voir recette chapitre 14)
600 g de grosses pommes de terre
3 andouillettes
3 œufs
50 cl de crème fraîche liquide
40 g de gruyère râpé
Sel
Piment d'Espelette

- Préchauffez le four à 180 °C (th. 6).
- Étalez finement la pâte et foncez un moule à gâteau de 25 cm. Précuisez ce fond de tarte pendant 10 minutes au four.
- Mélangez les œufs à la crème liquide. Assaisonnez de sel et de piment d'Espelette, puis ajoutez le gruyère râpé.
- Épluchez les pommes de terre. À l'aide d'une mandoline, taillez-les en fines lamelles d'1 mm et passez-les ensuite sous l'eau pour retirer l'amidon.
- Ôtez la peau des andouillettes, puis taillez-les également en fines tranches. Pour cela, une machine à jambon est idéale, mais vous pouvez aussi demander à votre charcutier de le faire.
- Recouvrez le fond de tarte précuit en faisant se chevaucher tranches de pomme de terre et d'andouillette.
- Versez enfin le mélange œufs et crème, puis cuisez au four à 160 °C (th. 5/6) pendant 40 minutes.

Les « soupes à manger » constituent elles aussi d'excellents plats de partage. Vous en trouverez des recettes au chapitre 10.

Chapitre 16

Buffet et apéritifs

Dans ce chapitre :
- À boire, à manger, à boire et à manger !
- Cakes, gaspachos, tartinables, charcuteries…

Les recettes de ce chapitre
- Sangria
- Punch
- Orangeade/citronnade à la verveine fraîche et à la cardamome
- Caviar d'aubergine
- Guacamole d'avocat Haas
- Purée de pois chiches
- Rillettes de maquereau
- Pâté de campagne
- Chutney de fruits exotiques
- Chutney de figues
- Cake chorizo et tomates séchées
- Cœurs d'artichauts marinés à l'huile d'olive
- Pickles de betterave
- Tempura de poissons et légumes
- Gaspacho de betterave et coriandre
- Velouté glacé de concombre à la menthe

Un buffet est le format idéal lorsqu'on reçoit un grand nombre de personnes. Le danger : passer à côté de la fête à force de s'affairer à la cuisine. Pour participer pleinement à l'ambiance, privilégiez les plats qui se préparent à l'avance, déjà dressés sur les assiettes. Vous n'aurez plus qu'à les poser sur la table !

Les boissons

Un buffet réussi, c'est aussi de bons breuvages préparés à l'avance : des boissons conviviales qui feront l'unanimité.

Sangria

difficulté ★★★   temps ★★★   coût €€€

Ustensiles : un grand saladier ou une carafe, un couteau éminceur, une planche à découper.
Temps de préparation : 20 minutes
Quantité : 12 personnes

2 l de vin rouge espagnol
25 cl de liqueur de pêche
10 cl d'armagnac
100 g de sucre en poudre

1 kg d'oranges non traitées
500 g de citrons non traités
500 g de pêches
500 g de pommes Golden
500 g de fraises
2 bâtons de cannelle
1 gousse de vanille

- Pour réussir la sangria, s'y prendre 4 jours à l'avance !
- Lavez les citrons et taillez-les en rondelles. Lavez les pêches et les pommes Golden, taillez-les en morceaux grossiers. Lavez et équeutez les fraises. Versez le vin rouge, la liqueur de pêche, l'armagnac, le sucre et les fruits dans un grand récipient.
- Ajoutez la cannelle et la gousse de vanille taillée en deux dans le sens de la longueur et laissez macérer pendant 4 jours au réfrigérateur. Servez la sangria bien fraîche avec les morceaux de fruits.

IMPROVISEZ

Faites une sangria blanche en remplaçant le vin rouge par du vin moelleux.

Punch

difficulté ★★★   temps ★★★   coût €€€

Ustensiles : un grand saladier ou une carafe, un couteau éminceur, une planche à découper.

Temps de préparation : 20 minutes

Quantité : pour 1 litre

20 cl de jus de goyave
20 cl de jus de fruits de la passion
12,5 cl de jus d'orange
12,5 cl de jus de cocktail de fruits
12,5 cl de jus d'ananas
4,5 cl de sirop de sucre de canne
12,5 cl de rhum brun
5 cl de rhum blanc
1 petit bâton de cannelle
1 gousse de vanille fendue en deux

Pour le décor (brochettes de fruits) :

100 g de mangue
100 g d'ananas

2 kiwis

2 citrons verts

8 pics à brochette en bois ou bambou

- La veille, mélangez tous les ingrédients dans un saladier, ajoutez le bâton de cannelle et la gousse de vanille. Laissez macérer au réfrigérateur au moins 24 heures.
- Pour le décor, vous pouvez réaliser des petites brochettes de fruits frais ou alors couper tous les fruits en petits dés, puis les faire macérer avec le punch.
- Servez bien frais.

Le punch se prépare au moins 24 heures à l'avance, mais il est bien meilleur de le laisser macérer 2 à 3 jours.

Orangeade/citronnade à la verveine fraîche et à la cardamome

difficulté ✱✱✱   temps ✱✱✱   coût €€€

Ustensiles : un grand saladier ou une carafe, un couteau éminceur, une planche à découper.

Temps de préparation : 20 minutes

Quantité : 1,5 litre

1 litre d'eau

200 g de sucre

4 oranges

3 citrons

1 branche de verveine

1 g de poivre de Sichuan

1 g de cardamome verte

- Dans une casserole, versez 1 l d'eau et le sucre. Portez à ébullition et laissez bouillir 10 minutes au moins, jusqu'à ce que mélange devienne transparent. Puis ajoutez la verveine fraîche, le poivre de Sichuan et la cardamome verte.
- Pendant ce temps, pressez 3 oranges et 2 citrons. Filtrez de manière à enlever pépins et pulpe. Filtrez également le sirop à la verveine et à la cardamome, puis versez jus et sirop dans une grande carafe et laissez au réfrigérateur pour 2 heures au moins.
- Au moment de servir, ajoutez l'orange et le citron restants, lavés mais non pelés, taillés en fines rondelles. Servez bien frais.

Des tartinables

Présentés dans un pot ou une terrine, avec des fines lamelles de pain ou des tacos, des tranches épaisses de pain grillé :

Caviar d'aubergine

difficulté ★★★   temps ★★★   coût €€€

Ustensiles : Plat à four, couteau d'office, bol
Temps de préparation : 15 minutes
Temps de cuisson : 1 heure
Quantité : 4 personnes

4 aubergines violettes de Florence
3 gousses d'ail
4 feuilles de laurier
2 filets d'anchois
6 copeaux de tomates séchées
10 cl d'huile d'olive de cuisson
Sel
Piment d'Espelette

- Préchauffez le four à 150 °C (th. 5).
- Lavez les aubergines et taillez-les en deux moitiés. Déposez-les dans un plat, assaisonnez-les de sel et de piment d'Espelette, ajoutez les gousses d'ail en chemise et les feuilles de laurier, versez l'huile d'olive.
- Laissez-les ainsi confire pendant 1 heure environ dans un four à 150 °C (th. 5).
- Hachez la chair et la peau des aubergines avec un couteau jusqu'à obtenir une purée grossière. Ajoutez les filets d'anchois salés, hachés finement, et les tomates séchées taillées en copeaux. Rectifiez l'assaisonnement.

Guacamole d'avocat Haas

difficulté ★★★   temps ★★★   coût €€€

Ustensiles : Couteau d'office, mixeur, tamis
Temps de préparation : 10 minutes
Quantité : 6 personnes

2 avocats Haas

2 échalotes

1 gousse d'ail

Le jus d'½ citron

10 cl de crème montée

Sel

Piment d'Espelette

- Ouvrez les avocats en deux, pelez-les et retirez leur noyau. Puis mettez la chair dans la cuve d'un mixeur avec les échalotes hachées grossièrement, la gousse d'ail et le jus de citron. Mixez le tout et passez au tamis de manière à obtenir une purée lisse et onctueuse.
- Assaisonnez de sel et de piment d'Espelette.
- Au dernier moment, ajoutez la crème montée, pour donner une légère onctuosité.

TRUC

Pour que le guacamole ne s'oxyde pas et ne vire pas à une couleur marron peu appétissante, mettez les noyaux d'avocats entiers dans la purée. Retirez-les au moment de servir.

À RETENIR

L'avocat Haas est une variété à la chair blonde, crémeuse et ferme à la fois, avec un petit goût de noisette. Sa peau de texture irrégulière de couleur verte brunit lorsque le fruit arrive à maturité. Idéal pour cette préparation.

Purée de pois chiches

difficulté ★★★   temps ★★★   coût €€€

Ustensiles : Casserole moyenne, cuillère en bois, mixeur ou moulin à légumes, tamis grille fine

Temps de cuisson : 45 minutes

Temps de préparation : 25 minutes

Quantité : 4 personnes

400 g de pois chiches

½ oignon ciselé en petits cubes

15 g de graisse de canard

1,5 l de bouillon de volaille

2 gousses d'ail frais

15 g de gros sel

2 tours de moulin à poivre

1 pincée de piment d'Espelette

10 cl d'huile d'olive vierge extra

15 cl de crème montée

- Faites suer les oignons dans la casserole, avec la graisse de canard. Après quelques minutes ajoutez les pois chiches, puis mouillez avec le bouillon, ajoutez l'ail, le sel et le poivre. Laissez cuire doucement pendant 30 minutes ; une fois les pois fondants, égouttez et conservez le bouillon au cas où la purée serait trop épaisse.
- Passez les pois égouttés au mixeur ou moulin à légumes, puis au tamis afin de retirer les peaux. Montez la purée à l'huile d'olive, ajoutez le piment d'Espelette puis la crème montée. Rectifiez l'assaisonnement.

Rillettes de maquereau

difficulté ★★★   temps ★★★   coût €€€

Ustensiles : Planche à découper, couteau éminceur, sautoir plat, petit cul-de-poule

Temps de préparation : 15 minutes

Temps de repos : 12 heures

Temps de préparation : 1 heure

Quantité : 4 personnes

300 g de filets de maquereau sans peau et sans arêtes

50 cl de court-bouillon (voir chapitre 4)

1 feuille de laurier

Le jus d'un citron jaune

1 branche de thym citron

5 grains de poivre noir

5 graines de fenouil

1 échalote ciselée finement

1 pimiento del piquillo épépiné et taillé en petits dés de 3 mm

4 cl d'huile d'olive vierge extra

25 cl de crème fleurette

1 pincée de piment d'Espelette

- Dans le sautoir, portez le court-bouillon à frémissement, ajoutez le jus de citron, le laurier, le thym et assaisonnez de sel et poivre en grains, ajoutez les graines de fenouil. Stoppez le frémissement et laissez infuser 20 minutes.
- Pendant ce temps, mélangez les échalotes et les dés de pimiento, arrosez avec un filet d'huile d'olive et assaisonnez.
- Portez le court-bouillon à frémissement, plongez les filets de maquereau, et stoppez la cuisson dès que le frémissement reprend. Laissez infuser 30 minutes, puis retirez et émiettez les filets de poisson, veillez à bien retirer toutes les arêtes.

✔ Dans le cul-de-poule, mélangez les miettes de maquereau, les dés de légumes, ajoutez la crème petit à petit et mettez à la consistance voulue. Vérifiez l'assaisonnement et réservez au frais 12 heures.

Pâté de campagne

difficulté ✱✱✱   temps ✱✱✱   coût €€€

Ustensiles : Hachoir à viande, tamis, terrine, couteau de chef
Temps de préparation : 20 minutes
Temps de cuisson : 2 heures
Quantité : 8 personnes

700 g d'épaule de porc
600 g de gorge de porc
400 g d'épaule de veau
600 g de foie de porc
200 g de foie de volaille (ou 100 g de foie gras de canard)
5 cl d'armagnac
20 g de quatre-épices
30 cl de crème liquide
4 œufs entiers
100 g d'échalotes ciselées
1 botte de persil
50 g de fines tranches de bacon
Sel
Piment d'Espelette

✔ Hachez les viandes à la grille moyenne d'un hachoir à viande (ou demandez au boucher de le faire pour vous). Passez le foie de porc au tamis.

✔ Coupez en morceaux les foies de volaille. Mélangez avec les viandes hachées. Assaisonnez de sel, piment d'Espelette et quatre-épices, puis versez l'armagnac selon votre goût. Ajoutez la crème. Rectifiez l'assaisonnement.

✔ Tapissez une terrine en faïence avec les tranches de bacon. Remplissez-la avec la farce. Refermez avec des tranches de bacon.

✔ Faites cuire au bain-marie au four préchauffé à 90 °C (th. 3). La terrine est cuite quand elle atteint une température à cœur de 70 °C.

Remplacez l'épaule de porc par du gibier : marcassin, chevreuil, etc.

Quatrième partie : Recettes pour recevoir

L'ASTUCE D'HÉLÈNE — Il est parfois peu appétissant de goûter une farce quand elle est crue. Pourtant, il est nécessaire d'avoir un avis sur l'assaisonnement. Prélevez alors une petite quantité de farce, et poêlez-la avant de goûter.

TRUC — L'important pour faire un bon pâté de campagne, c'est de prendre son temps. Une fois cuit il faudra le conserver au frais plusieurs jours avant de le servir. Les arômes auront le temps de se diffuser et de s'arrondir.

L'ASTUCE D'HÉLÈNE — Accompagnez les terrines de différents chutneys.

Chutney de fruits exotiques

difficulté ✴✴✴   temps ✴✴✴   coût €€€

Ustensiles : Couteau d'office, casserole, cuillère en bois, écumoire
Temps de préparation : 20 minutes
Temps de cuisson : 10 minutes
Quantité : 8 personnes

500 g de mangue
100 g de litchis
200 g de papaye
200 g de bananes
8 fruits de la passion
Le jus de 2 citrons verts
100 g de sucre vergeoise
75 g de miel de forêt
5 graines de cardamome verte
1 g de poivre de Sichuan
2 g de graines de coriandre
1 g de piment d'Espelette
10 cl de vinaigre de riz
10 cl de vin moelleux de Jurançon

✔ La veille, pelez la mangue, les litchis, la papaye et la banane et taillez les chairs en petits dés. Récupérez la pulpe des fruits de la passion. Mélangez les fruits avec le jus des citrons verts, le sucre vergeoise, les graines de cardamome verte, le poivre de Sichuan, les graines de coriandre et le piment d'Espelette. Laissez macérer toute une nuit.

✔ Le jour même, versez le vinaigre de riz, le miel de forêt et le vin moelleux dans une casserole. Laissez réduire de moitié. Ajoutez les fruits macérés et, une fois que l'ébullition prend, laissez cuire 10 minutes en remuant régulièrement et en écumant. Retirez du feu, laissez refroidir et réservez au frais.

Préparez le chutney au moins 15 jours à l'avance. Il marinera et prendra plus de goût.

Chutney de figues

difficulté ✱✱✱   temps ✱✱✱   coût €€€

Ustensiles : Couteau d'office, saladier, sautoir
Temps de préparation : 15 minutes
Temps de cuisson : 5 minutes
Quantité : 8 personnes

350 g de figues noires fraîches
350 g de figues sèches
100 g de vinaigre de vin blanc
150 g de gewurztraminer (ou autre vin semblable)
100 g de sucre cristallisé
100 g de miel de montagne
Le jus d'½ citron
Poivre concassé
Cannelle moulue
Zestes d'orange

✔ Taillez les figues fraîches en 8 quartiers. Taillez les figues sèches en bâtonnets de 3 mm.

✔ Mélangez les figues fraîches, le sucre et le jus de citron. Laissez macérer une heure.

✔ Mélangez les figues sèches et le vin.

✔ Versez le vinaigre et le miel dans un sautoir, portez à frémissement et laissez réduire de moitié. Ajoutez les figues sèches et le vin, les figues fraîches et les épices. Portez à ébullition et laissez cuire 5 minutes.

✔ Laissez refroidir et réservez au frais jusqu'au moment de servir.

Stérilisez et conservez vos chutneys en suivant le même procédé que pour les confitures (chapitre 13).

Vive les cakes !

Facile à réaliser, le cake est le plat roi des buffets. À partir d'une même base (farine, œufs, un sachet de levure et de l'huile), les cakes se déclinent à l'infini. Pourquoi ne pas investir dans des mini-moules à cake : les mini-cakes n'ont jamais été aussi tendance !

Cake chorizo et tomates séchées

difficulté ✱✱✱   temps ✱✱✱   coût €€€

Ustensiles : Bol, saladier, fouet, couteau d'office, moule à cake
Temps de préparation : 15 minutes
Temps de cuisson : 1 heure
Quantité : 8 personnes

200 g de chorizo
90 g de tomates séchées
1 botte de cébettes (ou d'oignons nouveaux)
120 g de brebis basque sec râpé
200 g de farine
1 sachet de levure chimique
4 œufs
10 cl d'huile d'olive
10 cl de lait entier
4 pincées de paprika
Sel
Piment d'Espelette
1 noisette de beurre pour le moule

- Préchauffez le four à 180 °C (th. 6).
- Dans un bol, mélangez la farine avec la levure.
- Dans un saladier, fouettez les œufs à l'aide d'un fouet jusqu'à obtention d'un mélange mousseux. Ajoutez l'un après l'autre, tout en continuant de fouetter, les ingrédients suivants : l'huile d'olive, le lait, le paprika, la farine mélangée à la levure.
- Ajoutez le fromage de brebis basque, les dés de chorizo, les tomates séchées taillées en lanières, les cébettes ciselées. Mélangez à nouveau.

- Beurrez un moule à cake, versez-y la pâte, mettez au four durant 45 minutes à 1 heure. Vérifiez la cuisson en plantant la pointe d'un couteau.
- À la sortie du four, laissez reposer le cake durant 5 minutes avant de le démouler et posez-le sur une grille.
- Servez tiède, accompagné d'un mélange de salades.

Remplacez le chorizo par du saumon fumé, de la chair de crabe, des lardons. Faites un cake végétarien en mélangeant petits pois, haricots verts, dés de carotte, dés de courgette, etc. (toujours légèrement cuits dans de l'eau bouillante salée). Ajoutez des herbes : aneth avec le saumon, coriandre avec le crabe, estragon avec les lardons Remplacez le paprika par du curry, ou des épices tandoori, ou du colombo.

Réduisez le brebis de moitié et ajoutez une poignée de cubes de feta.

Pas de buffet réussi sans charcuterie

Les charcuteries ont droit à une place de choix sur un buffet ! Tout le monde les apprécie. Pas étonnant, elles ont toutes les qualités :

- pas de cuisine à faire : vous n'aurez qu'à tailler (ou mieux, demander à votre charcutier de le faire !)
- vous pouvez tailler votre viande à l'avance, disposer les tranches sur un plat, recouvrir de film alimentaire et quand vos invités seront là, il ne restera plus qu'à poser le plat sur la table !

Aujourd'hui, il existe un choix étendu de charcuterie de qualité : porc ibérique, porc basque, porc de Bigorre ou de Gascogne, charcuteries italiennes Jouez sur les variétés et sortez des sentiers battus. Outre les traditionnels jambons, saucissons et chorizos, osez l'andouillette, le boudin, les saucisses sèches, mortadelle, lomo

Bien sûr, les charcuteries ne se limitent pas à celles à base de porc : pensez à la viande des Grisons et à la bresaola par exemple.

Et pour accompagner vos assiettes de charcuteries, jouez sur les pains que vous servirez : au pavot, aux raisins, à la châtaigne, au fromage, focaccia à l'huile d'olive Sous oublier les garnitures : cornichons, oignons au vinaigre, mais aussi cœurs d'artichauts à l'huile et champignons à l'huile !

À picorer

Cœurs d'artichauts marinés à l'huile d'olive

difficulté ★★★   temps ★★★   coût €€€

Ustensiles : une casserole, un presse-agrumes, une planche à découper, un couteau d'office, un bocal, une poêle antiadhésive.

Temps de préparation : 20 minutes

Temps de cuisson : 20 minutes

Quantité : pour un bocal de 500 g

600 g de petits artichauts

2 citrons jaunes

2 gousses d'ail frais

1 branche de thym

1 feuille de laurier

10 grains de coriandre

10 grains de poivre noir

Une poignée de gros sel

Une pincée de sel fin

Une pincée de piment d'Espelette

25 cl d'huile d'olive extra-vierge

- Portez un litre d'eau salée à ébullition. Pendant ce temps, pressez les jus des citrons. Tournez les artichauts : retirez les premières feuilles et taillez la queue à 4/5 cm au-dessous de l'artichaut, puis taillez-les en deux dans le sens de la longueur et passez dans le jus de citron.

- Plongez les artichauts à l'eau bouillante, et faites cuire de 5 à 20 minutes selon leur taille. Dans tous les cas les cœurs doivent rester croquants.

- Égouttez et refroidissez à l'eau glacée. Égouttez à nouveau et épongez-les bien.

- Dans une poêle, chauffez un filet d'huile d'olive, faites-y colorer les cœurs d'artichauts : juste dorés puis ajoutez l'ail coupé en pétales, la branche de thym et le laurier ainsi que les épices. Déglacez avec le jus de citron et stoppez la cuisson.

- Mettez le tout dans le bocal, rangez les artichauts et couvrez avec l'huile d'olive extra-vierge crue. Assaisonnez et refermez le bocal, laissez mariner quelques jours au réfrigérateur.

Utilisez ces artichauts dans des pâtes, une pizza, un risotto…

Vous pouvez réaliser des champignons à l'huile d'olive en suivant la recette des cèpes grillés l'ail (voir chapitre 6).

Pickles de betterave

difficulté ★★★   temps ★★★   coût €€€

Ustensiles : Bocaux, planche à découper ou mandoline, couteau émincuer

Temps de préparation : 20 minutes

Temps de repos : 1 mois

Quantité : 1 kg

1 kg de betteraves rouges (épluchées et lavées)

50 cl de vinaigre de cidre ou vinaigre de vin blanc

10 gousses d'ail frais pelées

20 grains de poivre blanc

40 g de sel fin

10 grains de coriandre

4 feuilles de laurier

2 branches de thym

- Dans deux bocaux, disposez des couches alternées de betterave en tranches fines et d'ail frais en tranches fines.
- Puis arrosez de vinaigre, répartissez l'assaisonnement et fermez hermétiquement, conservez dans un placard à l'abri de la lumière pendant un mois.

Vous pouvez ajouter des épices à votre gré : fenouil, fenugrec, genièvre, anis, cardamone…

Tempura de poissons et légumes

difficulté ★★★   temps ★★★   coût €€€

Ustensiles : Casserole moyenne, planche à découper, couteau émincuer, économe, écumoire, mandoline

Temps de préparation : 15 minutes

Temps de cuisson : 15 minutes

Quantité : 4 personnes

150 g de filets de daurade avec peau
150 g de filets de saint-pierre avec peau
150 g de queues de filets de saumon avec peau
Pour les légumes :
2 mini-courgettes vertes
2 mini-courgettes jaunes
8 asperges sauvages
2 mini-fenouils
4 fleurs de courgette
4 belles feuilles de basilic
4 belles feuilles de sauge
4 petites branches de persil plat
2 mini-carottes
50 cl d'huile d'arachide
1 blanc d'œuf
30 g de farine de riz pour tempura

- Épluchez les carottes, et lavez tous les légumes. Séchez-les bien.
- Rincez à l'eau claire les filets de poisson et taillez-les en quatre lanières, vérifiez qu'il n'y ait plus d'arêtes.
- Préparez la pâte à beignets : mélangez la farine de riz et le blanc d'œuf, puis détendez le mélange à l'eau, cela doit être légèrement sirupeux.
- Taillez tous les légumes en fines lamelles et à la mandoline, sauf les asperges et les fleurs de courgette. Retirez le pistil de la fleur de courgette.
- Faites chauffer l'huile dans la casserole, la cuisson doit se faire aux alentours de 140/150 °C.
- Passez chaque lanière de poisson dans la pâte à beignets et faites-les cuire doucement sans coloration, puis égouttez-les sur un papier absorbant. Faites de même avec les légumes. Pour les herbes, faites de même mais sans les tremper dans la pâte.
- Assaisonnez de fleur de sel et de piment d'Espelette et dressez en bol ou à l'assiette.

L'ASTUCE D'HÉLÈNE

Vous pouvez accompagner votre tempura d'un mélange d'olives noires en copeaux, dés de tomates confites, un jus de citron jaune, du persil plat haché et un trait de vinaigre de riz. Assaisonnez bien et relevez avec du piment d'Espelette.

N'oubliez pas les salades

Dans le chapitre 11, vous trouverez des recettes de salades que vous pourrez sans problème présenter dans votre buffet, dans un saladier ou même dans des verrines !

La cuisine sur un plateau : l'art de l'antipasto

Pour agrémenter vos buffets de manière originale, inspirez-vous de l'approche italienne, qui consiste à servir tout un éventail de fromages, de viandes, de pains, d'olives et de légumes sur un grand plateau.

L'*antipasto* est affaire de présentation avant tout. Réfléchissez aux saveurs et aux couleurs qui vont ensemble. L'antipasto est traditionnellement servi en hors-d'œuvre mais vous pouvez tout à fait le prolonger en un véritable repas. Voici une liste d'aliments que vous pouvez acheter au dernier moment.

- Mozzarella, provolone, parmesan ou fromage de chèvre (en tranches fines ou en cubes)
- Fines tranches de jambon, de prosciutto, de salami de Gênes, de mortadelle
- Rondelles de pepperoni ou de salami sopressata
- Crevettes cuites (assaisonnées avec une vinaigrette, de préférence)
- Anchois, sardines ou thon à l'huile d'olive (en conserve)
- Pois chiches en conserve assaisonnés avec une vinaigrette
- Tomates séchées à l'huile
- Cœurs d'artichauts marinés, poivrons rouges rôtis et câpres
- Assortiment d'olives noires et vertes
- Assortiment de légumes frais : radis ; bâtonnets de carotte, de céleri, de concombre et de poivron ; morceaux de fenouil ; oignons verts ; tomates cerises entières, rouges ou jaunes
- Roquette, feuilles de basilic et pousses d'épinard pour la garniture
- Tranches de poires, de melon, de figue, ou petites grappes de raisin
- Pains parfumés, gressins, pains azymes, etc.

À boire et à manger : les gaspachos

Présentez les gaspachos dans des carafes, et incitez chaque convive à se servir dans un verre !

Gaspacho de betterave et coriandre

difficulté ✶✶✶   temps ✶✶✶   coût €€€

Ustensiles : un mixeur ou blender, un couteau d'office, un économe, une planche à découper, une passette à sauce ou chinois étamine, une casserole, un bol ou saladier

Temps de préparation : 15 minutes

Temps de cuisson : 1 heure 30

Quantité : pour 1 litre

500 g de tomates bien mûres

350 g de betterave crue

150 g d'échalotes

5 cl d'huile d'olive verge extra

1 gousse d'ail

Sel fin

Piment d'Espelette

- La veille, faites cuire les betteraves à l'anglaise dans l'eau salée portée à frémissement.
- Épluchez et lavez le reste des légumes, épépinez les tomates et retirez le pédoncule.
- Dans un saladier, mettez tous les légumes taillés en cubes et assaisonnez. Versez l'huile d'olive et laissez mariner une nuit au réfrigérateur.
- Le jour même, mixez tout ensemble et vérifiez la consistance et l'assaisonnement. Servez très frais.

Velouté glacé de concombre à la menthe

difficulté ✶✶✶   temps ✶✶✶   coût €€€

Ustensiles : Couteau d'office, casserole, mixeur, tamis

Temps de préparation : 20 minutes

Quantité : 8 personnes

1 kg de concombres
2 branches de menthe fraîche
25 cl de bouillon de volaille
25 cl de crème fraîche liquide
10 cl d'huile d'olive
Sel
Poivre
Piment d'Espelette

- Lavez les concombres. Ouvrez-les en deux, puis épépinez-les. Salez-les et laissez-les dégorger, puis blanchissez-les 2 minutes dans l'eau bouillante.
- Taillez la menthe en pluches.
- Une fois les concombres refroidis, mixez-les avec la menthe, le bouillon de volaille, la crème liquide et l'huile d'olive. Puis passez au tamis, rectifiez l'assaisonnement en sel et piment d'Espelette. Servez bien frais.

Remplacez par des courgettes qu'il faudra cuire 5 minutes de plus.

Vous trouverez d'autres délicieuses recettes de gaspacho dans le chapitre 10.

Chapitre 17
Les repas de fête, autour de dix produits d'exception

Dans ce chapitre :
▶ Les produits incontournables pour les repas de fête
▶ Des recettes originales pour recevoir
▶ Le savoir-faire d'un grand chef pour cuisiner des produits d'exception

*L*es occasions de recevoir ses amis ou sa famille ne manquent pas ! Sans oublier que pour inviter à dîner, aucune occasion n'est nécessaire !

Lorsque vous recevez à dîner, c'est le bon moment pour préparer des recettes à l'avance et pour cuisiner des produits d'exception. Proposer à vos invités des produits qu'ils n'ont pas l'habitude de déguster est une manière de leur faire plaisir à coup sûr.

Les recettes de ce chapitre vous permettront de cuisiner facilement dix produits d'exception :

- Le foie gras
- Les huîtres
- Le caviar
- Le saumon
- Les coquilles Saint-Jacques
- Les coquillages et crustacés
- Le filet de bœuf
- Le chapon
- La truffe noire
- Le chocolat

Ces produits coûtent souvent cher, mais il suffit parfois d'une toute petite quantité pour sublimer un plat et surprendre vos convives.

Mettez les petits plats dans les grands et laissez-vous surprendre par la délicatesse de ces plats !

Le foie gras

Spécialité culinaire française reconnue dans le monde entier, il peut être de canard ou d'oie et se consomme chaud ou froid sous diverses formes.

Les deux principales régions productrices sont le Sud-Ouest et l'Alsace.

Le foie gras de canard, le plus consommé, a un goût plus fort et affirmé que le foie gras d'oie, très apprécié des connaisseurs pour sa saveur délicate et fine.

On peut trouver le foie gras soit entier, soit en bloc, c'est-à-dire que celui-ci a été reconstitué, ou sous forme de mousse, pâté, galantine et autres préparations dont le pourcentage de foie gras varie.

Le foie gras s'achète cru et il faut dans ce cas le choisir ferme sans être dur, avec une texture lisse et régulière et à la couleur uniforme. Évitez d'acheter des foies supérieurs à 500 g, au-delà ils perdent beaucoup de graisse à la cuisson. Vous pouvez également l'acheter mi-cuit (cuisson à 70 °C) et le conserver six mois au réfrigérateur, ou cuit (à 100 °C) et le conserver pour sa part plusieurs années à température ambiante.

Terrine de foie gras de canard

difficulté ★★★   temps ★★★   coût €€€

Ustensiles : Couteau d'office, film alimentaire, terrine en faïence
Temps de préparation : 30 minutes
Temps de cuisson : 20 minutes
Quantité : 10 personnes

1 kg de foie gras de canard

12 g de sel

6 g de poivre

> ✔ La veille, laissez les lobes de foie gras à température ambiante pendant une heure avant de les travailler. Écartez les lobes du foie gras, retirez les parties vertes avec la pointe d'un couteau, dénervez délicatement. Assaisonnez de sel et de poivre. Enveloppez les lobes de foie dans un film alimentaire et laissez-les mariner ainsi 24 heures au réfrigérateur.

- Le jour même, retirez les lobes du réfrigérateur une heure avant de les cuisiner, pour qu'ils reviennent à température ambiante. Garnissez une terrine en faïence avec les lobes de foie gras.

- Faites cuire au bain-marie dans un four préchauffé à 180 °C (th. 6), pendant 20 minutes. Une fois la terrine cuite, couvrez-la d'une planche de la même dimension avec un poids par-dessus et laissez vieillir ainsi quelques jours au réfrigérateur.

TRUC : Dans le cas où l'on souhaite cuisiner une plus grande ou plus petite quantité de foie gras, la règle d'assaisonnement d'un foie gras est la suivante : 12 g de sel et 6 g de poivre au kilo. La règle de cuisson est de 20 minutes au four à 180 °C par kilo de foie.

L'ASTUCE D'HÉLÈNE : Pour la marinade, on peut ajouter au sel et au poivre un peu de jus de truffe, ou de porto, ou d'armagnac ou de vin moelleux (type jurançon, sauternes, monbazillac, etc.). Ou encore le piquer de truffe noire taillée en bâtonnets, ou intercaler des morceaux de cèpes poêlés ou des artichauts ou morceaux de coings confits.

L'ASTUCE D'HÉLÈNE : Servez toujours le foie gras accompagné d'un peu de fleur de sel et de poivre du moulin. Chaque convive en ajoutera selon son goût. Accompagnez d'épaisses tranches de pain de campagne grillées.

Foie gras de canard des Landes et fruits de saison poêlés, réduction de porto

difficulté ✶✶✶   temps ✶✶✶   coût €€€

Ustensiles : Cassolette, couteau d'office, poêle antiadhésive
Temps de préparation : 25 minutes
Temps de cuisson : 10 minutes
Quantité : 6 personnes

1 lobe de foie gras de canard des Landes
25 cl de porto
1 poire Williams
1 pomme Royal Gala
1 pomme Granny-smith
1 grappe de raisin chasselas
3 figues
50 g de sucre en poudre
50 g de graisse de canard

Sel

Piment d'Espelette

- Sortez le lobe de foie gras du réfrigérateur une heure avant de le cuire, pour qu'il soit à température ambiante à cœur.
- Versez le porto dans une cassolette et faites-le réduire de trois quarts sur un feu doux.
- Lavez la poire, les pommes, le raisin et les figues. Détaillez les pommes et poires en quartiers, les figues en moitiés et le chasselas en quatre petites grappes. Dans une poêle antiadhésive, versez un peu de graisse de canard et saisissez les fruits en commençant par ceux qui cuisent le moins vite : pommes et poires ont besoin de 4 à 6 minutes selon leur maturité, la figue de 1 à 2 minutes et le chasselas de quelques secondes. En fin de cuisson, saupoudrez les fruits de sucre pour qu'ils caramélisent légèrement.
- Au moment de servir, détaillez le foie gras en six tranches épaisses de 2 cm.
- Assaisonnez de sel et de piment d'Espelette et cuisez les escalopes 2 à 3 minutes de chaque côté, dans une poêle antiadhésive fumante.
- Posez alors les escalopes sur un bout de papier absorbant, puis servez-les aussitôt accompagnées des fruits rôtis et du porto réduit.

Pour couper un foie gras, qu'il soit cru ou cuit, utilisez un couteau avec une fine lame, que vous tremperez avant chaque tranchage dans un pot d'eau bouillante.

Quelle que soit la manière de cuire le foie gras (à la poêle, sur la braise), la source de chaleur doit être très vive, de manière à ce que le foie gras soit saisi tout de suite et croûte légèrement. Il faut ensuite baisser l'intensité du feu. Testez le point de cuisson en appuyant le doigt sur le milieu de la tranche. S'il n'y a plus de résistance, c'est que le foie est cuit.

N'ajoutez surtout pas de matière grasse dans la poêle dans laquelle vous cuisez le foie gras. Celui-ci en rejettera suffisamment par lui-même.

Crème brûlée au foie gras de canard des Landes

difficulté ★★★   temps ★★★   coût €€€

Ustensiles : Petite casserole, mixeur plongeant, chinois étamine, chalumeau ou gril de four
Temps de préparation : 15 minutes
Temps de cuisson : 30 minutes
Quantité : 6 personnes

125 g de parures de foie gras de canard
12 cl de lait
125 g de crème fleurette
1 œuf
40 g de sucre cassonade
Sel
Poivre
Piment d'Espelette

- Portez le lait et la crème à ébullition, puis ajoutez le foie gras. Faites cuire sur feu doux pendant 30 minutes environ, mixez, puis passez au tamis.
- Battez l'œuf, versez-le dans le mélange lait, crème et foie gras. Mixez et passez à nouveau au tamis. Rectifiez alors l'assaisonnement en sel, poivre et piment d'Espelette.
- Versez dans des petites assiettes creuses ou bols à consommé, faites cuire au bain-marie dans un four à 190 °C (th. 6/7), pendant 30 minutes environ.
- Saupoudrez les crèmes brûlées de sucre cassonade. Faites caraméliser à l'aide d'un chalumeau ou sous une salamandre.

Vous trouverez une recette de macaronade au foie gras au chapitre 18.

Les huîtres

Traditionnellement plat de fêtes de Noël et de fin d'année en France, les huîtres se dégustent crues et la plupart du temps nature ou bien cuisinées.

Il existe deux types d'huîtres : d'une part les huîtres plates, élevées sur la côte Atlantique et en Méditerranée, d'autre part les huîtres rondes, en provenance du bassin d'Arcachon et de Marennes-Oléron. Les huîtres sont commercialisées selon leur degré d'affinage et leur calibre. Ainsi les chiffres de 6 à 0 définissent la taille de l'huître, plus le numéro est petit plus l'huître est grosse. La taille la plus courante est le 4 ou le 3.

Huîtres gratinées au sabayon de champagne

difficulté ★★★   temps ★★★   coût €€€

Ustensiles : Plat à four, petit couteau, casserole, sautoir
Temps de préparation : 15 minutes
Temps de cuisson : 10 minutes

Quantité : 6 personnes

24 huîtres fines de claire n° 2

24 belles feuilles d'épinard

50 cl de champagne

250 g de crème épaisse

2 jaunes d'œufs

1 échalote

Piment d'Espelette

- Déposez les huîtres dans un plat. Passez-les au four préchauffé à 180 °C (th. 6) pendant 3 minutes ; les huîtres doivent s'ouvrir d'elles-mêmes et cuire légèrement. Retirez les chairs de la coquille. Récupérez le jus rendu.

- Plongez les feuilles d'épinard quelques secondes dans de l'eau bouillante salée. Puis étendez-les sur un linge propre. Roulez chaque huître dans une feuille d'épinard. Remettez alors chaque huître enveloppée dans la feuille d'épinard dans sa coquille.

- Ciselez l'échalote. Dans un petit sautoir, faites fondre l'échalote dans un peu de graisse de canard. Puis ajoutez le champagne et le jus des huîtres. Faites réduire de moitié.

- Mélangez les jaunes d'œufs à la crème épaisse, ajoutez le mélange dans le sautoir, assaisonnez de piment d'Espelette, puis filtrez.

- Recouvrez chaque huître de sabayon, gratinez sous un gril.

L'ASTUCE D'HÉLÈNE

Pour stabiliser les coquilles d'huître et éviter qu'elles ne bougent et perdent un peu de sabayon, déposez-les sur un lit de gros sel. Faites de même pour les présenter sur les assiettes.

Tartare d'huîtres aux échalotes et au vinaigre de xérès

difficulté ✸✸✸   temps ✸✸✸   coût €€€

Ustensiles : Couteau d'office, couteau à huîtres

Temps de préparation : 20 minutes

Quantité : 6 personnes

18 huîtres fines de claire n° 2

1 échalote

Le jus d'½ citron

1 cuil. à soupe de vinaigre de xérès

Chapitre 17 : Les repas de fête, autour de dix produits d'exception

- Ciselez l'échalote.
- Ouvrez les huîtres délicatement. Recueillez leur eau. Retirez-les de leur coquille.
- Hachez la chair des huîtres au couteau. Ajoutez l'échalote ciselée, puis le jus de citron et le vinaigre de xérès. Servez aussitôt.

À RETENIR — Versez sur le tartare d'huîtres le velouté glacé de haricots maïs dont vous trouverez la recette au chapitre 15. Les jours de fête, ajoutez aussi un peu de caviar sur le tartare d'huîtres.

Le caviar

Produit de luxe par excellence, le caviar, fabriqué à partir des œufs d'esturgeon, peut être d'origine sauvage ou bien d'élevage.

Les principaux producteurs de caviar sauvage sont la Russie, l'Iran, le Kazakhstan et l'Azerbaïdjan dont les types les plus connus sont le béluga, l'osciètre et le sévruga.

D'autres pays du monde produisent également du caviar à travers l'élevage, tels que la France où cette activité est en forte croissance (notamment dans le Périgord et en Gironde), les États-Unis, Israël, l'Italie, l'Espagne et la Chine.

Blinis, crème épaisse et caviar

difficulté ★★★   temps ★★★   coût €€€

Ustensiles : Grand bol, batteur, poêle antiadhésive, petite cuillère, petite spatule
Temps de préparation : 20 minutes
Temps de cuisson : 6 minutes
Quantité : 6 personnes
Pour les blinis :

125 g de farine

25 g de farine de froment

25 cl de lait

2 œufs

15 cl de lait tiède

10 g de levure de boulanger

5 cl de crème montée

50 g de graisse de canard

Sel

Pour la crème :

150 g de crème épaisse AOC

10 brins de ciboulette

Le jus d'½ citron

90 g de caviar

- Délayez la levure et la farine de froment dans 25 cl de lait. Laissez lever 20 minutes.
- Ajoutez la farine tamisée, les jaunes d'œufs, le lait tiède et le sel. Mélangez pour obtenir une pâte homogène. Au dernier moment, incorporez les blancs d'œufs montés en neige ferme, puis la crème montée.
- Laissez reposer une heure.
- Dans une poêle antiadhésive, versez un peu de graisse de canard. À l'aide d'une petite cuillère, étalez des petits tas de pâte à blinis pour former des ronds de 4 cm de diamètre environ. Retournez-les à l'aide d'une petite spatule pour les cuire des deux côtés. Faites ainsi 30 petits blinis.
- Mélangez la crème épaisse avec le jus de citron et la ciboulette ciselée. Déposez un peu de crème sur chaque blini, puis un peu de caviar (environ 3 g) sur la crème.

L'ASTUCE D'HÉLÈNE

Cette recette peut également être réalisée avec des œufs de saumon, ou bien vous pouvez servir les blinis avec du saumon fumé.

Œufs brouillés au caviar

difficulté ★★★   temps ★★★   coût €€€

Ustensiles : Toque-œuf, saladier, couteau d'office

Temps de préparation : 10 minutes

Temps de cuisson : 10 minutes

Quantité : 6 personnes

12 œufs de taille moyenne

10 cl de crème fouettée

30 g de caviar

10 brins de ciboulette

Sel

Piment d'Espelette

- Cassez les œufs avec un toque-œuf de manière à pouvoir récupérer les coquilles. Versez les œufs dans un saladier et lavez délicatement six coquilles d'œuf.

- Taillez la ciboulette en bâtonnets de 10 cm de long.
- Cuisinez les œufs brouillés en suivant la recette du chapitre 2.
- Versez délicatement les œufs brouillés dans les coquilles (ou à défaut dans des petits ramequins), posez une quenelle de 5 g de caviar par-dessus, puis trois bâtonnets de ciboulette sur le caviar. Servez aussitôt.

Servez dans un coquetier et accompagnez de mouillettes de pain de mie.

Blanc de turbot cuit à la nacre, beurre blanc au caviar

difficulté ★★★   temps ★★★   coût €€€

Ustensiles : Poêle, petite casserole
Temps de préparation : 15 minutes
Temps de cuisson : 4 à 5 minutes
Quantité : 6 personnes

6 blancs de turbot (120 g chacun environ)
50 g de graisse de canard
5 cl de crème montée
30 g de caviar
5 brins de ciboulette
Sel
Piment d'Espelette
250 g de beurre blanc (voir recette chapitre 8)

- Assaisonnez les blancs de turbot, puis colorez-les sur les deux faces en les saisissant dans la graisse de canard versée dans une poêle. Finissez la cuisson au four préchauffé à 200 °C (th. 7) pendant 4 à 5 minutes selon l'épaisseur. Le poisson est cuit quand la chair a la couleur de la nacre.
- Faites chauffer doucement le beurre blanc, versez le jus de citron. Hors du feu, ajoutez la ciboulette ciselée et le caviar. Nappez les blancs de turbot de ce beurre blanc.

Ce plat s'accompagne idéalement d'asperges blanches pochées, de blancs de poireau cuits à l'eau ou de simples pommes de terre vapeur.

Pour cette recette, il est conseillé d'utiliser un beurre aux algues pour préparer le beurre blanc.

Quatrième partie : Recettes pour recevoir

L'ASTUCE D'HÉLÈNE — Dans toutes ces recettes, vous pouvez remplacer le caviar par des œufs de saumon, leur prix est plus abordable.

Le saumon

Le saumon est un poisson gras, riche en oméga-3, dont les qualités nutritives importantes et le prix abordable en font l'un des aliments préférés des Français.

Il peut être soit d'élevage (en provenance de l'Atlantique), soit sauvage (saumon du Pacifique : le rouge, le kéta et le rose).

Le saumon frais se consomme aussi bien cru (tartare, carpaccio, ceviche ou sashimi) que cuit (poché, grillé, cuit à la vapeur…). Il doit être très frais et ne pas dégager d'odeur désagréable.

Il se consomme également fumé, faisant de lui un mets de fête, ou bien encore en conserve.

Le saumon atlantique sauvage est actuellement en voie de disparition à cause d'une surpêche importante et il est important de sensibiliser le grand public à ce problème.

Saumon d'Écosse façon gravlax

difficulté ✶✶✶   temps ✶✶✶   coût €€€

Ustensiles : Plat pour marinade, mixeur, couteau d'office

Temps de préparation : 10 minutes

Temps de repos : 48 heures

Quantité : 8 personnes

800 g de saumon d'Écosse Label Rouge taillé dans le cœur du filet

100 g de fleur de sel

100 g de sucre roux

1 citron vert

1 branche de thym

2 feuilles de laurier

25 g de badiane

25 g d'anis vert

25 g de graines de fenouil

3 g de grains de poivre

5 g de grains de coriandre

1 clou de girofle

10 baies de genièvre

1 g de piment d'Espelette

- Préparez la marinade deux jours à l'avance. Pour cela, mixez ensemble la badiane, l'anis vert, les graines de fenouil, le poivre, la coriandre, le thym, les feuilles de laurier, le clou de girofle et le genièvre. Puis mélangez avec la fleur de sel, le sucre roux et le piment d'Espelette.
- Coupez le citron vert en deux et frottez le saumon avec chaque moitié. Recouvrez-le de ce mélange de sel, sucre, épices et herbes, puis laissez-le mariner au réfrigérateur pendant 48 heures. Le jour même, lavez le saumon sous un filet d'eau.

Servez le saumon en tranches épaisses d'½ cm coupées dans la hauteur du filet, accompagné simplement de pain grillé ou d'une salade de pommes de terre à l'oignon nouveau.

Saumon poché au court-bouillon

difficulté ✸✸✸   temps ✸✸✸   coût €€€

Ustensiles : Saumonière, couteau d'office, plat de présentation

Temps de préparation : 10 minutes

Temps de cuisson : 20 à 30 minutes

Quantité : 12 personnes

1 saumon entier de 3 à 4 kg

5 l de court-bouillon

Pour le court-bouillon :

200 g de carottes

150 g d'oignons blancs

150 g d'oignons rouges

150 g de poireaux

150 g d'une branche de céleri

1 tête d'ail

2 branches de thym

10 feuilles de laurier

75 cl de vinaigre de vin

75 cl de vin blanc sec
75 cl de fumet de poisson
10 g de fleur de sel de Guérande
4 g de piment d'Espelette
10 g de poivre mignonnette

- Versez le court-bouillon dans une saumonière. Assaisonnez légèrement le saumon de sel et de piment d'Espelette. Posez-le sur la grille de la saumonière, puis refermez et laissez cuire sur feu doux, pendant 20 à 30 minutes selon la taille du poisson. Vérifiez la cuisson en plantant un petit couteau dans le dos du poisson. Puis ôtez du feu et laissez refroidir le saumon dans le court-bouillon.
- Une fois froid, retirez la grille de la saumonière et posez délicatement le poisson sur un plat de présentation. Retirez la peau du poisson. Présentez le poisson tel quel, et découpez devant les convives.

En accompagnement, vous pouvez servir le saumon avec une simple mayonnaise, nature ou aux herbes, une sauce cocktail ou une sauce mousseline (voir chapitre 8) assaisonnée de colombo. L'idéal est de proposer plusieurs sortes de sauce.

Accompagnez de pommes de terre écrasées à l'huile d'olive (voir chapitre 2).

Vous pouvez remplacez le saumon par du merlu, du cabillaud ou du bar.

Pavé de saumon sauvage sauce champagne

difficulté ✶✶✶   temps ✶✶✶   coût €€€

Ustensiles : Poêle antiadhésive, spatule polycarbonate, petit sautoir, petit fouet à sauce
Temps de préparation : 10 minutes
Temps de cuisson : 8 à 10 minutes
Quantité : 4 personnes

4 pavés de saumon (150 g chacun environ) désarêtés et écaillés
100 g de beurre doux
10 cl de fumet de poisson
15 cl de champagne
40 g de crème fraîche épaisse
15 g de graisse de canard
1 pincée de sel fin de Guérande
1 pincée de piment d'Espelette

Pour la finition :
40 g de crème fouettée

- Assaisonnez les pavés de saumon.
- Faites réduire de moitié le fumet et le champagne dans le sautoir.
- Pendant ce temps, chauffez la poêle avec la graisse de canard, sans faire fumer la graisse, la cuisson doit être douce et homogène. Posez les pavés côté peau dans la graisse de canard et laissez cuire doucement sans les toucher. Arrosez de temps en temps avec les sucs de cuisson.
- Ajoutez la crème épaisse à la réduction de champagne, faites réduire à nouveau. Ensuite hors du feu, montez la sauce au beurre avec le fouet, assaisonnez et ajoutez la crème fouettée.
- Dressez les assiettes chaudes, mettez une bonne cuillerée à soupe de sauce champagne et déposez les pavés avec la peau au-dessus en présentation.

Accompagnez ce plat avec des jeunes légumes rôtis à la graisse de canard.

Les coquilles Saint-Jacques

Produit de la mer par excellence, la coquille Saint-Jacques se consomme entre octobre et mai. En Europe, elle vit dans le nord de l'Atlantique et de la Méditerranée et on la trouve en France, en Écosse, en Irlande, en Italie ou en Angleterre.

En France, la Normandie est la première région productrice, mais on la pêche également dans le Pas-de-Calais et en Bretagne. La coquille Saint-Jacques se pêche au moyen de dragues, sortes de sacs métalliques précédés d'une barre de dents ou râteau ayant pour effet de la désensabler.

Ce mets raffiné, aussi bon cru que cuit, est un produit de choix, très demandé et apprécié par les consommateurs, notamment en période de fêtes.

Ceviche de Saint-Jacques

difficulté ★★★   temps ★★★   coût €€€

Ustensiles : Planche à découper, presse-agrumes, couteau d'office, bouteille, verrines
Temps de préparation : 15 minutes
Quantité : 8 personnes

300 g de noix de Saint-Jacques décortiquées
2 pincées de fleur de sel
2 tours de moulin à poivre

1 pincée de piment d'Espelette

Pour le jus de ceviche :

25 cl de jus d'orange

15 cl de jus de pamplemousse

15 cl de jus de citron

15 cl de jus de citron vert

15 cl d'huile d'olive

Les tiges de 2 branches de coriandre

1 gousse d'ail

½ piment d'Espelette

3 graines de poivre à queue

2 g de gingembre frais

2 clous de girofle

1 g de fleur de sel

- Mélangez les jus d'agrumes. Dans une bouteille, introduisez les épices et les herbes, puis versez les jus d'agrumes par-dessus. Versez l'huile d'olive. Fermez la bouteille et laissez au réfrigérateur pendant 3 jours. Le jus de ceviche doit être servi glacé.
- Tranchez des lamelles de Saint-Jacques d'environ 5 g, assaisonnez-les légèrement et dressez dans des petites verrines (bien glacées), arrosez de jus de ceviche et servez glacé.

L'ASTUCE D'HÉLÈNE

Vous pouvez ajouter une garniture à base de fruits (mangues, pommes), de légumes (avocats, tomates, poireaux), d'herbes (coriandre, estragon, basilic) à vos Saint-Jacques.

Soupe de Saint-Jacques à la citronnelle

difficulté ✶✶✶   temps ✶✶✶   coût €€€

Ustensiles : Couteau d'office, sautoir, zesteur

Temps de préparation : 25 minutes

Temps de cuisson : 1 heure

Quantité : 6 personnes

24 coquilles Saint-Jacques

1 garniture aromatique

2 gousses d'ail

1 bouquet garni

Chapitre 17 : Les repas de fête, autour de dix produits d'exception

2 tiges de citronnelle fraîche

40 g de gingembre frais

5 cl d'armagnac

10 cl de vin blanc sec

30 cl de crème fraîche liquide « fleurette »

15 cl de crème montée

1 citron vert

50 g de graisse de canard

Sel

Piment d'Espelette

- Ouvrez les coquilles Saint-Jacques (voir le procédé ci-dessous) et retirez les noix. Débarrassez les noix de leurs barbes. Laissez dégorger les barbes très longtemps sous un filet d'eau glacée pour qu'elles rendent tout le sable qui y est retenu. Puis égouttez-les et séchez-les dans un linge.

- Faites revenir, sans les colorer, la garniture aromatique taillée en gros morceaux et les gousses d'ail dans la graisse de canard versée dans un sautoir. Ajoutez les barbes. Égouttez-les car elles vont rendre de l'eau.

- Reversez-les dans le sautoir avec à nouveau autant de graisse de canard. Faites saisir jusqu'au moment où les barbes seront bien sèches et légèrement colorées.

- Déglacez alors avec l'armagnac et le vin blanc sec, laissez réduire presque à sec, puis versez 1,5 litre d'eau. Ajoutez le bouquet garni, le gingembre et les bâtonnets de citronnelle. Laissez ainsi mijoter pendant une heure sur feu doux, puis filtrez. Ajoutez la crème fleurette.

- Au moment de servir, portez à ébullition, puis pochez-y 12 Saint-Jacques assaisonnées de sel et de piment d'Espelette. Mixez et rectifiez l'assaisonnement.

- Taillez les autres noix de Saint-Jacques en fines lamelles ; assaisonnez-les de sel et de piment d'Espelette et faites mariner quelques minutes dans le jus de citron et l'huile d'olive.

- Dans six assiettes creuses, déposez les lamelles de Saint-Jacques en rosace, posez une quenelle de crème montée par-dessus, râpez les zestes de citron vert par-dessus. Versez le reste de crème montée dans le velouté et émulsionnez. Versez le velouté sur les Saint-Jacques devant les convives.

SAVOIR-FAIRE Pour ouvrir des Saint-Jacques en coquille, placez la coquille dans la paume de la main gauche si vous êtes droitier, puis insérez doucement un petit couteau entre les deux valves. Enfoncez la lame entièrement de manière à la faire glisser tout au long de la valve plate. Elle doit alors sectionner le pied qui y est attaché. Ouvrez le coquillage. Avec une cuillère à soupe tenue très fort par le manche, donnez un coup sec au niveau où la noix est attachée à la valve inférieure. Tout se détache très facilement.

Noix de coquilles Saint-Jacques rôties dans leur coquille à la fleur de thym, émulsion au curry vert

difficulté ★★★   temps ★★★   coût €€€

Ustensiles : Couteau d'office, casserole
Temps de préparation : 15 minutes
Temps de cuisson : 4 minutes
Quantité : 6 personnes

12 coquilles Saint-Jacques de grosse taille ou 18 moyennes
60 g de beurre demi-sel
1 garniture aromatique
2 gousses d'ail
1 bouquet garni
5 cl d'armagnac
10 cl de vin blanc sec
25 cl de crème fraîche liquide
10 cl de crème montée
50 g de graisse de canard
2 g de fleur de thym
Sel
Piment d'Espelette
Fleur de sel

- Ouvrez les coquilles Saint-Jacques. Débarrassez les noix de leurs barbes. Passez les coquilles sous l'eau froide pour ôter les impuretés. Séchez-les bien.

- Cuisinez un fumet avec les barbes selon la recette précédente mais en remplaçant le gingembre et la citronnelle par le curry vert. Une fois le fumet filtré, faites-le réduire de moitié, puis ajoutez la crème. Rectifiez l'assaisonnement en sel et piment d'Espelette.

- Posez une noix de beurre dans chaque coquille. Assaisonnez de piment d'Espelette, parsemez d'un peu de fleur de thym, puis passez au four pendant 4 minutes à 180 °C (th. 6). Portez l'émulsion au curry à ébullition, ajoutez la crème montée et émulsionnez vivement. Parsemez quelques grains de fleur de sel sur chaque noix de Saint-Jacques, versez un cordon d'émulsion au curry.

En accompagnement, râpez un cœur de palmier et de la pomme Granny-smith sur les noix de Saint-Jacques.

Les coquillages et crustacés

Homards, langoustines, ormeaux, crabes… Des crustacés les plus répandus aux fruits de mer les plus inattendus, portez une grande attention à la fraîcheur et à la qualité, respectez la période de pêche et préférez-les vivants aux produits congelés.

Il faut prêter une grande attention à la cuisson des coquillages, car dès qu'ils cuisent trop ils perdent leur moelleux et deviennent caoutchouteux.

Crab cake
Recette du restaurant Espelette au Connaught à Londres

difficulté ✲✲✲   temps ✲✲✲   coût €€€

Ustensiles : Saladier, couteau d'office
Temps de préparation : 15 minutes
Temps de cuisson : 5 minutes
Quantité : 12 personnes

750 g de chair de crabe (ou mieux 2 tourteaux à cuire dans un court-bouillon et à décortiquer)
1 citron
2 jaunes d'œufs
100 g de chapelure japonaise
1 cl de sauce Worcestershire
120 g de mayonnaise
6 cébettes (ou oignons nouveaux)
10 g de Tabasco
Sel
Piment d'Espelette

Pour la sauce :

250 g de crème aigre
240 g de mayonnaise
45 g de miel
1 échalote
18 cl de vinaigre blanc sec
2 cuil. à soupe d'huile végétale
1 cuil. à soupe de moutarde de Dijon

1 cuil. à café de grains de moutarde

Sel

Piment d'Espelette

- Mélangez ensemble la chair de crabe, le jus de citron, la sauce Worcestershire, la mayonnaise, les cébettes ciselées et le Tabasco. Assaisonnez de sel et de piment d'Espelette. Divisez ce mélange en 24 portions égales, façonnez-les de manière à obtenir 24 palets de forme régulière, épais de 1 cm et de 4 cm de diamètre.
- Ciselez l'échalote. Puis mélangez tous les ingrédients de la sauce entre eux. Assaisonnez de sel et de piment d'Espelette.
- Au moment de servir, roulez les palets dans les jaunes d'œufs battus puis dans la chapelure. Puis faites-les frire dans de l'huile d'arachide.

Servez les crab cakes accompagnés de la sauce et d'un mélange de salades.

Vous pouvez aussi cuisiner un crab cake plus rustique et plus simple en vous inspirant de la recette du cake salé (chapitre 16) : remplacez juste le chorizo et la tomate par du crabe.

Il est toujours meilleur d'acheter un gros tourteau vivant, de le cuire et de le décortiquer. Si ça vous semble trop compliqué, achetez tout de même de la chair chez le poissonnier plutôt que de la chair en conserve.

Galette de homard aux cèpes

difficulté ★★★   temps ★★★   coût €€€

Ustensiles : Grande marmite, couteau, poêle, moules à tartelette, petite casserole, mandoline à truffe

Temps de préparation : 30 minutes

Temps de cuisson : 6 à 8 minutes

Quantité : 8 personnes

4 homards de 800 g

480 g de cèpes

400 g d'épinards en branche

100 g de graisse de canard

Sel

Piment d'Espelette

8 feuilles de brick

Pour la sauce :

4 échalotes

30 cl de pacherenc moelleux

50 g de graisse de canard

50 cl de crème liquide « fleurette »

Sel

Piment d'Espelette

Pour la finition :

100 g de têtes de cèpe bien fermes

50 g de graisse de canard

2 branches de cerfeuil

- Plongez les homards dans de l'eau bouillante salée pendant 5 minutes. Puis décortiquez-les.

- Taillez les queues en huit médaillons et les pinces en trois morceaux.

- Taillez les cèpes en lamelles larges de 5 mm, assaisonnez-les de sel et de piment d'Espelette, puis poêlez-les à la graisse de canard.

- Faites tomber les épinards dans un peu de graisse de canard, assaisonnez de sel et de piment d'Espelette.

- Badigeonnez les feuilles de brick de graisse de canard, puis chemisez huit moules à tartelette. Tapissez le fond avec les morceaux de homard. Puis recouvrez de lamelles de cèpes, et enfin finissez avec une couche d'épinards. Refermez la galette.

- Ciselez l'échalote. Puis faites-la fondre dans un peu de graisse, versez le pacherenc et faites réduire à sec. Versez alors la crème liquide, laissez cuire sur petit feu pendant 15 minutes. Filtrez.

- Faites cuire les galettes au four à 200 °C (th. 7) pendant 6 à 8 minutes. Dans huit assiettes, posez une galette de homard et versez un cordon de sauce.

- Préparez la finition : colorez les pinces à la graisse de canard.

- Dans chaque assiette, posez une galette au centre. Mettez une pince sur chaque galette. Versez la sauce tout autour, puis râpez la tête de cèpe à cru sur chaque galette à l'aide d'une mandoline à truffe. Parsemez de feuilles de cerfeuil.

Pour cette préparation, privilégiez le homard breton plutôt que le homard canadien.

Tempura de gambas et piments landais aux graines de pavot, sauce « dolce-forte »

difficulté ✱✱✱   temps ✱✱✱   coût €€€

Ustensiles : Casserole à friture, casserole, passoire à petit tamis, petits bols
Temps de préparation : 30 minutes
Temps de cuisson : 15 minutes
Quantité : 8 personnes
Pour le tempura :
32 gambas crues
16 piments landais
30 g de farine à tempura
10 g de graines de sésames
10 g de graines de pavot
Sel
Piment d'Espelette
Pour le jus de gambas :
Les corps et les carcasses des gambas
½ oignon
½ carotte
2 cl d'armagnac
50 g de graisse de canard
Sel, poivre, piment d'Espelette
Pour la sauce « dolce/forte » :
0,5 g de poivre de Sichuan
0,5 g de piment d'Espelette frais
0,5 g de cardamome verte en graines
0,5 g de clous de girofle
0,5 g de gingembre frais
25 g de miel
2 cl de sauce soja
Sel
2 cébettes
Pour le montage :
2 ognoasses

Chapitre 17 : Les repas de fête, autour de dix produits d'exception

- Séparez la queue du corps de gambas. Décortiquez les queues des gambas en prenant soin de garder le dernier anneau.
- Délayez la farine à tempura avec 25 cl d'eau jusqu'à la consistance voulue, puis ajouter les graines de sésame et de pavot.
- Au moment de servir le tapas, assaisonnez les queues de gambas et les piments landais de sel et piment d'Espelette. Trempez-les dans la pâte à tempura et faites-les frire dans de l'huile bouillante.
- Préparez le jus de gambas : faites revenir dans la graisse de canard l'oignon et la carotte taillés en petits dés. Ajoutez les carcasses et corps de gambas. Une fois que le tout est bien coloré, versez l'armagnac, puis laissez cuire jusqu'à ce qu'il s'évapore. Verser alors de l'eau jusqu'à hauteur des carcasses, cuisez 15 minutes à feu doux. Filtrez à travers une passoire à petit tamis, en écrasant bien les carcasses des gambas pour récupérer le maximum de sucs.
- Préparez la sauce « dolce/forte » : torréfiez les épices, le piment et le gingembre. Ajoutez le miel et la sauce soja, laisser caraméliser légèrement, puis versez le jus des gambas. Laisser réduire de moitié, sur feu doux.
- Pour le montage : nettoyez les ognoasses puis émincez-les. Déposez-les dans le fond de chaque petit bol. Verser la sauce « dolce/forte » par-dessus.
- Posez les bols sur chaque assiette, puis déposez les piments et gambas en tempura. Servez aussitôt.

Le filet de bœuf

Morceau le plus tendre du bœuf, c'est la partie la plus noble et la moins grasse de l'animal. Il se compose de trois parties : la pointe, le cœur et la queue, et pèse entre 2,5 et 4 kg. Il sert principalement à la confection de rôtis ou tournedos et nécessite une cuisson courte et vive, au gril, à la poêle ou rôti.

Filet de bœuf Rossini

difficulté ✶✶✶   temps ✶✶✶   coût €€€

Ustensiles : Sautoir, poêle antiadhésive, spatule polycarbonate, grille-pain, mandoline à truffe
Temps de préparation : 15 minutes
Temps de cuisson : 6 à 8 minutes pour un filet saignant
Quantité : 4 personnes

4 tournedos d'environ 150 g

4 escalopes de foie gras de canard des Landes d'environ 30 g

4 tranches de pain de campagne à peu près du même diamètre que les tournedos

8 tranches de truffe noire fraîche du Périgord

8 cl de porto rouge

10 cl de jus de bœuf réduit

30 g de beurre doux

20 g de graisse de canard

2 pincées de sel fin de Guérande

2 tours de moulin à poivre

2 pincées de piment d'Espelette

1 pincée de sel fin

- Une heure avant, mettez à tempérer les tournedos, assaisonnez-les de sel et poivre et laissez-les à température ambiante.
- Dans le sautoir, faites chauffer la graisse de canard puis saisissez les tournedos, environ 4 minutes de chaque côté en les arrosant avec la graisse de canard et les sucs. Ensuite, faites-les reposer sur une grille.
- Toastez les tranches de pain de campagne.
- Faites chauffer la poêle, assaisonnez de sel et poivre les escalopes de foie gras, saisissez-les directement dans la poêle sans matière grasse. Faites-les cuire 20 à 25 secondes de chaque côté. Déposez-les délicatement sur un papier absorbant, dégraissez la poêle et déglacez les sucs de cuisson avec le porto. Faites réduire et ajoutez le jus de bœuf, laissez réduire et montez au beurre.
- Taillez les rondelles de truffe noire à la mandoline.
- Repassez les tournedos dans une noisette de beurre mousseux et assaisonnez-les avec le piment d'Espelette.
- Dressez d'abord le toast, posez au-dessus le tournedos égoutté, puis une escalope de foie gras et enfin deux lamelles de truffe noire. Saucez avec le jus de bœuf réduit.

Accompagnez de purée de pommes de terre, de purée de céleri (voir chapitre 4) ou de légumes d'hiver rôtis (voir chapitre 7).

Filet de bœuf en croûte

difficulté ★★★   temps ★★★   coût €€€

Ustensiles : Cul-de-poule, petite casserole, cocotte, sautoir, planche à découper, couteau éminceur, pinceau, plaque à four, feuille de papier sulfurisé

Temps de préparation : 1 heure 15
Temps de cuisson : 45 minutes
Pour la brioche :
300 g de pâte (voir recette chapitre 14) sans sucre
Pour la dorure :
1 œuf battu
600 à 700 g de filet de bœuf ficelé et sans barde
Sel fin
1 pincée de piment d'Espelette
50 g de graisse de canard
2 gousses d'ail entières non pelées écrasées
Pour la duxelles de champignons :
80 g de girolles
80 g de trompettes-des-morts
100 g de cèpes
80 g de chanterelles
80 g d'échalotes
1 gousse d'ail écrasée
1 branche de thym
1 feuille de laurier
40 g de graisse de canard
20 cl de jus de bœuf réduit
40 g de beurre doux
8 cl de porto rouge
20 g de brisures de truffe noire du Périgord (facultatif)
40 g de cubes de foie gras de canard frais

- La veille, réalisez la brioche et laissez-la reposer une nuit au froid.

- Pour la duxelles, triez et grattez les cèpes, rincez-les sous l'eau claire et épongez-les. Grattez les pieds des girolles et passez-les sous l'eau claire puis épongez-les. Pour les trompettes et chanterelles, lavez-les successivement dans trois eaux claires puis égouttez et épongez-les.

- Épluchez, lavez et ciselez finement les échalotes.

- Dans un sautoir, faites saisir à la graisse de canard tous les champignons, assaisonnez-les bien et ajoutez le thym, le laurier, l'ail et les échalotes. Laissez évaporer toute l'eau de cuisson et desséchez presque complètement. Laissez refroidir et hachez au couteau éminceur sur la planche à découper ou alors au mixeur. Rectifiez l'assaisonnement si besoin.

- Pour le filet, dans une cocotte, faites chauffer la graisse de canard, faites colorer le rôti de bœuf préalablement assaisonné. Laissez colorer sur toutes les faces et arrosez-le de jus de cuisson, ensuite ajoutez la gousse d'ail et enfournez-le à 220 °C (th. 7/8) en continuant de l'arroser. Sortez-le au bout de 10 minutes et laissez reposer, à froid, déficelez et mettez-le au frais.

- Abaissez la brioche en un rectangle permettant d'entourer complètement votre rôti. Déposez sur la partie basse une couche de duxelles de champignons bien froide, puis posez au-dessus le rôti froid et déficelé.

- Passez la dorure au pinceau sur la brioche (la dorure permet à la brioche d'adhérer à la viande) et repliez celle-ci afin de former votre « pain ». Appuyez bien sur les bords pour coller la pâte et la souder, puis passez de la dorure sur le dessus de la pâte et détaillez des petites cheminées (trous) afin que la vapeur de cuisson puisse s'échapper. Posez le filet de bœuf en croûte sur une feuille de papier cuisson et puis sur une plaque à four.

- Enfournez à 220 °C (th. 7/8) pendant environ 45 minutes, cuisez avec une sonde, sortez votre filet en croûte à 52 °C si vous le voulez saignant.

- Pour la sauce, faites réduire le porto avec les brisures de truffe noire, ajoutez le jus de bœuf et faites réduire à nouveau. Au moment de servir, faites fondre les dés de foie gras et le beurre dans la sauce et mixez. Servez en saucière bien chaude.

Pour servir votre plat, posez-le directement sur la planche à découper et tranchez-le devant vos invités. Accompagnez d'épinards frais fondus dans du beurre.

Il est important de trier les cèpes : il peut y avoir des petits insectes dans les pieds de cèpe.

Le chapon

Oie, dinde, canard, pintade, chapon, poulet, mais aussi pigeon, caille… La dinde a une chair plus sèche et moins fine qu'un poulet ou un chapon savoureux et tendre, quant à la pintade, elle a une chair tendre et racée. Le chapon se cuisine facilement et ravira les papilles de vos convives.

Préférez des volailles fermières élevées en liberté et privilégiez des animaux avec un grain de peau régulier (un bon moyen de savoir si la graisse, vecteur de goût, sera satisfaisante).

Chapon jaune des Landes farci, cuit au pot comme une poule

difficulté ✶✶✶   temps ✶✶✶   coût €€€

Ustensiles : Couteau d'office, hachoir à viande, grande marmite
Temps de préparation : 30 minutes
Temps de cuisson : 1 heure 30
Quantité : 8 personnes
Pour le chapon :
1 chapon de 3,2 kg
5 cl d'huile d'olive
Sel
Poivre
Piment d'Espelette
Pour la farce du chapon :
200 g de foies de volaille
150 g de foie gras
150 g de longe de porc
100 g de lard
150 g de mie de pain, sèche et émiettée
25 cl de crème liquide
2 branches de persil
1 jaune d'œuf
Sel
Piment d'Espelette
Pour la cuisson du chapon :
1 oignon (150 g)
2 carottes (250 g)
1 poireau (200 g)
1 petite branche de céleri (75 g)
2 clous de girofle (1 g)
1 g de genièvre en graines
1 g de coriandre en graines
1 g de poivre mignonnette
1 g de piment d'Espelette
5 g de gros sel

- Hachez les foies de volaille et le foie gras finement. Hachez la longe et le lard à la machine (ou demandez à votre boucher de le faire). Laissez tremper la mie de pain dans le lait. Puis mélangez les foies et le porc. Ajoutez la mie de pain et le jaune d'œuf, puis le persil haché grossièrement. Assaisonnez de sel et de piment d'Espelette.
- Assaisonnez l'intérieur du chapon et remplissez-le avec la farce. Bridez en suivant les conseils du chapitre 7.
- Cuisez le chapon dans une marmite remplie de 7 litres d'eau avec la garniture aromatique et les épices pendant au moins 4 heures à petite ébullition.
- Puis retirez le chapon. Laissez tiédir et découpez le chapon en levant les suprêmes et les cuisses. Détaillez les suprêmes en séparant le blanc du pilon et le gras de la cuisse. Retirez la farce et détaillez-la en 8 morceaux.

Servez tel quel.

Réalisez une sauce Albufera pour accompagner le chapon en suivant la recette page du chapitre 8.

Voici une idée de garniture pour accompagner ce chapon : cuisez dans le bouillon des carottes fanes taillées en tronçons, des mini-navets, des mini-poireaux, quelques tronçons de céleri et feuilles de chou.

Pour les jours de fête, farcissez le chapon de truffe sous la peau : soulevez délicatement la peau des chairs du chapon en trempant vos doigts dans de l'huile d'olive. Râpez 30 g de truffe noire en lamelles fines, puis insérez-les entre la chair et la peau du chapon, sur les blancs des suprêmes et les gras de cuisse.

Chapon jaune des Landes, foie gras de canard des Landes, cèpes « Retour de Hanoï »

difficulté ★★★   temps ★★★   coût €€€

Ustensiles : Couteau d'office, marmite, mandoline

Temps de préparation : 15 minutes

Temps de repos : 1 heure

Temps de cuisson : 15 minutes

Quantité : 8 personnes

2 suprêmes de chapon

1,5 l de bouillon de phô (voir recette chapitre 10)

80 g de foie gras de canard des Landes

2 têtes de cèpes bien fermes

80 g de nouilles de riz

4 branches de coriandre vietnamienne

2 cébettes (ou oignons nouveaux)

Sel

Piment d'Espelette

Fleur de sel

- Assaisonnez le foie gras de sel et de piment d'Espelette, enveloppez-le dans une feuille de film alimentaire, puis laissez-le mariner ainsi au frais pendant une heure.
- Taillez la coriandre en pluches. Nettoyez bien les têtes de cèpes.
- Ôtez la peau des suprêmes de chapon. Assaisonnez les suprêmes de sel et de piment d'Espelette et pochez-les dans le bouillon porté à ébullition pendant 15 minutes environ. Puis taillez-les en fines lamelles.
- Cuisez les nouilles dans de l'eau bouillante salée.
- Déposez les nouilles dans 4 gros bols. Posez les lamelles de suprême de chapon, quelques copeaux de foie gras, ciselez les cébettes et parsemez-les dans les bols, faites de même avec la coriandre. Enfin, râpez à l'aide d'une mandoline, les têtes de cèpes en fines lamelles et déposez-les sur la garniture. Parsemez d'un peu de fleur de sel. Versez le bouillon de phô bouillant sur la garniture.

Si ce n'est pas la saison des cèpes, remplacez-les par des champignons de Paris.

Fricassée de chapon jaune des Landes au pacherenc moelleux

difficulté ★★★   temps ★★★   coût €€€

Ustensiles : Couteau, cocotte

Temps de préparation : 15 minutes

Temps de cuisson : 40 minutes

Quantité : 8 personnes

1 chapon

150 g de graisse de canard

Sel

Piment d'Espelette

120 g de lardons

160 g de champignons de Paris « bouchon »
40 cl de vin moelleux (style pacherenc)
60 cl de crème liquide

- Levez les suprêmes, cuisses et gras de cuisses du chapon. Taillez les suprêmes en deux. Concassez les carcasses restantes et faites un jus.
- Dans une grande cocotte, faites revenir les suprêmes, cuisses et gras de cuisse avec la graisse de canard. Ajoutez les lardons et les champignons. Assaisonnez de sel et piment d'Espelette. Faites bien colorer. Retirez la garniture et laissez cuire les viandes pendant 10 minutes. Puis retirez-les.
- Déglacez la cocotte avec le vin, détachez tous les sucs, puis ajoutez le jus de chapon. Laissez réduire quelques instants. Puis ajoutez la crème. Laissez mijoter, ajoutez la garniture et les viandes. Laissez cuire sur feu doux une trentaine de minutes. Servez directement dans la cocotte.

Vous pouvez réaliser cette recette avec d'autres volailles : poulet, pintade, dinde, etc.

La truffe noire

La truffe noire est un champignon qui pousse sous la terre au pied d'arbres dits « truffiers ». Parfumée et croquante, elle est ramassée à l'aide en général d'un chien truffier ou d'un cochon.

Il existe différentes variétés : la truffe noire du Périgord récoltée entre novembre et mars, la truffe noire de Bourgogne récoltée de septembre à Noël, et la truffe d'été récoltée quant à elle entre mai et septembre. Elle doit être propre et nettoyée, ferme au toucher, à l'odeur subtile et comporter des petites rainures fines de couleur grise formant une spirale.

Il est également possible de déguster de la truffe blanche d'Alba ou du Piémont en Italie, récoltée entre octobre et novembre, beaucoup plus chère et rare que sa noire cousine.

Burrata à la truffe noire

difficulté ★★★   temps ★★★   coût €€€

Ustensiles : Plat, bol, mandoline à truffe
Temps de préparation : 5 minutes
Temps de cuisson : 3 à 4 minutes

Quantité : 6 personnes

3 burrata

10 cl d'huile d'olive

10 cl d'huile d'olive à la truffe

30 g de truffe noire

Fleur de sel

- Posez les burrata dans un plat. Mélangez les deux huiles, versez-en les ¾ sur les burrata.

- Passez sous le gril du four bien chaud pendant 3 à 4 minutes, puis râpez aussitôt la truffe sur les burrata, versez le restant d'huile, parsemez de fleur de sel et servez aussitôt.

La burrata est un fromage italien très goûteux, traditionnellement présenté dans des feuilles. Vous pouvez la remplacer par de la mozzarella.

Purée à la truffe noire

difficulté ★★★   temps ★★★   coût €€€

Ustensiles : Casserole moyenne, économe, couteau éminceur, planche à découper, presse-purée, tamis moyen, cuillère en bois

Temps de préparation : 15 minutes

Temps de cuisson : 20 minutes

Quantité : 4 personnes

800 g de pommes de terre Agria

1 l de lait

1 l de crème fraîche liquide

4 feuilles de laurier

20 g de brisures de truffe noire

400 g de beurre de baratte

Sel

Piment d'Espelette

- Épluchez, lavez et tranchez les pommes de terre.

- Versez la crème et le lait avec deux feuilles de laurier dans une casserole. Portez à frémissement. Assaisonnez de sel et de piment d'Espelette. Ajoutez les pommes de terre et laissez cuire 15 à 20 minutes. Passez ensuite les pommes de terre au presse-purée et au tamis, ajoutez le beurre en morceaux et 20 cl du mélange lait et crème de cuisson. Lissez avec une spatule. Terminez en rajoutant la brisure de truffe noire. Rectifiez l'assaisonnement en sel et piment d'Espelette.

L'ASTUCE D'HÉLÈNE Les brisures de truffe sont coûteuses. Vous pouvez les remplacer par un filet d'huile à la truffe blanche.

Vinaigrette à la truffe

difficulté ★★★   temps ★★★   coût €€€

Ustensiles : Bol, petit fouet
Temps de préparation : 5 minutes
Quantité : 4 personnes

2 cuil. à soupe de vinaigre de xérès
6 cuil. à soupe d'huile d'olive vierge extra
8 cl de jus de truffe noire
8 g de brisures de truffe noire fraîche du Périgord
1 pincée de sel fin
1 tour de moulin à poivre
1 pincée de piment d'Espelette

- Dans le bol, faites dissoudre le sel avec le vinaigre, ensuite, ajoutez le jus de truffe, l'huile d'olive, les brisures et assaisonnez.
- Laissez infuser au moins 12 heures.

Servez en salade ou encore sur des viandes blanches, crustacés…

Ravioles de noix de Saint-Jacques, émulsion de parmesan, truffe noire

difficulté ★★★   temps ★★★   coût €€€

Ustensiles : Casserole, passette à sauce
Temps de préparation : 45 minutes
Temps de cuisson : 10 minutes
Quantité : 6 personnes
Pour les ravioles :
300 g de pâte à ravioles (voir recette chapitre 12)
30 noix de Saint-Jacques de petite taille
1 jaune d'œuf

20 g de farine de riz
Sel
Piment d'Espelette
Pour l'émulsion de parmesan :
25 cl de bouillon de volaille
25 cl de crème fraîche liquide
150 g de parmesan Reggiano râpé
5 cl de crème montée
30 g de beurre
Pour la finition :
1 truffe noire de 30 g
Fleur de sel

- Préparez l'émulsion au parmesan : versez le bouillon de volaille, la crème fleurette et le parmesan Reggiano dans une casserole, portez à ébullition. Laissez infuser pendant quelques heures avant de filtrer la sauce.
- Abaissez la pâte et réalisez des ravioles en suivant les conseils du chapitre 12, mais en remplaçant la farce par les noix de Saint-Jacques assaisonnées de sel et de piment d'Espelette. Réservez au frais, sur un plat saupoudré de farine de riz. Laissez à température ambiante la dernière demi-heure avant de servir le plat.
- Au moment de servir, plongez les ravioles dans 7 litres d'eau bouillante. Dès qu'elles remontent à la surface, c'est-à-dire au bout de 3 à 4 minutes environ, égouttez-les.
- Portez à ébullition l'émulsion au parmesan. Ajoutez le beurre et la crème montée, puis émulsionnez.
- Déposez 5 ravioles dans chaque assiette creuse, versez l'émulsion de parmesan. Râpez la truffe noire très finement. Parsemez d'un peu de fleur de sel.

Crème glacée à la truffe noire

difficulté ★★★   temps ★★★   coût €€€

Ustensiles : Casserole, mixeur, sorbetière
Temps de préparation : 30 minutes
Temps de repos : 4 heures
Quantité : 4 personnes
17 cl de lait entier
20 g de jus de truffe noire

1 jaune d'œuf

10 g de brisures de truffe noire fraîche

10 g de lait en poudre

35 g de sucre en poudre

20 g de beurre

- Portez à ébullition le lait entier, ajoutez le jus de truffe noire et la brisure de truffe noire.
- Laissez infuser quelques instants, puis ajoutez en suivant cet ordre précis : le lait en poudre, 20 g de sucre, le beurre, le jaune d'œuf mélangé au restant de sucre en poudre.
- Mixez, faites chauffer à nouveau sans porter à ébullition, puis laissez ainsi au frais pendant 4 heures. Turbinez alors dans une sorbetière pendant 20 minutes.

Servez cette crème glacée avec une sauce au chocolat ou un gâteau au chocolat (recette ci-après).

Le chocolat

Produit à partir de la fève de cacao, le chocolat est très certainement le produit préféré des Français, petits et grands confondus. Blanc, au lait ou noir, c'est la teneur en pâte de cacao qui en distinguera la variété. Les chocolats grands crus sont issus de cabosses poussant sur des cacaoyers particuliers se trouvant au Venezuela, au Mexique, en Équateur ou encore à Trinidad et produisant des chocolats aux saveurs bien distinctes.

Le chocolat peut s'acheter sous forme de tablettes, en couverture (pour enrober les bonbons) ou encore sous forme de bonbons fourrés que l'on trouve chez les chocolatiers.

Gâteau au chocolat
d'après une recette de Suzy Palatin, auteur de livres de cuisine

difficulté ✶✶✶   temps ✶✶✶   coût €€€

Ustensiles : Bol, fouet, moule à manqué
Temps de préparation : 10 minutes
Temps de cuisson : 25 à 30 minutes

Quantité : 8 personnes

250 g de chocolat

250 g de beurre

250 g de sucre

4 œufs

70 g de farine

- Préchauffez le four à 200 °C (th. 7).
- Mettez à fondre le chocolat au micro-ondes 3 minutes puis rajoutez le beurre dans le chocolat et mettez à fondre le tout 1 minute. Mélangez bien à l'aide d'un fouet. Ajoutez le sucre, mélangez bien, ajoutez la farine tamisée, mélangez bien à nouveau. Battez les œufs en omelette dans un bol, mélangez à la préparation au chocolat, mélangez bien pour lisser le tout.
- Versez dans un moule à manqué beurré et fariné.
- Baissez la température du four à 150 °C (th. 5) et faites cuire le gâteau 25 minutes. Si vous utilisez un moule en silicone, laissez au four durant 30 minutes.
- Attendez au moins 10 minutes avant de démouler.

Toute la préparation du gâteau n'excède pas 10 minutes et il faut respecter l'ordre des ingrédients.

Tarte au chocolat et framboises

difficulté ★★★   temps ★★★   coût €€€

Ustensiles : Bol inox, rouleau à pâtisserie, cercle à tarte (ou moule à tarte), casserole moyenne, mixeur plongeant

Temps de préparation : 40 minutes

Temps de cuisson : 45 minutes

Temps de repos : 2 heures

Quantité : 4 personnes

1 fond de pâte brisée (voir recette au chapitre 14)

250 g de framboises extra

225 g de chocolat de couverture Manjari (ou autre chocolat noir pour pâtisserie)

110 g de crème fraîche liquide

90 g de purée de framboises surgelée

55 g de beurre demi-sel

20 g de sucre semoule

- Réalisez la pâte brisée (voir chapitre 14) et faites-la pré-cuire.
- Réalisez la ganache : faites bouillir la crème avec le sucre. Faites fondre les copeaux de chocolat au four micro-ondes ou au bain-marie. Faites bouillir la purée de framboises. Versez la crème bouillante sur le chocolat, mixez en prenant soin de laisser le mixeur au fond afin de ne pas faire de bulles dans la ganache. Puis ajoutez la purée et mixez à nouveau. Ajoutez le beurre et mixez encore. Enfin versez la ganache dans le fond de tarte cuit et mettez au réfrigérateur 2 heures.
- Lavez et séchez bien les framboises. Décorez la tarte en disposant les framboises sur la ganache et servez.

Fondant au chocolat

difficulté ★★★   temps ★★★   coût €€€

Ustensiles : Casserole, moules individuels antiadhésifs
Temps de préparation : 10 minutes
Temps de cuisson : 6 minutes
Quantité : 10 personnes

200 g de chocolat
50 g de beurre
200 g de blancs d'œufs
50 g de jaunes d'œufs
65 g de sucre

Pour les moules :

30 g de beurre en pommade
30 g de farine

- Faites fondre au bain-marie le beurre et le chocolat.
- Ajoutez les blancs et jaunes d'œufs, un par un, puis la farine.
- Beurrez et farinez des moules individuels, antiadhésifs. Puis versez l'appareil à fondant.
- Juste avant de servir, mettez au four à 220 °C (th. 7/8) pendant 6 minutes.

Accompagnez ce fondant au chocolat d'une crème glacée à la vanille ou à la cardamome.

Bûche de Noël

difficulté ★★★   temps ★★★   coût €€€

Ustensiles : Cul-de-poule, robot batteur-mélangeur, feuille de papier sulfurisé, grande spatule plate, petite casserole, cuillère en bois, pinceau

Temps de préparation : 1 heure 15

Temps de cuisson : 25 minutes

Quantité : 6 à 8 personnes

Pour le biscuit roulé au chocolat :

180 g de chocolat noir amer 64 % de cacao en pistoles ou copeaux

6 œufs clarifiés

150 g de sucre semoule

100 g de farine tamisée

Pour imbiber le biscuit :

1 expresso très serré

50 g de sucre semoule

25 g d'eau

6 cl de liqueur de chocolat

Pour la crème au chocolat :

125 g de sucre semoule

4 jaunes d'œufs

15 cl de lait frais entier

10 cl de crème liquide

100 g de chocolat noir amer 64 % de cacao

100 g de beurre doux

Pour le décor :

30 g de cacao en poudre amer

- Préparez le biscuit : faites fondre le chocolat au bain-marie ou au micro-ondes.
- Dans un cul-de-poule, blanchissez les jaunes et le sucre. Au batteur, mettez les blancs avec une pincée de sel, puis montez-les en neige, finissez avec 30 g de sucre pour les serrer.
- Pendant ce temps, mélangez au fouet la farine, le chocolat fondu avec les jaunes blanchis, ce mélange doit être lisse.
- Ensuite incorporez doucement les blancs montés au mélange chocolat.
- Préchauffez votre four à 180 °C (th. 6) et placez votre papier sulfurisé sur la plaque à four froide. Versez le mélange pour le biscuit et lissez avec la spatule métallique. Enfournez 15 minutes.

- Après cuisson, démoulez le biscuit en le retournant sur une feuille de papier cuisson et laissez refroidir complètement.
- Mettez le sucre et l'eau dans une casserole pour réaliser le sirop, portez-le à ébullition puis ajoutez le café et la liqueur de chocolat.
- Au moment de garnir, passez le sirop au pinceau afin d'imbiber le biscuit.
- Préparez la crème au beurre : dans un cul-de-poule, blanchissez les jaunes et le sucre, coupez le chocolat en copeaux, faites-le fondre dans un bol au micro-ondes puis ajoutez-le au mélange jaunes et sucre, lissez bien avec le fouet.
- Faites bouillir le lait et la crème ensemble, puis versez sur le mélange chocolat, fouettez à nouveau et lissez. Passez au chinois et laissez refroidir.
- Dans la cuve du batteur (ou au cul-de-poule), fouettez le beurre en pommade (ramolli) puis ajoutez petit à petit la crème chocolat. Dès que la consistance devient crémeuse, goûtez et selon votre goût versez tout ou partie de la crème anglaise sur le beurre. Réservez au froid.
- Faites le montage : après avoir imbibé le biscuit chocolat, à l'aide d'une spatule, masquez la surface du biscuit de crème au beurre. Ensuite roulez-le en forme de bûche, et serrez-le avec vos mains afin qu'il soit de taille homogène.
- Taillez les deux extrémités en diagonale et récupérez celles-ci pour faire votre décoration « nœuds des branches ». Il faut juste garder les parties centrales et les poser sur la bûche.
- Puis masquez toute la bûche de crème au beurre, faites des stries avec une fourchette et saupoudrez de cacao en poudre.

Profiteroles au café, sauce au chocolat fort

difficulté ★★★   temps ★★★   coût €€€

Ustensiles : Moules à baba, poche à douille, pot à lait
Temps de préparation : 20 minutes
Temps de séchage : 24 heures
Temps de cuisson : 35 à 40 minutes
Quantité : 8 personnes
300 g de pâte à choux (voir chapitre 14)
1 l de glace à la vanille (voir chapitre 14)
Pour la sauce profiterole :
25 g de cacao
40 g de cassonade
10 g de beurre

- Partagez la pâte à choux en 16 petites boules de 35 g environ, déposez-les dans des petits moules à baba légèrement huilés, hauts de 5 cm, et de 3 cm de diamètre. Cuisez 30 à 35 minutes dans un four chauffé à 200 °C (th. 7). Retirez des moules et laissez sécher les choux pendant 24 heures.

- Au moment de servir, versez la crème glacée à la vanille dans une poche à douille. Puis trouez les fonds des choux et passez-les 2 à 3 minutes au four à 200 °C (th. 7). Remplissez-les aussitôt de crème glacée et déposez-en deux dans chaque assiette. Enfin, versez la sauce profiterole bien chaude dans un pot à lait ; chaque convive se servira à sa convenance.

- Réalisez la sauce profiterole : mélangez 10 cl d'eau, la cassonade et le cacao en poudre dans une casserole. Ajoutez 10 g de beurre et laissez réduire quelques instants. Lorsqu'elle est encore bien chaude, répartissez cette sauce sur les profiteroles.

L'ASTUCE D'HÉLÈNE Si vous n'avez pas de moules à baba, façonnez des choux classiques sur une plaque à pâtisserie, sur laquelle vous aurez placé une feuille de papier sulfurisé.

IMPROVISEZ Vous pouvez remplacer la glace à la vanille par toutes autres sortes de crèmes glacées : café, cardamome, gingembre ou même pour les jours de grande fête par la merveilleuse crème glacée à la truffe noire, plus en amont dans ce chapitre.

Truffes au chocolat et armagnac

difficulté ✶✶✶   temps ✶✶✶   coût €€€

Ustensiles : Cul-de-poule, petite casserole, fouet, plaque à four, piques en bois, feuille de papier sulfurisé, spatule en bois

Temps de préparation : 30 minutes

Quantité : 35 à 40 truffes

120 g de chocolat noir pâtissier 64 % de cacao

7,5 cl de crème fleurette

30 g de sucre semoule

30 g de beurre doux

1 cl d'armagnac

Pour l'enrobage :

150 g de chocolat noir pâtissier 64 % de cacao en copeaux

100 g de cacao en poudre

- Portez la crème et le sucre à ébullition, coupez le chocolat en copeaux et débarrassez-le dans le cul-de-poule. Versez la crème sur le chocolat et mélangez à la spatule en bois. Une fois le mélange bien lisse, ajoutez le beurre et mélangez à nouveau. Au final ajoutez l'armagnac, mélangez et réservez au froid pendant 3 heures.
- Faites fondre le deuxième chocolat, juste 2/3 du poids. Une fois fondu, hors du feu ajoutez le dernier tiers et mélangez à nouveau.
- Sur la plaque à four, versez le cacao en poudre.
- Sortez la ganache du froid et faites des boules de 5 à 7 g en roulant de vos mains. Posez-les sur la feuille de papier sulfurisé et réservez une heure au frais.
- À l'aide d'une pique en bois, piquez les boules de ganache, puis trempez-les une par une dans le chocolat fondu, ensuite posez-les dans le cacao en poudre et roulez-les.
- Réservez au frais 2 à 3 heures, puis sortez-les 20 minutes avant de les déguster.

Cinquième partie
La partie des Dix

Dans cette partie...

Apprenez à mieux connaître la cuisine d'Hélène Darroze à travers ses dix recettes fétiches, et à penser comme un chef grâce aux dix conseils indispensables pour réussir vos recettes et ne pas avoir peur d'improviser.

Chapitre 18
Les dix recettes fétiches d'Hélène Darroze

Dans ce chapitre :
▶ Des recettes au bon goût du Sud-Ouest
▶ Un savoir-faire de chef pour une saveur étonnante
▶ Des idées originales pour impressionner vos convives

*P*our étonner vos convives comme un grand chef, voici 10 recettes incontournables de la cuisine originale et généreuse d'Hélène Darroze :

- Velouté de topinambours au goût de jambon
- Soupe de perdreau aux châtaignes
- Royale de potimarron aux champignons des bois, œuf poché, émulsion de parmesan
- Riz noir à l'encre de seiche, chipirons et chorizo
- Noix de coquilles Saint-Jacques rôties en coquilles lutées
- Langoustines rôties aux épices tandoori, mousseline de carottes aux agrumes, cébettes, coriandre et beurre noisette
- Macaronade au foie gras de canard
- Poulet fourré de cèpes sous la peau
- Baba à l'armagnac
- Panna cotta au coulis d'abricot

Velouté de topinambours au goût de jambon

difficulté ★★★   temps ★★★   coût €€€

« J'adore le topinambour, c'est un de mes légumes favoris. Et je trouve qu'associé à un bon jambon, il est d'autant plus mis en valeur. »

Ustensiles : Grand sautoir, couteau d'office, passette, mixeur, tamis
Temps de préparation : 20 minutes
Temps de cuisson : 2 heures 30
Quantité : 8 personnes

250 g de parures de jambon (demandez à votre charcutier ou boucher)
1 garniture aromatique
2 gousses d'ail
20 g de graisse de canard
1 kg de topinambours
60 cl de crème liquide
Sel
Piment d'Espelette

- Faites revenir dans un grand sautoir avec la graisse de canard, la garniture aromatique taillée en morceaux grossiers, les gousses d'ail et les parures de jambon de pays. Une fois que le tout est bien saisi, sans être trop coloré, versez 1,5 litre d'eau. Laissez cuire à frémissement pendant 2 heures. Filtrez. Il n'est pas nécessaire d'assaisonner à ce stade-là car le jambon donne déjà beaucoup de goût.

- Mélangez 80 cl de bouillon de jambon et la crème. Cuisez les topinambours dans ce mélange. Puis mixez et passez au tamis.

L'ASTUCE D'HÉLÈNE
J'aime le servir à l'apéritif dans des petits verres à vodka. Mais il est aussi idéal en entrée, tel quel ou avec une garniture dans le fond de l'assiette. Dans ce cas-là, poêlez dans de la graisse de canard quelques châtaignes auparavant cuites à l'eau et pelées, un mélange de champignons des bois (cèpes, girolles, mousserons, trompettes-des-morts) et quelques lardons. Au dernier moment, jetez dans cette garniture quelques pluches de persil.

Soupe de perdreau aux châtaignes

difficulté ✱✱✱   temps ✱✱✱   coût €€€

« Je suis originaire du Sud-Ouest et la cuisine du gibier est dans ma culture. Voici comment cuisiner d'une façon accessible un gibier à plume au goût très fin. La soupe de châtaignes est aussi un classique de la cuisine landaise. »

Ustensiles : Couteau d'office, grande sauteuse, mixeur, chinois, poêle
Temps de préparation : 25 minutes
Temps de cuisson : 1 heure 30 environ
Quantité : 8 personnes

4 perdreaux
1 poireau
1 carotte
1 oignon
½ branche de céleri
400 g de châtaignes
5 cl d'armagnac
25 cl de crème montée
Sel
Piment d'Espelette

- Levez les suprêmes de perdreau. Récupérez les blancs.
- Concassez les carcasses, faites-les revenir dans une grande sauteuse avec la garniture aromatique. Quand le tout est bien coloré, ajoutez les châtaignes. Déglacez avec l'armagnac. Laissez réduire à sec. Mouillez à hauteur avec 1,5 litre d'eau (ou mieux du fond de volaille). Laissez cuire pendant 1 heure 30 environ.
- Une fois le bouillon cuit, mixez le tout, puis passez au chinois. Ajoutez la crème montée, rectifiez l'assaisonnement en sel et piment d'Espelette.
- Au moment de servir, assaisonnez les filets de perdreau et poêlez-les à la graisse de canard. Taillez-les en fines lanières et versez-les dans la soupe.

Servez accompagnés de croûtons dorés.

Si vous n'êtes pas amateur de gibier, remplacez le perdreau par une poularde.

Royale de potimarron aux champignons des bois, œuf poché, émulsion de parmesan

difficulté ✱✱✱   temps ✱✱✱   coût €€€

« L'émulsion de parmesan est une de mes sauces fétiches. Il faut dire qu'elle me facilite la tâche souvent : elle se marie avec tout (même avec un simple plat de pâtes !). Voici une des associations classiques de cette émulsion dans ma cuisine. »

Ustensiles : Mixeur plongeant, tamis avec une grille fine, cul-de-poule, casserole moyenne, petit fouet, plaque à four pour faire un bain-marie

Temps de préparation : 45 minutes

Temps de cuisson : 1 h 30

Quantité : 4 personnes

1 potimarron d'environ 800 g

25 g de graisse de canard

1 gousse d'ail frais non épluchée

1 petite branche de thym frais

1 pincée de sel fin de Guérande

1 tour de moulin à poivre

1 pincée de piment d'Espelette

1 feuille de laurier

3 jaunes d'œufs

22 cl de crème liquide

Sel

Piment d'Espelette

Pour l'œuf poché :

4 œufs extra-frais

4 cl de vinaigre de vin (pour la cuisson)

25 cl d'émulsion de parmesan (voir recette chapitre 17)

- Lavez bien le potimarron avec une brosse, rincez à l'eau, puis coupez un chapeau sur le dessus. Évidez le potimarron à l'aide d'une cuillère à soupe, il faut retirer tous les pépins.
- Ensuite, mettez à l'intérieur la gousse d'ail, le thym, le laurier, la graisse de canard et assaisonnez. Emballez complètement dans une feuille de papier aluminium et enfournez à 160 °C (th. 5/6) pendant 1 h 30. Le potimarron doit être complètement fondant.

- Au sortir de cuisson, retirez délicatement le papier aluminium, retirez les herbes et l'ail et mixez tout le reste. Enfin, à chaud, ajoutez les jaunes d'œufs, mixez, puis la crème liquide, mixez et vérifiez l'assaisonnement.
- Versez dans des bols de service ou verrines, puis faites cuire au bain-marie, 20 minutes à 100 °C (th. 3).
- Après cuisson, laissez refroidir et servez à température ambiante.
- Pochez les œufs selon la recette du chapitre 9.
- Posez délicatement l'œuf sur la royale, puis versez l'émulsion de parmesan.

Pour personnaliser votre entrée, vous pouvez selon les saisons ajouter une garniture. Cela peut être : des girolles sautées à la graisse de canard avec une pointe de persillade. Ou encore pendant les fêtes de fin d'année, un médaillon de homard cuit à la nage, une noix de Saint-Jacques rôtie. Et pour les grands événements, vous pouvez râper quelques truffes noires du Périgord fraîches.

Riz noir à l'encre de seiche, chipirons et chorizo

difficulté ★★★   temps ★★★   coût €€€

« Indéniablement un des plats signatures de ma cuisine, il fait toujours l'unanimité. Il allie à la fois mes origines basques et mon apprentissage auprès d'un chef italien. »

Ustensiles : Grand sautoir, couteau d'office, poêle
Temps de préparation : 30 minutes
Temps de cuisson : 25 minutes
Quantité : 6 personnes
180 g de riz carnaroli Acquarello
1 échalote
50 g de moelle de bœuf
20 cl de vin blanc sec
20 g de graisse de canard
50 cl de bouillon de volaille
5 g d'encre de seiche
10 cl de crème montée
Pour la garniture :
720 g de chipirons (poids net)
90 g de chorizo

70 g de graisse de canard

2 branches de persil plat

18 copeaux de tomate confite

1 citron

10 cl de bouillon de volaille (ou d'eau à défaut)

30 g de beurre

1 cl d'huile d'olive

Sel

Piment d'Espelette

- Ciselez l'échalote et faites-la fondre sans coloration dans un sautoir avec un peu de graisse de canard. Jetez-y le riz, faites-le nacrer, versez le vin blanc, laissez réduire, puis versez le bouillon de volaille à hauteur du riz. Une fois qu'il est absorbé, ajoutez régulièrement du bouillon jusqu'à ce que le riz soit cuit (20 minutes environ). Assaisonnez de sel, poivre et piment d'Espelette, ajoutez l'encre de seiche, puis la crème montée.

- Taillez les chipirons en lanières et le chorizo en petits dés.

- Poêlez les dés de chorizo et réservez. Poêlez les lanières de chipirons, ajoutez les pluches de persil plat au dernier moment, ainsi que les dés de chorizo et de tomates confites. Réservez cette garniture. Déglacez la poêle avec le jus de citron et le fond blanc. Montez au beurre et à l'huile d'olive. Ajouter le persil plat en pluches, le sel et le piment d'Espelette.

- Versez le riz noir dans 6 bols, déposez la garniture, puis le jus citronné.

Ajoutez un peu d'émulsion au parmesan (recette chapitre 17).

Noix de coquilles Saint-Jacques rôties en coquilles lutées

difficulté ✱✱✱   temps ✱✱✱   coût €€€

« C'est une recette toute simple, mais si les Saint-Jacques sont bien choisies, la simplicité fait ici le luxe de ce plat. »

Ustensiles : Couteau d'office
Temps de préparation : 40 minutes
Temps de cuisson : 8
Quantité : 6 personnes

18 coquilles Saint-Jacques de grosse taille
200 g de farine
1 jaune d'œuf
2 g de fleur de thym
60 g de beurre ½ sel
Piment d'Espelette
Fleur de sel

- Ouvrez et nettoyez les Saint-Jacques en prenant soin de garder la noix attachée à la coquille et toutes les coquilles.
- Préparez une pâte morte qui servira pour luter les Saint-Jacques, en mélangeant la farine à l'eau.
- Posez une noix de beurre dans chaque coquille. Assaisonnez de fleur de sel et de piment d'Espelette, parsemez d'un peu de fleur de thym. Refermez chaque coquille avec son couvercle naturel. Façonnez un boudin avec la pâte, en la faisant rouler sous les paumes de vos mains. Détaillez en 18 petits boudins longs d'une quinzaine de centimètres. Enroulez alors chaque boudin autour des coquilles pour les recoller ensemble et les rendre hermétiques.
- Faites cuire au four préchauffé à 180 °C (th. 6), pendant 8 minutes.

Accompagnez de l'émulsion à la citronnelle faite avec les barbes des Saint-Jacques donnée au chapitre 17.

Langoustines rôties aux épices tandoori, mousseline de carottes aux agrumes, cébettes, coriandre et beurre noisette

difficulté ✶✶✶   temps ✶✶✶   coût €€€

« C'est également un de mes plats signatures dont j'ai trouvé l'inspiration en Inde où j'aime aller me ressourcer. De couleur rouge typique et très fin en saveur, le tandoori est un mélange subtil de plusieurs épices (piments, cumin, paprika, ail, thym, coriandre, poivre noir, céleri, carvi noir, romarin, fenugrec, girofle, laurier, cannelle, etc.). Chacun a en fait sa propre recette. Il tire son nom du four typique indien en terre cuite de forme cylindrique, le tandoori, que l'on trouve en Inde et au Pakistan. J'aime contrebalancer la force de ces épices par la douceur de la carotte et des agrumes confits. »

Ustensiles : Petit sautoir, couteau d'office, poêle

Temps de préparation : 1 heure

Temps de cuisson : 30 minutes

Quantité : 8 personnes

24 queues de grosses langoustines (ou 32 moyennes)

15 g d'épices tandoori

15 g de farine de riz

50 g de graisse de canard

500 g de mousseline de carottes aux agrumes (voir recette chapitre 4)

2 échalotes

3,5 cl de vinaigre de cidre

½ citron

3 g de poivres rares

20 cl de jus poulet

30 g de beurre noisette

1 branche de coriandre

Sel

Piment d'Espelette

- Dans un petit sautoir, versez les échalotes ciselées, le poivre et le vinaigre. Laissez réduire à sec. Puis mouillez avec le jus de volaille, le jus de citron. Laissez réduire quelques instants. Au moment de servir, ajoutez le beurre noisette et la coriandre ciselée.

- Assaisonnez les langoustines de sel et de piment d'Espelette. Puis roulez-les dans le mélange farine de riz et épices tandoori. Poêlez-les à la graisse de canard.

✒ Servez les langoustines accompagnées de la mousseline de carottes et d'un cordon de sauce à la coriandre.

Vous pouvez réaliser cette recette avec du homard, des noix de Saint-Jacques, du saumon, du bar, et même du poulet ou de l'agneau. Dans ce cas prenez une épaule, frottez-la des épices et faites-la confire selon la recette du chapitre 7.

Macaronade au foie gras de canard

difficulté ✶✶✶   temps ✶✶✶   coût €€€

« Le plat de partage par excellence, dont mes amis raffolent. La base reste des pennes avec du foie gras. Mais selon les saisons, la recette change, je peux y ajouter des cèpes ou autres champignons des bois, de la truffe noire, des queues d'écrevisses, des médaillons de homard... »

Ustensiles : Grande marmite, couteau d'office, poêle, plat de service en terre
Temps de préparation : 10 minutes
Temps de cuisson : 10 minutes
Quantité : 6 personnes

1 foie gras de canard des Landes d'environ 600 g

500 g de penne

2 branches de persil plat

20 cl de jus de rôti

10 cl de crème fraîche liquide

Gros sel

Sel

Piment d'Espelette

✒ Cuisez les penne, al dente, soit 7 minutes environ, dans 5 litres d'eau salée bouillante.

✒ Ne dénervez pas le foie gras, mais sortez le fiel. Détaillez-le en gros dés de 1,5 à 2 cm environ de côté. Assaisonnez les dés de foie gras de sel et de piment d'Espelette et cuisez-les en les jetant dans une poêle fumante, sans matière grasse, 3 minutes environ. Les dés de foie gras doivent être colorés et ne pas résister lorsqu'on les pince entre le pouce et l'index. Une fois cuits, débarrassez-les sur deux feuilles de papier absorbant. Dégraissez bien la poêle, puis versez le jus de rôti et la crème liquide. Détachez bien tous les sucs et portez à ébullition.

✒ Une fois les penne cuites, égouttez-les, puis versez-les aussitôt dans la poêle. Enrobez-les de jus crémé, ajoutez les dés de foie gras et les pluches de persil plat. Servez aussitôt dans un plat en terre.

L'astuce d'Hélène — Pour tailler un foie gras en escalope, qu'il soit cuit ou cru, utilisez un couteau éminceur de 25 cm. Portez 2 litres d'eau à ébullition. Avant chaque incision dans le foie gras, trempez la lame du couteau dans l'eau bouillante.

Improvisez — Si vous n'avez pas de jus de rôti dans votre réfrigérateur, utilisez un peu plus de crème pour déglacer.

Improvisez — Il est possible d'agrémenter cette macaronade au foie gras de cèpes ou autres champignons des bois. Dans ce cas, faites-les revenir dans un peu de graisse de canard. Assaisonnez de sel et de piment d'Espelette, et une fois cuits, mélangez-les aux penne. Les jours de fête, on peut aussi mélanger quelques brisures de truffe noire.

Poulet fourré de cèpes sous la peau

difficulté ★★★   temps ★★★   coût €€€

« Je suis née dans les Landes et le poulet rôti a bercé mon enfance. C'est ma madeleine de Proust. Voici une façon détournée de le rôtir. »

Ustensiles : Poêle, couteau d'office, bol, cocotte
Temps de préparation : 20 minutes
Temps de cuisson : 45 minutes
Quantité : 4 à 6 personnes selon la taille du poulet

1 poulet fermier (de préférence des Landes)
200 g de crépine
200 g de cèpes
2 échalotes
2 gousses d'ail
80 g de jambon de pays
80 g de beurre ramolli
100 g de mie de pain
20 cl de crème fleurette
2 branches de persil
Sel
Poivre
Piment d'Espelette

Chapitre 18 : Les dix recettes fétiches d'Hélène Darroze

- Faites fondre l'échalote ciselée finement et l'ail haché dans un peu de graisse de canard, faites-y revenir les champignons, assaisonnez de sel, poivre et piment d'Espelette, puis hachez-les grossièrement.
- Hachez le jambon de pays.
- Taillez le persil en pluches et hachez-le grossièrement.
- Faites tremper la mie de pain dans la crème liquide. Puis émiettez-la.
- Mélangez les champignons, le jambon, la mie de pain, la crème et le persil haché. Rectifiez l'assaisonnement en sel, poivre, piment d'Espelette.
- Soulevez la peau de la chair des suprêmes, délicatement, avec les doigts auparavant imbibés d'huile d'olive. Puis glissez la farce de cèpes entre la peau et la chair du poulet. Roulez dans la crépine.
- Déposez les morceaux de poulet dans une cocotte avec de l'ail, du thym, du romarin et de la graisse de canard. Assaisonnez et faites rôtir en arrosant très souvent.

Vous pouvez accompagner ce plat d'un gratin de macaronis dans lequel vous ajouterez des cèpes poêlés au persil plat.

Utilisez la carcasse pour faire un jus goûteux avec lequel vous déglacerez le plat de cuisson ; à défaut déglacez avec de l'eau. Mais ne filtrez surtout pas ce jus car des morceaux de farce peuvent s'échapper et il serait dommage de les perdre.

Remplacez les cèpes par tout autre champignon des bois, ou sur le même principe, faites une farce à base d'herbes : estragon, coriandre, basilic, etc.

Baba à l'armagnac

difficulté ✳✳✳   temps ✳✳✳   coût €€€

« J'adore les classiques de la pâtisserie française : éclair (surtout au chocolat), chou à la crème, paris-brest, mille-feuille, religieuse, etc. Le baba en fait partie. Mais mon père et mon frère étant éleveurs d'armagnac, je ne peux le cuisiner qu'avec cette noble eau-de-vie. »

Ustensiles : Batteur avec cuve, moules à baba, casserole, plat de service

Temps de préparation : 20 minutes

Temps de repos : 24 heures

Temps de cuisson : 15 minutes

Quantité : 8 personnes

Pour la pâte à baba :

80 g de farine

12 g de sucre semoule

5 g de levure

18 g de lait

1 œuf

30 g de beurre

Sel

Pour le sirop :

1 l d'eau

250 g de sucre

Les zestes d'½ citron

Les zestes d'une orange

1 gousse de vanille

50 g d'armagnac

Sel

Poivre

Cannelle

Badiane

- Dans la cuve d'un petit batteur, mélangez la farine, le sucre, le sel.

- Mélangez la levure au lait, puis ajoutez-la dans la cuve. Ajoutez l'œuf. Pétrissez pendant 15 minutes environ, jusqu'à ce que la pâte se décolle des parois de la cuve, puis incorporez le beurre fondu. Pétrissez à nouveau pendant 5 minutes environ.

- Partagez la pâte en 8 boules de 25 g environ, déposez-les dans des petits moules à baba et faites pousser.
- Faites cuire au four préchauffé à 180 °C (th. 6) pendant 15 minutes. Puis sortez du four et laissez sécher pendant 24 heures.
- Déposez tous les ingrédients du sirop dans une casserole et portez à ébullition. Laissez tiédir.
- Déposez les babas bien serrés les uns contre les autres, dans un plat, puis versez le sirop à 45 °C par-dessus. Laissez imbiber.

Accompagnez de crème Chantilly et de fruits de saison : fruits rouges en été, fruits exotiques en hiver, poires ou mirabelles rôties, etc.

Bien sûr, vous pouvez remplacer l'armagnac par du rhum, de l'alcool de poire ou de framboise, du kirsch, etc.

Panna cotta au coulis d'abricots

difficulté ★★★   temps ★★★   coût €€€

« C'est le dessert signature de mon complice pâtissier Kirk Whittle, qui crée les cartes de mes deux restaurants à Paris et à Londres. Il l'adapte selon les saisons et les fruits du marché. En voici une de ses versions. »

Ustensiles : Casserole, rouleau à pâtisserie
Temps de préparation : 30 minutes
Temps de cuisson : 30 minutes
Quantité : 6 personnes
270 g de crème fraîche liquide
27 g de sucre semoule
¼ de bâton de vanille fendu en deux
1 feuille de gélatine
Pour le coulis d'abricots :
600 g d'abricots
60 g de sucre semoule
6 g de pectine

- Préparez le coulis : lavez bien les abricots, retirez les noyaux et taillez en cubes. Mélangez le sucre, les abricots et l'eau et faites cuire à feu doux. À la fin de la cuisson, c'est-à-dire quand les abricots sont fondus, ajoutez la pectine et laissez cuire encore 5 minutes. Laissez tiédir et moulez dans les verres. Mettez au réfrigérateur pendant 2 à 3 heures.

Cinquième partie : La partie des Dix

- ✔ Préparez la panacotta : faites bouillir la crème et le sucre avec le bâton de vanille, coupez la cuisson et laissez infuser 30 minutes. Retirez le bâton de vanille, et mettez à tremper la feuille de gélatine dans l'eau froide. Faites frémir le mélange et ajoutez la gélatine bien égouttée. Mélangez et laissez refroidir.
- ✔ Versez la panacotta au-dessus du coulis et laissez prendre au réfrigérateur.

Au moment de servir, décorez les panna cotta avec des morceaux de shortbread (voir chapitre 14).

Chapitre 19
Dix façons de penser comme un chef

Dans ce chapitre :
- Apprenez à utiliser les épices
- Ne jetez pas les os de poulet !
- Créez des plats vous-même

*V*oici les dix conseils de chefs pour réussir vos plats et relever les défis culinaires les plus corsés.

Choisissez le meilleur des produits

Dans l'assiette, la star c'est le produit, et non le chef.

Prenez grand soin de choisir des produits d'une fraîcheur et d'une qualité irréprochables. Privilégiez les produits tels que les volailles fermières, les poissons de ligne, les fruits et légumes bio. Ils coûtent plus cher mais sont plus savoureux et plus respectueux de la nature.

De plus, l'investissement est parfois rentable : les courgettes bio, par exemple, coûtent plus cher, mais elle contient moins d'eau que les autres, donc son rendement à la cuisson est meilleur. Réfléchissez-y !

Respectez les saisons

Faites vos courses sur les marchés : devant les étals hauts en couleur et en odeurs, vous aurez l'embarras du choix pour sélectionner les meilleurs produits. Les marchés proposent des produits frais de saison et de qualité. Rien de tel qu'une virée sur les marchés pour trouver l'inspiration culinaire !

Utilisez les ingrédients les plus frais et achetez des fruits et des légumes de saison. Les produits de saison sont de meilleure qualité et moins chers que les autres. Pourquoi faire une tarte aux pommes en été avec des pommes farineuses qui sont restées toute l'année dans des entrepôts, alors que vous pouvez en faire une avec des pêches ou des prunes fraîches et juteuses ? Élaborez vos repas en fonction des produits frais que vous trouvez au marché.

Apprenez à maîtriser les techniques de base

La cuisine est beaucoup plus amusante – et bien meilleure – lorsqu'on l'aborde avec confiance. Tous les chefs affirment que la confiance s'acquiert lorsque l'on connaît les techniques à tel point qu'elles deviennent une seconde nature.

Préparez les ingrédients à l'avance

Une grande partie de la cuisine consiste à préparer les ingrédients – trancher, peler, couper en dés, etc.

On appelle cette préparation la *mise en place*. Hachez, émincez, désossez et lavez à l'avance afin que vous puissiez franchir toutes les étapes de la cuisson de façon régulière, sans vous interrompre.

Ainsi, lorsque le beurre est chaud et grésille dans la sauteuse, vous n'avez pas à vous arrêter subitement pour éplucher et émincer les oignons et l'ail que vous devez faire revenir dans la matière grasse.

Sachez marier les herbes aromatiques et les épices

Apprenez à utiliser les herbes aromatiques et les épices, afin de pouvoir assaisonner vos plats sans avoir à consulter un livre de recettes. Les meilleures cuisines du monde sont basées sur l'association de simples herbes aromatiques et épices.

Par exemple, la cuisine italienne repose essentiellement sur les saveurs de l'ail, de l'huile d'olive, des tomates, du parmesan et du basilic. En France, on utilise le mirepoix, mélange sauté d'oignons, de carottes et de céleri hachés. De nombreux chefs commencent leurs soupes, ragoûts, farces et sauces avec ces ingrédients. En Louisiane, ce mélange est augmenté de poivron haché et d'ail. Vous pouvez créer de nombreuses variantes en ajoutant du bacon, du jambon, des herbes aromatiques fraîches ou même du curry. Pour faire le mirepoix à la perfection, faites cuire les légumes lentement pendant longtemps pour qu'ils caramélisent légèrement et acquièrent une saveur sucrée.

Prévoyez vos menus à l'avance

Avant de commencer à cuisiner, réfléchissez au contraste des saveurs, des textures et des couleurs. Si vous commencez votre repas par une salade de champignons grillés, ne mettez pas de champignons dans le plat suivant. Faites en sorte d'équilibrer les plats sans vous surcharger. Si vous optez pour un hors-d'œuvre complexe, long à préparer, faites-le suivre d'un plat que vous n'aurez qu'à réchauffer, comme un ragoût. Enfin, si l'entrée est froide, choisissez un plat de résistance chaud.

Calculez bien le temps qu'il vous faut pour préparer et faire cuire chaque plat. Vos invités ne doivent pas attendre trop longtemps entre les plats ni les engouffrer les uns à la suite des autres.

En vous organisant à l'avance, vous pouvez également réfléchir à la présentation de vos plats : nous mangeons d'abord avec les yeux ! Les aliments seront encore plus appétissants s'ils sont colorés, bien présentés, et garnis d'herbes aromatiques, par exemple.

Ne soyez pas esclave des recettes

Utilisez une bonne recette de base comme point de départ, mais dites-vous qu'elle n'est pas gravée dans le marbre. Imaginons que vous ayez une recette de ragoût. Vous pouvez la suivre à la lettre la première fois et décider ensuite de mettre davantage d'ail. De même, rien ne vous empêche de remplacer les navets par des carottes. Avec l'expérience et une bonne technique, lorsque vous saurez marier les ingrédients harmonieusement, vous pourrez vous inspirer d'une recette et l'adapter en fonction de vos goûts.

Même avec des restes, vous pouvez improviser de délicieuses recettes. Ne jetez rien (sauf, bien sûr, ce qui est abîmé). Chaque parcelle de nourriture peut être utilisée dans les soupes, les bouillons, les salades, etc. Vous pouvez faire d'excellents repas avec de simples restes (pour savoir comment utiliser les restes, reportez-vous au chapitre 13).

Allez au plus rapide

Commencez par un produit frais et savoureux, et ajoutez juste ce qu'il faut d'assaisonnement pour le mettre en valeur. Les choses les plus simples sont toujours les meilleures. Qui ne se damnerait pas pour un poulet fermier rôti accompagné d'un gratin de macaronis, ou d'un poisson grillé avec une purée maison.

Vous n'avez pas besoin de constituer des menus compliqués pour faire plaisir à tous vos invités ou votre famille. N'hésitez pas à revenir aux bases pour cuisiner simplement des produits de qualité.

Prenez du plaisir

Prenez des cours de cuisine, achetez-vous un livre de cuisine ou faites un nouveau plat que vous avez toujours eu envie d'essayer. La cuisine, comme le golf, doit être un plaisir – quelque chose que vous attendez avec impatience. Qu'est-ce que cela peut faire s'il vous arrive de ne pas atteindre votre objectif ? Cela fait partie du jeu.

Une erreur n'est jamais une cause perdue – c'est une expérience d'apprentissage. La tarte tatin est née elle-même d'une erreur ! Alors, n'ayez pas peur de cuisiner. La cuisine consiste à prendre des décisions, qui ne doivent pas être hésitantes mais déterminantes. Demandez-vous quel résultat vous souhaitez obtenir, réfléchissez aux moyens dont vous disposez et lancez-vous !

Voici le genre d'expérience culinaire que vous pouvez faire : faites cuire des spaghettis, égouttez-les et remuez-les dans un peu d'huile d'olive que vous avez utilisée pour faire revenir de l'ail (laissez l'ail dans l'huile). Goûtez. Gravissez l'échelle des saveurs en faisant cuire à nouveau quelques pâtes. Cette fois, faites revenir des oignons dans l'huile d'olive avec l'ail. Vous obtenez une saveur plus sucrée. Maintenant, recommencez en ajoutant de l'origan aux autres ingrédients. L'origan apporte une dimension nouvelle. Enfin, ajoutez de la purée de tomates. Cette fois, votre plat est complètement différent.

Ce petit exercice, outre qu'il vous laisse beaucoup de restes de spaghettis, est excellent pour former le goût. Vous pouvez le faire avec d'autres sauces, des mousses, des soupes et bien d'autres plats encore. Mieux vous connaîtrez la saveur des différentes herbes aromatiques et épices, mieux vous cuisinerez.

Et surtout, laissez parler votre coeur

La meilleure cuisine est celle des émotions !

On a tous en nous une madeleine de Proust, un plat qui nous rappelle notre enfance, un dessert régressif qui déclenche une vague de souvenirs… Il ne reste plus qu'à partager ces émotions avec vos proches.

Sixième partie
Annexe

« Je fais des essais avec les herbes aromatiques et j'ai ajouté un peu de tabac à pipe à la sauce pour lui donner une saveur fumée. »

Dans cette partie...

En lisant ce livre, vous aurez peut-être besoin d'obtenir quelques informations complémentaires. Si vous n'êtes pas sûr(e) de la signification d'un terme culinaire, consultez les pages suivantes.

Glossaire des termes culinaires courants

*L*a cuisine a son propre langage. Avant de faire rôtir un poulet, par exemple, vous devez savoir ce que signifie *brider*. Pour faire gonfler un soufflé, vous devez connaître l'expression *battre les blancs en neige*. Cette annexe propose une liste des termes courants, dont la plupart sont également définis et illustrés (tout au long de ce livre).

À la diable : Assaisonné avec des ingrédients forts et épicés, comme le Tabasco, la moutarde forte et le piment rouge.

Ajuster : Goûter le plat avant de le servir et en rectifier l'assaisonnement (en ajoutant du sel ou du poivre, par exemple) si nécessaire.

Al dente : Expression italienne décrivant la texture tendre mais encore ferme des pâtes cuites à la perfection (recettes à base de pâtes au chapitre 12).

Arroser : Répandre le jus de cuisson ou un liquide assaisonné sur le plat pendant qu'il cuit pour lui donner davantage de saveur et éviter qu'il ne se dessèche.

Assaisonner : Parfumer avec des herbes aromatiques, des épices, du sel, du poivre, du piment d'Espelette, etc.

Attendrir : Aplatir une viande, notamment les blancs de poulet, avec un attendrisseur ou le plat d'un grand couteau (comme un couperet) pour lui donner une épaisseur uniforme et la rendre plus tendre.

Barbecue : Mode de cuisson qui consiste à griller des aliments sur un gril à charbon de bois ou à gaz.

Battre : Mélanger les ingrédients d'un geste circulaire vif afin qu'ils deviennent onctueux et crémeux. En une minute, le batteur électrique donne un résultat équivalent à cent coups de fouet (pour savoir comment battre les blancs en neige, reportez-vous au chapitre 9).

Beurre manié : Pâte à base de beurre et de farine utilisée pour épaissir les soupes et les ragoûts.

Beurre noisette : Beurre que l'on fait chauffer dans une poêle ou une casserole et dont on stoppe la cuisson dès que le beurre devient mousseux et prend une teinte brun clair.

Blanchir : Plonger des légumes ou des fruits dans de l'eau bouillante pendant quelques minutes pour en assouplir la peau ou en conserver la couleur (voir chapitre 4). Blanchir le sucre et le jaune d'œuf signifie les battre ensemble jusqu'à ce que le mélange devienne mousseux et blanchisse.

Bouillon : Liquide passé, issu de la cuisson d'une viande, d'un poisson, d'une volaille, de légumes, de condiments et autres ingrédients dans de l'eau (voir chapitre 4).

Bouquet garni : Mélange d'herbes (parfois attaché dans une étamine) utilisé pour assaisonner les bouillons, les soupes et les ragoûts. Il s'agit généralement de thym, de persil et de laurier.

Braiser : Faire dorer une viande (ou des légumes) dans de la matière grasse puis la faire cuire longuement à feu doux, en couvrant, dans une petite quantité de liquide. La cuisson lente permet d'attendrir et de parfumer la viande, notamment les morceaux les plus fermes. Le braisage s'effectue sur la cuisinière ou au four (recettes de plats braisés et cuits à l'étouffée au chapitre 6).

Brider : Ficeler un gibier ou une volaille pour maintenir ses membres pendant le rôtissage.

Caraméliser : Faire chauffer du sucre jusqu'à ce qu'il se transforme en un liquide sirupeux dont la couleur peut aller du doré au brun foncé. L'oignon, entre autres légumes, devient lui aussi brun et sucré lorsque les sucs qu'il contient se caramélisent. Caraméliser les sucs de cuisson consiste à faire chauffer à feu vif les sucs de cuisson afin de réduire le jus et d'en concentrer les saveurs.

Clarifier : Rendre un liquide trouble plus clair en retirant les impuretés. Par exemple, vous pouvez clarifier un bouillon en le faisant mijoter pendant 10 à 15 minutes avec des blancs d'œufs crus ou des coquilles d'œufs, qui attirent les impuretés. Ensuite, il vous suffit de le passer à l'étamine.

Cuire à l'étouffée : Faire mijoter les aliments longuement dans un récipient fermé hermétiquement, avec juste assez de liquide pour les recouvrir (voir chapitre 6).

Cuire à la vapeur : Faire cuire au-dessus d'une petite quantité d'eau frémissante ou bouillante dans un récipient couvert afin que la vapeur ne puisse pas s'échapper.

Chapitre 19 : Glossaire des termes culinaires courants

Décortiquer : Dépouiller les crustacés, comme les crevettes, les écrevisses, les langoustes, les crabes et les homards, de leur carapace.

Déglacer : Verser un liquide, généralement du vin ou un bouillon, dans une poêle ou un plat à rôtir chaud et gratter les sucs de cuisson : les morceaux de viande, de volaille ou de poisson qui ont attaché au fond. Faire réduire et assaisonner la sauce ainsi obtenue (recettes basées sur cette technique au chapitre 8).

Dégraisser : Retirer la graisse de la surface d'une soupe ou d'une sauce à l'aide d'une cuillère. Le dégraissage peut également s'effectuer en réfrigérant le mélange pour que la graisse liquide se solidifie et soit ainsi plus facile à extraire.

Demi-glace : Sauce riche et brune obtenue en faisant réduire un bouillon de viande jusqu'à ce qu'il devienne suffisamment gélatineux pour accrocher à la cuillère.

Désosser : Ôter les os d'une viande ou d'une volaille.

Diluer : Allonger un mélange en ajoutant de l'eau ou un autre liquide.

Écumer : Extraire l'écume et les impuretés qui flottent à la surface d'une soupe ou d'un bouillon avec une cuillère fendue ou une écumoire.

Effriter : Désagréger ou écraser entre vos doigts les aliments friables, comme les herbes aromatiques sèches ou les biscuits, pour les réduire en miettes.

Égoutter : Retirer le liquide, généralement à l'aide d'un égouttoir.

Embrocher : Enfiler de petits morceaux de viande, de poisson ou de légumes sur une longue tige de bambou ou de métal pour les griller ou les rôtir.

Émincer : Couper en tranches fines ou en lanières.

Éplucher : Retirer la peau des fruits et des légumes.

Équeuter : Arracher la queue d'un fruit.

Étuver : Cuire partiellement des aliments, comme du riz ou des légumes denses tels que les carottes et les pommes de terre, dans un récipient fermé pour retenir la vapeur (voir chapitre 4).

Évider : Retirer le trognon d'un fruit ou d'un légume, comme une pomme ou un poivron.

Faire cuire au gril : Faire cuire sous le gril d'un four (source de chaleur au-dessus), contrairement à griller, qui consiste à faire cuire sur un gril (source de chaleur au-dessous).

Faire dorer : Faire cuire les aliments à la poêle dans de la matière grasse, brièvement et à feu vif, pour donner à la surface ou à la peau une couleur dorée. Les aliments peuvent aussi être dorés dans un four très chaud ou au gril.

Farcir : Remplir la cavité d'un aliment, comme un poulet, une dinde ou une tomate, de plusieurs types d'ingrédients.

Fariner : Rouler un aliment dans la farine jusqu'à ce qu'il en soit enduit.

Filet double : Deux filets d'un même poisson encore attachés par le dos, disposés de part et d'autre de l'axe central à l'image d'un papillon.

Flamber : Arroser d'alcool que l'on enflamme juste avant de servir.

Fondre : Faire cuire une viande ou des légumes avec une cuisson lente.

Fouet : Ustensile mécanique ou électrique servant à battre des ingrédients, comme des œufs, de la crème ou une sauce.

Fouetter : Battre un ingrédient, comme des œufs ou de la crème, avec un fouet pour le rendre léger et mousseux.

Frémir : Chauffer juste au-dessous de la température d'ébullition (à environ 85 °C), stade auquel de minuscules bulles se forment à la surface (voir chapitre 3).

Fricassée : Ragoût dans lequel la viande blanche ou la volaille n'est pas dorée avant d'être cuite (voir chapitre 6).

Frire : Faire cuire à la poêle à feu vif dans de la matière grasse. Ce terme désigne également la cuisson en friteuse. Dans ce cas, l'aliment est entièrement immergé dans la matière grasse jusqu'à ce qu'il devienne croustillant.

Frotter : Enduire la surface d'un aliment d'huile, de graisse ou d'ail, par exemple, par frottement.

Fumet : Bouillon de poisson concentré, utilisé comme base pour certaines sauces.

Garniture : Ornement comestible. Il peut s'agir d'une simple rondelle de citron comme d'une feuille de chocolat fantaisie (garnitures de soupes au chapitre 10).

Chapitre 19 : Glossaire des termes culinaires courants

Glacer : Enduire la surface de sirop, de gelée fondue, de jaune d'œuf, de jus ou autre liquide fluide pour lui donner un aspect luisant.

Graisser : Étaler une fine couche de matière grasse, généralement du beurre, à l'intérieur d'une poêle pour empêcher les aliments d'attacher pendant la cuisson.

Gratin : Plat surmonté de fromage râpé et éventuellement de chapelure, doré au four ou au gril.

Griller : Faire cuire sur un gril à charbon de bois ou à gaz ou bien dans une poêle à griller (voir chapitre 7). Une forte chaleur est recommandée pour saisir l'aliment et lui conserver toute sa saveur.

Hacher : Couper les aliments en petits morceaux à l'aide d'un couteau ou d'un robot.

Incorporer : Introduire des ingrédients légers, comme des blancs d'œufs battus en neige ou de la crème fouettée, dans un mélange compact à base de jaunes d'œufs ou de chocolat fondu, d'un geste lent et mesuré.

Julienne : Plat de légumes coupés en filaments de 3 mm maximum.

Lever en filets : Retirer la chair des os d'une volaille ou des arêtes d'un poisson.

Lier : Rendre homogène un mélange liquide, comme une sauce, en l'épaississant par exemple avec de la crème, du beurre, un roux ou du sang (pour les sauces gibiers).

Mariner : Faire tremper ou macérer une viande, un poisson ou un légume dans un mélange liquide éventuellement assaisonné avec des épices et des herbes aromatiques pour le parfumer avant la cuisson. On appelle le liquide de macération la marinade.

Mélanger : Confondre plusieurs ingrédients en un avec une cuillère, un fouet, une spatule ou un batteur électrique.

Mirepoix : Mélange de légumes sautés taillés en cubes, généralement des carottes, des oignons et du céleri, utilisé comme base pour les soupes, les ragoûts et la farce, ou comme garniture aromatique.

Paner : Enrober de panure pour rendre moelleux à l'intérieur et croustillant à l'extérieur. Généralement, le poisson, la viande, la volaille ou le légume est trempé dans un liquide, comme un œuf battu ou du lait, pour que la panure adhère.

Parsemer : Répartir des ingrédients à la surface d'un aliment.

Passer : Séparer le liquide du solide en versant le mélange dans une passoire, un chinois ou une passette à sauce.

Pâte : Mélange semi-liquide non cuit contenant généralement des œufs battus, de la farine, du lait et parfois un ingrédient de levage, comme du bicarbonate de soude ou de la levure, destiné à faire lever la pâte pendant la cuisson.

Pétrir : Presser, plier et appuyer sur la pâte à pain pour lui donner une texture homogène et élastique. Vous pouvez pétrir à la main, avec un batteur électrique ou dans un pétrin.

Pincée : Petite quantité pouvant être saisie entre le pouce et l'index.

Pincer : Appuyer sur le pourtour d'une tourte avec une fourchette pour obtenir une double épaisseur de pâte, à laquelle vous pouvez donner une forme décorative.

Pocher : Faire cuire dans un liquide frémissant (voir chapitre 4).

Porter à ébullition : Faire monter la température d'un liquide à 100 °C, c'est-à-dire jusqu'à l'apparition de bulles à la surface (voir chapitre 4).

Préchauffer : Allumer le four ou le gril avant la cuisson pour faire monter la température au degré requis.

Presser : Extraire le jus d'un fruit, notamment des agrumes.

Râper : Frotter (un morceau de fromage, par exemple) contre les aspérités d'une râpe.

Reconstituer : Rendre à un ingrédient déshydraté, comme du lait en poudre, son état liquide d'origine en y ajoutant de l'eau.

Réduire : Faire bouillir rapidement un liquide, comme du vin, un bouillon ou une sauce, pour diminuer son volume d'origine, le faire épaissir et ainsi rehausser sa saveur.

Réduire en purée : Écraser des légumes cuits à l'aide d'un presse-purée, d'un robot ou d'un mixeur.

Rôtir : Faire cuire au four ; mode de cuisson sec (voir chapitre 7).

Roux : Préparation à base de farine et de matière grasse, comme de l'huile ou du beurre, utilisée pour épaissir les soupes et les ragoûts (voir chapitre 8).

Saisir : Faire dorer rapidement à la poêle, sous le gril ou à four très chaud (voir chapitre 5).

Chapitre 19 : Glossaire des termes culinaires courants

Saumure : Liquide à base de sel ou de vinaigre dans lequel on plonge les aliments pour les conserver.

Saupoudrer : Couvrir la surface d'une fine couche d'un ingrédient à l'état de poudre, comme du sucre ou de la farine.

Sauter : Faire cuire rapidement dans une petite quantité de matière grasse, généralement du beurre, de l'huile ou de la graisse de canard, à feu très vif (voir chapitre 5).

Strier : Faire de petites entailles en biais à la surface d'une viande, d'un poisson ou d'un pain pour que la cuisson soit plus homogène.

Tamiser : Passer des ingrédients pulvérulents, comme de la farine ou du sucre glace, au travers d'un tamis pour y incorporer de l'air, les rendre plus légers et pour supprimer les impuretés.

Tourner : Remuer plusieurs fois pour bien mélanger. Par exemple, tourner une salade verte après assaisonnement.

Tourner un légume : Tailler un légume en forme de tonnelet : pommes cocotte, pommes vapeur, pommes châteaux, etc.

Travailler en crème : Mélanger un ingrédient avec un autre (travailler le beurre en crème avec le sucre, par exemple) jusqu'à l'obtention d'une pâte molle et homogène.

Wok : Technique de cuisson asiatique qui consiste à frire rapidement, à feu très vif, de petits morceaux de viande, de poisson ou de légumes avec une petite quantité de matière grasse, en les retournant et en les remuant constamment. On appelle aussi *wok* le plat cuisiné selon cette technique.

Zeste : Partie externe et colorée de l'écorce des agrumes, utilisée pour parfumer les sauces, les ragoûts, les desserts, etc.

Index général

A

Abats, 69, 134
Accidents domestiques, 21
Agneau, 34, 111, 112, 117, 118, 119, 123, 131, 141, 144, 145, 147, 271, 333, 340
Agrumes, 80
Aiguiser, 56
Ail, 46, 199
Ajuster, 173, 267, 513
Al dente, 513
Aliments, 20
  en conserve, 59
  secs, 57
Aluminium, 24
Anchois, 60, 147, 204
Antipasto, 447
Apéritifs, 433
Appareils électroménagers, 9, 14
Arroser, 128, 513
Artichauts, 302, 444
Asperges, 66, 81, 93
Assaisonnement, 75, 259, 304, 308, 317, 319, 324, 328, 332, 335, 341, 342, 345
Attendrir, 513
Aubergines, 92, 300, 436
Avocat, 66, 112, 197, 263, 268, 436

B

Bac à légumes, 21
Bain-marie, 365
Balance électronique de précision, 49
Barbecue, 127, 513
Bassine en cuivre, 353
Batte, 167
Batterie de cuisine, 25
Battre les blancs en neige, 227
Béchamel, 36, 49, 173, 175, 312, 341
Beurre, 63, 202
  composé, 202, 205
  d'herbes, 202
Beurre manié, 513
Beurre noisette, 514
Bicarbonate de soude, 21, 22, 61
Biscuits, 391
Bisques, 236
Blanchir, 76, 514
Blancs en neige, 227
Blanquette de veau, 346
Bœuf, 37, 67, 68, 88, 107, 112, 117, 120, 127, 146, 166, 203, 238, 307, 335, 451, 471, 472
Boissons, 433
Boîtes hermétiques, 21
Boudin, 409
Bouillir, 15, 35, 75, 76, 77, 79, 81, 82, 100, 338, 384
Bouillon, 19, 84, 101, 106, 107, 112, 236, 514
Braiser, 109, 514
Brider un poulet, 135
Brocolis, 21, 61, 66, 76, 79, 80, 177
Brunoise, 45
Buffet, 433

C

Cabillaud, 411, 422
Café, 400, 486
Cakes, 50
Caraméliser, 514
Carottes, 80, 116, 269
Casseroles, 11, 21, 24, 35
Caviar, 451, 457, 458
Céréales, 57, 285, 323
Chaleur électrique, 15
Champignons, 137, 163, 174, 180, 215, 243
Chantilly, 367
Chapelure, 410
Chapon, 451, 474, 475, 476, 477
Charbon de bois, 157
Charcuterie, 444
Chevreuil, 188, 416
Chicorée, 274
Chinois, 41, 53, 245, 246, 252, 302
Chocolat, 230, 364, 365, 379, 388, 391, 393, 396, 400, 451, 482, 483, 484, 487
Chorizo, 442
Chou (légume), 66, 71, 82, 274, 336
Choux (pâtisserie), 364
Choux-fleurs, 21, 82
Ciseaux à volaille, 40
Ciseler, 45
Clarifier, 514
Cocotte, 18, 82, 109, 120
  en fonte émaillée, 36, 123
Colorer, 18
Compote, 47
Concasser, 107
Concombres, 65, 66, 112, 252, 270, 448
Confire, 98
Congélateur, 14, 20
Consommés, 236
Coquillages, 451, 467

Coquilles Saint-Jacques, 451, 463, 464, 466, 497
Couper, 43
Court bouillon, 205, 236
Couscoussier, 91
Couteaux, 13, 21, 23, 42
    à dents de scie, 42, 44
    à émincer, 31
    à éplucher, 23, 44
    d'office, 49
    de chef, 23, 42
    forgés, 42
    monoblocs, 42
    scie, 355
Crème fouettée, 33
Crème fraîche liquide, 41
Crèmes glacées, 399
Crêpière, 28
Crevette, 266, 305, 330
Crustacés, 17, 246, 467
Cuillères, 49
    à sauce, 37
    en bois, 24
Cuiseur à vapeur combinable, 24
Cuisine (pièce), 9, 10
    aménagement de la, 9
Cuisinière, 11, 12, 14
Cuisson
    à la vapeur, 76, 90
    à l'étouffée, 109
    au four, 376
    au gaz, 14
    temps de, 129, 130
Cuivre, 24
Cul-de-poule, 367, 370, 373, 388, 398
Cumin, 34

D

Décongélation, 20
Décortiquer, 514
Découper, 138
Déglacer, 27, 100, 101, 515
Dégraisseur, 150
Désosser, 515

Desserts, 357
    aux fruits, 383
    de grand-mère, 377
Dorer, 26

E

Eau, 22
Échalotes, 45, 46, 66, 166, 201
Éclair, 364, 365
Éclairage, 12
Économe, 23
Écumoire, 84
Égouttoir, 53
Émincer, 42, 108
Émonder, 104
Endives, 178, 265, 281
Entreposage, 13
    à sec, 13
    en milieu humide, 14
Entretien (des ustensiles de cuisine), 54
Épépiner, 105
Épices, 110, 117, 506
Épinards, 103, 177
Épluche-légumes, 24
Éplucher, 42
Essoreuse à salade, 52
Étagère, 13
Étuver, 76
Évacuation, 14
Évider, 105
Extincteur, 22

F

Farine, 28, 51, 62
Féculents, 285
Figues, 385, 441
Flamber, 516
Foie gras, 186, 349, 451, 452, 453, 454, 499
Fouet, 28
Fouetter, 516
Four, 14
    à air pulsé, 15
    à micro-ondes, 9, 16, 19
    électrique, 15
    vapeur, 14

Fourchette, 78
Fraises, 230
Fricassée, 110
Frire, 98
Friteuse électrique, 24
Fromages, 21
    de brebis, 162
Fruits, 21, 23, 353, 440
Fruits de mer, 125
Fumet, 236, 516
Fusil à aiguiser, 55

G

Gambas, 470
Garniture, 516
Gaspachos, 236, 251
Gâteaux, 17
Gélatine, 62
Glace, 183
Graisse de canard, 30
Gril, 156
    à charbon de bois, 157
    à gaz, 158
Grillades, 160
Grille de refroidissement, 50
Griller, 127, 160
Grumeaux, 51
Gruyère, 228

H

Hacher, 43
Haricots blancs, 58, 123, 350
Haricots verts, 267
Herbes aromatiques, 110, 506
Homard, 93, 94, 95, 167, 205, 468
Hotte, 14
Huile, 22, 27, 192
    d'olive, 190
Huîtres, 451, 455, 456

I

Îlot central, 9, 14
Incorporer, 517
Induction, 15
Inox, 12, 24

J

Jambon, 149, 150, 178
Julienne, 45, 517

K

Ketchup, 197

L

Lait, 28, 63, 232, 377
Lamelles, 46
Laminoir à pâtes, 308, 309, 311
Lapin, 420, 423
Lardons, 31
Laurier, 115
Légumes, 17, 19, 23, 43, 85, 139, 161, 162, 352, 445
   secs, 57
   verts à feuilles, 275
Levure chimique, 61
Levure de boulanger, 62
Lier, 517
Lièvre, 187
Louche, 28, 49

M

Macaroni, 289
Madiran, 37
Maïzena, 63
Mayonnaise, 174
Mandoline, 24, 25, 54, 270, 330, 370
Mangue, 269
Maniques, 21
Maquereau, 438
Marinade, 153, 159
Mariner, 27, 159
Marmite, 18, 24, 25
   à bouillon, 38
   à pâtes, 39
Maryse, 36, 54
Matériaux, 24
Menus, 507
Mesclun, 276

Mesures, 52
Micro-ondes, 9, 16
Miel, 63
Mijoter, 18
Minuteur, 24, 52
Mirepoix, 45, 517
Mixeur, 11, 24, 47
Monder, 295
Moule
   à cake, 50
   à manqué, 50
   à muffins, 50
   à ressort, 50
   à tarte, 50
   carré, 50
   en silicone souple, 50
Moules, 264
Moulin à poivre, 24, 54
Moutarde, 192
Mozzarella, 272

O

Œufs, 28, 33, 29, 63, 179, 211, 218, 219, 231, 232, 458
   à la coque, 215
   frits, 213
   miroir, 213
Oignon, 116, 239, 277
Omelette, 29, 30, 223

P

Pain, 354, 355
Paner, 517
Papier d'aluminium, 105
Papier sulfurisé, 105
Papillote, 19
Parmesan, 36, 64, 299
Passette à sauce, 198
Passoire, 24
Pâte à tarte, 358, 361, 362
Pâtes, 19, 39, 57, 63, 285
   en filaments, 289
   farcies, 290
   fraîches, 287, 308
   plates, 290
   sèches, 287

Pâtisserie, 15
Peler, 46
Pelle à tarte, 54
Perdreau, 493
Persil, 47, 115
Pétrir, 47, 518
Piler, 47
Piment d'Espelette, 30
Pinceau à pâtisserie, 51, 309
Pince « feuille de chêne », 54
Pinces, 49
Pintade, 414
Pissenlit, 283
Placard, 13
Plan de travail, 9, 11, 12, 13
Planche à découper, 11, 31, 53
Plaque à four, 88
Plaque à pâtisserie, 49
Plaques coup de feu, 19
Plaques de cuisson, 18
   à halogène, 18
   à induction, 14
   à vitrocéramique, 18
   électriques, 18
   moitié gaz / moitié électrique, 18
Plat, 136
   à gratin, 39, 40, 307
   à rôtir, 24, 39
   de partage, 407
Plats cuisinés, 21
Plats uniques, 407
Pocher, 75
Poêle, 11, 21, 25
   à frire, 23, 29, 30
Poire d'arrosage, 54
Poireaux, 91, 116, 242
Pois chiches, 437
Poisson, 17, 19, 103, 250, 347, 348, 445
Poivre, 27, 30, 107
Pommes, 370, 382, 386
Pommes allumettes, 45
Pommes de terre, 29, 41, 77, 78, 79, 102
Pommes frites, 45
Pont-neuf, 45
Porc, 132, 141, 152, 164, 336

Porte-couteaux, 21
Pot-au-feu, 19, 343
Potimarron, 244, 494
Poule, 237
Poule au pot, 19, 181, 417
Poulet, 31, 40, 105, 122, 136, 165, 254, 328, 329, 419, 500
Préchauffer, 518
Presse-agrumes, 54, 92, 142, 165, 180, 202, 260
Presse-purée, 54
Produits laitiers, 21

Q
Quinoa, 282

R
Ragoûts, 37, 126
Raie, 194
Ramequin, 33
Râpe à fromage, 24
Râpe à noix de muscade, 41
Ratatouille, 333
Ravioli, 291
Réduire, 38, 518
Réfrigérateur, 9, 11, 20
Repas de fête, 451
Restes, 327
Riz, 35, 58, 285, 313, 322, 377, 495
Robots, 11, 47
Rondeau, 34
Rosbif, 147
Rôti braisé, 120
Rôti d'agneau, 340
Rôti de bœuf, 335
Rôti de porc, 336
Rôti de veau, 339
Rôtir, 98, 127
Rouleau à pâtisserie, 50, 308
Roux, 175, 518
Rutabagas, 79

S
Saisir, 128, 518
Saisons, 505
Salade, 259, 277, 278, 446
Saladiers, 49
Sardines, 92
Sauces, 14, 173
   blanches, 175
   bourguignonne, 174
   brunes, 175, 182
   Champagne, 174
   chaudes, 175
   provençale, 174
   raifort, 174
   ravigote, 174
   vinaigrettes, 190
Saucière, 91
Saumon, 104, 171, 180, 347, 451, 460, 461, 462
Saumure, 518
Saupoudrer, 519
Sauter, 97
Sauteuse en fonte, 26, 27
Sauteuse évasée, 32
Sautoir, 30
Sorbets, 399, 402, 403
Soufflé, 226
Soupe, 19, 235, 328
Spatule, 353
   en bois, 27
   en plastique, 24
Steak, 27, 61, 71, 97, 101, 107, 156, 159, 183, 194
Strier, 519
Sucre glace, 63
Sucre semoule, 62
Sucre vanillé, 62
Sucres roux et brun, 63
Surfaces synthétiques, 12

T
Tamis à farine, 51
Tamiser, 519
Tartes, 368, 369, 370, 372, 374, 425
Température, 129
Testeur de cuisson, 51
Thermomètre à viande, 24, 53, 129
Thon, 43, 70, 86, 94, 103, 168, 170
Thym, 115
Tomate, 65, 206, 293, 332
Trancher, 42, 45
Triangle de travail, 11
Trousser, 519
Truffe noire, 478, 480, 481

U
Ustensiles, 11, 23

V
Vapeur, 17
Veau, 132, 200, 339, 346
Velouté, 19, 236
Verre doseur, 24, 51
Verrines, 398
Viande, 17, 19, 57, 67, 418
   blanche, 17, 132, 133
   grillée, 19, 61
   rouge, 130
Vin, 38, 184
Vinaigre, 191
Vinaigrette, 175
Volaille, 21, 84, 133, 279, 327, 330

W
Wok, 337, 519

Z
Zeste, 519

Index des recettes, par type de plat

Entrées et salades

Betteraves/mozzarella, 272
Blinis, crème épaisse et caviar, 357
Burrata à la truffe noire, 478
Carottes râpées aux amandes et raisins de Corinthe, 269
Caviar d'aubergine, 436
Cèpes grillés, 162
Chutney de figues, 441
Chutney de fruits exotiques, 440
Cœurs d'artichauts marinés à l'huile d'olive, 444
Concombres à la crème et à la menthe, 270
Crème brûlée au foie gras de canard des Landes, 454
Pâté de campagne, 439
Pickles de betterave, 445
Rillettes de maquereau, 438
Salade César, 279
Salade d'avocat, mangue et crevettes roses à la coriandre fraîche, 268
Salade de cresson, endives et oranges, 265
Salade de crevettes chaudes aux pousses d'épinards, 266
Salade de haricots blancs aux pimientos del piquillo, 350
Salade de haricots verts et pignons de pin, 267
Salade de pâtes papillon aux moules, 262
Salade de pissenlit flambée à l'œuf poché, 283
Salade de pommes de terre, 261
Salade de pot-au-feu aux câpres et cornichons, 343
Salade de poulet, avocat et oignon rouge, 329
Salade de quinoa, mâche, framboises et betterave, 282
Salade de riz, thon, maïs et poivrons grillés, 271
Salade de volaille et crevettes aux vermicelles chinois, 330
Salade toscane de légumes croquants à la ventrèche de thon, 43
Salade verte mixte à l'oignon rouge, 277
Salades d'endives, noix du Périgord et raisins muscats au stilton, 281
Taboulé aux herbes, 271
Terrine de poisson aux petits légumes, 348

Soupes et bouillons

Bisque de crustacés, 246
Bouillon de légumes, 85
Bouillon de poule au tapioca, cives et infusion de citronnelle, 237
Bouillon de volaille, 84
Consommé de bœuf, 238
Crème de champignons au parfum de jambon, 243
Crème Du Barry, 243
Garbure, 253
Gaspacho aux pimientos del piquillo, 252
Gaspacho de betterave et coriandre, 448
Gaspacho de petits pois et menthe fraîche, 252
Phô vietnamien au poulet, 254
Potage Parmentier, 240
Soupe à l'oignon, 239

Soupe au pistou, 249
Soupe de perdreau aux châtaignes, 493
Soupe de poisson, 250
Soupe de poulet, lait de coco, curry et coriandre fraîche, 328
Soupe de Saint-Jacques à la citronnelle, 464
Soupe paysanne, 248
Velouté de haricots tarbais, 245
Velouté de potimarron au miel et à la sauge, 244
Velouté de topinambours au goût de jambon, 492
Velouté glacé de concombre à la menthe, 448

Viandes

Agneau de sept heures, haricots cocos, 123
Aiguillette de bœuf braisée, petits légumes rôtis, 120
Axoa de veau, 339
Bœuf bourguignon, 412
Boulettes d'agneau au romarin, ratatouille, 333
Brochettes de porc au romarin, 164
Carré de porc rôti, pommes de terre, carottes et oignons, 141
Chou farci, 336
Civet de chevreuil, 416
Cochon de lait rôti, laqué de miel et d'orange, parfumé au gingembre, 142
Côte de bœuf de Chalosse cuite à la cheminée puis tartinée d'une fondue d'échalotes, 166
Curry d'agneau, 340
Filet de bœuf de Chalosse rôti piqué aux olives noires, 146
Filet de bœuf en croûte, 472
Filet de bœuf Rossini, 471
Fricassée de lapin fermier aux olives et tomates séchées, 423
Gigot d'agneau de lait rôti piqué au romarin, 144
Gigue de chevreuil et fruits rôtis, sauce grande veneur, 188
Hachis Parmentier, 408
Jambon blanc frotté d'épices Tandoori et braisé en croûte de pain, 150
Joue de bœuf braisée au vin de Madiran, 37
Lapin à la moutarde, 420
Lasagnes familiales, 312
Navarin d'agneau parfumé au cumin, 34
Osso-buco à la milanaise, 413
Pain de viande, 418
Parmentier de bœuf bourguignon aux topinambours, 344
Parmentier de boudin aux pommes et châtaignes, 409
Petit salé aux lentilles vertes du Puy, 421
Pot-au-feu, 417
Râbles de lièvre, sauce poivrade, 187
Selle d'agneau de Pauillac farcie de fruits secs et rôtie, jus en infusion de cardamome, 147
Steak au poivre long, 27
Tarte aux pommes de terre et à l'andouillette basque, 430
Tête de veau sauce gribiche, 200
Tomates farcies, 332
Tournedos de bœuf poêlé, beurre maître d'hôtel, 203
Travers de porc fermier caramélisé au sirop d'érable, citronnelle, gingembre et ail frais, 152

Volailles

Blancs de poulet sautés aux tomates et au thym, 106
Chapon jaune des Landes farci, cuit au pot comme une poule, 475
Chapon jaune des Landes, foie gras de canard des Landes, cèpes « Retour de Hanoï », 476
Cuisses de poulet fermier des Landes, 122
Escalope de foie gras de canard du Sud-Ouest poêlée, sauce Périgueux, 186
Foie gras de canard des Landes et fruits de saison poêlés, réduction de porto, 453
Fricassée de chapon jaune des Landes au pacherenc moelleux, 477
Phô vietnamien au poulet, 254

Poule au pot farcie au jambon noir de Bigorre, sauce Albufera, 181
Poulet basquaise, 419
Poulet des Landes fourré de coquillettes au foie gras, 136
Poulet en crapaudine, 165
Poulet fourré de cèpes sous la peau, 500
Poulet rôti, 40
Poulet sauté et jus réduit, petits lardons, 31
Salmis de pintade aux pruneaux d'Agen, 414
Tourte feuilletée de poulet et châtaignes au foie gras, 428

Poissons et crustacés

Aile de raie pochée, sauce grenobloise, 194
Bar en croûte de sel de Guérande, beurre blanc, 155
Bisque de crustacés, 246
Blanc de turbot cuit à la nacre, beurre blanc au caviar, 459
Blanquette de saumon, sauce poulette, 180
Brandade de morue, 410
Cabillaud à la marseillaise, 411
Caviar d'aubergines aux sardines, 92
Ceviche de Saint-Jacques, 463
Darne de saumon grillée au feu de bois, sauce béarnaise, 171
Darnes de saumon, sauce aux poivrons rouges, 104
Daurade royale, sauce marchande de vin, 184
Galette de homard aux cèpes, 468
Homard breton et légumes grillés au feu de bois, émulsion au curry vert, 167
Homard grillé à la braise, beurre de corail, 205
Homards vapeur à l'orange et au citron, 94
Huîtres gratinées au sabayon de champagne, 455
Langoustines rôties aux épices tandoori, mousseline de carottes aux agrumes, cébettes, coriandre et beurre noisette, 498

Moules froides sauce cocktail, 198
Noix de coquilles Saint-Jacques rôties dans leur coquille à la fleur de thym, émulsion au curry vert, 464
Noix de coquilles Saint-Jacques rôties en coquilles lutées, 497
Pavé de cabillaud, haricots maïs du Béarn et coquillages cuisinés ensemble au chorizo en cocotte de fonte, 422
Pavé de merlu poché au court-bouillon, huile d'olive et olives noires, 86
Pavé de saumon sauvage sauce champagne, 462
Pie anglaise aux saumons, crevettes et salsifis, 426
Rillettes de maquereau, 438
Saint-Jacques et grosses crevettes en ragoût, légumes mijotés à la coriandre, 125
Saint-pierre rôti au four, jus aux olives noires et jeunes fenouils rôtis, 153
Saumon d'Écosse façon gravlax, 460
Saumon poché au court-bouillon, 461
Tartare d'huîtres aux échalotes et au vinaigre de xérès, 456
Tempura de gambas et piments landais aux graines de pavot, sauce « dolce-forte », 470
Tempura de poissons et légumes, 445
Terrine de poisson aux petits légumes, 348
Ventrèche de thon de Saint-Jean-de-Luz frottée de poivres rares et cuite à la plancha, jus de piperade, 168

Accompagnements

Asperges vapeur à l'aneth, 93
Caviar d'aubergine, 436
Cèpes grillés, 162
Chutney de figues, 441
Chutney de fruits exotiques, 440
Cœurs d'artichauts marinés à l'huile d'olive, 444
Concombres à la crème et à la menthe, 270

Cromesquis de risotto, émulsion de parmesan Reggiano, 351
Croûtons à l'ail, 256
Endives au jambon, 178
Épinards à la béchamel, 177
Épinards sautés, 103
Focaccia aux oignons, tomates et anchois de Cantabrique, 429
Gratin dauphinois, 41
Gratin de macaronis, sauce Mornay, 178
Gratin de risotto, 351
Guacamole d'avocat Haas, 436
Jeunes poireaux cuits à la vapeur, condiment aux olives noires, 91
Kasha à la courge musquée et aux épinards, 324
Légumes d'été rôtis, 140
Légumes d'hiver rôtis, 139
Légumes de saison grillés aux sarments de vigne comme une parillada espagnole, 161
Moussaka, 341
Mousseline de carottes aux agrumes, 80
Pickles de betterave, 445
Polenta crémeuse, 325
Pommes cuites, 382
Pommes de terre écrasées aux olives noires, 78
Pommes de terre sautées, 102
Purée à la truffe noire, 479
Purée de brocolis, 80
Purée de pois chiches, 437
Purée de pommes de terre et de rutabagas, 79
Purée de pommes de terre, 77
Risotto, 319, 351
Riz brun assaisonné, 322
Riz étuvé, 317
Riz noir à l'encre de seiche, chipirons et chorizo, 495
Riz pilaf aux raisins, tomates et pignons de pin, 318
Riz sauvage classique, 321
Royale de potimarron aux champignons des bois, œuf poché, émulsion de parmesan, 494
Soufflé au gruyère, 228
Tarte fondante aux oignons doux des Cévennes, tomates, mozzarella et tapenade, 425
Tastous de légumes grillés et copeaux de fromage de brebis basque, 162
Tomates farcies, 332
Tortilla aux pommes de terre, 224
Vol-au-vent sauce au foie gras, 346

Pâtes

Agnolottis de champignons des bois à la noisette, 311
Cannellonis de bœuf à la niçoise, 307
Cavatellis façon risotto aux courgettes fleurs, tomates séchées et chorizo, 306
Fettucine aux crevettes et au gingembre, 304
Gratin de macaronis, sauce Mornay, 178
Lasagnes familiales, 312
Macaronade au foie gras de canard, 499
Nouilles soba, poireau et shitake dans un bouillon de pot-au-feu à l'œuf, 343
Penne à la romaine, 296
Penne au parmesan et au basilic, 299
Penne aux artichauts et aux olives noires, 302
Penne du moulinier, 352
Porc et nouilles chinoises sautés au Wok, 337
Ravioles de noix de Saint-Jacques, émulsion de parmesan, truffe noire, 480
Raviolis à la niçoise, 345
Raviolis d'herbes et salades, 309
Rigatoni à l'aubergine et aux courgettes, 300
Spaghetti à la tomate, 294
Spaghetti, 290
Tagliatelles fraîches, 308

Œufs

Œuf cocotte en piperade, tastou au jambon de porc basque, 221

Index des recettes, par type de plat

Œuf coque au foie gras de canard et cèpes, 215
Œufs à la neige, 232
Œufs au lait, 233
Œufs au plat, 219
Œufs au plat, tomate et bacon, 220
Œufs Bénédictine, 218
Œufs brouillés au caviar, 458
Œufs brouillés, 33
Œufs cocotte, 221
Œufs durs, 217
Œufs Florentine, 217
Œufs mimosa, 217
Œufs mollets, 216
Œufs pochés sur lit de brandade de morue, 219
Œufs pochés, 218
Omelette à la confiture de fraises, 224
Piperade aux œufs et au jambon de Bayonne, 222
Tortilla aux pommes de terre, 224

Cakes, quiches, tartes

Cake au citron, 387
Cake chorizo et tomates séchées, 442
Crab cake, 467
Focaccia aux oignons, tomates et anchois de Cantabrique, 429
Pâte brisée, 361
Pâte feuilletée, 362
Pâte sablée, 362
Pâte sucrée, 362
Pie anglaise aux saumons, crevettes et salsifis, 426
Quiche au saumon et au poireau, 347
Quiche lorraine, 225
Tarte au chocolat et framboises, 483
Tarte au citron meringuée, 373
Tarte aux fraises Mara des bois et pistaches, 369
Tarte aux fruits, 368
Tarte aux pommes de terre et à l'andouillette basque, 430
Tarte choco-café, 374
Tarte contemporaine aux pommes et romarin, 375
Tarte fine aux pommes, 370
Tarte fondante aux oignons doux des Cévennes, tomates, mozzarella et tapenade, 425
Tarte Tatin, 372
Tourte feuilletée de poulet et châtaignes au foie gras, 428

Sauces

Beurre d'anchois, 204
Beurre de corail, 204
Beurre maître d'hôtel, 202
Sauce à l'ail pour volaille, 328
Sauce aïoli, 199
Sauce Albufera, 180
Sauce arrabiata, 298
Sauce béarnaise, 196
Sauce Béchamel au parmesan, 36
Sauce Béchamel, 176
Sauce beurre blanc, 201
Sauce bolognaise aux cèpes, 335
Sauce bordelaise, 183
Sauce Caesar, 208
Sauce cocktail, 197, 198
Sauce grande veneur, 188
Sauce grenobloise, 193
Sauce gribiche, 199
Sauce hollandaise, 195
Sauce marchand de vin, 184
Sauce marinara, 297
Sauce mayonnaise aux herbes, 260
Sauce mayonnaise, 196
Sauce Mornay, 178
Sauce mousseline, 195
Sauce Périgueux, 185
Sauce pesto, 207
Sauce poivrade, 186
Sauce poulette, 179, 180
Sauce tomate, 206
Sauce vierge, 192
Sauce vinaigrette classique, 192
Vinaigrette à la truffe, 480

Desserts

Baba à l'armagnac, 502
Biscuits à la cuillère, 394
Brownies au chocolat et aux noix, 392
Bûche de Noël, 485
Caramel, 378
Charlotte pour ma Charlotte, 383
Clafoutis aux figues et amande amère, 385
Confitures, 353
Cookies aux pépites de chocolat, 393
Crème anglaise, 365
Crème caramel, 378
Crème Chantilly, 367
Crème glacée à la truffe noire, 481
Crème glacée à la vanille Bourbon, 399
Crème glacée au café, 400
Crème glacée au chocolat, 400
Crème glacée pruneaux/armagnac, 401
Crème pâtissière, 366
Crêpes, 28
Crumble aux pommes et à la cannelle, 386
Far breton, 384
Fondant au chocolat, 484
Gâteau au chocolat, 482
Gâteau au yaourt, 391
Gâteau blanc, 389
Îles flottantes aux pralines, crème anglaise à la rose, framboises, 378
Madeleines à l'huile d'olive, 396
Madeleines, 395
Marbré chocolat et vanille Bourbon, 388
Marmelade d'abricots aux amandes, 380
Meringues, 233
Mille-feuilles à la vanille, 381
Mousse au chocolat, 379
Œufs à la neige, 232
Œufs au lait, 233
Pain perdu, 355
Panna cotta au coulis d'abricots, 503
Pâte à choux à la vanille, 364
Pâte à choux, 363
Pâte brisée, 361
Pâte feuilletée, 362
Pâte sablée, 362
Pâte sucrée, 362
Poires pochées au vin rouge, 387
Profiteroles au café, sauce au chocolat fort, 486
Pudding à la française, 354
Riz au lait, 377
Sablés au chocolat, 396
Shortbread, 394
Sorbet à l'orange, 402
Sorbet à la fraise, 402
Sorbet au cacao, 403
Sorbet au yaourt, 403
Soufflé à la fraise, 231
Soufflé au chocolat, 231
Tarte au chocolat et framboises, 483
Tarte au citron meringuée, 373
Tarte aux fraises Mara des bois et pistaches, 369
Tarte aux fruits, 368
Tarte choco-café, 374
Tarte contemporaine aux pommes et romarin, 375
Tarte fine aux pommes, 370
Tarte Tatin, 372
Tiramisu à l'italienne, 398
Triffle aux fruits rouges, 398
Truffes au chocolat et armagnac, 487

Boissons

Orangeade/citronnade à la verveine fraîche et à la cardamome, 435
Punch, 434
Sangria, 433